高职高专连锁经营管理专业系列规划教材

连锁企业门店营运与管理

张明明　主　编
王忆南　　
覃常员　副主编

李卫华　主　审

LIANSUO QIYE MENDIAN YINGYUN YU GUANLI

电子工业出版社
Publishing House of Electronics Industry
北京·BEIJING

未经许可，不得以任何方式复制或抄袭本书之部分或全部内容。
版权所有，侵权必究。

图书在版编目（CIP）数据

连锁企业门店营运与管理 / 张明明主编．—北京：电子工业出版社，2009.4
（零距离上岗·高职高专连锁经营管理专业系列规划教材）
ISBN 978-7-121-07815-6

Ⅰ．连… Ⅱ．张… Ⅲ．连锁商店－企业管理－高等学校：技术学校－教材 Ⅳ．F717.6

中国版本图书馆 CIP 数据核字（2009）第 030088 号

策划编辑：王慧丽
责任编辑：刘淑敏
印　　刷：北京盛通商印快线网络科技有限公司
装　　订：北京盛通商印快线网络科技有限公司
出版发行：电子工业出版社
　　　　　北京市海淀区万寿路 173 信箱　邮编 100036
开　　本：787×980　1/16　印张：19.25　字数：442 千字
印　　次：2021 年 7 月第 14 次印刷
定　　价：32.00 元

凡所购买电子工业出版社图书有缺损问题，请向购买书店调换。若书店售缺，请与本社发行部联系，联系及邮购电话：（010）88254888。
质量投诉请发邮件至 zlts@phei.com.cn，盗版侵权举报请发邮件至 dbqq@phei.com.cn。
服务热线：（010）88258888。

零距离上岗·高职高专连锁经营管理专业系列规划教材编委会名单

主　任　裴　亮（中国连锁经营协会秘书长）
副主任　李卫华（江苏经贸职业技术学院）
　　　　文志宏（和君咨询集团）
委　员　（按汉语拼音排序）
　　　　陈新玲（太原大学）
　　　　杜春雷（山东商务职业学院）
　　　　李　建（江苏经贸职业技术学院）
　　　　马丽涛（哈尔滨职业技术学院）
　　　　任永珍（太原大学）
　　　　苏　霜（中国连锁经营协会行业政策、信息与研究部）
　　　　王　菱（四川商务职业学院）
　　　　王忆南（浙江经贸职业技术学院）
　　　　文金梅（江西工业工程职业技术学院）
　　　　张明明（哈尔滨职业技术学院）
　　　　赵　丽（浙江经贸职业技术学院）
　　　　周　蕾（浙江经贸职业技术学院）

总　序

连锁经营作为一种现代流通业的新的企业组织形式和经营方式，近几年来，在全世界都得到了快速发展。中国也不例外。2001—2005 年，是中国连锁业发展最快的几年，在这几年间，中国百强连锁企业的平均年店铺增长率达 51%，年销售增长率达 38%。连锁行业调查显示，连锁经营继续保持快速发展的势头，2007 年"中国连锁百强"销售规模突破 10 000 亿元，达到 10 022 亿元，同比增长 21%，高于社会消费品零售总额 16.8%的增幅。门店总数达到 105 191 个，同比增长 58%。

随着连锁经营的快速发展，人才需求也急剧增加，尤其是对中高层管理人员、营销及策划人员、培训师的需求量更大。目前，北京市已将高级连锁经营管理作为紧缺人才岗位培训项目，有计划地培养连锁经营人才；上海市商业职业技术学院的连锁经营管理专业的毕业生供不应求，不少第二年的毕业生已纷纷被预订；而根据浙江连锁业今后 3~5 年的发展目标，连锁业至少缺口 30 万人，为此，杭州特意举办大型的连锁经营人才交流大会，省连锁经营协会组织东西部高用工企业与高校对接，并进场招人。

人才需求的增加也促进了高等院校连锁经营管理专业的发展。自 1997 年上海商学院开设全国第一个连锁经营管理专业以来，到 2007 年，开设连锁经营管理专业的高职院校已有百余所，对连锁经营业的快速发展起到很大的促进和人才保障作用。

然而，连锁经营管理专业是在近几年内高校根据人才需求设立的新专业，在课程体系、内容建设、授课形式、与实际工作岗位的对接上，都还有待进一步提高。学生在校所学的知识和技能，与毕业后实际所从事的工作岗位所需技能，还存在着一定的差距。这一方面反映了教学与实践的结合度还不高；另一方面反映了教材建设上存在着不足，大多数教材还是以理论指导为主，对岗位技能的训练重视不够；而且，教学中普遍缺乏对学生的职业指导。比如，尽管连锁经营人才缺乏，尤其缺乏中高级管理人才，但学生刚毕业时，还不能直接走上管理岗位，而要从基层工作做起，很多学生常常接受不了自己受过高等教育仍然从基层岗位做起的现实，而失去了锻炼和提高的机会。事实上，学生们如果沉下心来做两三年，未来的发展将会有一个很大的提升。

总 序

　　为此，电子工业出版社在广泛深入调查研究的基础上，从当前连锁经营业态对人才知识结构要求出发，根据教学实际需要和工学结合的教学改革方向策划了本套教材。本套教材的一个重要的编写原则是职业能力导向，在理论够用的基础上，加强学生的岗位技能训练，力图使学生了解实务界的真实运作情况和最新发展，在学到连锁经营管理原理和方法的同时，掌握实际工作岗位必备的技能。

　　为了使理论与实务更好地结合起来，本套教材在编委会组成、作者选择上采用学校老师与实务界专业人士合作编写的模式，部分主编老师有着丰富的从业经验；在院校的选择上，也秉承开设时间较早、办学经验丰富的原则；在内容的规划上，每本书都配有实训内容，并设有职业指导栏目，为学生提供职业素质培养、职业规划等方面的指导。

　　虽然我们做了很多努力，但鉴于连锁经营业态及学科的快速发展，本套教材肯定还会有一些疏漏和不尽如人意的地方，希望广大师生和从业人员提出宝贵意见和建议，以便我们在再版时改进。

前 言

连锁经营作为一种实现规模经济的有效方式，目前被越来越多的企业所运用。商业连锁经营企业在20世纪初期首先从欧美国家开始出现，经历100多年的发展，目前已成为分布于全球许多国家的全球化企业，它们不但对全球服务零售业，也对许多发达国家和发展中国家的整体经济、社会文化、人民生活产生深远的影响。商业连锁经营在我国也取得了快速的发展，而作为连锁经营的一种业态——连锁企业门店是一种极具发展前景的新型业态，在门店购物已成为现代人快节奏生活的方式之一。

本书根据高职高专的教育特点，注重教学内容的实用性和可操作性，以培养学生技能为主线，紧密联系当前国内外连锁经营业的发展现状，从实用的角度把我国最新的连锁企业门店营运与管理信息纳入书中，不仅注重吸收和借鉴国内外连锁企业门店最新的实践成果，同时还立足于我国连锁企业门店营运与管理所面临的实际问题，尤其关注我国连锁企业门店营运的变化，使学生能较快地进入连锁企业门店经营与管理工作的角色。在教材的内容处理上，坚持以能力为本位，按照连锁企业门店营运与管理中各种职业岗位能力要求设计实训的内容，兼顾基本知识和实践教学两个方面，突出应用性和实用性，注重培养学生的动手能力。每一章内容均兼顾知识点和技能点，各章节之间存在内在的逻辑联系，方便学生的学习和理解。同时，每一章的后面附有案例分析，使学生在学习时参考运用，达到举一反三、触类旁通的目的，提高了学生分析问题、解决问题的能力。作者在编写过程中，适当增加表格、图形、小资料和相关链接的比例，力求通过各种形式，引导学生运用企业门店营运与管理的基本理论和方法分析实际工作中的问题，强化知识的应用性。在内容上，力争做到知识性、新颖性和应用性并重，为此，每章在体例的编排上，设置引导性案例、本章学习目标、学习导航、职业指导、小资料、相关链接、案例分析等。

本书共13章，主要介绍了连锁企业门店营运与管理概述、连锁企业门店的定位分析、连锁企业门店的商品陈列、连锁企业门店商品采购与存货管理、连锁企业门店柜台服务的技巧、连锁企业门店促销的策划与实施、收银服务管理、连锁企业门店的理货与补货管理、连锁企业门店商品盘点作业管理、门店损耗管理、顾客服务、连锁企业门店店长、连锁企业门店经营绩效分析。

　　本书由哈尔滨职业技术学院张明明教授负责编写大纲并担任主编，浙江经贸职业技术学院王忆南老师、广州城建职业技术学院覃常员老师担任副主编、山东商务职业学院杜春雷参编。编者具体分工为：张明明编写第3，5，7，12章；王忆南编写第6，10，11，13章；覃常员编写第1，2，8章，杜春雷编写第4，9章。全书由张明明总纂定稿。

　　本书在编写过程中吸收了国内外许多专家学者的先进理念和研究成果，参考了大量的相关著作、文献、教材和网络资料；在本书编写过程中，江苏经贸职业技术学院李卫华老师提出了许多建设性的意见，在此谨向这些专家、学者、作者们表示衷心的感谢！同时感谢电子工业出版社编辑们的辛勤付出！

　　本书既适用于高职高专院校连锁经营管理专业及其他相关专业的教学，也可作为商贸流通业培训进修的培训教材，还可作为从事连锁经营管理工作的人士的参考用书。由于编者水平有限，书中难免存在疏漏和不足之处，恳请广大读者批评指正，以便不断完善、修正。

编者

目　录

第1章　连锁企业门店营运与管理概述 …… 1
1.1　连锁企业门店营运与管理的目标和标准 …… 3
1.2　连锁总部对门店营运的控制 …… 5
1.3　连锁企业门店管理内容 …… 9
复习思考题 …… 20
案例分析 …… 20
实训题 …… 21

第2章　连锁企业门店的定位分析 …… 22
2.1　连锁企业门店商圈的设定 …… 23
2.2　连锁企业门店商圈的分析评估 …… 32
复习思考题 …… 36
案例分析 …… 36
实训题 …… 37

第3章　连锁企业门店的商品陈列 …… 38
3.1　商品配置 …… 40
3.2　商品陈列的设备和用具 …… 47
3.3　商品陈列的方法和要领 …… 50
复习思考题 …… 61
案例分析 …… 62
实训题 …… 63

第4章　连锁企业门店商品采购与存货管理 …… 64
4.1　连锁企业门店采购的原则与方法 …… 67
4.2　采购的程序 …… 75
4.3　连锁企业门店的存货管理 …… 84
复习思考题 …… 91
案例分析 …… 91
实训题 …… 92

第5章　连锁企业门店柜台服务的技巧 …… 93
5.1　连锁企业门店柜台服务规范 …… 95
5.2　连锁企业门店柜台服务技巧 …… 105
复习思考题 …… 113
案例分析 …… 113
实训题 …… 114

第6章　连锁企业门店促销的策划与实施 …… 115
6.1　连锁企业门店促销策划 …… 117
6.2　促销活动的实施 …… 129
6.3　促销活动效果评估 …… 132
复习思考题 …… 135
案例分析 …… 136

实训题 ……………………………… 137
第7章　收银服务管理 ……………… 138
7.1　收银操作规范 …………………… 141
7.2　收银基础知识 …………………… 152
7.3　收银作业重点与技巧 …………… 157
复习思考题 ………………………… 161
案例分析 …………………………… 161
实训题 ……………………………… 162

第8章　连锁企业门店的理货与补货管理 ……………………… 163
8.1　理货与补货概述 ………………… 165
8.2　补货与理货工作流程 …………… 169
8.3　理货和补货作业管理 …………… 175
8.4　理货员的职业道德要求 ………… 179
复习思考题 ………………………… 181
案例分析 …………………………… 182
实训题 ……………………………… 182

第9章　连锁企业门店商品盘点作业管理 ……………………… 183
9.1　盘点概述 ………………………… 186
9.2　连锁企业门店商品盘点的组织及人员分配 ……………… 189
9.3　连锁企业门店商品盘点作业管理 … 195
复习思考题 ………………………… 208
案例分析 …………………………… 208
实训题 ……………………………… 209

第10章　门店损耗管理 ……………… 210
10.1　门店损耗产生的原因 ………… 212

10.2　门店损耗预防管理 …………… 214
10.3　防盗性的卖场布局与商品陈列 … 219
复习思考题 ………………………… 222
案例分析 …………………………… 223
实训题 ……………………………… 223

第11章　顾客服务 …………………… 224
11.1　顾客服务概述 ………………… 226
11.2　顾客投诉处理实务 …………… 238
11.3　顾客服务质量评价 …………… 247
复习思考题 ………………………… 254
案例分析 …………………………… 255
实训题 ……………………………… 255

第12章　连锁企业门店店长 ………… 257
12.1　认识连锁企业门店店长 ……… 259
12.2　连锁企业门店店长的工作流程 … 264
12.3　当好连锁企业门店店长 ……… 272
复习思考题 ………………………… 280
案例分析 …………………………… 280
实训题 ……………………………… 281

第13章　连锁企业门店经营绩效分析 … 282
13.1　经营绩效分析的资料来源 …… 284
13.2　连锁企业门店经营绩效的评估指标 ………………………… 287
13.3　连锁企业门店经营绩效的改善 … 293
复习思考题 ………………………… 296
案例分析 …………………………… 296
实训题 ……………………………… 296

参考文献 ……………………………… 297

第 1 章 连锁企业门店营运与管理概述

引导性案例

改进管理，提高效益

北京某连锁零售药店的营运战略是坚持医药零售、坚持平价经营、坚持连锁、坚持北京。公司投资方具有丰富的医药批发经验，并于 2003 年年底进入医药零售领域。目前从全国经济、行业发展和北京地区的情况看，平价医药零售连锁业态的发展空间仍然很大，公司经过四年多的发展也取得了良性增长。但是，在发展中遭遇了规模不够、零售网点分布不足以覆盖全部市场的瓶颈。

究其原因，在于缺乏支持其发展的营运管理基础，因此单店经营效率低下，并且公司不能有效快速地复制门店。门店数量少，难享规模效益之利。由于规模不足，采购价格、进货结算政策难以令人满意，单位管理成本难以下降，品牌等无形资产的价值无法充分发挥，使利润空间狭窄，应对竞争的能力较弱。

单店的销售收入和利润率都差强人意。由于公司的市场营销工作不到位，该店的销售收入还有增长空间。

公司营运缺乏切实有效的管理制度、流程、标准和营运规范等基础制度和管控系统。

公司管理人员执行能力有待提高，尚存在管理的被动性和习惯思维，与公司的业务模式和创新精神相悖。

为此，公司聘请了某管理咨询公司。该管理咨询公司针对具体情况设计了详细的访谈提纲，深入了解客户当前的现状，并结合当前行业背景和现存问题进行深入剖析，分析总结了客户的优势与劣势，提出了公司未来战略发展方面的建议。

从战略出发，延伸出组织需要承担的功能，再细化为各个部门的职能，从而设计出公司新的组织结构，并据此整理出各个部门、各个岗位的部门职责和岗位职责。

在组织结构与岗位职责确定的情况下，补充了部分尚未开展的流程规范；对现有的流程规范中存在的问题进行梳理、分析、沟通解释、更改，在尽可能不进行大量更改的情况下，保留原流程做法，排除流程中可能的安全隐患，并提高管理效率。

经过这些方面的改进，效果明显，效益大增。

连锁企业门店营运与管理

本章学习目标

1. 明确连锁企业门店营运与管理的目标；
2. 熟悉连锁企业门店营运与管理的标准；
3. 掌握连锁企业门店管理的主要内容；
4. 掌握连锁总部对门店营运控制的内容；
5. 初步学会运用连锁总部对门店营运控制的途径对门店进行管理。

学习导航

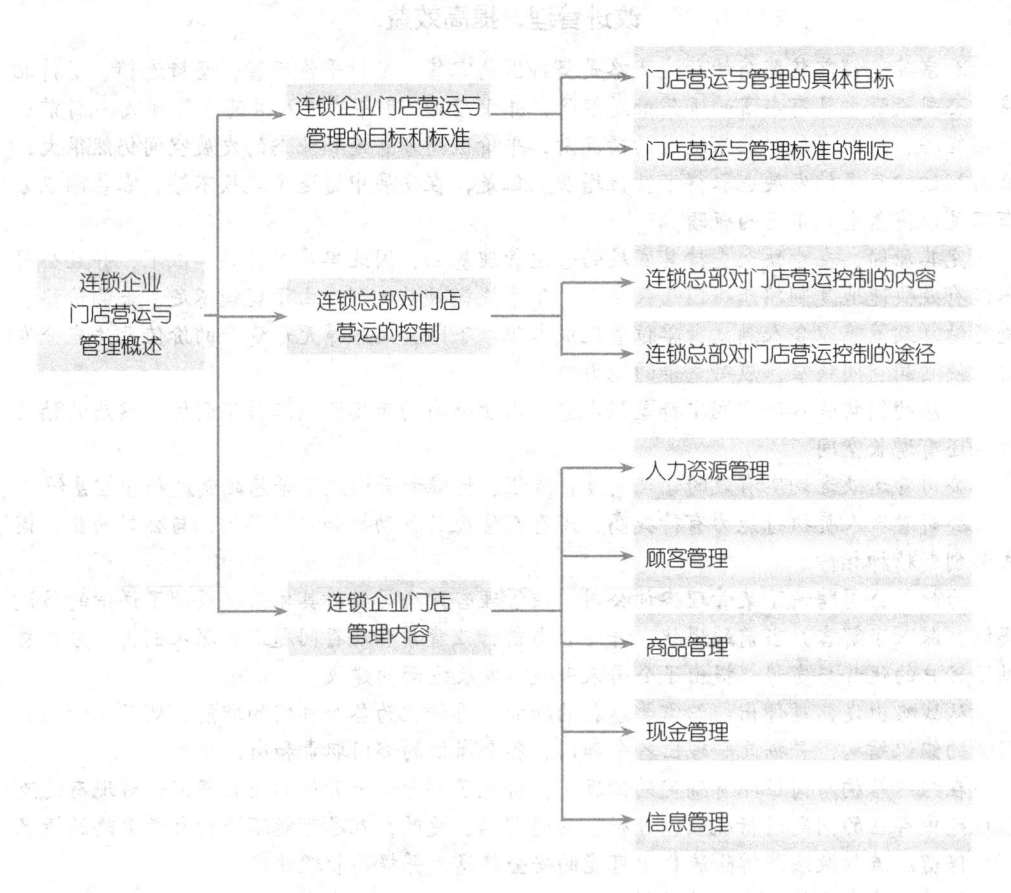

连锁企业门店营运与管理概述
- 连锁企业门店营运与管理的目标和标准
  - 门店营运与管理的具体目标
  - 门店营运与管理标准的制定
- 连锁总部对门店营运的控制
  - 连锁总部对门店营运控制的内容
  - 连锁总部对门店营运控制的途径
- 连锁企业门店管理内容
  - 人力资源管理
  - 顾客管理
  - 商品管理
  - 现金管理
  - 信息管理

第1章 连锁企业门店营运与管理概述

职业指导

连锁经营的本质就是规模经营，无论大店还是小店，只有连锁才可能形成规模，门店多规模就大。所以门店是连锁经营的基石，是连锁经营企业的末梢神经，也是决策层战略是否成功的最终检验。一家门店必须有一个营运班子，营运的标准化、规范化、系统化体现着每一个门店营运管理的标准化。只有营运管理的标准化才能达到营运管理的目标。因此，门店经营者必须知道连锁企业门店管理内容有哪些，门店的工作如何更注重实战性，标准和规范如何变得可操作等。同时，连锁总部对门店营运如何控制，控制的方法和途径又有哪些，等等，这些也是门店经营者必须知道并掌握的。

1.1 连锁企业门店营运与管理的目标和标准

连锁经营的三大特点是专业化分工、标准化动作、简单化管理。连锁企业门店营运与管理就是一个专业化、标准化的管理过程。由于连锁经营各环节是专业化的分工协作关系，体现在各岗位上的作业过程的特点是简单化和单纯化，就像工业生产过程的上下道工序一样，在分工的基础上配以单纯化的作业较易产生高效率。可以说，连锁企业是学习工业生产模式而导入专业化分工协作的经营方式，完全改变了传统零售业的工艺过程，使现代零售业的作业方式实现了革命性的改变。

连锁经营需要规模发展，管理标准是连锁经营规模发展的质量保证。可以这样说，如果管理跟不上连锁店的规模发展，那么规模越大则效益越差，门店开得越多，产生的亏损面可能越大。因此，管理标准是维系连锁经营体系统一运作的根本，确立明确的管理目标与制定严格的科学管理标准是连锁企业规模发展的质量保证。

1.1.1 门店营运与管理的具体目标

概括地说，连锁企业门店营运与管理的要求，就是不折不扣、完整地把连锁企业总部的目标、计划和具体要求体现到日常的作业化管理中，实现连锁经营的统一化。从大的方面来说，门店营运与管理的目标就是以下两个方面。

1. 实现销售的最大化

连锁企业门店的营运必须按部就班，从各项基本的事务抓起，使门店能够步入健康发展的轨道。为了圆满达成营运目标，首先应重点抓销售，因为销售本身就是门店的主要业务，只有尽可能地扩大销售额，才能实现门店的利润目标。销售的最大化并不是盲目地或单纯地运用各种促销方式来达成的，而是通过正常的标准化营运作业来追求更高的销售额。

2. 保证损耗的最小化

提高门店的销售额，可以说是每一个零售业者努力的目标。但是，提高销售额不是最终目的，不管提高了多少销售额，如果不严格控制门店各个环节的损耗费用的话，那么门店可能只有很低的利润额甚至没有利润乃至亏损，所有的努力都将白费。因此，损耗的最小化就是尽可能降低经营成本，这可以说是提高经营绩效的一条捷径，它是门店营运与管理的主要目标。

1.1.2 门店营运与管理标准的制定

连锁企业门店的营运必须在整体规划下进行明确的专业化分工，在分工的基础上实施集中管理，才能使连锁店在激烈的市场竞争中快速反应，稳健运营。

1. 由总部制定门店营运与管理标准

在连锁企业内部通过总部与门店的分工，实现了决策与作业的分工。由连锁企业总部统一制定门店营运与管理标准，实质上连锁企业总部是决策中心，而门店则是执行机构，是作业现场。门店根据总部制定的营运与管理标准，实施具体的作业化程序，最终实现连锁店的协调运作。

门店管理工作是大量的具体作业化工作，一方面要完成一定类别和一定量的日常业务工作，另一方面要面对一定数量的、具有不同操作技能和经验的员工。既要保证每日工作圆满完成，又要合理安排员工，充分发挥他们的工作积极性。因此，总部制定的营运与管理标准，实质上就是指导各门店的详细、周密的作业分工、作业程序、作业方法、作业标准和考核方法等。

2. 制定门店管理标准的具体步骤

连锁企业门店营运与管理标准的具体内容，主要包括门店工作人员上班的出勤计划，即根据平日、周日、节日，一天各时间段工作忙闲规律预测工作量，根据工作量大小调配具体人员，从而有效地发挥每一个员工的能量，提高劳动生产率，充分体现严格科学的管理标准所带来的少投入、多产出的经济效益。制定门店管理标准具体有以下几个步骤。

（1）确定人员的作业分工

能否确定人员的作业分工，是比较关键性的工作。具体作业分工包括把何种工作、多少工作量、在什么时间内安排给何人承担。在连锁企业门店繁多的作业中，重点是店长作业管理、收银员作业管理、理货员作业管理、进收货作业管理、商品盘点作业管理和顾客投诉意见处理等，这些作业过程和质量管理的好坏，将直接影响每一家门店的经营状况。作业管理要比岗位管理更进一步，它既体现了岗位工作的技术性要求，也能更具体、更细化地考核岗位工作的质量好坏。因此，只有通过合理的分工，才能把这些工作具体落实下来，保证门店的正常营运。

（2）确立标准化作业的程序

连锁企业往往是劳动力密集型企业，门店作业人员流动率较高，如何区分作业内容，使门店作业不重复，并且能让新进员工能在最短时间内熟悉每一环节工作，显得十分重要。因此，管理者必须全面分析和把握不同的作业情况（如收银员、理货员、店长、盘点人员的工作情况），消除多余的、不必要的工作环节，合并有关环节，合理安排具体的作业顺序，使有关作业情况尽量简化，以降低成本、提高效率。

标准化作业程序应在明确分工、出勤计划的基础上，通过操作表的形式来明确这项工作的具体操作规则。例如，理货员进行货架商品的补货，其操作表就包含了定时补货与不定时补货的具体时间、操作程序，以及相应时间内应达到的工作量等。通过这些具体作业的落实，来保证门店的正常营运与管理。

（3）记录作业情况

花适当的时间，将不同岗位的分工作业与标准化作业情况准确地记录是必要的。一定要根据每日的营运状况，一一加以记录。门店若欲维持正常的营运，对于各种外在与内在的因素均必须予以有效掌握。因此，标准化作业程序试运行的数据或报表均为十分有价值的参考资料，如不同作业分工的实施情况与效果等。建立这些资料体系，便于总部进一步比较分析，进而灵活地加以运用，最终使营运与管理的标准健全化。

（4）作业标准的制定

标准化是连锁店成功经营的基础。要通过数据采集与定性分析、现场作业研究，制定出既简便可行，又节省时间、金钱的标准化作业规范。

科学化的管理标准的制定是一项长期的艰苦工作。要使连锁企业的规模发展既快速，又健康，管理标准就一定要科学。所谓科学性具有两层含义：一是指具有一定的先进性，二是指客观的实际性。目前，我国连锁企业在管理标准的制定过程中存在着两种偏向。第一种是盲目地追求先进性，不消化地吸收他人的先进经验。在我国，一旦有哪个企业创出了管理新经验，就会有全国各地的人一窝蜂地涌去考察取经，试图通过这种简单的方式来获得他人的"真经"，殊不知人家的"经"再好，不经过自己的消化也是用不上的。第二种是脱离企业自身的运作条件来制定标准，使制定出来的标准无法适应连锁经营的发展。国际上连锁经营已经进行了几十年，其中有很多的经验可以为我们借鉴。要清醒地认识到，对一个连锁企业来说，企业的管理标准除了必须考虑到标准所具有的先进性和客观性的特征外，还需经过较长期的艰苦探索（包括借鉴）和实践，试图在短期内用抄袭的方法解决是不现实的。另外，一个企业的管理标准是区别其他企业和体现自己经营管理思想和特色的主要方面，这也决定了企业必须要依靠自己的艰苦努力去创造性地制定适合本企业的标准。因此，借鉴、消化、创造是连锁企业制定管理标准的有效途径。

1.2 连锁总部对门店营运的控制

连锁经营企业一般由总部、门店和配送中心构成。总部是连锁店经营管理的核心，其总职能就是对各门店营运的控制。它必须具备采购配送、财务管理、质量管理、经营指导、市场调研、商品开发、促销策划、教育培训等各项职能。门店是连锁经营的基础，主要职责是按照总部的指示和服务规范的要求，承担日常销售业务。

连锁企业经营特征之一表现在总部与门店间的专业分工上，即总部负责商品采购等管理，门店方面则负责商品销售，使总部与门店工作趋向简单化、专业化，这种专业分工合作就是连锁企业提升经营效率的秘诀。

1.2.1　连锁总部对门店营运控制的内容

经营管理中连锁总部对门店的控制内容繁多。从大的方面来说有采购配送、财务管理、质量管理、经营指导、市场调研、商品开发、促销策划、教育培训等,但经常性的控制活动主要集中在以下几个方面。

1. 商品布局与陈列的控制

门店的商品布局与陈列一般是根据总部的商品布局图与配置表来实施的,其中渗透了连锁企业的商品经营策略思想与营业目标。也就是说,如果总部所确定的商品布局与陈列被门店做了很大的变动,就无法实现连锁企业统一的营业目标。要把控制门店商品布局与陈列同实现总部营业目标联系起来,一般可以从以下几个方面加强控制。

（1）商品位置控制

总部在进行门店检验时,应根据各类商品的布局位置图,核对位置是否变化。一般来说,要特别注意特别展示区、端架上的商品是否已做了位移,这种位移可能是供应商公关的结果。

（2）商品陈列控制

总部根据商品配置表能容易地发现门店商品陈列的改动,控制重点包括以下两个。① 商品陈列的排面数是否发生了变化。排面数实际上确定了商品的最高陈列量和出样面,低于规定的排面数会影响到该商品的销售,因为缺乏表现力;而高于规定的排面数又影响了门店的整体布局。② 商品货架陈列位置是否发生了变化。位置发生变化可能会有两种情况：第一,在同一层板中向左或向右做了移动；第二,在不同层板中向下或向上做了变动。这些变化都会带来该商品销售额的变化。

2. 商品缺货率控制

缺货率=（缺货次数/顾客订货次数）×100%。一般来说,对于还没有采用自动配货系统的连锁企业来说,总部会强调主力商品的订货数量,这是为了防止门店发生主力商品缺货而影响销售额。商品缺货率的控制主要是对主力商品缺货率的控制,缺货率控制在什么比例上,各连锁企业可自定,一般确定为2%是恰当的。缺货率控制的一个重要手段是,发生缺货断档一律不允许用其他商品来填补,宁可让货架上开"天窗"也不补货,以便分析原因和追查责任。

3. 单据控制

门店每天都可能有大量的商品送到,不管是配送中心还是供应商送来的货都必须有送货单据。要严格控制单据的验收程序、标准、责任人、保管、走单期限等。单据的控制是为了控制违规性签单、违规性保管、违规性走单,保证货单一致的准确性,保证核算的准确性和供应商利益,同时也可控制门店的舞弊行为。

4. 盘点控制

盘点是总部对连锁企业门店经营成果的控制手段。盘点控制的手段包括以下几种。

1）检查盘点前的准备是否充分，同时要防止在盘点开始前几天普遍发生的门店向配送中心要货量幅度下降的状况。经验显示，这种要货量下降影响门店销售量最大可达 10%～30%。

2）检查盘点作业程序是否符合标准，是否实行了交叉盘点和复盘制度。

3）实行总部对门店的临时性、不加通知的抽查制度，有条件的连锁企业可以成立专业的盘点队伍，专职进行门店盘点和抽查工作。

5. 缺损率控制

缺损率是失窃率和损耗率的统称，是指失窃和损耗的商品占全部库存商品的百分比。缺损率失去控制会直接减少门店的商品数量，从而降低盈利水平。目前，国内大部分连锁经营企业实行缺损率承包责任制的方法，落实到人。这种方法虽然很有效，但要注意其负面影响，今后的方向是，在加强责任的同时，注重设备的保养和先进技术的应用。缺损率一般控制在 5‰ 是恰当的。

6. 服务质量的控制

门店的服务质量直接关系到顾客的满意水平，最终影响到连锁经营企业的信誉和市场影响力。服务质量控制有两个方面：第一，增强服务意识，进行教育与培训，必须认识到教育是控制服务质量的重要手段；第二，实行明察和暗访相结合的控制方法。

7. 经营业绩控制

对门店经营业绩的控制主要是按完成目标销售额，采取月销售额与工资、奖金挂钩的方法来控制。例如，目前国内的连锁超市，大多采取固定工资加奖金的办法来考核和控制门店经营业绩，这是不妥当的，应按月销售额含工资与奖金的方法较好。这个方法要注意两点。

1）月销售额目标要根据不同门店的实际情况来加以确定，体现目标的科学性。

2）要明确月销售额目标的确切含义，如销售额是销售毛收入；准利润是去掉门店费用后的利润；净利润是去掉门店费用和总部摊销费用的利润。

实际上，每一个目标都可以作为考核的基础，连锁企业可以把这些指标综合起来考核，或者根据自己的实际情况和业态模式的特征来加以确定。

1.2.2　连锁总部对门店营运控制的途径

连锁总部对门店最大的魅力和吸引力，源自其可提供给门店的"贡献度"有多大，而非"控制力"有多强。连锁总部经营管理中对门店的控制，实质上就是通过一定的途径对各门店的管理提供支持，连锁总部对门店营运的控制主要可通过以下几条基本途径来完成。

1. 建立完善的培训体系

对连锁企业来说，规范化的操作要求高质量的培训，门店营业手册所规定的作业标准必须让员工理解、接受和执行，连锁总部才能实施控制。因此，建立完善的培训体系是连锁总部实施有效控制的关键所在。

2. 建立各种制度及编写营业手册

建立系统的、统一的制度并将总部经营管理层的理念、政策、社会经济形势解说、同业动态、每月促销作业、总部管理人员介绍、加盟店介绍、其他加盟连锁系统的介绍等一一提供给门店以实施制度控制，保持连锁经营统一的品牌形象及标准化。手册有店主管营业手册、店职员手册、营业销售分析月报表、商业区调查资料、商店管理手册、店内设计装潢手册、管理发展手册。

3. 运用现代技术进行实时控制

运用现代技术在工作进行中执行控制，同时修正行动，改正问题偏差。近年来电脑化的广泛运用已成连锁店经营成功的战略之一。因此，通过电脑资讯在销售动向、商品动态、顾客资料等方面经由电子订货系统、销售时点系统和加值网络系统（Value Added Network，VAN）等电脑化的运用，使总部提供了连锁店正确的、系统的信息支援，同时也实现了对门店的实时控制。凡是各店目标业绩的制定、实际业绩的统计与分析、市场信息提供等，电脑化均有其不可或缺的重要性。

电子订货系统（Electric Ordering System，EOS）对供货绩效的把握、库存量的控制有着关键性的影响；销售时点（Point Of Sales，POS）系统则是为了掌握最具时效的销售信息，及时了解每一时段的销售情况，以便迅速调节库存量、采购量、滞销品和畅销品等，POS 功能可提供最迅速的资讯。资讯管理系统的运用，使大家认识到流通业、连锁店的营销已进入了信息化时代。将顾客资料加以分析，来强化顾客服务，甚至可将各店每日成千上万笔的交易都直接储存在电脑中，借不同功能导向分析，来提供各管理阶层决策所需的参考数据，制定决策后指导和控制各门店。

4. 统筹采购商品，拟订商品计划及经营指导

连锁总部统筹制定采购管理规划、库存控制规划、商品调节规划、人员调度规划、平面配置图规划、营业设备规划、开店进度计划等对门店实施经营计划控制。对门店提供专业营销企划、媒体规划设计、全国性广告、区域性广告、联合广告、店面陈列等规划，新商品开发、畅销商品信息、特价品提供等商品指导，促销活动的统筹规划、新店开幕活动设计及开幕活动指导等。

除了以上各项支持，总部对门店地区的民情风俗、生活习惯、职业差异、顾客来源、潜在市场、政府有关单位检查项目，也有指导和服务的义务。

小资料　日本 7-11 的电子网

日本 7-11 社长铃木敏文曾说："零售业是沟通（Communication）产业，除了人与人之间的沟通，销售者与消费者之间的沟通，总公司与各店的沟通外，还有物与物之间的沟通，这些沟通都必须依赖所谓的信息。所以，连锁经营体系也是一种信息的产业。"各门店对总部的信息依赖相当高。

7-11 于 1991 年开发全世界最大的综合业务数字网（Integrated System Digital Network，

ISDN）。ISDN 电子网络，除了运用电子技术、电话传真外，还大量使用电脑，包括 POS、图表订货终端机（Graphic Order Terminal，GOT）、光学扫描器（Seanner Terminal，ST）、门市电脑（Store Computer，SC）、总部中央电脑、国际 VAN 等，组成一个极大的资讯网络，以连接总部与地区分公司、物流中心、批发商、制造商及各个门店。由于 ISDN 的导入，使得营销信息快速无比，资讯容量极为庞大，颇具运筹帷幄，决胜于千里之外的奥妙。

1.3 连锁企业门店管理内容

1.3.1 人力资源管理

连锁店的经营不论地点的选择，还是技术设备的引进、商品的开发与销售、策略与制度的拟订，均需通过人来完成，因此连锁店能否持续经营取决于人力资源的管理是否得当。如何规划适合本身连锁店特色的人力资源体系，开发及安置合适的人力配置，使其人尽其才，发挥所长，成为连锁店人力资源管理的重点。

1. 职位规划与管理

连锁店经营各门店中各组织、职位需要如何设置，其职位的职能为何，必须明确规定，才能针对其职位进行人力需求编制，职位设置目的不清楚，易造成用人不当与人力控管不力。另外，必须通过职位管理的进行，来作为人力招募的参考工具及教育训练发展的依据，使人力规划更准确，职业生涯路径更明确，并作为工作职责与绩效目标的考核依据，有利于规划合理的薪资制度。在进行职位规划与管理时按下列步骤进行。

（1）工作分析

工作分析是协助了解职位设置必要性的最佳方法，一般应在职位设置前进行，设置后仍需定期进行检验，看是否有修正的必要，工作分析的内容包括：

- 该职位设置的目的是什么？对其他职位有什么帮助与影响？
- 该职位需要什么知识或技能？有哪些学历或体能要求？
- 该职位要做什么工作？
- 该职位负担的责任与影响力是什么？在组织中的位置是什么？
- 该职位需要多少人？如何衡量？

（2）职位说明书的建立

经过工作分析后对于各职位的设置目的、基本条件要求、在组织中的关系、功能职责等均能明确规定，而对于以后的人力编制、人员招募、调动与晋升、培训、薪资给付、绩效管理等，就需要依照职位说明书来实施。因此，建立书面化的说明书有其必要性，而每一个职位都必须有相对应的职位说明书，以利于职位管理制度的推行。

（3）职系、职类与职级的建立

职系是指从事的工作（行业）属性，如工程技术人员、高校教师；职类是根据岗位的职业类别不同对员工进行纵向分类，如理货员、售货员；职级是根据同职类员工的工作能力不同进行横向划分的等级，如总经理、经理。连锁店一般的职级：职员—店长—区主任—课长—部门经理—总经理。

2. 人力资源开发计划

（1）人力编制

随着连锁店经营的扩张，人力需求将成为最迫切的一环，尤其是如何做好适当的人力编制安排，以使人力成本降至最合理，而服务水准仍能维持，成为人力控制的重点。一般人力编制衡量标准可分为可量化人力编制与非量化人力编制两种方式。

（2）需求预测

人力需求预测的目的在于制定正确的人力计划，透过需求预测掌握未来人力供需的状况，避免人力供给过剩或不及，并对人力资源的素质做分析。因此，需先做公司人力现况盘点，配合公司的营运计划，进行人力需求预测，作为人力招募参考及人力调度的依据。

（3）招募任用

企业的人力来源及招募任用，会受用人政策的影响，甚至因用人政策不同而形成不同的企业文化。所以，在招募任用前首先要确定用人政策；其次要明确人力来源；最后要准备好招募工具，连锁店经营的最大效益就是资源可以共用，尤其在招募工具的运用部分，通过连锁店总部的统筹运用，可使效益达到最大，也可因各个连锁店需要进行个别招募，使招募工具的运用更具弹性。

（4）面试录选

当人力编制出现缺口，进行招募作业后，接下来的工作就是面试录选的安排，连锁店发展初期对于门店基层人员尚可由总部集中面试，但随着店数的扩张，门店基层人员的面试应该逐渐授权给门店店长或区经理处理。一般来说，加盟店人员由加盟店主决定，直营店则由授权店长面试任用兼职人员，门店正式职员则由店长或区经理面试任用。

（5）人力维持

连锁店的人力虽可视各店人力状况进行调动，互相支援，但是人力的调动有时会受区域性及员工个人意愿限制。因此，各店保持现有人力的稳定，减少人力流失，避免招募成本增加，是不可忽视的问题。

3. 薪资政策与制度

（1）薪资政策

连锁经营企业及各门店对于其薪资制度应有明确可依循的薪资政策，以作为薪资给付依据，一般薪资政策的制定要考虑几项因素：市场竞争力、企业负担能力、给付合理性、内部公平性、工作激励性。

（2）薪资制度

可供选择的薪资制度：固定薪资制、薪资加奖金制、奖金制、钟点计薪制、论件计酬制。

（3）奖金制度

奖金制度的设计应让员工清楚易懂，衡量标准应以利润增加、成本减少及服务质量提升为考虑因素。对于销售增加及成本减少应兼顾，以避免单一因素的考虑，造成实际利润损失，如费用减少的奖金制度，可能在降低费用成本之后，同时使销售衰退，导致利润减少则得不偿失；在奖金分配方式上，可考虑依其职位贡献度及员工绩效表现来分配，应避免齐头式的分配方式；另外，奖金制度设计的可达成率应维持在70%~80%，可达成率太低易失去激励性，可达成率太高则被视做固定薪资，都可能丧失奖金的激励作用。一般常见的奖金方式有固定奖金方式、依公司营运状况决定、依部门目标达成状况决定。

4. 福利制度

各门店可视其营运状况、财务负担能力及员工需求，决定其福利制度项目。一般常见的福利制度有保险、休假、补助、进修、奖励等。

5. 升迁与轮调管理

门店员工的未来发展性与升迁公平性，常是造成员工离职的主要原因，因此明确的升迁路线及公平的晋升原则，是留住人才的有效方法之一，尤其是当连锁店的组织层次越来越庞大时，如何有效公平地晋升与人员轮调是非常重要的。

（1）明确的晋升渠道

员工进入连锁店后的未来升迁，是员工最关心的。因此公司内的晋升路线必须制度化，并且让员工充分了解，使员工对其生涯发展有明确的方向，并建立公司内部各级职务人才的培训渠道。

（2）公平的选拔方式

以公开、公平、公正为原则，按既定的标准对员工进行考核，并以此作为选拔晋升的依据。

（3）晋升与训练相结合

晋升新职务的员工对新岗位职责还不熟悉，还不具备新岗位所需要的职业技能。因此需要及时的上岗培训，也就是要求晋升与训练相结合。

（4）轮调管理

轮调管理又称轮岗管理。员工通过岗位轮换一方面可以避免因长期在一个岗位工作而形成的工作倦怠，另一方面可以避免借工作之便而产生的某些腐败行为。

6. 绩效管理

绩效管理是指各级管理者为了达到组织目标对各级部门和员工进行绩效计划制定、绩效辅导实施、绩效考核评价、绩效反馈面谈、绩效目标提升的持续循环过程，绩效管理的目的是持续提升组织和个人的绩效。因此，连锁店的绩效管理是人员管理的重要内容。

7. 人员培训

连锁企业人员培训是一项经常性的管理工作，特别是在有新的服务要求、产品推出、新员工进店工作时更为重要。

连锁企业人员培训的方法可分为职前培训、在职培训、脱产培训和自我教育四种。职前培训主要针对新招聘的员工，使其具备能够上岗的基本素质和能力。因此在整个培训体系中，职前培训居于基础地位。在职培训是指为提高在职员工的技能水平，由连锁企业直接或委托其他培训机构对劳动者实施的培训。脱产培训又称为脱产教育培训，意思是"离开工作和工作现场，由企业内外的专家和教师对企业内各类人员进行集中教育培训"。自我教育是一个由四个环节组成的动态结构。一般的人都是在自我认识的基础上，提出自我要求；在自我要求的目标引导下，不断地通过实践过程中的自我监督、自我控制、自我调节，力争达到一定预期效果；然后用自己认可的价值观对自己进行评价，通过这一评价，形成对自己的新认识。在这一新的基础上，又开始了新的自我教育循环上升过程。

这四种方法适用于不同的人员培训，各有各的特点，但是它们之间不是完全独立的。更多时候，对于同一培训内容要同时采用几种方法，或交替使用。通过几种培训方法的叠加效应，学员吸收新知识，学会新技能。四种方法的综合作用使员工的素质得到全面提高，同时，在职、脱产、自我教育这几种培训方法又可以循环、交替采用。

职前、在职、脱产、自我教育这四种培训方法主要是从大方向上来划分的，而每一种方法中又包含了众多的具体办法和措施。这些措施针对性十分强，许多是实际工作的经验结晶，有很好的培训效果。

8. 日常管理

员工的日常管理包括安排班次，建立员工档案和通信录，工作制度的管理，工作纪律的管理，关注员工的行为表现，根据员工评估表对员工进行评估，卫生管理，陈列管理，商品管理，对缺货的处理，畅销商品和断货商品的管理，客户投诉管理，服务语言管理，会议及意见转达管理等。

9. 团队管理

团队管理是为了实现共同的目标，共同的目标客观上需要建立相互信任、团结奋进的有效的团队。

1）在这个团队中，管理者不仅在工作完成时充当判断好坏的"裁判员"，而且在工作的过程中为员工充当"教练员"和"服务员"。

2）在这个团队中，员工不再简单地被当做完成工作的机器，而被视为公司的一种宝贵的人力资源，其自身的素质和工作的技能都在公司不断的再培训中得以开发和提高。

3）在这个团队中，上下级之间不再是单纯的领导和服从的关系，管理者和员工之间通过良好的沟通，对公司的目标有了清晰的认识，大家在相互信任、协同互助的氛围中向共同的目标迈进。

4）在这个团队中，"公平、公正、团结、奋进"的理念应该深入每个管理者和员工的心中。

5）在这个团队中，"顾客至上，服务第一"的理念应处处体现在员工每日的工作当中。

10．诚信管理

诚信，就是诚实守信。连锁经营者要在激烈的市场竞争中立于不败之地，要紧紧抓住的是顾客。怎么才能抓住顾客？怎么提高顾客的忠诚度？靠产品，靠价格，靠服务。而在这些都与同行业无差异时，靠什么？靠品牌经营。品牌经营的理念很多，最重要的是诚信。只有诚信，才能有稳定客源；只有诚信，才能扩展客源；只有诚信，才能稳定回笼资金；只有诚信，才能扩展我们的品牌。

连锁经营者既要对顾客诚信，对供应商诚信，又要对员工诚信。对顾客诚信，因为他们是我们的衣食父母；对供应商诚信，因为他们是我们的坚强后盾；对员工诚信，因为他们为我们创造现金价值。

1.3.2 顾客管理

顾客对每一个连锁店而言，准确地说顾客是连锁店的"生命"，是"衣食父母"，连锁店所做的一切都是为了他们。而在市场竞争的今天，顾客可在成千上万家连锁店中选择自认为适合、满意的产品、服务。随着顾客识别能力的增强，一些陈旧的技能和服务水平将不再为顾客青睐。顾客将会对产品质量要求越来越高，对服务品质要求越来越严。那么连锁店继续提供一般的技能、一般的产品、一般的服务将会导致顾客流失，也会失去顾客的忠诚。有这样一句话：顾客满意的程度等于你盈利的高度。要想赢得生存，取得竞争优势，连锁店需要一种管理顾客新体系。而健全和完善这种管理体系，就必须以顾客为中心，提供卓越的服务价值使顾客满意。

1．树立正确的顾客关系理念

连锁店要使每一个员工都明白：顾客的光临是我们的荣幸，不要认为是我们给予他们的恩惠；顾客的光临没有影响我们的工作，而是我们工作的目的；顾客有权享有我们所能给予的最优秀、最关注的服务；顾客是我们生意的主要部分，不是局外人；顾客不依赖我们，而是我们依赖他们生存；顾客不是我们斗智和争论的对象。顾客有权希望我们的员工有整齐清洁的仪表；顾客把他们的要求告诉我们，我们的职责就是满足他们的要求；顾客不是盈亏的统计数字，而是和我们一样生机勃勃、有血有肉有情感的人。

2．在商品质量和人员服务方面下工夫

有关调查表明：产品品牌知名度越高，顾客期望值越高。所以，给顾客提供质优价廉、包装好、品种多的产品，是保证顾客满意的前提。同时，服务人员不仅要有合格的文化素养和服务技能，还要有高尚的职业道德、强烈的服务意识和良好的服务态度，能够创造一种宾至如归的购物氛围，这是服务质量的保证。

3. 处理好顾客投诉

顾客投诉是顾客再次光临的机会，所以不可大意。记住原则：顾客永远是对的，是上帝。处理好顾客投诉要求做到：立即做出反应、认真处理；不能辩解、默默承受、适当承认过失；保持信心与自控；设身处地地为顾客着想；表示关心、同情并花点时间倾听；找出顾客的真正需要；友善礼貌地对待顾客、向顾客道歉；把事件了解清楚、分清责任、给予分析、晓之以理、动之以情；寻找潜在问题；事后追踪、落实；记录在案、积极改进。

4. 做好顾客访谈接待

顾客访谈接待看起来是小事，但它是融洽顾客关系，增加销售额的有效措施。这方面有很多经验、技巧值得借鉴。比如，微笑，自然，眼看顾客；不分时间，不分地点，随机地与顾客交谈；询问顾客孩子的生日、订蛋糕；介绍自己，推销门店余外的服务；询问品质、服务如何；询问是否常吃类似的产品等。

5. 激发顾客满意

有人认为"只要我们做得好，顾客就会满意"，果真如此吗？当我们分析了影响顾客满意的不同因素后，一定会有不同的看法。

影响顾客满意的因素有三个层面。

（1）必须具备的因素

必须具备的因素指的是顾客期望存在的并认为理所当然的那些特性。例如，顾客购买的生日蛋糕，肯定希望产品是新鲜的、包装是整洁的、及时送到家门口等。由于这些都是顾客预期它应该有的，因此当没有时，顾客就会特别注意它，就会感到恼火和不满意。而即使这些都有了，甚至更好，顾客也只有中性的感觉，不会感到很满意。

（2）越多越好的因素

顾客对于这种因素有一个较大的感觉范围。如果顾客的需求没有得到满足，就会感到失望；如果得到合理的满足，顾客不会有什么感觉；但如果我们做得更好，顾客会增加满意度。譬如，顾客打电话订做生日蛋糕，通常是6小时后送到。如果我们拖延太久，就会遭抱怨；如果我们不快不慢，顾客不会有什么反应；如果我们反应迅速，在很短时间内送达，顾客就会高兴。

（3）期望之外的因素

期望之外的因素指的是顾客未曾期望，以致感到意外而惊喜的那些特性。因为是期待之外的，所以缺少了这些因素，不会引起任何消极影响，但如果具备，就会产生积极效果，提高顾客满意度，如顾客生日时打个电话祝福一下。

由此可见，企业做好"必须具备的因素"，仅仅是避免了顾客的不满，要真正获得顾客的满意，还要在其他两个因素上下工夫。在理解这三类感知特性的同时，我们还需要注意一点，顾客的需求是在变化的，因此要经常去接近他们，了解他们。某些去年还是"期望之外的因素"，今年已经成为"必须具备的因素"，如果我们做不好，顾客就不会满意。

企业在做好"必须具备的因素"的同时，应想方设法用"越多越好的因素"和"期望之外的因素"来提高顾客的满意度。但具体实施时往往会遇到一些问题，有时还会令我们十分尴尬，如送生日蛋糕，平时有附带贺卡，但近来却没有了，而需付费。这会引起顾客的不快。因为在顾客的心目中，这贺卡已不是"期望之外的因素"了。

此事告诉我们：连锁店要采取措施，使顾客满意或激发顾客的兴趣；要有很好的策划，对顾客期望与实际感知之间的差距要有预估。著名管理大师戴明博士指出："满足顾客期望有许多学问。企业应尽力想办法去满足顾客的各自期望。但是事实上，顾客期望往往是由企业或其他竞争者引导产生的，因为顾客有着极强的学习模仿力。"

连锁店作为产品和服务的提供者，应把顾客期望和其实际感知之间的差距看做自身发展的动力，以寻求一种更有效的方法来激发顾客的兴趣，获得顾客的满意。

提高顾客满意度的有效措施通常有实现承诺，设立投诉电话，设计顾客意见箱，制定对顾客进行跟踪回访制度，进行顾客意见调查，通过朋友了解状况等。

1.3.3 商品管理

连锁店经营成功与否，很大程度上取决于商品策略是否得当。所以，商品管理是连锁店管理的重要内容。

1．商品定位

商品是连锁经营获利的主要来源。连锁企业如何在连锁业竞争的市场中生存发展，依赖合适的商品定位及适当的商品组合。连锁店商品定位首先必须确定商业区的顾客群，然后再深入了解其消费需求及其变化趋势，在此基础上才好确定连锁经营的商品种类与结构组合，以便最大限度地满足消费者的需要，同时实现连锁经营销售的最大化。

2．商品供应计划

商品供应计划是指在采购之前必须事先充分检查该商品是否为消费者真实需求的商品，其中最重要的就是商品的定价及品质问题，就消费者立场而言，商品的价格及品质是购买商品的绝对条件。除此之外，再进一步思考经营商品的定位与目标市场的特性，确定商品组合的深度及广度。

如果供应商在价格和品质两方面不能满足要求的话，就得考虑是否委托生产制造厂商供应或自行开发。

3．供应商管理

供应商是指那些向采购方提供产品或服务并相应收取货币作为回报的经济组织。

在集中采购制度下，供应商管理属于连锁总部的职责。但对于地方性的特色商品及少数特殊商品必须由各门店分散采购，这时的供应商管理就是各门店的事情了。门店要对供应商进行了解、选择、开发、使用和控制。其中，了解是基础，选择、开发、控制是手段，使用是目的。供应商管理的目的就是要建立起一个稳定可靠的供应商队伍，为连锁经营门店提供可靠的商品供应。

门店在供应链管理环境下与供应商的关系是一种战略性合作的关系，提倡一种双赢机制。在采购过程中要想有效地实施采购策略，充分发挥供应商的作用就显得非常重要，采购策略的一个重要方面就是要搞好供应商的关系管理，逐步建立起与供应商的合作伙伴关系。

门店对供货厂商管理的效益体现在降低商品进价、降低原料、物料或商品的成本；与供货厂商有效配合，共同开发特色商品；通过厂商管理，建立彼此间共存共荣的关系。

供货厂商管理的方法有资料的收集与分析，定期检查与销售控制，年度合作目标制定等。

4. 筹备商品

一是根据经验，连锁店经营的商品系统应朝下列三个目标迈进，也可称为3S主义，即特殊化、个性化（Specialization）、单纯化、简易化（Simplification）、标准化、统一化（Standardization）。

二是遵循适当规模的原则筹备商品，适当规模是指顾客能够感觉到丰富的商场面积或商场商品内容。此时的衡量标准是顾客，而不是店铺或业者。

如果仅以品种齐全的意义来筹备商品，则不一定能够使顾客感觉到丰富的内容。就顾客而言，只会注意自己所关心的商品在货架上是否齐备，而不关心的商品再多也没有用。此外，库存量过多时，也会有同样的反效果。因此必须确实做好商品品种、数量及陈列管理。

5. 商品陈列

遵循补充的原则进行商品陈列。货架上必须保持一定的最低（最小）陈列量，所谓最低陈列量是指再减少商品时，将导致销售量的下降。换言之，最低（最小）陈列量就是快要缺货的数量，因此，应以保证最低陈列量以上为标准来补充商品，这样才能保证销售的持续进行。

6. 确定库存期

所有商品应以先进先出的原则来处理，这是保持库存商品新鲜的绝对条件。但是，从现实中现场作业的情形而言，出库人员拿后来补充的商品会比较轻松方便，所以结果常出现后进却先出的情况。

倘若没有先进先出的要求，或无法按照预测销出商品时，务必检查出超过库存期的商品，并且做好明确的标示。

7. 新商品开发与滞销品淘汰

对连锁业者来说，只要是目前门市尚未陈列或出售的，但在市场上已经流通的都可称为新商品。新商品不是绝对的，一不小心输入不当的新商品会成为长年不动的滞销品，滞销品不仅加大了商品的进货成本，而且也增加了销售成本和费用。所以连锁企业要最大限度地减少滞销品，开发新商品及引进新商品。

新商品引进的来源有供货厂商、门市销售人员、竞争者、专业报刊、消费网站、消费者。

8. 自有品牌商品开发

自有品牌，又称商家品牌，是指由连锁经营企业自己拥有并在自己的连锁店内销售的品牌。

自有品牌大多是食品类，如生鲜食品、副食品、腌制食品等。沃尔玛连锁超市自有品牌不仅在自己的连锁店内销售，还进入了其他连锁超市，如好又多连锁超市就采购了沃尔玛自有品牌三大类共 60 多个品种。

自有商品开发不仅能稳定货源，增加企业对产品掌控的空间，增加零售店的利润，而且还能建立与其他连锁企业竞争的差异化，与下游厂商在供需之外建立更密切的合作关系。

自有品牌是连锁经营企业的无形资产，最终要通过其载体——商品实现其价值。尽管连锁经营企业的自有品牌可用于制造商的各种定牌商品，但实践中，连锁企业根据其开发的目标，对自有品牌的载体商品的选择，主要集中在以下三个商品群：一是目前企业经营中高周转率、高购买频率商品群的替代商品，也叫敏感商品；二是高竞争性、高成长性商品群，如绿色食品；三是普通供应商与配送中心无法生产加工的商品群，如部分生鲜食品的加工包装，只能在卖场内的加工场进行。

1.3.4 现金管理

现金管理的意义不言而喻，主要应遵循安全可靠的原则。

1．零用金管理

零用金管理主要是为了应付找零及零星兑换之需。零用金应包括各种面值的纸钞及硬币，其数额可根据营业状况来决定，每台收银机每日的零用金应相同。

2．大钞管理

收银台不仅人员出入频繁，也是卖场唯一放现金的地方，其安全值得格外重视。尤其是找钱给顾客时，并不需要用到最大面值的现钞，因此无须将最大面值的钞票放在收银机抽屉内的现金盘内，为了安全，可放在现金盘的下面，以现金盘遮盖住。

3．交接班金钱管理

为了分清各班次收银员金钱管理的责任，交接班时应注意，收银员在收银工作中必须严格按照流程操作：第一，清点现金；第二，现金与账目进行核对；第三，复查；第四，交接。不得违反。同时，交班收银员在交班前应将预留的既定零用钱备妥。

4．营业收入管理

营业收入管理的重点是为了保证门店经营管理的最后成果的安全性，各门店的营业款解交必须按照以下规定操作：每个门店可根据实际情况配备保险箱一只，用于存放过夜营业款，保险箱钥匙由门店店长保管。

5．收银作业管理

收银作业管理要求有严明的收银员作业纪律，包括收银员在营业时身上不可带有现金，以免引起不必要的误解和可能产生的公款私挪的现象；如果收银员当天拥有大额现金，并且不方便放在个人的寄物柜时，可请店长代为存放在店内保险箱里；收银员在进行收银作业时，不可擅离收银台；收银员应使用规范的服务用语；收银员不可为自己的亲朋好友结算收款；收银员不可任意打开收银机抽屉查看数字和清点现金；收银员离开收银台的作业管理。

6. 营业结束后收银机的管理

营业结束后，收银员应将收银机里的所有现金（除门店规定放置的零用金外）、购物券、单据收回金库放入门店指定的保险箱内，收银机的抽屉必须开启，直至明日营业开始。收银机抽屉打开不上锁的理由是，为了防止万一有窃贼进入门店时，窃贼为了窃取现金而敲坏收银抽屉，徒增公司的修理费用。

1.3.5 信息管理

电子信息系统是信息管理的技术条件。据说，沃尔玛的电子信息系统是全美最大的民用系统，甚至超过了电信业巨头美国电报电话公司。在沃尔玛本顿威尔总部的信息中心，1.2万平方米的空间装满了电脑，仅服务器就有200多个。在公司的卫星通信室里看上一两分钟，就可以了解一天的销售情况，可以查到当天信用卡入账的总金额，可以查到任何区域或任何商店、任何商品的销售数量，并为每一种商品保存长达65周的库存记录。中国的连锁企业正在以很快的速度递增，通过兼并、重组等措施，形成了几种业态并存的局面，这使得连锁业的竞争也变得空前激烈。要想在激烈的竞争中胜出就必须建立更加完备的信息系统，通过信息化系统的建立来强化规模经济的优势。同时伴随企业信息化系统的应用，连锁信息化策略这一概念也开始普及开来，毫不夸张地说，谁掌握了及时、一流的信息，谁就会在竞争中胜出。

目前，我国80%的大中型连锁业不同程度地采用了计算机管理，其中连锁型的企业占较大比例，这说明我国连锁企业管理者对于信息化策略还是有所注重的，但有资料显示，我国零售企业IT投资所占零售总额的比例还不到0.2%，而国际零售巨头都在2%以上；从技术应用的程度上看，我国连锁业的信息化程度较低，不仅销售、管理、财务、客户关系管理及数据挖掘等系统的应用落后于国外企业，而且企业缺乏对市场、资金流、物流的总体控制能力。这说明我国的连锁信息化策略还很不完善，还有待加大投入。

我国连锁企业的信息化已经很普及，但普遍专注于操作层面（如收银、收货、库存管理）而在管理操作层（如供应链）的应用普及却很弱，缺乏战略级的信息化规划和应用。

连锁经营门店的信息管理包括如下内容。

1. 建立连锁零售业信息系统

连锁零售业信息系统的规划与建立有一定的模式，与一般零售业既有相同之处也有不同之处，在此我们先从连锁业自动化的程序说起，其自动化大体可分为三个程序。

（1）作业标准化

很多公司在导入自动化时都疏忽了作业标准化这一过程，因此给日后自动化过程造成相当大的困扰，如果一个连锁企业在作业中缺乏一定的思考逻辑，对事情没有一定的决策模式，甚至连一般例行的作业如进、销、退、存的管理，都没有一定的标准可循，则电脑化或自动化都是枉然。

（2）流程效率化

作业标准化建立以后，更进一步的是检查现行的流程是否效率化。同时，也应在制度中融入一些管理的理念，并非仅仅把现行的人工作业导入电脑系统就万事大吉了。

（3）全面自动化

经过上述两个程序之后，最终的目的就是全面自动化，而自动化的导入，会对连锁企业的经营产生重大的影响。

1) 人力减少。很多人对于电脑化和自动化能否减少人力相当怀疑，但在科技发达的时代，省人化甚至无人化的可行性越来越高，例如，智慧型商店、自助式售卖商店等相继出现。但是必须强调的就是，人力减少是在有效的自动化之后。

2) 减少熟练工的依赖度。对制度及例行运作熟悉的人员，当然可以为企业顺利运转做贡献，但如果对其依赖度太高，其引起的不良后果也就越大。举例来说，以最基层也是流动率较高的收款员来说，在未出现有效自动化之前，收款员熟手用收款机比生手要快而且正确，然而除了操作收款机外，还需注意某些商品是否有促销或是买二送一等活动，同时在下班结账时还必须填结账报表、现金入库报表等行政作业。如果实施自动化可有效地处理上述要求，即使是新手也可以在短时间内进入状态。

3) 制度落实及管理理念的导入。人工作业有很大的弹性及可塑性，在制度的落实上也不易贯彻。在实现自动化的同时，也不只是取代原有的人工作业而已，对公司整体的管理也会有长久的贡献。

4) 降低操作的错误率。人工作业过程中的错误在所难免，姑且不论发生错误的原因是有心还是无意，其结果是一样的，而自动化中最重要的成就之一就是降低人为操作的错误率。

2. 连锁体系导入自动化应注意的问题

1) 在开发流程时，应按照现状了解、口头简报、书面确认、同步上线、检查与再修正系统的次序进行。

2) 导入的基本步骤应包括作业标准化、流程效率化、全面自动化（减少人力与错误发生）。

3) 应有发展计算机软件系统的观念。为了系统发展而不是仅仅采用现行的人工作业电脑化。

4) 软件傻瓜化。错误的资料带来的当然不会是正确的结果，必须先假设基层使用者能接受完善的训练。这样软件傻瓜化就很有必要。操作是否简单易学，如自动日结、自动月结及年度总结等，是否有良好的扩充弹性。

5) 整体系统原则。整体系统的效益远大于个别系统（零售业管理循环）。系统规划上的考虑是否完整，能否有效而完整地收集各种商品、顾客等交易资料，以供日后决策分析之用。

6) 融入管理理论。零售业管理的几个重要理论包括20/80法则、冰山理论、ABC-Z预警制度、异常比率分析、变动式完全存量、交叉互盘、磁石理论、分段导入计划等。

7) 在导入方式上以分阶段导入计划为宜，坚持使用多少支付多少的原则（按照使用者需求及配合人力资源等因素而定，而不以系统难易度来分）。

8）高层的支援不可缺。最高决策当局的决心与关心十分必要。

9）执行品质。执行者的心态、意愿与执行技巧都要到位。

10）系统安全性。安全性为大型连锁系统成功的首要因素，在信息系统、POS乃至店内卡、信用卡、签账卡等不论是系统出错或是卡片被伪造变造时，对公司的影响都极大，甚至会造成巨额损失。

11）实用性的本土化。国内的交易行为、税务制度，都与国外有着很大的差异，如统一发票及中文发票列印、专柜开发印证、保证书、提货单、X账、Z账直接列印及店名章无须盖印直接列印等。

复习思考题

1. 连锁企业门店营运与管理的目标是什么？
2. 科学化管理标准的制定应注意哪些问题？
3. 连锁企业门店管理内容有哪些？
4. 连锁企业门店商品管理包括哪些内容？
5. 连锁企业门店营运中如何保证顾客满意？

案例分析

家乐福加强门店的统一物流管理

"2006年4月，罗国伟担任家乐福中国区CEO之后实际上就开始主持工作，当时已经明确了集权的思路，因为统一的物流体系已经建立，原先为了适应市场而选择的分权失去了意义。"一位熟悉家乐福的知情者对《中国经营报》记者说。期间，罗国伟筹划建立华东、华中、东北、华南、西南五个区域性物流配送中心，意在加强门店的统一物流管理；而原先单门店店长拥有的商品采购管理权、人事任免权部分被上收至更高级别的管理层。

此次变革，削弱了一向以"权力大、灵活性"著称的门店店长的"权威"，家乐福中国区总部强化控制区域市场的意图已经很明显。实际上，这场变革的"归宿"即在于回收门店权力，加强区域市场管控。

"在中国，沃尔玛是家乐福最大的竞争对手。"一位家乐福人士说。在家乐福与沃尔玛多年的纷争中，沃尔玛在全球市场略胜一筹；家乐福在中国市场领先半步。

"家乐福最早在中国实现了盈利，无论门店数还是销售额都曾将沃尔玛抛在身后，其中一个重要的原因就是，当时家乐福的扩张速度远远超过沃尔玛。"上海流通经济研究所所长、研究员汪亮认为，"规模化连锁是盈利的最重要因素，开店的速度与规模将决定胜败。"

第1章 连锁企业门店营运与管理概述

沃尔玛进入中国之后，曾一度发展滞后，由于所采取的中央集权制度缺乏灵活性，导致其在相当长的一段时间内仅仅局限于华南、东北市场。由于门店的数量不够，沃尔玛仅在深圳和天津设立了两个配送中心，而沃尔玛原先的高效灵活的统一物流体系受到制约。家乐福的活动地域则非常广泛，在国内设立了4个区域采购中心，这一阶段的对抗，家乐福优势明显。

在2007年中国连锁百强销售名单中，家乐福以296亿元、112家门店位居第6，沃尔玛以213亿元、102家门店位居第13。2004年，沃尔玛在华销售额是76亿元，家乐福是162亿元。这意味着双方的差距在迅速缩小，在销售额增幅的统计上，家乐福虽然保持着24%的高速增长，而沃尔玛是42%，这意味着沃尔玛正以更快的速度赶超。

问题1：你认为家乐福为什么要回收门店权力，加强区域市场管控？

问题2：与沃尔玛相比，家乐福领先半步的原因是什么？

实训题

实训目的：连锁经营企业认知。

实训内容：在当地进行调查、了解目前有哪些连锁经营企业，它们分别属于哪种连锁，各门店与总部有哪些联系，总部如何控制它们，门店的管理涉及哪些方面和内容等。

实训形式：分实训小组，以小组为单位进行，每个小组承担一部分任务深入调查，最后写成实训报告（调查报告）上交指导教师评阅。

第 2 章 连锁企业门店的定位分析

引导性案例

沃尔玛对商圈的确定

沃尔玛对商圈的确定有自己的一套方法，以山姆会员店为例。由于山姆会员店是实行会员制，顾客要凭借会员卡购物，每一个会员店的商场电脑数据库对会员的资料有较为详细的记载。在此基础上，沃尔玛就很有创造性地通过查询电脑得出在商场各个方位最边缘的顾客位置，将这些点连接起来，组成山姆会员店商圈的边界。

如果沃尔玛打算在某个城市开设新店，它会调查这个城市已有的零售店的商圈大小。为了尽量接近实际情况，沃尔玛还会根据两个城市在居民人口分布、城市规划、交通状况、商业布局、流动人口等方面情况的差异，以及仓储式零售店在经营规模、经营特色上的不同，进行合理的修正，以取得该商圈的各种参数。有时沃尔玛也通过发放顾客调查问卷，了解假定在某地建一个零售店，在各个方向上最远愿意到此购物的顾客分布在哪里，这些顾客的住址就构成了商圈的边缘线。

本章学习目标

1. 明确商圈的构成；
2. 初步学会商圈设定的方法；
3. 能够对商圈进行分析评估。

第 2 章　连锁企业门店的定位分析

学习导航

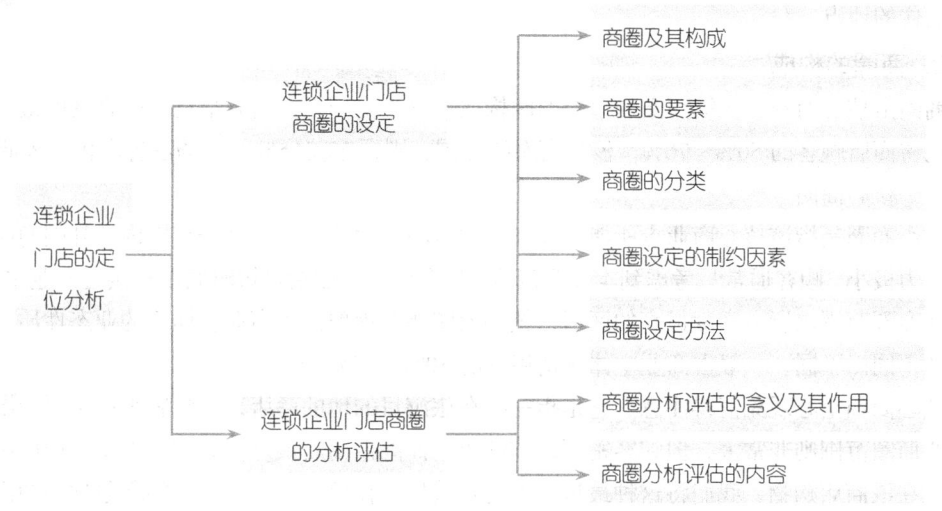

连锁企业门店的定位分析
- 连锁企业门店商圈的设定
  - 商圈及其构成
  - 商圈的要素
  - 商圈的分类
  - 商圈设定的制约因素
  - 商圈设定方法
- 连锁企业门店商圈的分析评估
  - 商圈分析评估的含义及其作用
  - 商圈分析评估的内容

职业指导

对连锁企业门店定位首先必须确定门店辐射的大致范围，就是设定商圈。商圈设定要经过商圈的调查和分析。所以，学生要掌握商圈的构成及其形态的有关知识；熟悉商圈分析的内容；学会运用商圈设定的方法。要通过调查，取得当地市场的第一手资料，如人口流量，经营环境，消费者花多久才会到达你的店等。在此基础上就可以进行商圈分析，依据一定的方法确定具体的店铺位置了。在商圈分析时，既要站在门店经营的角度分析和选择，又要站在顾客的角度来分析和选择。要特别注意邻居店的行业性质、竞争状况、拦截顾客等情况。

2.1 连锁企业门店商圈的设定

在连锁店铺开发的过程中，店址是关系到门店生意好坏的最关键因素。毫无疑问，门店地理位置的优势会给企业经营带来好的收益，一个良好的店铺选址能让连锁企业从价格战、促销战、服务战中脱颖而出。选址之前有一项重要工作，那就是对周围的商圈进行考察和分析，商圈分析是新设店铺进行合理选址的前提。

2.1.1 商圈及其构成

1. 商圈的含义

商圈是指以店铺坐落点为核心向外延伸一定距离而形成的一个方圆范围，是店铺吸引顾客的地理区域。或者说是指商店以其所在地为中心，沿着一定的方向和距离扩展，吸引顾客的辐射范围，简单地说，也就是来店顾客所居住的区域范围。无论大商场还是小商店，它们的销售总是有一定的地理范围。这个地理范围就是以商场为中心，向四周辐射至可能来店购买的消费者所居住的地点。

2．商圈的构成

商圈由核心商圈、次级商圈和边缘商圈构成。核心商圈是离商店最近、顾客密度最高的地方，约占商店顾客的50%~70%，核心商圈的外围，则顾客较分散，市场占有率相对较低。

（1）核心商圈

核心商圈是指该核心商业点所能对外影响的核心势力范围，在这个范围内，外围商圈对其的吸引力极小，顾客通常只考虑到本商圈消费，这个区域一般指最短时间距离接近商业主体物、顾客在商圈范围内所占密度最高的区域，核心商圈顾客消费额因商业主体物的业态性质、地理位置的不同而不同，一般占商业主体物销售额的50%~85%。

核心商圈空心现象值得注意。它是指一些在旅游目的地的商店，其顾客来源主要为游客，其核心商圈范围则非常大，但顾客密度却非常小，而离该商店最近距离的本地城市居民则几乎不考虑在该商店购物，我们将这种最近距离消费人群不在核心商圈范围内的现象称为商圈空心现象，大多旅游目的地的旅游用品商店均有商圈空心层。

（2）次级商圈

次级商圈是指该核心商业点所能对外影响的次级势力范围，在这个范围内受到一定程度的外围商圈势力范围的吸引及影响，顾客可能考虑到外围商圈消费，这个区域是指次短时间距离接近商业主体物，顾客密度相对较低，紧邻核心商圈以外的邻近区域，这部分商圈顾客较分散，需要花上一段时间才能到达商业主体。次级商圈消费量通常占商业主体物销售额的10%~35%。

（3）边缘商圈

边缘商圈是指该核心商业点所能对外影响的其余边际区域，位于次级商圈的外围，地理分布较为分散，属于较远的辐射区域。一般占商业主体物销售额的5%~15%。

零售店铺由于所处地区、经营业态、商店规模、经营商品品种、竞争者位置、交通条件等不同，其商圈的范围、形态及商圈内顾客分布密度存在着一定的差异。在一般情形中，还是有规律可循的，社区型的零售便利店铺，由于规模较小，其消费对象、销售商品主要适合本地居民，其顾客主要集中在核心商圈，次级商圈顾客密度极小，边缘商圈顾客几乎没有。而另一些处于旅游城市中心区域的大型零售商店，由于其主要顾客除本城居民外还有部分旅游消费者，其核心商圈范围较大，但顾客密度相对较小，次极商圈和边缘商圈的顾客密度也占有相当的比例。

零售店铺因所处地区、经营业态、经营品种的不同，商圈范围大小和顾客密度也各不同，如表2-1所示。

表2-1 所处地区、经营业态、经营品种与商圈范围大小和顾客密度的关系

商圈类型	城市中心大型百货店		特殊用品商店		便 利 店	
	商圈范围比	顾客密度	商圈范围比	顾客密度	商圈范围比	顾客密度
核心商圈	50%左右	一般	45%左右	稀	90%左右	高
次级商圈	30%左右	一般	35%左右	一般	10%左右	低
边缘商圈	20%左右	一般	20%左右	少	基本无	极低

2.1.2 商圈的要素

商圈的要素是指构成商圈的重要因素，它包括消费人群、有效经营者、有效的商业管理、商圈发展前景及政府支持、商圈形象等。

1）消费人群是构成商圈的最主要因素。

2）有效经营者是指提供商品的组织或个人。它与消费人群有机结合构成市场的供求关系。

3）有效的商业管理是市场的供求关系得以有效运行的环境条件。

4）商圈发展前景及政府支持。打造商圈需要多方面的投资者和经营者入驻，这需要政府的支持；商圈发展是否符合政府规划，商圈发展前景如何等都是非常重要的。

5）商圈形象。商圈必须有自己的形象，有自己的特色。环境、包装、对外宣传都是商圈树立形象的重要环节。

此外还有商圈的功能、建筑形态及建筑成本等非主要因素也会影响商圈的构成。

零售商店的销售活动范围通常都有一定的地理界线，也即有相对稳定的商圈。一般较大的经验商圈是2~3公里。不同的商店由于所在地区、经营规模、经营方式、经营品种、经营条件的不同，使得商圈规模、商圈形态存在很大差别。同样一个零售商店在不同的经营时期受到不同因素的干扰和影响，其商圈也不是一成不变的，商圈规模时大时小。

2.1.3 商圈的分类

对商圈形态的了解是进行商圈分析的基础，一般而言，商圈形态可分为以下几种。

1）商业区。商业集中的地区，其特色为商圈大、流动人口多、各种商店林立、繁华热闹。其消费习性具有快速、流行、娱乐、冲动购买及消费金额比较高等特色。

2）住宅区。住宅区住户数量至少为1 000户以上。其消费习性为消费群稳定，讲究便利性、亲切感，家庭用品购买率高。

3）文教区。其附近有一所或一所以上的学校，其中以私立和补习班集中区较为理想。该区消费群以学生居多，消费金额普遍不高，但果汁类饮品购买率高。

4）办公区。指办公大楼林立的地区。其消费习性为便利性，在外就餐人口多、消费水平较高。

5）工业区。工业区的消费者一般为打工一族，消费水平较低，但消费总量较大。

6）混合区。分为住商混合、住教混合、工商混合等。混合区具备单一商圈形态的消费特色，

一个商圈内往往含有多种商圈类型，属于多元化的消费习性。

2.1.4　商圈设定的制约因素

对于初次开店者而言，由于缺乏商圈统计的基本资料，商圈设定时也就无所谓顾客依赖度。因此，需深入探讨该地区人口集中的目的及其流动的范围，以此作为基本资料来从事商圈的设定。例如，要开办的店规模很大，其商圈不一定像一般小型店一样是徒步商圈，还要考虑到顾客会利用种种交通工具前来，所以要对设店地区的人流加以观察，并配合有关的调查报告，对其购物动机予以比较分析，从而确定相对准确的商圈。

商业是由消费者的购买行为和商业企业的经营能力所决定的，而商圈是商业企业吸引顾客的空间范围，也就是消费者到商业场所进行消费活动的时间距离或者空间距离。确定连锁店商圈需要从以下几个方面进行考虑。

（1）位置

商圈的关键要素在于便利性和消费环境，所以位置非常重要。要充分考虑该区域的居民条件如人口、人口密度、年龄层、性别、收入水准、购物习惯等，交通条件如道路、铁道、火车站、桥、停车站、铁路岔口、车库、公车路线、交通流量等，商业条件如竞争状况、业种、品牌、商业设施密度、地域性等。如果在商业繁华地带，交通方便，流动人口多，有大量的潜在顾客，这是最理想的。而那些设在交通偏僻地区的店，顾客主要是分布在店附近的常住人口，其商圈规模一般较小，在这种情况下店铺经营者只有根据自己的实力创造出独特的经营特色，以此招徕远客，从而扩大自己的商圈。

（2）消费群体

一个商圈若没有消费力，消费组合只是盲目地打造，也不能称为成功的商圈。

（3）商品

商品种类与商圈规模关系密切，一方面，某一顾客群总会表现出特定的消费特征，经营的商品只有投目标顾客所好，才能吸引潜在的顾客；另一方面，商圈规模大小与商品购买频率成反比例关系。

（4）城市规划

通过商业的改造形成消费环境，聚集人气，这也是打造商圈的重要目的。

初次开店者在确定商圈时，可以通过抽样调查销售记录、售后服务登记、顾客意见征询等一切可能的方法收集有关顾客居住地点的资料，通过分析进而能对商圈范围有一个大致的确定。采用这些方法，都不可忽视时间因素，如平日与节假日的顾客来源构成不同、节日前后与节日期间的顾客来源构成不同等，这些都是使商圈范围有差异的具体原因。

总之，初次开店者必须掌握一个成熟的商圈策略。商圈策略是一种积极开拓市场的动态的销售策略，成功地运用商圈策略，可以打牢商店根基，提高商店形象，创造和推动顾客的特定需求，与顾客建立一种相互依赖的关系，把生意做到顾客心里，让他们心甘情愿地成为回头客，这才是店铺商圈战术的根本所在。

2.1.5 商圈设定方法

如果是现有商店，商圈的大小、形状和特征一般可以较为精确地确定。在国外，一般用信用证和支票购物，可由此查知顾客的地址、购物频率、购物数量等情况，国内可以通过售后服务登记、顾客意向征询、赠券等形式收集有关顾客居住地点的资料，进而划定商圈。但是对于一家尚未设立的连锁店铺而言，由于缺乏商圈统计的基本资料，当然更谈不上顾客的支持程度了。因此在从事商圈设定的考虑时，可以以设店地区居民的生活形态及具有关联性的因素为出发点，并配合每天人口的流动情形，深入探讨该地区人口集中的原因，以及其流动的范围，以此作为基本资料来从事商圈的设定。尤其是一家大规模的连锁经营门店，其商围的设定并不像一般小型商店一样是徒步商圈，顾客可能会利用各种交通工具前来，因此其商圈乃属于特性商圈，所以对于设店地区内工作、学习的人的流动性、购物者的流动性、城市规划、人口分布、公路建设、公共交通等均要加以观察，并配合各有关的调查资料，运用以下两种方法加以判断，确定商圈。

1．参照法

参照法是指参照某一类似的市场或地区已有的店铺的商圈规模大小来确定商圈。这种方法在使用上为了尽可能地接近本连锁店所在地区的实际情况，可根据参照市场或地区店铺在经营规模、经营特色上的不同，以及居民人口分布、城市建设、交通设施状况、商业布局等方面的差异，进行合理的修正，以取得较为准确的商圈零售饱和指数数值。

2．调查法

这是最简单的方法，即按照问卷调查、间接调查了解顾客的住址，再将所得到的顾客住址标注在地图上，然后把地图上最外围的点连接成一个封闭曲线，该曲线以内的范围就是商圈所在。

对新设店铺商圈的划定是一项细致的工作，需要通过对消费者的调查和对市场趋势的分析来进行。对消费者的调查可以通过问卷的形式。问卷的设计应以方便被访者回答为原则，通常以选择题的形式出现，如果能够赠送精美小礼品效果会更好。最直接的调查方式是入户访谈，还可以辅之以街头拦访、电话访谈。问卷发放数量的多少要视具体情况而定，需要综合考虑店铺业态、规模、商圈内人口数等特点，问卷发放数量越多，问卷的回收越多，调查结果就越具有可分析性。问卷发放范围应该以店铺为中心尽量覆盖方圆 3 000 米以内的区域。

1）制作调查问卷。问卷的主要项目有顾客的年龄、性别、住址，顾客的来店频率（次/周、次/月），顾客去大型店购物的频率，顾客去竞争店购物的频率。以超市为例，问卷内容如表 2-2 所示。

表 2-2　商圈范围调查问卷设计

姓名：　　　　性别：　　　　年龄：　　　　家庭住址：

问题	备选答案	
您可以接受的往返于超市的距离是多少	（　）500 米以内	（　）500～1 500 米
	（　）1 500～2 500 米	（　）无所谓
您可以接受的往返于超市的时间是多少	（　）15 分钟内	（　）15～30 分钟
	（　）1 小时内	（　）无所谓
您平均每周去超市几次	（　）1～2 次	（　）3～4 次
	（　）5～6 次	（　）每天都去
您去超市采购的主要商品类型是什么	（　）食品	（　）生鲜类食品
	（　）日用品	（　）服装鞋帽
	（　）家用电器	（　）其他
附近的几家超市中，您经常去哪家购物	（　）超市 A	（　）超市 B
	（　）超市 C	（　）超市 D
您认为这家超市最吸引您的原因是什么	（　）价格低廉	（　）商品种类齐全
	（　）服务态度好	（　）购物环境好
	（　）促销活动多	（　）其他
如果在附近新开一家超市，您最希望它具备什么特点	（　）价格低廉	（　）商品种类齐全
	（　）服务态度好	（　）购物环境好
	（　）促销活动多	（　）其他

2）制作商圈地图。在收集来的问卷中，选取 100～150 份，在地图上将顾客问卷上填写的住址标示出来，并将各住址用线连起来，商圈的大致范围便展现出来。

3）计算商圈内的住户数。确认商圈后，利用住户资料计算出户数。

4）计算销售额。户数乘以每户每月的生活费用支出（食品、饮料和日用品的支出），即为该超市的营业额。

商圈范围可按销售额与市场占有率指标分为：

- 第一商圈市场，市场占有率在 30% 以上，客户消费额占店铺销售总额的 75%。
- 第二商圈市场，市场占有率在 10% 以上，客户消费额占店铺销售总额的 25%。
- 第三商圈市场，市场占有率在 5% 以上，客户消费额占店铺销售总额的 5%。

值得注意的是同样一个连锁店，在不同的经营时期会受到许多因素的干扰和影响，致使商圈范围产生许多变化，所以要经常对商圈进行调查以调整经营战略。

3. 经验法

经验法是指根据以往经验来设定商圈，这种经验包括以往经营过程中获得的各种经验、经历等。例如，便利品（购买频度较高的商品）的商圈为 10 分钟左右的时间距离，而购买频度较低的商品为 30 分钟左右，这是通常的基本范围。这些都是根据他人或自己过去的经验所得出的结论。使用这种方法来决定商圈时还应综合考虑地区性、社会性、自然条件等环境因素的影响。以连锁超市为例，可采取经验法从以下几方面进行商圈的设定。

（1）业态不同，商圈范围不同

超市与百货商店、专业店和购物中心等业态相比较，商圈偏小，超市是奉行小商圈主义的，一般来店单程时间约为 10 分钟。地处社区、居民区的超市商圈人口应不少于 7 万~12 万人；以经营食品为主的超市商圈更小，商圈人口仅为 4 万~5 万人。市场调查显示，人们经常性购买鱼、肉、蔬菜和水果时，购物距离不超过 2 000 米；而购买服装、化妆品、家具和耐用消费品时，购物距离为 4 000~5 000 米。

（2）连锁超市所处位置不同，商圈范围不同

位于城市中心的超市商圈比位于市郊的超市商圈范围要小得多。如表 2-3 所示为日本超市位置与商圈范围的关系。

表 2-3 超市位置与商圈范围 （单位：米）

超市位置	徒步商圈范围	自行车商圈范围	小汽车商圈范围
城市	300~500	700~800	—
市郊	500	1 500	3 000

（3）超市规模不同，商圈范围不同

超市规模越大，商圈范围越大，反之则越小。如表 2-4 所示为法国超市规模与商圈范围的关系。

表 2-4 超市规模与商圈范围

超市规模	面积（平方米）	商圈范围
小型超市	120~399	步行 10 分钟以内
中型超市	400~2 499	步行 10 分钟或开车 5 分钟
大型超市	2 500 以上	开车 20 分钟左右

（4）顾客购物出行方式不同，商圈范围不同

顾客购物出行的方式越现代化，商圈范围越大，反之越小。此外，地形也影响商圈的范围，如坡道、山河、汽车通行量大的道路和铁路等。

（5）顾客购物频率不同，商圈范围不同

由于收入水平、消费习惯的影响，即使对同一商品也会出现购物频率的差异，这种差异会影响超市的商圈范围。通常，顾客购物频率越高，商圈范围越小，反之越大。顾客购物频率与

超市商圈范围的关系如表 2-5 所示。

表 2-5　顾客购物频率与商圈范围　　　　　　　　　　（单位：米）

商圈范围	购物频率		
	每天购买	每周 3～4 次	每周 1 次
城市	300	500	700～800
市郊	500	700～800	1 500

但在市郊或小镇，如无其他超市时，原来半径为 500 米的商圈可延伸到 3 000～4 000 米以外。

4．利用数学方法确定商圈

除上述两种方法外，还可利用数学方法分析、确定商圈，较为常用方法主要有以下几种。

（1）雷利法则

威廉·雷利在 1929 年提出的商圈设定方法被称为零售引力的雷利法则。这是一种最具有代表性的设定商圈方法。零售引力法则主要探讨大城市是如何吸引小城镇顾客的。该法则的目的在于确定两个城市或社区之间的无差异点，进而分别确定商圈。该法则认为，两城市从中间地带吸引顾客的数量比率，与两城市的人口数量成正比，同两城市距中间地带的距离的平方成反比。这里所说的距离是由中间地带到最具代表性的交通枢纽所需要的时间来测定的。雷利法则的公式为

$$\frac{B_A}{B_B} = \left(\frac{P_A}{P_B}\right)\left(\frac{D_B}{D_A}\right)^2$$

式中　B_A——城市 A 从中间地带吸引的交易量；
　　　B_B——城市 B 从中间地带吸引的交易量；
　　　P_A——城市 A 的人口数；
　　　P_B——城市 B 的人口数；
　　　D_A——城市 A 到中间地带的距离；
　　　D_B——城市 B 到中间地带的距离。

例如，城市 A 的人口为 20 万人，城市 B 的人口为 6 万人，从城市 A 到中间地带的某小城市的距离为 15 公里，从城市 B 到该小城市的距离为 5 公里，那么

$$\frac{B_A}{B_B} = \frac{20}{6} \times \left(\frac{5}{15}\right)^2 = 0.37$$

由上式可知，位于中间地带的某小城市被城市 A 和城市 B 吸引的比率为 0.37。城市 A 因人口较多，所以可以弥补其距离上的不利。而城市 B 人口虽然比城市 A 少，但其与中间地带城市的距离比城市 A 少得多，因此城市 B 反而比城市 A 更为有利。

（2）哈夫法则

哈夫的概率模型从消费者的立场出发，认为消费者利用某商业设施的概率，取决于表现商品丰富性的营业面积，以及为购物所消耗的必要时间及该商业设施的规模实力。这里有必要将各商品或地区商业设备利用概率列入考虑范围。该模型的公式为

$$p_{ij}=\frac{U_{ij}}{\sum_{j=1}^{n}U_{ij}}=\frac{\dfrac{S_{ij}}{T_{ij}^{\lambda}}}{\sum_{j=1}^{n}\dfrac{S_j}{T_{ij}^{\lambda}}}$$

$$E_{ij}=P_{ij}C_i=\frac{\dfrac{S_{ij}}{T_{ij}^{\lambda}}}{\sum_{j=1}^{n}\dfrac{S_j}{T_{ij}^{\lambda}}}C_i$$

式中　i——某地区；

J——某商业设施；

P_{ij}——i 地区消费者光顾 j 商业设施的概率；

U_{ij}——j 商业设施的效用；

S_j——j 商业设施的规模（营业面积）；

T_{ij}——从 i 地区到 j 所需的时间；

λ——随交通工具不同而变化的参数；

E_{ij}——i 地区消费者光顾 j 商业设施的人数；

C_i——i 地区的消费者数量。

i 地区消费者光顾 j 商业设施的人数=i 地区的消费者数量×i 地区消费者光顾 j 商业设施的概率；商业设施的效用指单位时间获得的服务面积。用时越少，获得的服务面积越大，说明商业设施的效用越高，反之亦然。

式中有一个 λ 指数，用来衡量顾客因购物类型不同而对路途时间的重视程度不同，n 表示不同商业区的数量。此外，从该公式我们还可以看出，采用该模式能够评价某商业设施规模的变化及地区交通体系的变化对商圈所带来的影响。

【例 2-1】假设一家超市在考虑三个选址位置。在这三个位置，日用品的总营业面积分别为 60 平方米、100 平方米和 150 平方米。潜在顾客群的住所距离这三个位置分别为 7 分钟、10 分钟和 15 分钟。通过调研，顾客对出行时间的重视程度为 2。因此，在位置 1，顾客购买的可能性为 42.2%；在位置 2 为 34.5%；在位置 3 为 23.0%，即

$$P_{i1} = \frac{\frac{60}{7^2}}{\frac{60}{7^2} + \frac{100}{10^2} + \frac{150}{15^2}} = 42.2\%$$

$$P_{i2} = \frac{\frac{100}{10^2}}{\frac{60}{7^2} + \frac{100}{10^2} + \frac{150}{15^2}} = 34.5\%$$

$$P_{i3} = \frac{\frac{150}{15^2}}{\frac{60}{7^2} + \frac{100}{10^2} + \frac{150}{15^2}} = 23.0\%$$

假如有100名顾客居住在离该位置1有7分钟路程的地方，那么，42人（100×42.2%）会前往该地区购买商品。

应用哈夫法则时应注意以下几点。

1）要从里到外进行层层分析。为完整描述位置1的商圈，应分别对距离商店5分钟、10分钟、15分钟、20分钟……远处的顾客进行同样的分析，并加以汇总。这样才能全面估计位置1周围各商店的市场规模、商圈范围及各类商品的主要、次要和边缘商圈。如果在该地区内特定商品种类新增加了零售空间和设施，不同距离处都会有更多的顾客前来选购。

2）顾客前来选购的可能性很大程度上取决于商品种类。因为商品种类不同，顾客对路途时间的感觉也不同。在上例中，如果商品更加重要，如男士西服，那么顾客对路途时间的重视程度便有所下降。此时取值为1，结果变为位置1为31.1%，位置2为32.6%，位置3为36.3%。由于商品种类不同，位置3的吸引力大大提高。

3）绝大多数变量都很难量化，为了制图方便，路途时间应转换为以公里为单位的距离。此外，路途时间也随交通方式的不同而不同。

4）顾客每次光顾时购买的商品都不完全相同，这意味着商圈处于不断变化之中。

2.2 连锁企业门店商圈的分析评估

2.2.1 商圈分析评估的含义及其作用

1. 商圈分析评估的含义

商圈分析评估是指对商圈的构成、特点和影响商圈规模变化的各种因素进行综合性的研究。对连锁店来讲，商圈分析有重要的意义。它有助于连锁经营企业选择店址，在符合设址原则的条件下，确定适宜的设址地点；有助于企业制定市场开拓目标，明确哪些是本店的基本顾客群和潜在顾客群，不断扩大商圈范围；有助于企业有效地进行市场竞争，在掌握商圈范围内客流来源和客流类型的基础上，开展有针对性的营销。

2．商圈分析评估的作用

（1）商圈分析评估是连锁店进行合理选址的基础工作

连锁店在选择店址时，总是力求以较大的目标市场，来吸引更多的目标顾客，这首先就需要经营者明确商圈范围，了解商圈内人口的分布状况及市场、非市场因素的有关资料，在此基础上，进行经营效益的评估，衡量店址的使用价值，按照设址的基本原则，选定适宜的地点，使商圈、店址、经营条件协调融合，创造经营优势。

（2）商圈分析评估是连锁店制定竞争策略的基本前提

在日趋激烈的市场竞争环境中，价格竞争手段仅仅是一方面，同时也是很有限的，连锁店在竞争中为取得优势，已广泛地采取非价格竞争手段，诸如改善商店形象，进行企业形象设计与策划，完善售后服务等。这些都需要经营者通过商圈分析，掌握客流来源和客流类型，了解顾客的不同需求特点，采取竞争性的经营策略，投顾客之所好，赢得顾客信赖，也即赢得竞争优势。

（3）商圈分析评估是连锁店制定市场开拓战略的重要条件

一家连锁店的经营方针、策略的制定或调整，总要立足于商圈内各种环境因素的现状及其发展趋势。通过商圈分析，可以帮助经营者明确哪些是本店的基本顾客群，哪些是潜在顾客群，力求在保有基本顾客群的同时，着力吸引潜在顾客群，制定市场开拓战略，不断延伸经营触角，扩大商圈范围，提高市场占有率。

（4）商圈分析评估是连锁店减少资金占用的重要手段

连锁店经营的一大特点是流动资金占用多，要求资金周转速度快。连锁店的经营规模受到商圈规模的制约，商圈规模又会随着经营环境的变化而变化，当商圈规模缩小时，百货商店的经营规模仍维持原状，就有可能导致企业的一部分流动资金被占压，影响资金周转速度，降低资金利润率。

2.2.2 商圈分析评估的内容

1．人口规模及特征

人口规模及特征包括人口总量和密度，年龄分布，平均教育水平，拥有住房的居民百分比，总的可支配收入，人均可支配收入，职业分布，人口变化趋势，以及到城市购买商品的邻近农村地区的顾客数量和收入水平。

关于商圈内的人口规模、家庭数目、收入分配、教育水平和年龄分布等情况可从政府的人口普查、购买力调查、年度统计等资料中获知，而特定商品的零售额、有效购买收入、总的零售额等资料则可从商业或消费统计公告中查到。

2．劳动力保障

劳动力保障包括管理层的学历、工资水平，管理培训人员的学历、工资水平，普通员工的学历与工资水平。

3．供货来源

要考虑运输成本，运输与供货时间，制造商和批发商数目，可获得性与可靠性。

4．促销

促销时要考虑媒体的可获得性与传达频率，成本与经费情况。

5．经济情况

主导产业，多角化程度，项目增长，免除经济和季节性波动的自由度。如果商圈内经济很好，居民收入稳定增长，则零售市场也会增长；如果商圈内产业多元化，则零售市场一般不会因对某产品市场需求的波动而发生相应波动；如果商圈内居民多从事同一行业，则该行业波动会对居民购买力产生相应影响，商店营业额也会受影响，因此要选择行业多样化的商圈开店。

6．竞争情况

竞争情况包括现有竞争者的商业形式、位置、数量、规模、营业额、营业方针、经营风格、经营商品、服务对象，所有竞争者的优势与弱点分析，竞争的短期与长期变动，以及饱和程度。

在做商圈内竞争分析时必须考虑下列因素：现有商店的数量，现有商店的规模分布，新店开张率，所有商店的优势与弱点，短期和长期变动及饱和情况等。任何一个商圈都可能会处于商店过少、过多和饱和的情况。商店过少的商圈内只有很少的商店提供满足商圈内消费者需求的特定产品与服务；商店过多的商圈，有太多的商店销售特定的产品与服务，以致每家商店都得不到相应的投资回报；一个饱和的商圈均商店数目恰好满足商圈内人口对特定产品与服务的需要。饱和指数表明一个商圈所能支持的商店不可能超过一个固定数量，饱和指数可由公式求得。

$$IRS = C \times RE/RF$$

式中　IRS——商业圈的零售饱和指数；

　　　C——商业圈内的潜在顾客数目；

　　　RE——商圈内消费者人均零售支出；

　　　RF——商圈内商店的营业面积。

假设在商圈内有 10 万个家庭，每周在食品中支出 25 元，有 15 个店铺在商圈内，共有 144 000 平方米销售面积。则该商圈的饱和指数 IRS = 100 000×25/144 000 = 17.36（元）。

这一数字越大，则意味着该商圈内的饱和度越低。该数字越小，则意味着该商圈内的饱和度越高。在不同的商圈中，应选择零售饱和指数较高的商圈开店。

7．商店区位的可获得性

包括区位的类型与数目，交通运输便利情况、车站的性质、交通连接状况、搬运状况、上下车旅客的数量和质量，自建与租借店铺的机会大小，城市规划，规定开店的主要区域及哪些区域应避免开店，以及成本。

8．法规

税收，执照，营业限制，最低工资法，规划限制。

9．日营业额估算

超市日营业额=来自住户的日营业额+来自流动人口的日营业额

来自住户的日营业额=户数×入店率×客单价

流动人口的日营业额=每小时平均人流数×客单价×入店率×营业小时数

假设某超市核心商圈、次级商圈、边缘商圈的户数分别是 2 000 户、1 000 户、500 户，入店率是 50%，30%，10%，客单价分别是 30 元、25 元和 20 元。此外，该超市附近的流动人口状况如表 2-6 所示，超市日营业时间为 11 小时。

表 2-6　超市日营业额估算表

	儿童	青少年	中年男士	中年妇女	老年人	合计
每小时平均人流数（人）	56	60	100	90	70	—
客单价（元）	15	18	20	30	10	—
入店率（%）	10	7	5	12	10	—
营业额估计（元/小时）	84	76	100	324	70	654

核心商圈营业收入=2 000×50%×30=30 000（元）

次级商圈营业收入=1 000×30%×25=7 500（元）

边缘商圈营业收入=500×10%×20=1 000（元）

住户总营业额=30 000+7 500+1 000=38 500（元）

流动人口营业额=654×11=7 194（元）

超市日营业额=38 500+7 194=45 694（元）

10．成本费用估算

1）做出开店成本估算，包括所有设备、工程、包装材料及设计费用的投资额。

2）做出经营费用估算，包括与销售额没有直接关系的固定费用，以及随着销售额的变化而变化的变动费用。

11．销售利润率的估算

销售利润率=利润/营业额

利润=营业额−销售成本变动费用−固定费用

销售利润率是衡量店铺经营状况的重要指标，一般评估的标准：销售利润率在 30%以上的店铺经营状况好，销售利润率在 20%~30%的店铺经营状况较好，销售利润率在 10%~20%的店铺经营状况一般，销售利润率在10%以下的店铺经营状况不良。

假设上例中，该超市年运营成本为800万元，年固定费用为400万元，年变动费用为270万元，则超市的销售利润率=（45 694×365–8 000 000–4 000 000–2 700 000）/（45 694×365）=11.9（%）

在对商圈进行充分调查分析的基础上，连锁企业便可开展店铺选址的工作。

复习思考题

1. 简述商圈的构成和类型。
2. 商圈设定的因素受哪些因素的影响？
3. 可用哪些方法进行商圈设定？
4. 从哪些方面进行商圈分析？

案例分析

家乐福的商圈调查

家乐福每开一家分店，都会首先对当地商圈进行详细而严格的调查与论证，历时在一年以上，涉及的调查范围包括文化、气候、居民素质、生活习惯及购买力水平、竞争状况等诸多方面。为保证其经营的成功，选址条件都较为严格、宁缺毋滥。

首先，家乐福对商圈内人口的消费能力进行调查。例如，在中国，由于缺乏现有的资料（人口地理系统）可以利用，所以家乐福不得不借助市场调研公司的力量来收集这方面的数据。具体的做法是以某个原点出发，测算5分钟的步行距离会到什么地方，然后是10分钟步行会到什么地方，最后是15分钟会到什么地方。根据中国的本地特色，还需要测算小片、中片和大片各覆盖了什么区域。接着，就需要对这些区域进行进一步的细化，展示这片区域内各个居住小区的详尽人口规模和特征的调查，计算不同区域内人口的数量和密度、年龄分布、文化水平、职业分析、人均可支配收入等许多指标。

其次，家乐福会对商圈内的城市交通状况进行研究。家乐福认为，如果一个未来的店址周围有许多的公交车，或是道路宽敞，交通方便，那么销售辐射的半径就可以放大。家乐福上海古北店周围的公交线路不多，家乐福就干脆自己租用公交车定点在一些固定的小区间穿行，方便那些离得较远的小区居民上门一次性购齐一周的生活用品。

最后，由于在未来潜在销售区域会受到很多竞争对手的挤压，所以家乐福也将未来所有的竞争对手计算进去。在传统的商圈分析中，需要计算所有竞争对手的销售情况、产品线组成和单位面积销售额等情况，然后将这些估计的数字从总的区域潜力中减去，未来的销售潜力就产生了。但是这样的计算方式并没有考虑不同对手的竞争实力，所以家乐福在开业前索性把其他商店的情况摸个透彻，以打分的方法发现他们的不足之处，如环境是否清洁，哪类产品的价格比较高，生鲜产品是否新鲜等，然后依据这种精确指导的调研结果进行具有杀伤力的打击。

家乐福的商圈分析，既包括对商圈的构成情况、特点、范围的调查分析，也包括对影响商圈规模变化的因素实施的调查和分析。这样的商圈分析结束后，自己店铺的选址、制定和调整经营方针和策略就有了一定的依据，再去选址就会有保障，不至于会因为选址不当而经营不力。

问题1： 家乐福的调查商圈涉及哪些方面？

问题2： 家乐福如何看待商圈内的城市交通状况？

问题3： 家乐福如何调查竞争对手的实际情况？

实训题

实训目的： 学会商圈调查和分析的方法。

实训内容： 选择当地一家连锁经营门店，对其商圈进行调查和分析。

实训形式： 全班按照市场调查公司的组织架构（调查策划部、调查访问部、资料整理分析部等）分组进行实训。最后写成调查分析报告，上交指导教师评阅。

第3章 连锁企业门店的商品陈列

引导性案例

变化的陈列

世界著名的连锁便利公司7-11的连锁店一般的营业面积为100平方米，连锁店内的商品品种一般为3 000多种，每3天就要更换15~18种商品，每天的客流量有1 000多人，因此商品的陈列管理十分重要。

曾经就有这样一个趣事：一位女高中生在7-11的连锁店中打工，由于粗心大意，在进行酸奶订货时多打了一个零，使原本每天清晨只需3瓶酸奶变成了30瓶。按规矩应由那位女高中生自己承担损失——意味着她一周的打工收入将付诸东流，这就逼着她只能想方设法争取将这些酸奶赶快卖出去。冥思苦想的高中生灵机一动，把装酸奶的冷饮柜移到盒饭销售柜旁边，并制作了一个销售点（Point of Purchase，POP）广告，写上"酸奶有助于健康"。令她喜出望外的是，第二天早晨，30瓶酸奶不仅全部销售一空，而且出现了断货。谁也没有想到这个高中生的戏剧性的实践带来了7-11的新的销售增长点。从此，在7-11的连锁店中酸奶的冷藏柜便同盒饭销售柜摆在一起。由此可见，商品陈列对于商品销售的促进作用是十分明显的。

7-11在具体的做法上是每周都要一本至少50多页的陈列建议彩图，内容包括新商品的摆放、招贴画的设计等，在每年春、秋两季各举办一次商品展示会，向各加盟连锁店展示标准化的商品陈列方式，参加这种展示会的只能是7-11的职员和各加盟店的店员。另外，7-11还按月、周对商品陈列进行指导，如圣诞节来临之际，圣诞商品如何陈列、连锁店如何装修等都是在总部指导下进行的。陈列方法的运用是变化的，就如同商业的发展一样，一直在随着社会和人们生活水平的发展而在不断地变化。例如，以前比较性陈列是将相同商品依照不同的规格或不同的数量予以分类，然后陈列在一起，供顾客选择。但是现在，在很多卖场就将不同品牌的相同或相似的商品陈列在一起，从而引起供货商之间的价格竞争和促销竞争，商家可以坐收渔翁之利。

商品的陈列是随着时间和季节等外部的变化而变化的。变化的商品陈列是门店能够取得良好销售业绩的途径之一，它会为门店的日常经营带来活动，同时检查一项商品陈列变化的成功与否的唯一标准也将是商品的销售业绩。由此也可以看出商品陈列的重要性，好的商品陈列就好像一个懂得修饰的女孩会吸引人的目光，良好的商品陈列同样能够使门店富有魅力，吸引众多顾客的目光。

（资料来源：中国营销传播网）

第3章　连锁企业门店的商品陈列

本章学习目标

1. 掌握商品陈列的原则；
2. 能够制作商品配置表；
3. 掌握商品陈列的方法和要领；
4. 能够对卖场的商品陈列进行分析；
5. 会使用商品陈列的主要设备和工具。

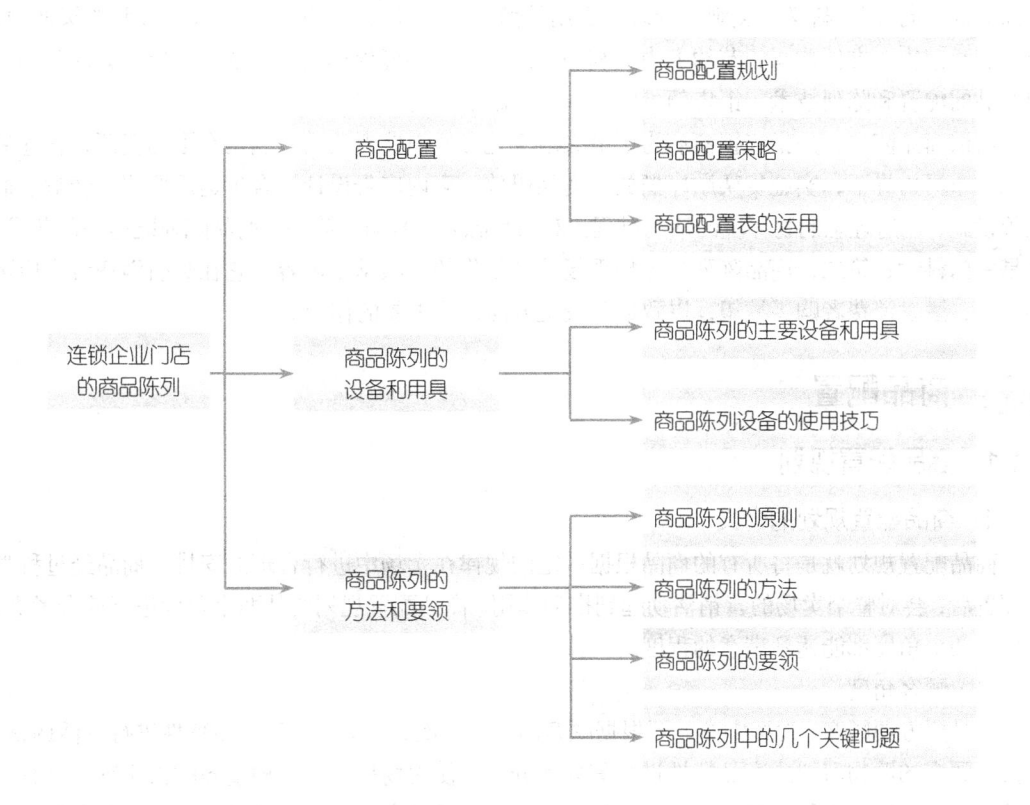

学习导航

连锁企业门店的商品陈列
- 商品配置
  - 商品配置规划
  - 商品配置策略
  - 商品配置表的运用
- 商品陈列的设备和用具
  - 商品陈列的主要设备和用具
  - 商品陈列设备的使用技巧
- 商品陈列的方法和要领
  - 商品陈列的原则
  - 商品陈列的方法
  - 商品陈列的要领
  - 商品陈列中的几个关键问题

> **职业指导**
>
> 商品陈列不仅是一门艺术，更是一门科学，好的商品陈列对顾客消费具有一定的引导性和选择性。商品陈列不仅是简单的商品摆放，还是非常具有创造性和艺术感染力的工作。从事商品陈列工作，需要同学们先以商品本身的属性、功能、形状、色彩为基础，对商品进行分类。如何对不同类型商品进行陈列设计，如何采取不同的陈列方法和陈列技术把商品陈列设计得更加实用和富有艺术韵味，如何选用陈列架、照明、色彩、POP广告、商品价签和功能说明等辅助手段强化商品陈列效果，这些都需要学生在从事商品陈列时细心考虑，全面策划，同时需要同学们不仅掌握商品陈列的知识、技能，还需要具有商业美学的修养。

商品陈列是连锁企业门店日常经营管理的重要内容，是连锁企业门店的"门面"，是顾客购买商品的"向导"，科学、美观、合理、实用的商品陈列可以引起顾客的购买兴趣和购买冲动，起到刺激销售、方便购买、节约人力、利用空间、美化环境等作用。据统计，店面如能正确运用商品的配置和陈列技术，销售额可以在原有基础上提高10%。

所谓商品陈列，是指连锁商店为了最大限度地方便消费者购买，利用有限的资源，在连锁店总体布局指导下，实施货架顺序摆放、商品码放、店内广告设计、合理运用照明、音响、通风等设施，创造理想购物环境的活动过程。对商品陈列的理解：第一，商品陈列既是一门艺术，又是一门科学；第二，商品陈列是零售现场管理工作的一项基本内容。它在吸引消费者进店选购商品，激发消费者购买欲望，以致最后成交方面起着重要的作用。

3.1 商品配置

3.1.1 商品配置规划

1. 商品配置规划的含义

商品配置规划就是将所有的商品根据一定的规律在卖场中进行合理的安排。商品经过科学的配置后，会对整个卖场的营销活动起到推动作用。商品配置规划要从两个角度进行综合考虑，并保证两个角度都能达到满意的程度。

（1）顾客角度

一是要方便顾客。卖场中商品要根据顾客的消费层次、品牌定位和商品特性进行灵活调整。要按照顾客的购物习惯或商品特性进行陈列和分类，使卖场呈现出一种整齐的秩序感，具有一定的规律性，以便引导顾客选择。顾客可以很容易地看见商品，可以轻易地找到所需商品，可以方便地取拿商品。二是吸引顾客。在商品配置中要充分考虑卖场色彩及造型的协调性和美感，给顾客留下深刻的印象和美好的感觉，迅速地吸引顾客，激发顾客的购买欲望。

（2）管理角度

一是便捷管理。经过分类配置之后，专卖空间得到充分利用；将商品按照一定的类别进行划分，使商品的管理具有规律性，方便导购员管理，同时提高工作效率。导购员可以清楚地了解畅销商品、进行每日盘存、防止货品损失等管理活动；整个卖场的管理工作标准化，便于管理和监督，以及进行流程化的推广。二是促进销售。在配置中要考虑到商品营销规划，使卖场中的营销活动具有更多的针对性。如有目的地进行推销性配置：将主推款放在卖场的主要位置，通过搭配陈列连带消费增加销售额，根据不同时间对卖场商品进行位置的调整等。

2. 商品配置规划的因素

（1）秩序

秩序可以使人们生活和工作环境变得井井有条，卖场也不例外。每个顾客都喜欢在一个分类清楚，货品整理得整整齐齐的卖场中选购商品。有秩序的卖场可以使顾客轻松地寻找他们所需物品，使卖场的管理便捷化。做好商品有秩序分类工作也是搞好卖场陈列的最基本保证。

卖场中秩序就是将卖场的商品按一定规律进行排列和分布，即便是以打折形式随意丢放在货车中的商品，也可以采用价格或其他分类方式进行分类。这样才能使卖场有规则，分类清楚、容易寻找。

秩序着重考虑顾客购物中的理性思维特点，适合以下情况：

- 顾客需要进一步了解寻找商品的种类、规格、价格等。
- 事先有购物计划或比较理性的顾客。
- 设计感不强，比较注重功能性的商品，如内衣、羽绒衣等。

（2）美感

在卖场商品配置规划中考虑美感，目的是使卖场中的商品变得更吸引人，是一种偏感性的思维。

美感优先的商品配置法，实际上就是按美的规律进行组织性的视觉营销，使商品在视觉上最大限度地展示其美感。这种配置着重考虑顾客购物中的感性思维特点，激发顾客购物情绪，引起顾客的冲动消费。其方式可以通过对色彩系列和款式的合理安排来达到，也可以通过平衡、重复、呼应等搭配手法使卖场呈现节奏感。特点是容易进行组合陈列，创造卖场氛围，迅速打动顾客，并能引起连带销售。服装、珠宝及K金饰品在展示美感方面最突出，其陈列效果与销售的关系最密切。一件高档时装，如果把它很随意地挂在普通衣架上，其高档次就显现不出来，顾客就可能看不上眼。如果把它"穿"在模特身上，用射灯照着，再配以其他的衬托、装饰，其高雅的款式、精细的做工，就很清楚地呈现在顾客面前，顾客就很容易为之所动。又比如金银饰品，如果把它放在普通铝合金柜台内，灯光暗淡，对顾客购买欲的刺激就会大打折扣。如果把它放在高贵典雅的柜台内，再以高级天鹅绒做铺垫，柔和的灯光照着，使K金光华四射，宝石熠熠生辉，这对顾客是一种什么刺激则不难想象。

因此卖场的商品配置要充分考虑是否能尽情展示卖场和商品的美感。把美感作为商品配置时首要考虑的问题，常常可以收到非常好的销售效果。

由于这种配置方法比较着重商品色彩和造型，在商品的管理上容易混乱，因此需用其他分类法进行辅助。

（3）促销

卖场中的商品配置规划，还必须充分考虑和商品促销计划的融合。每个成熟的商品品牌在其初期的设计和规划阶段，一般都会对商品进行销售上的分类。如服装品牌通常都会将每季的商品分为形象款、主推款、辅助款等类别。同时在实际的销售中还会出现一些真正名列前茅的畅销款。因此陈列商品配置的工作就是要合理地安排这些货品。

我们还可以通过有意识的商品组合，如进行系列性的组合，开展连带性的销售，使整个陈列工作和商品营销有机地结合在一起，真正地起到为销售服务的目的。

3.1.2 商品配置策略

门店经营的商品品种和范围一般是相对固定的。对于营业空间和经营规模不是很大的门店，应该把经营重点放在高利润、高销售额的主营商品上，这对保证门店的经营利润非常关键。

同一种商品门店引进的品牌不必太多，引进的品牌太多，一方面会增加陈列面积，另一方面也会分散购货资金，增加购货成本。经过认真的市场调查和分析后，门店应将某类商品确定在有限的几个知名品牌或畅销的品牌上，通过增加商品销售量来获得一定的利润。

确定经营的商品品种后，门店还需要对商品规格进行筛选。在大型连锁企业门店的货架上，往往可以看到同一种商品有好几种不同的包装规格，以适应消费者不同的消费需求。但是中小型门店陈列空间有限，因此要尽量把某种商品的销售集中在2~3种规格上，这样既可减少购货品种，降低管理难度，又能够以较大规模的集中订购获得较低的进货价。

3.1.3 商品配置表的运用

1. 商品配置表的含义及功能

（1）商品配置表的含义

商品配置表的英文名称是 facing，日文名称是棚割表。英文 facing 的意思是指对商品货架陈列排面做恰当的管理；日文棚割表中，棚是指陈列用的货架，割是指适当的分割配置，也就是商品在货架上适当配置的意思。因此，所谓的商品配置表是把商品陈列的排面在货架上做最有效的分配，以书面表格形式画出来。在当今信息时代，商品配置表可以通过计算机来制作并且不断地修正和调整，从而使其不断完善。

（2）商品配置表的功能

目前我国大型综合连锁店普遍采用商品配置表对商品的陈列加以管理，而一些中小型连锁店由于商品品种数量少，对商品配置表的功能重视不够。商品配置表对于连锁店商品陈列的管理功能主要体现在以下几个方面。

1）有效控制商品品项。每一个连锁企业的卖场面积都是有限的，所能陈列的商品品项也是有限的，使用商品配置表，就能获得有效控制商品品项的效果，充分发挥卖场效率。

2）商品定位管理。卖场内的商品定位，就是要确定商品在卖场中的陈列方位、在货架上的陈列位置及所占的陈列空间。定位管理是卖场管理非常重要的工作，是为了使陈列面积（即货架容量）能得到有效利用。商品配置表是商品定位的管理工具，有了商品配置表，才能做好商品定位。如不事先画好商品配置表，无规则地进行商品陈列，就无法保证商品持续一致、有序、有效的定位陈列。

3）商品陈列排面管理。不能有效管理商品的排面数，是现阶段超市卖场一个很大的管理缺点。一般而言，超市卖场陈列的品项数往往多达万种以上，而所陈列的商品中，有些商品非常畅销，有些销售量则很少。因此，可用商品配置表来安排商品的排面数，畅销的商品给予的排面数多、占的陈列空间大，而不畅销的商品给予较少的排面数，所占的陈列空间也较小，对滞销商品则不给排面，可将其淘汰出去。这对连锁企业门店提高卖场的商品销售效率有相当的作用。

4）合理安排畅销商品。在连锁企业门店中，往往畅销商品的销售速度很快，若没有商品配置表对畅销商品排面进行保护管理，常常会发生这种现象：当畅销商品卖完了，又得不到及时补充时，就易导致较不畅销商品占据畅销商品的排面，逐步形成滞销品驱逐畅销品的状况。等到顾客问起"有××商品吗"时，可能已错失不少的商机及降低了门店的竞争力。可以说，在没有商品配置表管理的卖场，这种状况是时常会发生的，而有了商品配置表管理后，这种现象会得到有效的控制和避免。

5）商品利润的控制管理。连锁企业门店销售的商品中，有高利润商品，有低利润商品，我们总是希望把利润高的商品配置在好的陈列位置，销售多一点，整体利益也随之提高；把利润低的商品配置在差一点的位置，来控制销售结构。这就要靠商品配置表给予各种商品妥当的配置，以求得整个门店有一个高利润的表现。

6）连锁经营标准化管理的工具。连锁企业有众多的门店，达到各门店的商品陈列基本一致，促进连锁经营工作的高效化，是连锁企业标准化管理的重要内容，如果能有标准化的商品配置表来运作，整个连锁体系内的商品营运管理会比较容易，对于季节变动修改及新产品的陈列、滞销品的删除等工作，执行起来效率也高。

2．商品配置表制作程序

（1）消费需求调查

新店设立之初，要对消费者需求和情况进行调查。消费者调查的内容包括消费者收入水平、职业、家庭结构、购物习惯、竞争形势、希望零售店提供何种商品和服务。根据这些调查所得的资料，经营者可以做更深入的分析，了解商圈内商品的潜在需求，并了解竞争态势，来构思要经营的商品。

（2）部门构成、配置及中分类配置

了解到商圈内消费者对商品的需求，商品部门要做出提案，这个店要经营哪几大类（部门）的商品。比如，要不要设立玩具部门或餐饮部门、鲜花部门，把适合商圈内经营的大类做几种形态的组合，提供给上级来裁决。决策单位决定要经营何种大类后，商品人员会同营业部、开发部共同讨论以决定部门的配置，每一个部门所占的面积尺寸，都要有一个最妥善的安排及配置。当商品经营的大类及配置完成后，采购人员就要将每一个中分类商品安置到各自归属的大类商品配置图中去；每一中分类安排到中分类配置表里，并由采购（商品）经理做确认及决定。

（3）单品项商品的决定

完成了商品大类和中分类的商品配置表之后，就进入制作商品配置表的实际工作阶段，就是要决定单品项商品如何导入卖场。此项工作分三个步骤进行。第一个步骤是收集每一个中分类内可能出售的单品项商品资料，包括单品项商品的品名、规格、成分、尺寸、包装材料和价格；第二个步骤是对这些单品项商品进行选择，挑选出适合超市门店商圈消费需要的单品项商品，并列出商品台账；第三个步骤是把这些单品项商品做一个陈列面安排，并与门店周围的商店做一个比较优势的分析，在分析的基础上对单品项商品做必要的调整，并最后确定下来。

（4）商品配置表的制作

商品配置表是以一座货架为基础制作的，有一个货架就应有一张商品配置表。商品配置表的格式设计，只要确定货架的标准，再把商品的品名、规格、编码、排面数、售价表现在表格上即可；也有的把商品的形状画到表格上，但这些必须借助电脑来设计，这就对货架管理人员提出了更高的技术要求。表 3-1 是一个连锁超级市场商品配置表的实例设计，其货架的标准是高 180 厘米，长 90 厘米，宽 45 厘米，五层陈列面，供参考。

（5）执行的实际工作

配置完成，也就是完成一套商品配置表，根据这张表来订货、陈列，然后把价格卡（Price Card）贴好，就大功告成了。但最好能把实际陈列的结果照相或录像，以作为修改辨认的依据。

3. 商品配置表的修正

连锁企业总部一旦制定了标准化的商品配置表后，下属各门店就必须严格执行。但商品配置表受到节日、促销活动、流行趋势、商品功能的替代等因素的影响，需要在一定时间内做出相应调整。商品配置表的修正一般是固定在一定的时间来进行，可以是一个月、一个季度修正一次，但不宜随意进行修正。可按以下程序进行修正。

1）统计商品的销售情况。连锁企业必须对下属门店每月的商品销售情况进行统计分析，总结出哪些商品是畅销商品、哪些商品是滞销商品、哪些商品销售状况一般，并进一步分析原因。

2）淘汰滞销商品。经销售统计可确定出滞销商品，但商品的滞销原因很多，可能是商品质量问题，也可能是商品的定位不当、商品陈列的位置不理想，或是受销售淡季的影响，更有可能是某些供应商的促销配合不好等。当商品滞销的真正原因弄清楚以后，要确定该滞销的状况是否可能改善，如无法改善就必须淘汰，不能让滞销品占住货架而产生不出效益来。

3）调整畅销商品和导入新商品。对畅销商品的调整，一是适当增加其陈列的排面；二是调整其卖场位置及在货架上的段位。对由于淘汰滞销商品而空出的货架排面，连锁企业应导入新商品，以保证货架陈列的充实量。

4）商品配置表的最后修正。在确定了滞销商品的淘汰、畅销商品的调整和新商品的导入之后，这些修正必须以新的商品配置表的制定来完成。而新的商品配置表的下发，就是连锁企业各门店进行商品调整的依据。

表3-1 商品配置表

商品分类NO.　　　　洗衣粉（1）　　　　货架NO.12　　　　制作人：××

180	白猫无泡洗衣粉	奥妙浓缩洗衣粉	奥妙浓缩洗衣粉
170	1 000克	750克	500克
160	4F 12001 12.2	4F 12005 12.5	4F 12006 8.5
150	白猫无泡洗衣粉	奥妙超浓缩洗衣粉	
140	500克	500克	
130			
120	4F 12002 6.5	3F 12007 12.5	
110	白猫洗衣粉	奥妙手洗洗衣粉	
100	450克	180克	
90			
80	4F 12003 2.5	6F 12008 2.5	
70	佳美两用洗衣粉	碧浪洗衣粉	
60	450克	200克	
50			
40	4F 12004 2.5	6F 12009 2.8	
30	地毯去污粉	汰渍洗衣粉	
20	500克	450克	
10	4F 12011 12.8	4F 12010 4.9	

商品代码	品名	规格	售价（元）	单位	位置	排面	最小库存	最大库存	供应商
12001		1000	12.2	桶	E1	4	3	8	沪合成厂
12002		500	6.5	袋	D1	4	15	30	沪合成厂

续表

商品代码	品名	规格	售价（元）	单位	位置	排面	最小库存	最大库存	供应商
12003		450	2.5	袋	C1	4	20	32	沪合成厂
12004		450	2.5	袋	B1	4	32	50	沪合成厂
12005		750	12.5	盒	E2	4	12	40	沪利化厂
12006		500	8.5	盒	E3	4	8	20	沪利化厂
12007		500	12.5	袋	D2	3	15	45	沪利化厂
12008		180	2.5	袋	C2	6	25	90	沪利化厂
12009		200	2.8	袋	B2	6	35	90	广州宝洁厂
12010		450	4.9	袋	A2	4	4	40	北京熊猫厂
12011		500	12.8	袋	A1	4	12	42	沪华星厂

注：1. 货架位置最下层为 A，二层为 B，三层为 C，四层为 D，最高层为 E。每一层从左到右，为 A1，A2，A3，…，B1，B2，B3，…，C1，C2，C3，…，D1，D2，D3，…，E1，E2，E3，…

2. 排面是每个商品在货架上面向顾客陈列的第一排的数量，一个为1F，两个为2F，依次类推。

3. 最小库存以一日的销售量为安全存量。

4. 最大库存是货架放满的陈列量。

相关链接　商品配置规划时应注意的事项

1）店面入口处，应稍加标示（如制作简易的卖场平面），以便顾客对店内商品配置有个概念。

2）在最靠近入口处所配置陈列的，必须是冲动性或购买性高的商品，对自助式消费者而言，能够尽快地开始购买商品是很重要的。

3）在距离入口处次远的地方所配置陈列的商品，应该是能够吸引顾客视线，而且包装单位数量不是很大的商品。

4）日常性消费品尽可能陈列在卖场的后台。

5）相关的货品必须平均配置在临近的区域。

6）畅销商品必须平均配置在所有走道上。

7）设计动线时必须使每个走道都能有一些吸引顾客的商品。

8）必须让顾客能够轻易地辨别动线方向，同样的原则也可使用于商品小分类的陈列。

9）属冲动性购买的商品，必须配置在主动走道上，或是靠近主动线走道的地方（包含结账区，但单价不宜过高）。

10）走道的宽度能够容许两部手推车交会而过，也就是说，最少要有 1.8 米。

11）主要动线走道在大卖场最少要有 5 米的宽度。

3.2 商品陈列的设备和用具

3.2.1 商品陈列的主要设备和用具

1. 货架

在封闭式售货方式中，货架一般只做陈列展示和储存商品之用；在敞开式售货中，兼具销售柜作用。货架一般分为两种：一种是沿商场四周墙壁摆放，称为靠墙货架；另一种是设置在商场中间不同位置上，称为中心货架。这种方法一般适用于大型超市或仓储店。除无法摆上货架的商品外，其他商品都可以用货架陈列，这也是目前零售店最主要的商品陈列方式。

陈列用的货架多以可拆卸组合的钢制货架为主。在日本、中国台湾、中国香港等国家和地区，普遍使用一种高 170 厘米、长 100 厘米的货架，由于这种货架低于欧美式货架 15～20 厘米，非常适应东亚人的体型，我国内地的零售店铺普遍采用这种规格的货架。当然，货架的高度还受连锁店业态、建筑层高和货物储存成本的影响，也同商品大小有关。若是购物中心、仓储超市，货架要高一些。有些连锁店为了减少库存成本，不设仓库，货架很高，目的就是为了在货架上存储商品，而不在于销售，这就相当于增加了 1/4 的陈列面积。

各种业态模式的店面应使用符合各自标准的货架：
- 便利店和个体商店使用的是 1.3～1.4 米高的货架。
- 一般超市使用的是小型平板货架，高度为 1.6 米左右。
- 大型超市使用的是大型平板货架，高度为 1.8～2.2 米。
- 量贩店和仓储店使用的是高达 6～8 米的仓储式货架。

2. 柜台

在封闭型售货形式中，柜台是顾客与营业员之间的交易工作现场。它既是营业员的工作台，又是向顾客展示陈列商品的展示台。在敞开售货形式中，柜台一般只做营业员的工作台，较少用于陈列和销售商品。柜台分两种式样：一种是标准的长方体，另一种是前面是坡形的坡面柜台，它的优点主要是方便顾客观看柜台中下层的商品，而不需要过多地弯腰或低头。以中国人的身高为基础，柜台的高度一般 90~100 厘米为好，宽度在 50~70 厘米之间，长度可自选，但一般在 120 厘米，柜台内部可为单层或 2~3 层，底座高不应超过 20 厘米。现代柜台大多由金属框架和玻璃镶嵌而成，传统的多为木质。玻璃柜台一般装有固定或可转换角度的照明灯，多为单色灯。也有的装饰多色串灯，起陪衬柜内商品的作用，但使用较少。

3. 陈列柜

在零售店中，用于陈列、销售食品和其他商品的存放设备均称为陈列柜。陈列柜不仅可以保证零售商品的质量，而且可以全方位陈列展示商品，方便顾客挑选，美化商店的购物环境，提高卖场的档次，刺激顾客的购买欲望，最终可为商家赢得更多利润。一般来说，零售店内不要过多地使用陈列柜，而利用柜面和柜内陈列商品。柜面可放小型陈列用具，上面摆设各种小商品；柜内可放规格尺寸相当的商品。其优点是方便易打开，又可以让顾客浏览。

陈列柜形式很多，很难准确地进行分类，下面主要从外形结构和陈列商品的方式方面对陈列柜加以区分。

（1）按柜体陈列部位结构分

1）闭式陈列柜，其四周全封闭，但有多层玻璃做成门或盖，供展示食品或顾客拿取食品之用。闭式陈列柜内的物品与外界隔离，冷藏条件好，适合于陈列对贮藏温度条件要求高，对温度波动较敏感的食品，如冰激凌、奶油蛋糕等；也用于陈列对存放环境的卫生要求较为严格的医药品。闭式陈列柜能耗较低，用于客流量较小的店铺时，可起到陈列和贮藏的双重作用。

2）开放式陈列柜，其取货部位敞开，顾客能自由地接触或拿取货物。敞开式陈列柜为顾客提供一个随意、轻松的购物环境，促进商品销售，所以特别适合于客流量较大、顾客频繁取用商品的大型超市。

（2）按陈列商品的方式不同分

1）平式陈列柜，其柜面与地面平行，柜体低于人体高度，一般从上面取货。

2）多段式陈列柜，其柜体高于人体高度，后部板上多层搁架，可增加展示面积，以体现商品的丰富感，从前面取货。一般布置在超市食品部的中间部位。

3）多岛式陈列柜，其四周设围栏玻璃，顾客无论从哪一个位置都能看清柜内商品。一般做成敞开式冷柜。

4. 隔物板

为了区隔两种不同的商品，避免混淆不清，通常采用隔物板将商品隔开。目前常用的隔物板有两种，一种为塑料隔物板，另一种为不锈钢隔物板。而在长度的选择上，通常货架上段多使用较低且短的隔物板，货架下段则多使用较高且长的隔物板。

5. 价格卡

价格卡主要用来标示商品售价并进行定位管理。价格卡一般以电脑打印，内容包括商品名称、商品号码、条形码、售价、排面数，经常贴于该商品陈列的货架凹槽内。价格卡可采用不同的颜色，以区分存货，方便订货，盘点更迅速。

6．方形深篮、挂钩

方形深篮通常是用来陈列促销品，像体积小、耗量大的商品如袋装食品、袜子、毛巾、洗衣粉等，或体积大、重量轻的商品如棉被等。

挂钩。挂钩是用来吊挂商品的，通常用于陈列服装、雨伞、袜子、文具、牙刷、球拍、五金、箱包、袋装小食品等需要吊挂的商品。它有很多种类，如布袋挂钩、带珠挂钩、单线挂钩、双线挂钩、承重挂钩等

7．端架

端架通常用于陈列一些高毛利商品、新品、季节性商品、促销商品或要处理的滞销商品。

8．栈板

为避免直接与地面接触受潮，必须使用栈板垫在最低层。最好使用木制、正方形的栈板，这样便可依场地所需任意组合。

9．展示台

1）中央展示台。展示台一般都要与其他摆设组合，才能达到预期效果。通常圆形台或U形台都不单独使用，而是搭配进行商品陈列，塑造卖场的综合性重点，其样式很多，一般用美耐板制成，价格低廉。但如果想要衬托档次，提高等级，可采用高级木料或丽光板。

2）台车。台车又称拍卖车，分为推车台、组合式推车台等。推车台以平台式居多，可做平面量感陈列和用横管垂吊商品两种陈列的立体器具，尤其适合于堆放式陈列。堆放式陈列，可以激发顾客的好奇心，诱使他们自己动手"去翻"、"去找"，而且它可以让顾客产生商品充实、丰富、便宜之感。组合式推车台色彩丰富，能引人注意。不同于推车台，组合式推车台的一个优点是，即使对它不太熟悉的人，也能轻易地将它拆除，但缺点是不利于管理。组合式推车台的尺寸以宽180厘米、长70厘米、高80厘米的一段式平面居多。

3）装饰台。装饰台位置一定要显眼。它是店铺的重点，大部分配合装饰物做重点陈列。所以要在其装饰上多下心思。展示台的形式各种各样，直线形、S形、圆形是比较常见的几种形式。在选用时应考虑展示台的高度是否便于顾客拿取商品，宽度是否符合视觉上的美感等问题。通常，圆形台和U形台常常搭配进行商品陈列以体现卖场的综合性和主题性。展示台的陈列特点是商品采取立体式的陈列，可以使陈列商品的全貌一目了然，所以是比较理想的陈列方法。一般天花板较高的卖场，采用这种陈列方法，除为了实现综合性的设计外，还需要研究空间、商品和展示台之间的协调。

3.2.2 商品陈列设备的使用技巧

合理使用各种设备，使其产生潜在的促销效应。商品中的货柜、货架、陈列用具及人体模型等的作用，既要方便商店内部管理的需要和购物现场的合理使用，又要突出商品对顾客的吸

引力。因此，各种设备、用具的使用必须与商店的总体环境协调，包括商店内部结构与各种设备摆放的协调；各种设备相互之间的协调；同一设备自身内部结构的协调；设备与所陈列和展示商品间的协调。协调是形成美的基础，而美又是吸引顾客的最有效手段。

一般来讲，各种设备的有效使用应注意以下几点。

1）商品出入口处不能摆放过高大的陈列柜或宽度较大的柜台，否则消费者一进入商店就会产生拥挤和不便的感觉，同时顾客的视线也会受到阻碍。

2）需要裸露陈列摆放的商品，不应放在陈列柜中。除大件商品，如电冰箱、洗衣机或车辆外，有些中小件商品也不适宜摆放在陈列柜中，如服装（除某些内衣外）、皮包书包类商品，一般应使用陈列架、挂钩等陈列工具，而不宜放在陈列柜内。因为这类商品属于挑选性、实感性、装饰性、对象性很强的商品，顾客在购买时大多要反复挑选比较。所以，这类商品采用裸露陈列的方式，能使顾客较方便地触摸、对比、选择，给人以方便、宽松的心理感觉。

3）专用于展示的商品陈列柜，应放在离出口不远的主通道旁。这样可使消费者能及时了解商店经营的最新商品信息。

4）对普通的陈列用具，如钩、架、模型等，在使用时不要摆放过平或成一条线。而应该高低、上下、大小、左右错落有致，形成不对称的协调美。因为，不对称的协调容易使人的心理感觉趋向于活跃和新奇；而完全一致的一条线摆放给人以呆板乏味的感觉，难以激发顾客的购物情趣。

5）各种设备、用具一定要制造精巧，且不宜过多，不要喧宾夺主。同时用具的使用注意与商品的性质、特色、形状等因素基本一致，还要考虑色泽的合理搭配。

6）陈列柜等一般是放在商店里边，要留一条使顾客容易进入的通道。

7）陈列用具不要单一，要有高、低、大、小等各种式样的，但也不要过多。

3.3 商品陈列的方法和要领

3.3.1 商品陈列的原则

1. 显而易见的原则

商品陈列显而易见的原则要达到两个目的：一是卖场内所有的商品不仅让顾客看清楚，而且还必须引起顾客的注意；二是激发顾客冲动购买的心理。因此，要使商品陈列显而易见，要做到：第一，贴有价格标签的商品正面要面向顾客，商品的价格牌要准确并摆放正确，不要给顾客混乱的感觉；第二，每一种商品都不能被其他商品遮住视线；第三，货架下层不易看清的陈列商品，可以倾斜式陈列；第四，节假日、季节性、新商品的推销区和特价区商品的陈列要引人注目。

2. 容易寻找选购的原则

容易选购就是店内的商品以顾客容易寻找选择的方式陈列，并尽量陈列于容易拿取的地方。

通常只要连锁商店面积在 500 平方米以上，就应该设置统一规划的货位分布图。规模较大的连锁店除了具有货位分布图之外，还应具备楼面的商品指示牌和卖场区域性商品指示牌。随着卖场上商品分布的变化，商品配置分布图和商品指示牌必须及时修改。及时修改货位分布图和商品指示牌，可以让初次光顾的顾客准确找到商品陈列的位置，也可以让老顾客及时看到卖场商品配置及陈列的变化。

3．陈列丰满的原则

商品种类丰富，数量充足，目的是使顾客有挑选的空间，避免产生脱销现象。从国内超市经营情况来看，超市营业面积每平方米商品的陈列平均要达到 11～12 个品种，也就是营业面积 100 平方米的连锁便利店至少经营品种达到 1 200 种；营业面积 500 平方米的超市达 5 000～6 000 种；营业面积 1 000 平方米的超市要达到 10 000 种。

调查资料表明，做不到丰满陈列的超市和丰满陈列的超市相比，其销售额相差 24%。

4．先进先出的原则

随着商品不断地被销售出去，就要进行商品的补充陈列，补充陈列的商品就要依照先进先出的原则进行。当货架上的商品被销售出去需要进行补货陈列时，先把原有的商品取出来，然后放入补充的新商品后，再将原来的商品放在新陈列的商品的前面。也就是说，商品的补充陈列是从后面开始的，而不是从前面开始的，这样可以保证先进的商品先卖出去，保证商品的新鲜度。

5．同类商品垂直陈列的原则

货架上同类的不同品种商品要做到垂直陈列，避免横式陈列。因为人的视线上下移动方便，而横向移动其方便程度要较前者差。再者，同类商品垂直陈列可以使同类商品享受到货架上各个段位的销售利益，而不会使不同类商品由于横向陈列而销售利润不均衡。

6．关联性的原则

顾客常常是依货架的陈列方向行走并挑选商品，很少再回头选购商品。所以关联性商品应陈列在通道的两侧，或陈列在同一通道、同一方向、同一侧的不同货架上，而不应陈列在同一组双面货架的两侧。图 3-1 和图 3-2 所示为错误的和正确的关联性商品陈列法。

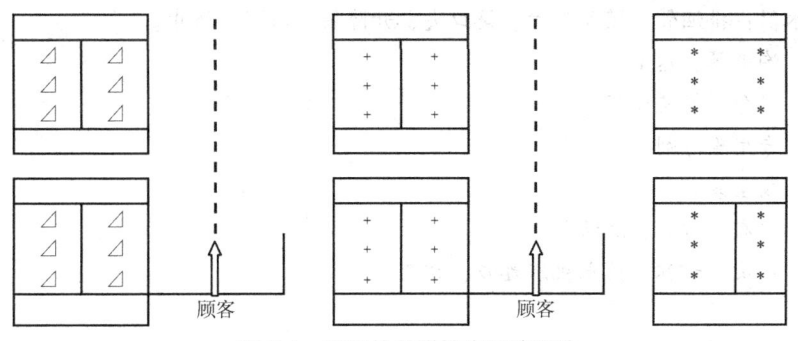

图 3-1　错误的关联性商品陈列法

图 3-2　正确的关联性商品陈列法

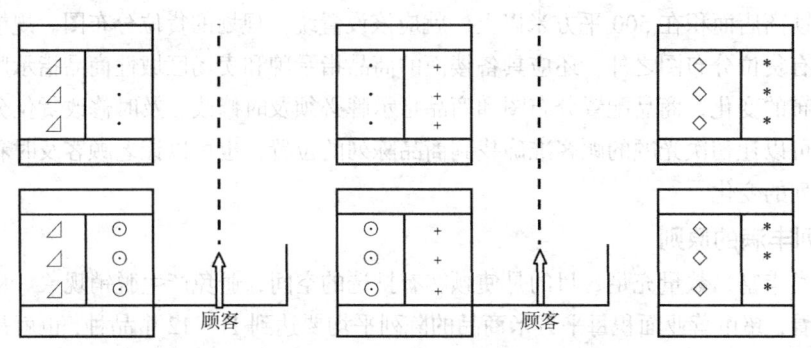

相关链接　主要家用电器及其关联商品

彩电：DVD 机、VCD 机、音响、天线连接线、电视机盖巾、遥控器电池（五号、七号）、遥控器套、遥控器架、电视机架。

影碟机：电视机、音响、功放、遥控器电池（五号、七号）、碟机盖巾、遥控器套、遥控器架、麦克风、碟片、碟片擦试剂、CD 盒、光头清洗剂、连接线（VGA 线、色差线、S 端子线、光纤线、射频转换线）。

音响：电视机、DVD 机、VCD 机、功放、音箱连接线、遥控器电池（五号、七号）、遥控器套、遥控器架、麦克风。

洗衣机：洗衣机罩、洗衣网、洗衣篓、三脚插座（接地）。

冰箱：除臭剂、保鲜膜、冰箱罩、稳压器、保鲜盒、三脚插座（接地）。

空调：负离子发生器、室内外机罩、配铁架、三脚插座（接地）。

油烟机：厨房专用除污剂、专用抹布。

洗碗机：洗碗剂、漂白剂、三脚插座（接地）。

微波炉：保鲜膜、耐高温微波器皿（碗、碟）、隔热的手套。

煤气炉：箔纸、炉垫、厨房专用除污剂、煤气胶管、接口夹、煤气报警器、一号电池。

燃气热水器：排烟管、煤气胶管、接口夹、升降架、浴球、浴巾。

电饭煲：淘米篓、蒸笼。

电火锅：漏勺、鸳鸯火锅。

排气扇：专用除污剂。

吸尘器：吸尘袋。

消毒柜：抹布、灯管、洗洁剂。

饮水机：一次性水杯、饮水机消毒液、杯架。

3.3.2 商品陈列的方法

1. 集中陈列法

这种方法是连锁企业门店陈列中最常用和使用范围最广泛的方法，是把同一种商品集中陈列于卖场的同一个地方，这种方法最适合周转快的商品。特殊陈列法就是以集中陈列法为基础的变化的陈列方法。若想使用好集中陈列法，以下几点是在陈列作业中要特别引起注意的。

（1）商品集团按纵向原则陈列

商品集团我们可以把它理解成商品类别的中分类，而中分类的商品不管其有多少小分类和单品项，都可以认同是一种商品，如水果是一个大分类，苹果是一个中分类，国光、富士和黄元帅是它的小分类。在实施集中陈列时应按纵向原则陈列，纵向陈列要比横向陈列效果好，这是因为顾客在挑选商品时，如果是横向陈列，顾客要全部看清楚一个货架或一组货架上的各商品集团，就必须要在陈列架前往返好几次，如果是不往返一次通过的话，就必然会将某些商品看漏了，而如果是纵向陈列的话，顾客就会在一次性通过时，同时看清各集团的商品，这样就会起到好的销售效果。根据美国的某超市调查表明，若将横向陈列改为纵向陈列，销售额可提高42%。

（2）明确商品集团的轮廓

相邻商品之间的轮廓不明确，顾客在选购商品时难以判断商品的位置，从而为挑选带来了障碍，这种障碍必须排除。除了在陈列上可以把各商品群区分出来外，对一些造型、包装、色彩相似的不同商品群，可采用不同颜色的价格广告牌加以明确区分。采用带颜色的不干胶纸色带或按商品色差陈列也不失为一种好的区分方法。

（3）集中陈列法要求第一排的商品数目要适当

要根据每种商品销售个数来确定面朝顾客一排商品的个数。一般来说第一排的商品个数不宜过多，如个数太多，一个商品所占用的陈列面积就会过大，相应商品的陈列品种率就会下降，在心理上也会使顾客产生商店在极力推销商品的压力，造成顾客对该商品的销售抵抗，所以第一排的商品陈列必须要适当。有店铺曾做过这样的实验，第一层商品日销售额个数约为30个，排面数为10个，而第二层商品日销售个数约为60个，排面数为5个。如果换成第一层商品排面数为5个，第二层商品排面数为8个，则第一层商品就可以卖出32个（比前面的排面数少了一半，但多卖掉了2个），第二层商品则能卖掉75个，多卖掉了15个，仅仅是商品排面陈列数量的改变，就能提高销售数量，这是何等的效益啊！既提高了销售个数，又节约了陈列空间，为提高商品品种出样率创造了空间条件。

（4）集中陈列法要给周转快的商品安排好的位置

对于周转快的商品或商品集团，要给予好的陈列位置，这是一种极其有效的促进销售提高的手段。在超市中所谓好的陈列位置是指"上段"，即与顾客的视线高度相平的地方，其高度一般为130~145厘米。其次是"中段"，即与腰的高度齐平的地方，高度一般为80~90厘米。最不利的位置是处于接近地面的地方，即下段。

> **小资料**

根据美国的一项调查资料显示，商品在陈列中的位置进行上中下 3 个位置的调换，商品的销售额发生以下的变化：

- 从"中段"上升到"上段"+63%。
- 从"中段"下降到"下段"−40%。
- 从"下段"上升到"中段"+34%。
- 从"下段"上升到"上段"+78%。
- 从"上段"下降到"下段"−32%。
- 从"上段"下降到"中段"−20%。

美国的这份调查资料不是以同一种商品来进行试验的，所以不能将该结论作为普遍的真理来运用，但"上段"陈列位置的优越性是显而易见的。实际上目前普遍使用的较多的陈列货架一般高 170 厘米，长 100 厘米，在这种货架上最佳的陈列段位不是上段，而是处于上段与中段之间的段位，这种段位称为陈列的黄金线。下面以高度为 170 厘米的货架为例，将商品的陈列段位做 4 个区分，并对每一个段位上应陈列什么样的商品做一个设定。

1）上段：上段即为货架的最上层。高度在 130~170 厘米之间，主要陈列推荐商品、自有品牌和促销商品，或有意培养的商品，该商品到一定时间可移至下一层即黄金线。

2）黄金线：黄金段是货架第二层，高度为 80~130 厘米，即一般人眼睛最容易看到、手最易拿取的陈列位置，也为最佳陈列位置。主要陈列高利润商品、自有品牌商品、独家代理或经销的商品及其他重要商品。但该位置最忌讳陈列无毛利或低毛利的商品，这对于整个门店的利润贡献将是一个重大损失。

3）中段：中段是货架第三层，高度为 50~80 厘米，这一段主要经营陈列低利润产品，或为了保证商品的齐全性，以及因顾客的需要而不得不经营、不得不卖的商品。同时，该位置也可陈列原来放在上段和黄金段上的正进入商品衰退期的商品。

4）下段：下段是货架的最低层，高度为 10~50 厘米，这个位置不太明显，容易被顾客忽视，因而，主要陈列体积大、重量较重、毛利低、易破碎但周转较快的商品，也可陈列一些消费者已认定品牌的商品或价格低的商品。

2. 整齐陈列法

这是按货架的尺寸，确定单个商品的长、宽、高的排面数，将商品整齐地堆积起来以突出商品量感的方法。如图 3-3 所示，它是一种非常简洁的陈列方法，整齐陈列的货架一般配置在中央陈列货架的一端，这种方法适合超市欲大量推销给顾客的商品及折扣率高的商品，或因季节性需要顾客购买率高、购买量大的商品，如夏季的清凉饮料、罐装啤酒等。整齐陈列法有时会令顾客感到不易拿取，必要时可做适当变动，如将前端堆成梯状。

3．随机陈列法

这种方法就是随机地将商品堆积在一种圆形或方形的网状筐或台上，通常配有特价销售的价格牌子，给顾客一种"特价品"的印象，一般门店特价或促销的商品采用这种方法。如图3-4所示，随机陈列的网筐的配置位置基本上与整齐陈列一样，但也可配置在中央陈列架的走道内，紧贴在其中一侧的货架旁，或者配置在卖场的某个冷落地带，以带动该处陈列商品的销售。如随便堆放的便宜皮鞋、围巾、过季服装、糖、咸菜和小食品等。

图 3-3　整齐陈列法　　　　　图 3-4　随机陈列法

4．兼用随机陈列法

这是一种同时兼有整齐陈列法和随机陈列法特点的陈列方法，其功能也可同时具备以上两种方法的特点，但是兼用随机陈列架所配置的位置应与整齐陈列法一致，而不能像随机陈列架有时也要配置在中央陈列架的过道内或其他地方，如图3-5所示。

图 3-5　兼用随机陈列法

5．盘式陈列法

这是将装商品的纸箱底部做盘状切开后留下来，然后以盘为单位堆积上去的方法，也叫割箱陈列法，这样不仅可以加快商品陈列的速度，而且在一定程度上提示顾客整箱购买。有些盘式陈列，只在上面一层做盘式陈列，下面的则不打开包装箱而整箱地陈列上去，如图3-6和图3-7所示，盘式陈列架的位置，可与整齐陈列架一致，也可陈列在进出口处。这种方法适合于陈列饮料、啤酒等商品。

图3-6　盘式陈列法　　　　　　　　　　图3-7　盘式陈列法

6. 比较陈列法

将相同商品按不同规格和数量予以分类，然后陈列在一起，利用不同规格包装的商品之间的价格上的差异来刺激他们的购买欲望，促使其因廉价而做出购买决策。一般而言，比较性陈列都必须经过价格、包装、人数的良好规划，才能达到最大效果。

小资料

一罐易拉罐咖啡卖20元，而6罐包一起只卖100元，我们把单包装和6罐装的咖啡陈列在一起，就可以比较出6罐装的咖啡比较便宜，从而刺激顾客购买。但要注意，我们营销的目的在于卖6罐装的咖啡，所以陈列量上，6罐装的咖啡数量要比较多，而单罐装的咖啡数量应比较少。再如，把同一品牌的奶精500克装和600克装陈列在一起，并将500克装的奶精的价格定得很接近600克装的奶精，那么就可以衬托出600克装的奶精便宜，从而刺激顾客购买，达到销售目的。

7. 端头陈列法

所谓端头是指双面的中央陈列架的两头，是顾客通过流量最大、往返频率最高的地方，顾客可以从三个方向看见陈列在这一位置的商品，如图3-8和图3-9所示。端头一般用来陈列要推荐给顾客的新商品、特价品、知名品牌商品及利润高的商品。端头陈列的商品如果是组合商品，则比单件商品更有吸引力。因此，端头陈列应以组合式、关联性强的商品为主。

第 3 章　连锁企业门店的商品陈列

图 3-8　端头陈列法　　　　　图 3-9　端头陈列法

8．岛式陈列法

这是指在超市的进口处、中部或底部不设置中央陈列架，而配置特殊用的展台陈列商品。岛式陈列的商品可以从四个方向看到，其效果较好。岛式陈列的用具一般有冰柜、平台、大型的网状货筐和屋顶架等，如图 3-10 和图 3-11 所示。这种方法适合于陈列色彩鲜艳、包装精美的特价品、新产品或蔬菜及冷冻食品等。

图 3-10　岛式陈列法　　　　　图 3-11　岛式陈列法

9．定位陈列法

定位陈列法指商品经过配置后，所陈列的位置及陈列排面相对固定，形成日常性陈列状态。对于一些顾客购买频率高、购买量大且知名度高的名牌商品，多给予这种定位陈列，这些商品一经确定位置陈列后，一般不再做变动。

10．突出陈列法

突出陈列法是指在中央陈列架的前面，将商品突出陈列的方法。这种方法是为了打破单调感，吸引顾客进入中央陈列架里。如在此面上做一个突出的台，并在其上面堆积商品，或将中央陈列架下层的隔板做成一个突出的板，然后将商品堆积在此板上，如图3-12所示。突出陈列不能影响购物路线的畅通，一般适用于陈列新产品、推销商品及廉价商品。

11. 悬挂式陈列法

这是将无立体感扁平或细长形的商品悬挂在固定的或可以转动的装有挂钩的陈列架上的方法。它能使这些本无立体感的商品产生良好的立体效果，使商品生动形象，从而引起消费者的注意，并能增添其他特殊陈列方法所带来的变化，如图3-13所示。这种方法适合于陈列有孔型包装的糖果、剃须刀、铅笔、儿童玩具及小五金工具等。

图3-12　突出陈列法　　　　图3-13　悬挂式陈列法

12. 关联陈列法

关联陈列指将不同种类但相互补充的商品陈列在一起。运用商品之间的互补性，可以使顾客在购买某商品后，也顺便购买旁边的商品。它可以使专卖店的整体陈列多样化，也增加了顾客购买商品的概率。它的运用原则是商品必须互补，要打破商品各类间的区别，表现消费者生活实际需求，如图3-14所示。需要注意的是采用关联陈列法，一定要考虑顾客在店铺中的行走方向，最好将关联商品陈列在通道的两侧，或陈列在同一通道、同一方向、同一侧的不同货架上。

图3-14　关联陈列法

13. 窄缝陈列法

在中央陈列架上撤去几层隔板，只留下底部的隔板形成一个窄长的空间进行特殊陈列，这种陈列就叫窄缝陈列。窄缝陈列的商品只能是 1 个或 2 个单品项商品，它所要表现的是商品的量感，陈列量是平常的 4～5 位。窄缝陈列能打破中央陈列架定位陈列的单调感，以吸引顾客的注意力。窄缝陈列的商品最好是要介绍给顾客的新商品或利润高的商品，这样就能起到较好的促销效果。窄缝陈列可使卖场的陈列活性化，但不宜在整个卖场出现太多的窄缝陈列，这样的话，推荐给顾客的新商品和高利润商品太多，反而会影响该类商品的销售。

小资料　能够向顾客述说商品魅力的光线使用秘诀

为了让陈列的商品充满魅力，首先必须把商品打扮漂亮，为此最重要的是照明。

无论什么商品最能展示商品自然品质的是太阳光线，所以店内的人工照明应尽量具有自然光性质，这是用光的基本。

从这一点来看，荧光灯属于日光系，寒色调较强，这种扩散光照射物体后不会投影，是典型的平面光，所以照射商品后不会产生光泽和光辉。由于色彩被青绿光覆盖，所以照到暖色调的商品上商品发暗，看上去有褪色的感觉，顾客的肌肤颜色也会呈现苍白色，给人一种不健康的感觉。

东京塔除夏季外，其他时候总是利用暖色调的橘黄色灯光点缀，因为这种灯饰给人温暖美丽的感觉，而且住宅也经常使用暖色调的多少能够让人心情松弛下来的白炽灯。因此，为了使商品富有魅力，需要使用可以放射出暖色调光线的白炽灯对光照进行补充。

专业上一般使用色温（单位为开尔文，即 K）这个指标来表示光源光色。光与蜡烛火焰（1 900K）一样的低温时发红，如气体火焰一样温度越高颜色会从蓝色变成青白色。就太阳光而言，据说晴天碧白时色温为 12 000K，夕阳色温为 1 850K 左右，荧光灯在日光色时色温为 6 500K，自然灯泡（100V，100W）的白炽灯色温为 2 800K 左右。

鉴于以上分析，红色商品较多的陈列区，可以使用色温 2 500～3 000K 的白炽灯；蓝色和绿色商品较多的陈列区可以使用色温 4 000～6 500K 的荧光灯。这样根据不同商品陈列区选择合适色温的照明灯进行照射，就可以充分展现出商品的魅力。

例如，肉类食品柜台，如果红色调颜色比较强烈的话，肉质看上去新鲜美味，所以这类柜台可以使用发出暖色调光线的白炽灯（或者红外线灯）。此外，为了突出新鲜鱼肉的鲜度，使鱼眼和鱼鳞生鲜发亮，使用白炽灯也比较好，但是对于蓝色皮的鱼，照射蓝光的话更能看到鱼的新鲜度，所以有时也可以使用蓝色调的光。对于宝石和装饰品而言，为了增添色彩和光辉，有时使用氙灯进行聚光照射。

近年，开发出了称为美食灯（或化妆品灯）的新照明灯，这种灯可以放射出含有太阳直射光的温暖光线，用它照射在料理上使菜看起来美味诱人，照射在化妆品上使人的肌肤魅力动人。

3.3.3 商品陈列的要领

1．隔物板的运用

利用隔物板可以固定商品的位置，防止商品缺货而不察，维持货架的整齐度。

2．标价牌的张贴

标价牌的张贴的位置应该一致，并且要防止其脱落，若有特价活动，应以POP或特殊标价牌标注。

3．遵循商品陈列规划

商品陈列应遵循由小到大，由左到右，由浅到深，由上而下的基本原则。

4．揭示标语

在众多商品的陈列中，如在一些商品旁适当的位置陈列各种标语，如新产品、新项目、新惠价、新包装、新上市、特别物品等，或标示品质、特色等，时常会增加很大的销量。

5．特殊商品采用特殊陈列工具

对需特殊陈列的商品不能一味地强调货架标准化而忽视了特殊商品特定的展示效果，要采用特殊陈列工具，这样才能充分展示特殊商品的魅力。如家居的碗盘采用专用的碗碟架陈列，衣架采用挂钩陈列，使商品得以充分展示，从而提升销售。

6．商品陈列位置要合理

商品应该根据卖场的推销重点和商品的本身特点陈列于不同的位置。因为不同的陈列位置与人的视线形成不同的角度，不同陈列位置的商品的销售效果有较大的差别。顾客观察和拿取商品难易的程度和商品陈列位置的高低有直接关系，顾客最容易看见的高度，正是视线的平视高度。一般以水平线下方20°点为中心，向上10°和向下20°范围内陈列的商品为易见部分。

7．注重销售效率

在实际操作中不能一味地强调美观而忽略了陈列的实用性，应按照销量决定排面的要求进行陈列，提高门店商品销售效率，实现销售最大化。

3.3.4 商品陈列中的几个关键问题

1．站在顾客的立场

商品分类、配置和陈列一定要站在顾客的立场，以吸引和方便顾客观看和购买为目的。因此，每项商品包括其包装的正面应该朝向前面，朝向顾客，以吸引顾客注意力，方便其了解商品的性能。

商品陈列要考虑店铺的整体协调性，商品摆放有规律，色彩、形状搭配协调，整体陈列既实用又美观。在陈列商品时，为了突出商品的某些属性和特性，必要时可运用一些辅助设施，如特别制作的货架、灯光造型、背景、配饰等，使顾客将注意力集中于重点展示的商品。但在运用辅助设施配合商品陈列时，千万不要喧宾夺主，让辅助设施抢了商品的风头。

2．创造良好的购物空间

经营者没有必要将所有的商品都陈列出来，店小的话，只需要摆一两件样品就足够了。商品陈列所要考虑的不仅是商品本身，还应将整个营业场所综合进行考虑，好的空间切割和功能配置，是成功经营的重要组成部分。所有的店铺空间都应该为经营服务，只要是有利于提高营业额和利润的空间布置，就是有价值的布置，值得你花钱。不要在乎是否每一寸空间都放上了商品，那是很陈旧的理念和经营方式。

3．设计吸引顾客的陈列主题

在进行商品陈列的时候，要注意设计吸引顾客的主题，在商品陈列时借助商店的展示橱窗或卖场内的特别展示区，运用各种艺术手法、宣传手段和陈列器具，配备适当的且有效果的照明、色彩和声响，突出某一重点商品。一个店铺有时可同时推出若干个主题陈列，各主题相互间并无干扰，反而可以相互促进。在突出商品陈列主题的前提下，经营者可以适当安排商品陈列形式和陈列位置，对陈列进行装饰和美化。在主题展区，应去除不相关商品、多余商品，使顾客视线集中，注意力集中。

通常门店都可以进行这样一些主题陈列：
- 流行性商品的集中陈列。
- 新上市商品的集中陈列。
- 反映店铺经营特色商品的集中陈列，如 10 元商品区、50 元商品区等。
- 应季性商品的集中陈列。
- 应事性商品的集中陈列，如围绕迎奥运主题陈列、庆祝六一儿童节主题陈列等。
- 外形或功能具独特性的商品的集中陈列。
- 关联性商品或系列商品的集中陈列。
- 试销性商品或打折商品的集中陈列。

4．设计丰富而不烦琐的商品陈列

丰富的商品是一个店铺的经营优势所在，这样可以满足顾客一次性购物需求。但如果处理不好商品丰富性与购物便利性的关系，也会影响经营效果。如有些零售店因为商品品种太丰富，顾客不能便利地找到合意的商品而有怨言，在这种情况下，经营优势就变成了劣势。

复习思考题

1. 商品陈列应遵循哪些基本原则？
2. 连锁企业如何制作商品配置表？
3. 商品陈列应注意的几个关键问题是什么？

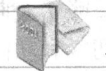

4. 商品陈列工具使用的技巧有哪些？
5. 商品陈列的方法有哪些？不同的方法适合陈列哪些商品？

案例分析

家乐福的商品陈列

为了方便顾客挑选，家乐福在货品的陈列上下了很大工夫。

一是有效利用陈列空间。依据销售量来决定每类商品的陈列面，而不同商品的摆放高度也不同，一切以方便顾客为原则。如家电的最佳位置为1.25～1.65米，这样选看方便，而货架下层多用于放包装箱。

二是陈列上具有量感。家乐福信奉"库存尽量放在卖场"的原则，堆头、端头、货架顶层均安放货品。

三是尽力打破陈列的单调感。卖场内每隔一段，货架就有不同的高度，有时还用吊钩、吊篮来调剂陈列样式。

四是展示商品诱人的一面。通过主通道沿线设计和副通道的搭配，使顾客巡行所经之处，有大量的存放和不断显示的"特价"商品等，凸显商品的色、香、味，给人以强烈的视觉、味觉、嗅觉等多方面的冲击。

家乐福陈列商品的货架一般是30厘米宽。如果一个商品上了货架走得不好，就会将它的货架展示缩小到20厘米，以便节约货架位置，给其他商品用。如果销售数字还是上不去，陈列空间再缩小10厘米，如果还是没有任何起色，那么宝贵的货架就会让出来给其他的商品。

家乐福还将卖场中的每种商品的陈列面积夸张地加大，利用突出陈列将卖场的气氛发挥到了极致。每类商品的尽头都有特价商品，顾客不仅一饱眼福，而且也容易寻找自己需买的东西。家乐福大卖场的特卖商品都陈列于商场十分显眼的位置上——端头、堆头和促销区，为了更好地吸引消费者的注意，在商品的标价签上用旗形、矩形或者是一些有创意的设计，以显示其有别于其他的促销商品。此外，特卖商品在标价签上还有各种不同的颜色，来突出其特卖价格。

另外，在家乐福的商品陈列中也遵循本土意识，按当地的消费习惯和消费心理摆设，在中国市场上，为了迎合消费者挑选、比较的习惯，家乐福在货架上专门增加了同类商品的供应量，以方便顾客的选购。在成都家乐福卖场内，有不少的装饰品都采用四川特有的竹器及泡菜坛子等本地特有的容器。这充分地显示出了家乐福为了顾客的方便而别出心裁的商品陈列。

在家乐福超市里，糖果被放在两排有近两米高的竖筒式透明钢化塑料容器里，每一竖筒里堆同一种颜色的糖果，远远看去就像两排不同色彩的竖灯。这样顾客就很容易被诱惑近前，而一走到两排竖筒容器中间，那鲜亮的糖果马上激起食欲，只要有钱，谁都会忍不住往购物篮(车)里抓的。家乐福非常清楚，顾客在商场的冲动购物远大于"计划购物"，因此，如何刺激消费者的购买欲望让其忘乎所以，不看钱袋地购买则是家乐福生意兴隆的关键。

家乐福还将水果、蔬菜全部摆放在深绿色的篮子里,红黄的水果和绿的、白的蔬菜在绿篮的映衬下,让消费者有种环保卫生的感觉,潜意识会认为这些果蔬都是来自大自然的新鲜的东西,对身体健康很有好处,再加上挂在篮子上空的照明灯的灯罩也是同一绿色,消费者徜徉其中,仿佛回到大自然。此种刻意营造的氛围树立了生鲜卖场环保新鲜的形象,消费者在此采购生鲜食品自然开心。这种迎合了当今消费者进超市买生鲜食品以保干净、卫生、安全心里的措施,受到欢迎是理所当然的。

问题1:家乐福的陈列方式与其经营理念有什么关系?

问题2:分析家乐福陈列方式产生的效果。

问题3:3结合家乐福的商品陈列,谈谈你从中得到了什么启发。

实训题

实训目的:让学生了解连锁企业门店商品陈列及其管理常用的基础知识,包括商品的配置、商品陈列的主要方法和要领等;结合实际,掌握连锁企业门店商品陈列的原则、商品陈列中应注意的关键性问题及商品陈列的主要设备和用具等。

实训内容:实地考察一家超市,利用所学知识,运用商品陈列相关理论,分析并评价该超市商品陈列是否合理,并提出调整建议。

实训形式:分组实训,以自由组合或指定的形式,每5人成立一个单位小组,实地考察一家超市门店的商品陈列情况,包括门店商品的配置情况、商品陈列所运用的方法、商品陈列选用的设备和用具情况等。调查结束后进行小组间讨论,然后由各小组选一名代表将你所在小组的调查情况进行陈述,最后形成小组调研报告。

第 4 章 连锁企业门店商品采购与存货管理

引导性案例

沃尔玛：全球采购战略再调整

一场裁员风波拉开了沃尔玛全球采购中心战略调整的序幕。而战略调整的背后则是沃尔玛全球采购中心的商业模式出现了问题，经营已难以维持下去，不得不变。

1. 裁员风波

2008年7月的一天，沃尔玛全球采购中心中国四个分部的质检部解散，180名员工失去了工作，他们都是质检员，占到了采购中心员工人数的20%。沃尔玛把这部分业务都外包给了第三方机构天祥集团。据了解，在2007年年底，沃尔玛全球采购中心的经营已经陷入困境，各种费用不断上升，但是采购业务却没有增长，所以当时新上任的采购中心老总认为进行战略调整、重新定位已经迫在眉睫。

2. 商业模式之困

一份采购中心2005—2007年的费用上升与业务增长数据显示，2005年相对2004年，费用上升10%，当年采购业务增长了20%以上；2006年费用上升了25%，采购业务却只增长了6%~7%；2007年情况更糟——费用上升了32%，采购业务却出现了负增长。

这显然说明沃尔玛全球采购中心的商业模式出现了问题。据了解，沃尔玛全球采购中心前身是中国香港一家外贸代理商，2001年年底沃尔玛将其收购后把总部搬到了深圳，并在2002年4月份正式运作。"沃尔玛全球采购的主力供应商是美国进口商，沃尔玛全球采购中心成立后，最初的供应商资源是从美国进口商转过来的，所以刚开始几年采购中心业务增长比较快，但由于采购中心自己开拓供应商能力有限，所以业务增长放慢。"

更值得关注的是，全球采购中心并没有给沃尔玛带来多少价值。实际上，沃尔玛采购中心很多时候反而是在帮美国进口商干活。如在沃尔玛的全球采购链条上，之前是沃尔玛把订单下给进口商，进口商再直接下给工厂，但现在是订单通过采购中心后再下给美国进口商，再到工厂。"进口商和工厂都没有变，只是多出一个采购中心来处理事务，而采购中心要收取3%左右的佣金来运作，所以反而增加了沃尔玛的负担。"另一位上海被裁员工对记者说。

尽管成立数年，但采购中心至今竞争不过为其服务的进口商。对于沃尔玛总部来说，只要货架上有东西卖，下订单给自己公司的采购中心还是进口商都是一样的，关键是看谁的价格更低。而经常出现的情况是，进口商凭借有竞争力的价钱接到订单。"从目前来看，为沃尔玛服务的进口商，在产品研发设计、工厂资源等方面都优于沃尔玛全球采购中心，而且进口商的操作更专业。"一知情人士透露。

3. 甩不掉的中间商

事实上，沃尔玛成立全球采购中心的目的是甩开中间商，管理公司的直接进口业务和跟工厂直接采购，从而降低沃尔玛采购成本。但现在，沃尔玛离这个目标越来越远。

据记者了解，沃尔玛全球采购中心成立至今，真正跳过中间商、沃尔玛直接下订单到工厂的情况非常少，一般都是通过美国进口商或者各种中间贸易商来运作的。

一方面，全球采购中心自己开拓的供应商由于在总部没有关系而效果不好，而美国进口商都在美国设有办公室，经常与沃尔玛买手开会，平时还能维护客户关系，采购中心却在海外。

另一方面，沃尔玛对于自己直接采购也存在顾虑。如一般美国进口商或者大型贸易商在美国都设有售后服务系统，一旦产品出问题也有理赔的能力。但是如果向工厂直接采购，工厂的理赔能力就很难有保障，同时很少有工厂能在国外提供退换货、维修及零配件更换等服务。

"目前看来，沃尔玛试图通过采购中心向工厂直接采购从而降低成本是不太现实的。"一位被裁员工认为。而目前随着沃尔玛第二轮裁员的进行，在沃尔玛全球采购中心经营情况不能很好改善的情况下，并不排除把相关的业务甚至全部转给贸易商。这也意味着沃尔玛全球采购将走回2002年以前的老路，由贸易公司全权代为采购。

本章学习目标

1. 能够制定采购计划和采购标准；
2. 掌握商品采购的程序；
3. 能够结合连锁企业门店的实际情况，选用适宜的采购方式方法；
4. 能够运用采购策略、技巧，进行采购；
5. 学会对供应商的评价与管理，并能够初步与供应商进行采购谈判；
6. 掌握新产品开发和滞销品淘汰的程序及存货管理的内容。

连锁企业门店营运与管理

学习导航

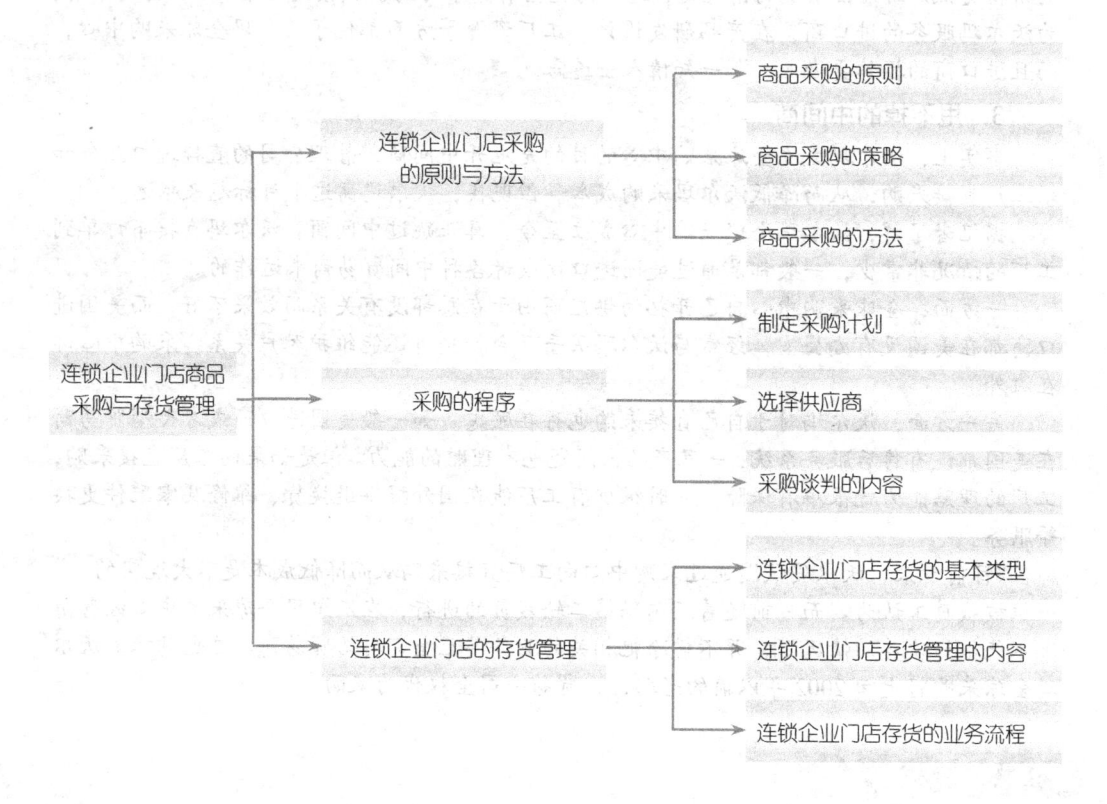

连锁企业门店商品采购与存货管理
- 连锁企业门店采购的原则与方法
  - 商品采购的原则
  - 商品采购的策略
  - 商品采购的方法
- 采购的程序
  - 制定采购计划
  - 选择供应商
  - 采购谈判的内容
- 连锁企业门店的存货管理
  - 连锁企业门店存货的基本类型
  - 连锁企业门店存货管理的内容
  - 连锁企业门店存货的业务流程

职业指导

采购工作是一项技术和业务性都比较强的工作，采购人员要熟悉采购业务，应是某一方面的专家，对采购流程和供应商情况非常熟悉，要具有专业能力与专业技能，掌握一定的商品学、材料学方面的知识，具有一定的"识货"技能。采购人员应该有良好的沟通能力，采购人员把需求信息传递给供应商的过程中，要让供应商清晰无误地明白企业需要什么。合格的采购人员应具备基本的职业道德，遵守企业规章制度，遵守国家法律，不营私舞弊，坚持原则，秉公办事。此外，采购人员应学习一些财务管理和供应链管理的知识，根据实际需要可考取相关证书，如 CIPS、CPM、劳动部采购师职业资格证等。

采购是企业生产经营活动的重要组成部分，采购活动是企业其他活动的前提条件，在全球企业的产品成本构成中，采购成本占总成本的比例平均在 50%以上，采购成本是企业成本控制的主体。采购对企业绩效具有利润杠杆效应和资产收益率效应，简单地说，采购中每 1 元钱的节省都会转化成 1 元钱的利润，而在其他条件不变的情况下，若企业的利润率为 10%的话，企业若想依靠增加销售来获取同样的利润，则需要增加销售 10 元的产品。总之，做好商品采购工作具有重要的意义。

4.1 连锁企业门店采购的原则与方法

4.1.1 商品采购的原则

商品采购是一项日常性的经营活动，必须建立一套科学的管理制度来对其进行规范和约束，使其在确保商品质量的前提下，及时为企业采购到适销对路的商品，确保企业营业活动的持续进行，因此采购过程中就应遵循一定的原则。

1．以需定进原则

以需定进就是要根据目标市场的需求情况来决定进货，保证购进的商品适合目标消费者的需要，能够尽快销售出去，即市场需求什么产品，什么产品能卖出去，才买进什么产品，所以以需定进又称为"以销定进"，坚持以需定进原则能够避免盲目采购，促进商品销售。但这并不是说购销活动就是完全被动的，企业可以结合本店的实际和各种商品的不同特点，分别采用不同的购销策略，以求得购销活动与市场需求的动态平衡。

1）对于消费需求比较稳定的日用品，可以以销定购，即销售什么，采购什么；销售多少，采购多少。

2）对于市场需求波动较大的一类商品，企业经营者必须认真研究市场需求的变化趋势，当市场需求将呈上升趋势时，要积极组织采购；当需求呈下降趋势时，要少购，甚至不购。

3）对于一些季节性商品，采购人员需要在认真研究市场环境的条件下，分析消费需求的变化趋势，预测商品的销售量，以此来决定采购量和采购时机，防止过季积压和旺季断档。

4）对于新、特商品投放市场，采购人员应在研究市场需求的基础上决定购销活动。由于消费需求具有可引导性，企业可以积极运用各种促销手段来开拓市场，影响和刺激消费，引导消费需求。

2．勤进快销原则

勤进快销是加速资金周转、避免商品积压的前提条件，也是促进企业不断发展的一个根本性措施。企业必须利用自身有限的资金，来适应市场变化的需求，以勤进促快销，以快销保勤进，力争以较少的资金占用，经营较多、较全的品种，加速商品周转，做活生意。

"勤"并非越勤越好，它必须视企业的条件及商品的特点、货源状况、进货方式等多种因素的状况，在保证商品不脱销的前提下，考虑进货批量；"快"也是相对的，它必须在保证企业经济效益与社会效益的前提下，加速销售速度，提高企业流动资金的周转速度。

3. 经济核算原则

经济核算的目的是要以尽可能少的劳动占用和劳动消耗，实现尽可能多的劳动成果，取得好的经济效益。企业组织商品的进货和销售，涉及资金的合理运用，技术设备的充分利用，合理的商品储存、运输、人员安排等事项；购销差价包含着企业经营商品的费用、税金和利润三者之间的此消彼长的关系。因此，从进货开始就要精打细算，加强经济核算，以保证获得最大的经济效益。

4. 符合经营业态特性的原则

连锁企业在确定了自己的目标顾客后，就要考虑用什么样的商品去满足这些顾客的需求，这种从目标顾客需求出发来确定商品经营结构的过程就是商品定位。

例如，在零售业中，商品定位与业态有着密切的关系，由于业态是以经营商品重点的不同而划分的营业形态，所以，业态决定商品定位，业态的不同实质上就是商品定位的不同。如标准食品超市的商品是以经营食品与日用杂品为主，食品占全部商品构成的70%左右，生鲜食品（生肉、鲜鱼、蔬菜、水果等）是它经营的重点商品，占全部食品构成的50%，而大型综合超市是在标准食品超市经营食品、日用品的基础上，增加百货类商品（如服装、鞋帽、家电等）形成的超市业态，食品类与非食品类各占商品构成的50%左右，它是能最大限度地满足消费者对吃、穿、用等日常生活用品一次性购足需要的经营宗旨和商品结构。因此对于不同的连锁企业，应根据业态特征定位采购商品，以塑造与其他业态商品结构的差异性。

5. 进、退货规定的原则

由于连锁体系越来越多，为增加配送效率及门市处理效率，采用配送中心或中央仓库直接以多样少量、多次的配送方式，故在采购时，应衡量供货厂商配送作业的频率、最低订购量等配合状况，以符合订货及进货需求。此外，对于零售业，由于更换率较高，因此销售不佳的商品需迅速从门店中淘汰，并要求厂商处理退货，所以在采购商品时，应要求厂商配合办理。

6. 追求差异化原则

随着各式连锁企业的不断兴起，企业的竞争日益增强及面临客源被瓜分的压力，在这种情况下，商品如何表现差异性，提供顾客更大的满足感，以形成经营优势，已是商品采购的重要课题。

在采购时，除了必要的畅销品外，更应掌握市场态势及顾客需求，以开发引进差异化商品。目前各连锁店努力发展的服务性商品（如邮票、影印、代洗照片）、熟食、快餐等商品，均可说是竞争下所呈现出的差异化产物，不但可满足顾客需求，提升形象，更可增加营业绩效。

7. 信守合同原则

在市场经济条件下，运用经济合同，以法律形式确立商品买卖双方达成的交易，维护双方各自的经济权利和应承担的经济义务，以及各自的经济利益，保证各项经营活动顺利地展开，已成为经营的基本原则。

企业在采购活动中要信守合同，就是要保证合同的合法性、严肃性、有效性，更好地发挥经营合同在经营中的作用，树立企业的良好形象，协调好企业与商品供应者和商品需求者之间的相互关系，协调与信息服务企业、金融企业之间的关系，保证购销活动的顺利进行，促进企业的经营发展。

8．文明经商原则

连锁企业以向顾客销售商品来获取利润，因此必须坚持文明经商、诚信待客的原则。这一原则与商品采购相联系，便是进货时要保证质量，杜绝假冒伪劣商品。例如，许多零售连锁企业进货时都坚持"五不进一退货"，以保证消费者和自身利益。"五不进一退货"具体包括以下内容。

1）不是名优商品不进。

2）假冒伪劣商品不进。

3）无厂名、无厂址、无保质期的"三无"商品不进。

4）无生产许可证、无产品合格证、无产品检验证的"三无"商品不进。

5）商品流向不对的不进。

6）购进商品与样货不符合的坚决退货。

4.1.2 商品采购的策略

对于连锁企业来说，如果商品采购策略和技巧运用得当，不仅可以找到优质货源，还可以保证企业盈利的稳定性，具体操作时应注意以下几个问题。

1．质量

采购人员应设法了解供应商对商品质量的认识了解的程度，管理制度较完善的供应商应有下列有关质量的文件：质量合格证、市场上商品的等级、品牌、商业上常用的标准、物理或化学的规格、性能的规格、样品等的组合，采购人员在采购时应首先与供应商对商品的质量达成互相同意的质量标准，对于瑕疵品或在仓储运输过程损坏的商品，采购人员在采购时应要求退货或退款。

2．包装

包装可分为两种：内包装和外包装。内包装是用来保护、陈列或说明商品之用，而外包装则仅用在仓储及运输过程的保护，在自选式的营业方式中，包装通常扮演非常重要的角色。外包装若不够坚固，仓储运输的损坏太大，降低作业效率，并影响利润；外包装若太坚固，则供应商成本增加，采购价格势必偏高，导致商品的价格缺乏竞争力。

设计良好的内包装往往能提高客户的购买意愿，加速商品的回转，采购人员应说服供应商在这方面向好的企业学习，并加以改进，以利彼此的销售。此外，采购人员在采购有包装的项目时，应先了解企业的政策，进而与供应商协商对彼此双方都最有利的包装，否则不应草率订货。

3. 价格

在采购之前，采购人员应事先调查市场价格，不可听信供应商片面之词，就决定采购。如果没有相同商品的价格可查，应参考类似商品的价格。在确定采购价格时，最重要的就是要能列举供应商产品经门店销售的好处。

此外，公平而合理的价格，还可通过单独与供应商进行采购或由数家供应商竞标的方式来取得。单独与供应商进行采购，采购人员最好先分析成本或价格；数家供应商进行竞标时，采购人员应选择两三家较低标的的供应商，再分别与他们采购，求得公平而合理的价格。但在使用竞标方式时，采购人员切勿认为，能提供最低价格的供应商即为最好的供应商，必须综合考虑供应商的送货、售后服务支持、促销等方面的支持，所以有时候应放弃与提供极低价格的供应商的合作。

4. 订购量

采购人员应与供应商协商一个合理的最小订货金额或数量，最好以金额表示。如果没有最小订货金额或数量限制，若每次门店下单的订货量太小，要求供应商频繁送货，会增加供应商的成本，进而导致价格没有优势。相反，如果最小订货数量或金额太高，则会造成库存过高，导致压仓、滞销、削价销售等风险。

5. 折扣

折扣通常有新产品引进折扣、数量折扣、促销折扣、季节性折扣、经销折扣等数种。采购人员应向供应商说明企业的部分顾客是很会精打细算的，若供应商的折扣数不足，将无法让门店商品的售价吸引他们购买。

6. 交货期

一般而言，交货期越短越好，因为交货期短，则订货频率增加，订购的数量就相对减少，故存货的压力也大为降低，仓储空间的需求也相对减少。对于有长期承诺的订购数量，采购人员应要求供应商分批送货，减少库存的压力。但是不切实际地压短交货期，将会降低供应商商品的质量，同时也会增加供应商的成本，反而最终影响门店商品的价格优势及服务水平。所以采购人员应随时了解供应商的生产情况，以确立合理及可行的交货期。

7. 送货条件

供应商若无法在送货作业上与企业密切配合，将严重影响企业的运作。送货条件包括：按指定日期及时间送货、免费送货到指定地点、负责装卸货并将商品整齐地码放在栈板上，以及在指定包装位置上印国际条形码等。这些事情看来简单，但若在采购时，对供应商没有提出要求，则有些供应商人员常会出错，对门店的运作影响很大。

8. 售后服务保证

对于需要售后维修的家电或电子产品，应要求供应商提供免费的售后服务，并将保修卡放置在包装盒内，保修卡应标明本商圈内的维修商地址及电话，并且今后若维修商的名字、地址及电话发生更换，供应商应于第一时间通知门店。

4.1.3 商品采购的方法

1. 连锁企业采购的方式

（1）分散采购

分散采购就是将采购权力分散到各个分店，由各分店在核定的金额范围内，直接向供应商采购商品。分散采购模式有以下两种具体形式。

1）完全分散采购（授权采购）。完全分散采购形式是总部根据自身的情况将采购权完全下放给各分店，由各分店根据自己的情况灵活实施采购，它最大的优点是灵活，能对顾客的需求做出有效的响应，比较有利于竞争。比如，法国的家乐福公司曾经在很长一段时间都是实行分散采购，由于其单店规模巨大，同样也有效。但完全分散采购的最大弊端在于不能发挥规模采购的优势，不利于压低价格，不利于控制采购，因此就连家乐福这样的超市公司也逐渐向集中采购模式转变。

2）部分分散采购（有限授权采购）。部分分散采购形式是总部对各分店的地区性较强的商品（如一些地区性的特产就只适合于该地区销售），以及一些需要勤进快销的生鲜品实行分散采购，由各分店自行组织进货，而总部则对其他的商品进行集中采购。如某一分店的目标消费者有特殊的饮食习惯，而总部又不了解市场行情，在这种情况下，由分店进行商品采购决策就比较适宜。这种制度具有较强的灵活性，使分店可以根据自身的特征采取弹性的营销策略，确保了分店效益目标的实现。

（2）集中采购

集中采购是指企业设立专门的采购机构和专职采购人员，统一负责企业的商品采购工作，如统一规划同供应商的接洽、议价、商品的导入、商品的淘汰及POP促销等，企业所属各门店只负责商品的陈列，以及内部仓库的管理和销售工作，对于商品采购，各分店只有建议权，可以根据自己的实际情况向总部提出有关采购事宜，集中采购有如下几个优点。

1）有利于提高连锁零售企业与供应商谈判中的议价能力。连锁零售企业实行了中央采购制度，大批量进货就能充分享有采购商品数量折扣的价格优惠，保证了企业在价格竞争中的优势地位，同时也能满足消费者求廉的心理需求。

2）有利于降低商品采购成本。大批量集中进货，可以大幅度减少进货费用，再辅以配套的统一配送机构与制度，就能有效控制连锁企业门店的采购总成本。

3）有利于规范采购行为。在分散采购制度中，由于商品采购的决定权下放到各分店，对采购行为很难实施有效的约束，所以采购员的种种不规范行为屡禁不止，而集中采购制度则有利于规范企业的采购行为。

从连锁企业的发展趋势来看，分散采购是不可取的，因为它不易控制、没有价格优势及采购费用高。集中统一的商品采购是连锁企业实现规模化经营的前提和关键，只有实行统一采购，才能真正做到统一陈列、统一配送、统一促销策划、统一核算,才能真正发挥连锁经营的优势。当然,适当地给门店一定的自采权也是必要的,如鲜活食品、区域特色商品等,但必须严格控制其范围,有的商品可提供供货商目录供门店选择。

小资料　干预上游生产,家乐福首次试水生鲜直供模式

2007年7月19日是家乐福生鲜直供模式试点的第一天。所谓生鲜直供模式,即家乐福将直接从生产基地采购活虾,从而减少中间环节。同一天,家乐福位于青浦上海沙田湖生态养殖基地内的南美对虾签约养殖基地正式挂牌。该基地由政府牵头建设,首期政府投资800多万元,建成后将有2 450亩虾塘,亩产1 100斤。目前,家乐福已经与沙田湖生态养殖基地签署了为期一年的排他性采购合约,在一年内该基地生产的对虾全部只供应家乐福。古北店是第一家试点门店,7月20日,直购的对虾将在上海11家门店全部上市。家乐福上海区公关经理李先生指出,家乐福直采商品将主要集中于农产品。

上海区商品部生鲜处谈判经理王湘毅介绍,以往生鲜采购有好几道中间环节:"农民先卖给小贩(小批发商),然后是大批发商从小贩处收购再卖到批发市场,家乐福的供应商去批发市场采购再给家乐福供货,虾这类的生鲜产品在流通过程中还会产生死亡损耗,到批发市场这一环损耗率就有5%。而我们现在的采购链是,农民到供销社(或者供应商)然后直接到家乐福。直采之前,一斤鲜虾(大只)价格为18.8元,直采后,定价为12.8元/斤,如此价格优势将刺激销量。"

此外,在取消中间环节的同时,家乐福还直接干预生产。在从虾苗长成成品的过程中,家乐福将全程检测。

中国连锁经营协会行业信息与研究部主任杨青松曾预测,越来越多的超市将采取直供模式。他认为,直接采购可以减少中间环节,加快流通;通过干预上游,更好地把控食品安全。此外,超市可以直观地反映市场需求,防止出现丰产不丰收的现象。在美国,超市直接去农业基地采购的生鲜产品占采购总量的70%,而中国目前这个数据仅为30%。

但也有业内人士认为,直采在零售行业并不是一个新鲜的话题。虽然能通过降低商品价格来促进销售,但这种采购模式将为零售商带来更高的物流和仓储成本,尤其是对物流、仓储要求高的生鲜商品,而这些风险以前很大程度上是由供应商承担的。对此,家乐福方面表示:"目前直采模式处于初期,我们会控制直采商品的种类,以后直采量增加,我们可能会建配送中心,化解风险降低成本。"

(3)联合采购

联合采购是指经由统合各不同采购组织的需求量,以获得较好的数量折扣价格。联合采购在国外很常见,近几年在我国也取得了一定发展,我国连锁业当前有规模无效益,不能统一采购,统一配送,显示不出连锁优势,受数量和资本量的限制,连锁企业不可能直接都到产地进货,联合采购有助于解决这一矛盾。联合采购的采购量大,人手充足,市场材料收集的比较充

分，因而能获得较优越的进货条件，采购集团内的大小公司都可因此享受到较大折扣利益。不过联合采购由于参与企业太多，作业手续复杂，在风险和利益分配上容易引起争端。

2．连锁企业采购的方法

（1）按采购地区分类

1）国外采购。国外采购是指向国外供应商采购商品，通常直接洽询国外供应商或通过本地的代理商来采购，国外采购可以采购到许多新奇特商品，同时可以制衡国内采购的价格，且通常采取延期付款的方式，买方将以本币升值而得到外汇兑换利益；另外，国际性的企业规模大，产品的品质也比较精良。不过国外采购由于文化、语言的隔阂及时空的差距，加上进口管理手续繁多，交货过程复杂，采购效率很低，所需要的安全存量较高；并且一旦发生交货纠纷，索赔困难，对于紧急交货的要求，通常也无法配合。国外采购适用于价格比国内低廉的商品，以及国内无法制造或供应数量不足的商品，像世界零售巨头沃尔玛的国外采购数量就非常巨大，光在中国一年就采购几百亿美元的商品。

2）国内采购。国内采购是指向国内的供应商采购商品，它的优缺点基本上与国外采购相反，特别适用于政府管制进口的商品，以及需求量很小的外国制品；当国内、外采购品质与价格相同时，因为国内采购的安全存量较低，交易过程简单，售后服务比较迅速，就以国内采购优先。

（2）按与供应商交易的方式分类

1）购销方式。又称"经销"或"买断"方式，即在电脑系统中记录详细的供应商及商品信息，结账时，在双方认可的购销合同上规定的账期（付款天数）到期后最近的一个"付款日"，准时按当初双方进货时所认可的商品进价及收货数量付款给供应商。

2）代销方式。有极少部分商品连锁企业门店会以代销方式进货，即在电脑系统中记录详细的供应商及商品信息，在每月的付款日准时按"当期"的销售数量及当初双方进货时所认可的商品进价付款给供应商。此时卖不完退货是交易条件之一，代销商品的库存清点差异通常是由供应商来承担的。

3）联营方式。有少部分商品会采用联营的方式，即在企业的电脑系统中记录详细的供应商信息，但不记录商品的详细进货信息。在结账时，企业财务部在每月的付款日（或在双方认可的购销合同上规定的付款日）在"当期"商品销售总金额上扣除当初双方认可的"提成比例"金额后，准时付款给供应商，此时联营商品的"换退货"及"库存清点"的差异都是由供应商来承担的。

（3）按采购订约方式分类

1）订约采购。买卖双方根据订立合约的方式进行的采购。

2）口头电话采购。买卖双方不经过订约方式而是以口头或电话洽谈方式进行的采购行为。

3）书信电报采购。买卖双方借书信或电报的往返而进行的采购行为。

4）试探性订单采购。在进行采购事项时因某项原因不敢大量下订单，先以试探方式下少量

73

订单，销售顺利时才大量下订单。

（4）按采购价格方式分类

1）招标采购。将商品采购的所有条件（如商品名称、规格、品质要求、数量、交货期、付款条件、处罚规则、投标押金、投标资格等）详细列明，刊登广告。投标供应商按公告的条件，在规定时间内，交纳投标押金，参与投标。招标采购的开标按规定必须至少三家以上供应商从事报价投标方得开标，开标后原则上以报价最低的供应商得标，但当标的报价仍高过标底时，采购人员有权宣布废标，或征得监办人员的同意，以议价方式办理。

2）询价现购。采购人员选取信用可靠的供应商将采购条件讲明，并询问价格或寄以询价单并促请对方报价，比较后现价采购。

3）比价采购。采购人员请数家供应商提供价格，加以比较后，决定供应商进行采购。

4）议价采购。采购人员与供应商经过讨价还价后，议定价格进行采购。一般来说，询价、比价和议价是结合使用的，很少单独进行。

5）公开市场采购。采购人员在公开交易或拍卖时，随时机动地采购，因此大宗需要或价格变动频繁的商品常用此法采购。

3. 连锁企业采购机构的职能

采购机构是连锁企业的重要业务部门之一，其主要职责是保质保量、经济高效地采购企业所需要的各种商品，满足企业商品销售的要求，主要业务包括以下几个方面。

（1）常见商品的补充采购

即日常销售的商品的补货采购。这类商品已有确定的供应渠道，有些商品已与供应商签订了供货合同，采购部门只需要执行或续签，完成商品的补充订货。目前，一些企业的POS、MIS系统已经能够根据实时销售情况，按照事先规定的缺货警戒线自动完成日常销售商品的补充订货，很多企业的电脑系统可以自动生成补货单，采购部的工作就是根据补货单与供应商确认并执行，以保证企业不出现断货。

（2）开发新商品，寻找新的供应商

开发新商品与新的供应商，指的是采购部门要去寻找相对连锁企业而言没有销售过的商品或没有合作过的供应商，这是采购部门的一项重要职责。只有不断地更新商品，满足消费者不断变化的消费需求，才能保证连锁企业正常的经营，同时新产品能够给企业带来比老产品更高的毛利率，这也是新产品、新供应商开发的另一个重要原因。

（3）控制采购费用，降低成本

低价格策略是很多连锁企业经常采用的营销策略，而低价格是以低成本来保证的。集中采购可以有效地控制采购费用、降低商品进货费用和成本，通过进货方式、付款条件、采购数量、次数的选择和严格控制来降低整个采购费用，通过规范企业的采购行为，防止"人情"采购。

（4）控制进货渠道，保证商品质量

连锁经营的商品少则几千种，多则几万种，对于如此众多的商品种类，在质量控制上，需要借助生产厂家、供应商的力量。选择良好的进货渠道，并控制好进货渠道，是控制和保证商品质量的重要手段之一，集中采购为企业控制进货渠道、保证进货商品质量提供了良好的条件。

（5）滞销商品和不良供应商的淘汰

连锁店不仅要开发新的产品、新的供货渠道，同时也要注重对滞销商品、不良供应商的淘汰，这是商品结构优化、进货渠道优化的前提。

4．连锁企业采购机构的设置

鉴于连锁店采购部门的上述主要职能，在采购组织的设置上就要充分考虑如何完成这些职能的需要，并结合连锁经营规模、经营品种数量合理设置采购机构。

如小规模连锁企业，采购及配送规模均不大，作业程序也比较简单，可由采购经理同若干采购员协同完成。一般来说，较大规模的连锁企业采购部内分设不同的专项职能部门：按照商品类别（如按生鲜食品部、一般食品部、百货杂货部、电器部等）分别设立商品采购人员和采购机构。这样的机构设置往往是几名业务人员分工负责一部分商品品种，从日常补货、新品种开发、新供应商开发及滞销产品、不良供应商的淘汰都由一人负责，这种机构的优点是可以进行专业化分工，便于业务人员业务能力和工作效率的提高，但往往因为缺少相应的制约机制，容易产生不良采购行为。为此一些企业将日常商品的补货与新产品的开发机构分设或由不同的业务人员负责，设置新产品开发部门，职能是开发和引进新产品。

有些大规模的连锁店，通过设立商品采购委员会的办法来规范企业的采购行为，裁决采购的相关事宜。采购委员会的成员从采购部门、财务部门、营运部门及各连锁分店的有关负责人中选出，综合各单位意见来决策采购问题。此种组织能够比较客观地采购，但因为组成人员过于复杂，意见出现分歧时往往会延迟采购决策，所以一般来说，商品品种变动与更替较小的连锁店比较适合采用这种方式。

4.2 采购的程序

4.2.1 制定采购计划

连锁企业门店在商品采购上需要对采购什么、采购多少、从哪里采购、什么时候采购等一系列问题进行抉择，并以此制定采购计划，以便加强采购管理。采购计划是企业经营计划中的一个重要组成部分，一般包括年度采购计划和月度计划，采购员在掌握年度采购计划的基础上根据月度计划执行采购任务。

1．采购计划制定的方法

商品采购计划在四个层次上逐步展开：总部、分店、部门、部门内的商品组。商品可以按特点（如规格、颜色、价格、大小或品牌）分类，商品采购计划可以自下而上或自上而下来制定。

自上而下的计划是指商品采购计划可以在总部层次上开始制定。这就是说商品的目标、销售和费用最初在总部层次确定，计划总额将被分配给分店、部门和商品组。

自下而上的计划是指与从上面开始相反，商品采购计划可以从最低一级即每一部门内的商品组开始。信息由上级部门和分店收集，这些信息被汇总，汇总的结果就是整个总部的计划数字，采用这种方法，熟悉商品和消费者喜好的员工将为计划提供基本的数字信息。

也可以综合利用两种方法，自上而下和自下而上的商品采购计划可能会提供不同的结果，综合利用这两种方法会给门店带来最大的成功机会，从不同的管理层次切入可以提供最准确的信息。

2. 采购预算的确定

在一定程度上说，商品采购计划就是要决定商品采购额的计划，要在对各种内外部信息资料进行分析的基础上制定出来，其中有两个重点：每个月或每季应该准备的商品系列及库存额的决定；在这个库存额的范围内，制定备齐商品的计划。

采购预算一般以销售预算为基础予以制定，如某零售商店某月的销售额达到 200 万元，假定商店的平均利润率为 15%，那么采购目标就是：

$$200 \times (1-0.15) = 170（万元）$$

按同样的道理，也可以推算出商品的年采购目标。当然，以上这个公式仅仅是销售成本计算公式，它并没有估计到库存量的实际变化，采购预算还要加上或减去希望库存增加或削减的因素，其计算公式应为：采购预算 = 销售成本预算 + 期末库存计划额 – 期初库存额。

【例4-1】某商店一年的销售目标为 2 000 万元，平均利润率是 15%，期末库存计划额为 200 万元，期初库存为 180 万元，求其全年的采购预算。

$$2\ 000 \times (1-0.15) + 200 - 180 = 1\ 720（万元）$$

即一年的采购预算为 1 720 万元。再将其按月分配到各个月，就是每月的采购预算。采购预算在执行过程中，有时会出现情况的变化，所以有必要进行适当的修订。如门店实行减价或折价后，就需要增加销售额部分；门店库存临时新增加促销商品，就需要从预算中减少新增商品的金额。

3. 数量的确定

采购什么样的商品，是在对收集到的有关市场信息进行分析研究后确定的。在此过程中，除了要考虑过去选择商品的经验，市场流行趋势，新产品情况和季节变化等外，还要重点考虑主力商品和辅助商品的安排。

决定采购和商品数量，会影响到销售和库存，关系到销售成本和经营效益。如果采购商品过多，会造成门店商品的保管费用增多；资金长期被占用，也会影响资金的周转和利用率。但如果商品采购太少，不能满足顾客的需要，会使门店出现商品脱销，失去销售的有利时机；而且，每次采购商品过少又要保证商品供应，势必增加采购次数，频繁的采购会增加采购支出。

为了避免出现商品脱销和商品积压两种经营失控的现象，有必要确定最恰当的采购数量。解决这一问题的办法，就是在确定商品总采购量后，选择恰当的采购次数，分次购入商品。采购经济批量可由下面的公式计算：

$$Q = \sqrt{2KD/PI}$$

式中　Q =每批采购数量；

　　　K =商品单位平均采购费用；

　　　D =全年采购总数；

　　　P =采购商品的单价；

　　　I =年保管费用率。

【例 4-2】某家电连锁商店计划全年销售某型号洗衣机 160 台，已知每台洗衣机的采购费用是 10 元，单价为 800 元，年保管费用率为 1%，求最经济的采购批量。

$$Q = \sqrt{(2 \times 10 \times 160)/(80 \times 1\%)} = 20（台）$$

从计算结果知道，每次采购数量为 20 台较为合理。

4.2.2　选择供应商

一般来说，供应商开发的内容有供应市场竞争分析，寻找合格供应商，潜在供应商评估，询价和报价，合同条款的谈判，最终供应商的选择。供应商管理是供应商开发、评估、关系管理、绩效管理等的总称。

1. 供应商开发的基本准则

在大多数的跨国公司中，供应商开发的基本准则是"QCDS"原则，即质量（Quality）、成本（Cost）、交货期（Date）与服务（Service）并重的原则，对连锁企业来说，也应遵循此准则。

在这四者中，质量因素是最重要的。首先，要确认供应商是否已经建立起一套稳定有效的质量保证体系，确认供应商是否具有生产所需特定产品的设备和工艺能力，并通过双赢的价格谈判实现成本的节约。在交付方面，要确定供应商是否有足够的生产能力，人力资源是否充足，有没有扩大产能的潜力。最后要做好供应商的售前、售后服务记录。

2. 供应商开发流程

在供应商开发流程中，首先要对特定的分类市场进行竞争分析，要了解谁是市场的领导者，目前市场的发展趋势是怎样的，各大供应商在市场中的定位是怎样的，从而对潜在供应商有一个大概的了解。

（1）寻找潜在供应商

经过对市场的仔细分析，可以通过各种公开信息和渠道得到供应商的联系方式，这些渠道包括供应商的主动询价和介绍、专业媒体的广告、因特网搜索等方式，这个步骤中最重要的是对供应商做出初步判断。

（2）供应商的实地考察

这一步骤至关重要，必要时在审核团队方面，可以邀请质量部门和工艺工程师一起参加，他们不仅会带来专业的知识经验，而且共同审核的经理也会有助于公司内部的沟通和协调。

（3）发出询价

在供应商审核完成后，对合格供应商发出询价文件，一般包括图纸和规格、样品、数量、大致采购周期、要求交付日期等细节，并要求供应商在指定日期内完成报价。在收到报价后，要对其条款进行仔细分析，对其中的疑问要彻底澄清，而且要求用书面方式做出记录，包括传真、电子邮件等。

（4）报价分析

报价中包含大量的信息，如果有条件，应要求供应商进行成本清单报价，并让其列出材料成本、人工、管理费用等，将利润率明示。通过比较不同供应商的报价，会对其合理性有初步的了解。

（5）价格谈判

价格谈判是一个持续的过程，每个供应商都有其对应的价格曲线，在供货一段时间后，其成本会持续下降。与表现优秀的供应商达成策略联盟，促进供应商提出改进方案，以最大限度地节约成本。实际上，每个供应商都是所在领域的专家，多听取供应商的建议往往会有意外的收获。

3. 供应商的选择标准与筛选

常用的供应商评价指标：

- 质量水平。商品的优良率，质量保证体系，样品质量，对质量问题的处理。
- 交货能力。交货的及时性，样品的及时性，增减订货的适应能力。
- 价格水平。优惠程度，消化涨价的能力，成本下降空间。
- 技术能力。技术的先进性，后续研发能力，产品设计能力，技术问题的反应能力。
- 人力资源。经营团队的员工素质。
- 现有合作状况。合同履约率，合作年限，合作融洽关系。

每类商品由采购部调研后，提出5~10家候选供应商名单。公司成立一个由采购部、审计部、财务部、相关资料的使用部门组成的供应商评选小组，依据上述标准对供应商进行评定，最终制定出本年度公司的合格供应商。核准为供应商的，可以采购，没有通过的，请其继续改进，保留其未来候选资格。每年要对供应商进行重新评估，不合要求的要予以淘汰，从候选供应商队伍中进行补充。

4．建立供应商阶段性评价体系

采取阶段性评价方式，将供应商评价体系分为供应商进入评价、运行评价、供应商问题与改进评价及供应商战略伙伴关系评价几个方面。供应商的选择不仅仅是入围资格的选择，而且是一个连续的可累计的选择过程。

（1）建立供应商进入评价体系

可以对供应商管理体系、资源管理与采购、产品实现、设计开发、生产运作、测量控制和分析改进七个方面进行现场评审和综合分析评分，评出合格的供应商。

（2）建立供应商运行评价体系

一般采取日常业绩跟踪和阶段性评比的方法，采取QSTP加权标准，即供货质量（Quality，35%评分比例）、供货服务（Service，25%评分比例）、技术考核（Technology，10%评分比例）和价格（Price，30%评分比例）。根据有关业绩的跟踪记录，按照季度、年度对供应商的业绩表现进行综合考核。

（3）供应商问题的辅导和改进工作

这是通过专项专组辅导和记过跟踪的方法实现的，采购中心设有货源开发组，根据所负责采购商品特性把货源开发组员分为几个小组，该小组的工作职责之一就是对供应商进行辅导和跟进。

（4）供应商战略合作伙伴关系评价

通过供应商的进入和过程管理，对供应商的合作战略采取分类管理的办法。采购中心根据收集到的信息，由专门的商务组分析讨论，确定有关建立长期合作伙伴关系的评估，提交专门的战略实施小组进行分析。伙伴关系不是一个全方位、全功能的通用策略，而是一个选择性战略，是否实施伙伴关系和什么时间实施，要进行全面的风险分析和成本分析。

阶段性评价体系的特点是流程透明化和操作公开化，所有流程的建立、修订和发布都通过一定控制程序进行，保证其相对稳定性，评价指标尽可能量化，以减少干扰因素。

（5）供应商评价管理体系的维护

建立一个评审小组来控制和实施供应商评价。小组成员由采购中心、公司质量部、门店等部门的成员组成，包括研发工程师、相关专家顾问、质检人员、生产人员等。评审小组以公司整体利益为出发点，独立于单个门店，组员必须有团队合作精神并具有一定的专业技能。

对评价体系业务的客观性和流程的执行应建立监督机制。监督机制体现在工作的各个环节，应尽量减少人为因素，加强操作和决策过程的透明化和制度化，可以通过成立业务管理委员会，采用ISO 9000审核的办法检查采购中心内部各项业务流程遵守的情况。

供应商管理体系的运行需要根据行业、企业、产品需求和竞争环境的不同采取不同的细化标准，短期的竞争招标和长期的合同与战略供应商关系可以并存。企业通过不断的学习和改进，对供应商的选择评价、评估的指标、评估的工具与技术需要不断的更新，根据连锁企业的整体战略的调整而不断地调整有关采购方面的要求和策略。

5．供应商绩效评估

供应商绩效评估是供应商管理的重要环节，它是对上一次谈判结果和供应商战略实施的衡量，又是对下一次供应商关系进行调整的基础，其主要工具是供应商评分卡，建立评分卡的主要工作有以下几个。

1）根据供应商关系纲要和供应商具体情况确定评分卡的主要指标和评分方法。

2）评分卡的报告机制包括考察机构、考察频率、监督机制、奖惩措施、特别时间处理等。

3）对评分系统进行"实施—改进—再实施"。

供应商绩效评估后要注意采取措施，加强对供应商的激励和控制。企业与供应商之间是合作关系，而不是上下级关系，所以供应商的激励和控制是十分复杂的，企业应根据评估结果，采取适当措施，保证与供应商的合作。

6．新产品引进业务流程

市场营销观念认为，产品必须是一个整体概念，包括产品核心，即顾客所追求的基本效用和利益；产品形体，即产品实体与外观，如品质、特色、式样、品牌名称、包装；附加利益，即向消费者提供的运送、维修、安装、使用、保证、付款优惠等服务项目。只要产品整体概念中的任何一部分的创新、变革和调整，都属于新产品之列，如新发明产品、革新产品、改进型产品、新牌子产品、产品的市场再定位等。

对连锁企业来说，应该把新产品分为四个层次来理解：一是对制造商和供货商来说的新产品；二是对本地市场来说是第一次引进的新产品；三是对公司来说是第一次引进的产品线、增补产品线中的某些产品项目或将原有产品经过重新组合形成新的商品群；四是对消费者来说的新产品，能给消费者以新的认识、效用和利益。新产品开发能否成功，最终将取决于消费者的确认，因此，新产品的开发一定要把握"能给顾客带来新的效用和利益"这一基本原则，新产品开发的一般流程如图 4-1 所示。

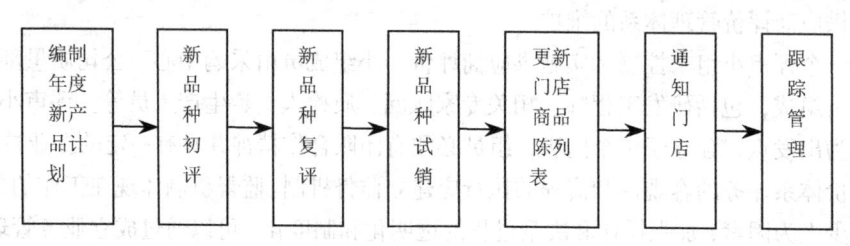

编制年度新产品计划 → 新品种初评 → 新品种复评 → 新品种试销 → 更新门店商品陈列表 → 通知门店 → 跟踪管理

图 4-1　新品引进流程

新商品的引进应进行一系列的事前、事中、事后控制标准。

（1）事前控制标准

连锁企业采购业务人员引进新品应建立在对其销售前景进行分析预测的基础之上，确定该新品能为企业带来利益，这一利益可参照目前企业经营的同一类畅销品所获得的利益或新品所替代淘汰品获得的利益进行比较。如规定新引进商品在进场试销的 3 个月内，销售额至少不低于替代品的销售额，方可列入采购计划的商品目录中。

（2）事中控制标准

在与供应商进行某种新商品的采购业务谈判过程中，要求供应商提供该商品详细、准确、真实的各种资料，提供该商品进入连锁企业销售系统后的促销配合计划。

（3）事后控制标准

负责该新商品引入的采购人员，应根据新商品在引入门店试销期间的实际销售业绩（销售额、毛利率、价格竞争力、配送服务水平、送货保证、促销配合等）对其进行评估，评估结果优良的新商品可以正式进入销售系统，否则中断试销，不予引进。

7．滞销品淘汰业务流程

（1）淘汰程序

为了有效地利用门店的有限空间，提高商品周转率和经营效率，要对滞销品进行淘汰。滞销品的淘汰程序分述如下。

1）数据分析。根据滞销品的标准，进行数据分析。例如，参考销售排行榜，以最后 100 品项、销售额排行榜最后 3% 为淘汰基准等，找出销售不佳、周转慢或品质有问题的商品作为淘汰品。不过以这样的基准来作为淘汰的依据时，要注意考虑这种商品的存在是否为了使品项齐全，或是因为季节性的因素才滞销。

2）确认原因。门店应该了解滞销的原因，究竟是商品不佳，还是人员作业疏失，如订货不准确、陈列定位错误等，然后再确认是否淘汰。

3）告知门店。淘汰滞销品之前，总部应至少在 10 天前向门店告知滞销品的项目，以及退换货作业的程序。滞销品淘汰的程序如图 4-2 所示。

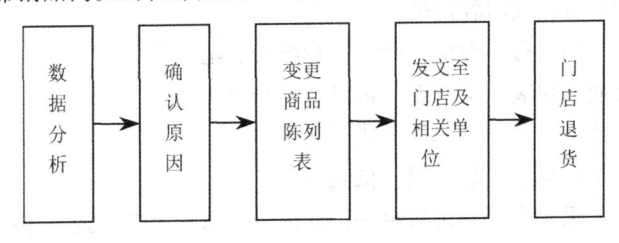

图 4-2 滞销品淘汰业务流程

（2）淘汰商品退货处理方式

滞销品淘汰的核心问题之一是退货的处理方式，关于退货的处理方式，主要有以下两种。

1）总部集中退货方式，即将各门店所有库存的淘汰品集中于配送中心，各自将自己的库存淘汰品统计、撤架、集中，在总部统一安排下，由供应商直接到各门店和配送中心取回退货，这种退货方式的主要缺陷是花费连锁企业和供应商大量的物流成本。

2）为了降低退货过程中的无效物流成本，目前连锁企业通常采用的做法是在淘汰商品确定后，立即与供应商进行谈判，一是将该商品做一次性削价处理；二是将该商品作为特别促销商品。这种现代退货处理方式为非实际退货方式（即实际上并没有将货物退给供应商），它除了具有大幅度降低退货物流成本的优点之外，还为连锁企业促销活动增添了更丰富的内容。

需要说明的是：选择实际退货方式和非实际退货方式的标准，是削价处理或特别销售的损失是否小于实际退货的物流成本；对那些保质期是消费者选择购买的重要因素的商品，连锁企业与供应商之间也可以参照淘汰品的非实际退货处理方式，签订一份长期"退货处理协议"，把即将到保质期的库存商品的削价处理或特别促销处理办法纳入程序化管理轨道中。

4.2.3 采购谈判的内容

1. 采购业务谈判的三个制约文件

连锁企业买手同供应商进行谈判的依据是超市公司制定的商品采购计划、商品促销计划及供应商文件。

（1）商品采购计划

该计划包括商品大类、中分类、小分类等各类别的总量目标及比例结构（如销售额及其比例、毛利额及其比例）、周转率，各类商品的进货标准、交易条件等。

（2）商品促销计划

该计划包括参加促销活动的厂商及商品，商品促销的时间安排，促销期间的商品价格优惠幅度、广告费用负担、附赠品等细节内容。

（3）供应商文件

商品采购计划与促销计划是连锁企业采购业务部制定的两项总体性计划，通常是针对所有采购商品制定的而不是针对某供应商而制定的。买手同供应商进行业务谈判时还必须依据总部制定的供应商文件来进行，其内容包括：

- 供应商名单（公司名称、地址、开户银行账号、电话等）。
- 供货条件（品质、包装、交货期、价格及折扣等）。
- 订货条件（订购量、配送频率、送货时间等）。
- 付款条件（进货审核、付款、退货抵款等）。
- 票据流转程序（采购合同—订货单—供货编号—形式发票—退货单—退货发票）。

供应商文件实际上是要求供应商在与连锁企业的交易中,按照连锁企业的运作规范来进行。

2. 采购业务谈判内容

上述三项文件尤其是供应商文件构成采购业务谈判内容的框架，也是采购合同的基本内容框架。具体的谈判内容包括：

- 采购商品——质量、品种、规格、包装等。
- 采购数量——采购总量、采购批量（单次采购的最高订量与最低订量）等。
- 送货——交货时间、频率、交货地点、最高与最低送货量、保质期、验收方式等。
- 退货——退货条件、退货时间、退货地点、退货方式、退货数量、退货费用分摊等。
- 促销——促销保证、促销组织配合、促销费用承担等。
- 价格及价格折扣优惠——新商品价格折扣、单次订货数量折扣、累计进货数量折扣、年底退货、不退货折扣（买断折扣）、提前付款折扣等。
- 付款条件——付款期限、付款方式等。
- 售后服务保证——保换、保退、保修、安装等。

上述谈判内容加上违约责任、合同变更与解除条件及其他合同必备内容就形成采购合同。

小资料　家乐福采购谈判技巧

1）永远不要试图喜欢一个销售人员，但需要说他是你的合作者。

2）要把销售人员作为我们的一号敌人。

3）永远不要接受第一次报价，让销售员乞求，这将为我们提供一个更好的交易机会。

4）随时使用口号：你能做得更好。

5）时时保持最低价纪录，并不断要求得更多，直到销售人员停止提供折扣。

6）永远把自己作为某人的下级，而认为销售人员始终有一个上级，他总可能提供额外折扣。

7）当一个销售人员轻易接受，或要到休息室，或去打电话并获得批准时，可以认为他所给予的是轻易得到的，进一步提要求。

8）聪明点，可要装得大智若愚。

9）在没有提出异议前不要让步。

10）记住当一个销售人员来要求某事时，他会有一些条件是可以给予的。

11）记住销售人员不会要求，他已经在等待采购提要求，通常他从不要求任何东西作为回报。

12）注意要求建议的销售人员通常更有计划性，更了解情况，花时间同无条理的销售人员打交道，他们想介入，或者说他们担心脱离圈子。

13）不要为销售人员感到抱歉，玩坏孩子的游戏。

14）毫不犹豫地使用论据，即使他们是假的；例如，竞争对手总是给我们提供最好的报价，最好的流转和付款条件。

15）不断重复同样的反对意见即使他们是荒谬的。你越多重复，销售人员就会越相信。

16）别忘记你在最后一轮谈判中，会得到80%的条件，让销售人员担心他将输掉。

17）别忘记每日拜访我们的销售人员，我们应尽可能了解其性格和需求。试图找出其弱点。

18）随时邀请销售人员参加促销。提出更大的销量，尽可能得到更多折扣。进行快速促销活动，用差额销售赚取利润。

19）要求不可能的事来烦扰销售人员，任何时候通过延后协议来威胁他，让他等，确定一个会议时间，但不到场，让另一个销售人员代替他的位置，威胁他说你会撤掉他的产品，你将减少他的产品的陈列位置，你将把促销人员清场，几乎不给他时间做决定。即使是错的，自己进行计算，销售人员会给你更多。

20）注意折扣有其他名称，例如，奖金、礼物、礼品纪念品、赞助、资助、小报插入广告、补偿物、促销、上市、上架费、希望资金、再上市、周年庆等，所有这些都是受欢迎的。

21）不要进入死角，这对采购来说是最糟的事。

22）避开"赚头"这个题目，因为"魔鬼避开十字架"。

23）假如销售人员花太长时间给你答案，就说你已经和其竞争对手做了交易。

24）永远不要让任何竞争对手对任何促销讨价还价。

25）你的口号必须是"你卖我买的一切东西，但我不总是买你卖的一切东西"。也就是说，对我们来说最重要的是要采购将会给我们带来利润的产品。能有很好流转的产品是一个不可缺的魔鬼。

26）不要许可销售人员读屏幕上的数据，他越不了解情况，他越相信我们。

27）不要被销售人员的新设备所吓倒，那并不意味着他们准备好谈判了。

28）不论销售人员年老或年轻都不用担心，他们都很容易让步，年长者认为他知道一切，而年轻者没有经验。

29）假如销售人员同其上司一起来，要求更多折扣，更多参与促销，威胁说你将撤掉其产品，因为上司往往不想在销售人员面前失掉客户。

30）每当另一个促销正在进行时，问这个销售人员"你在那做了什么？"并要求同样的条件。

31）永远记住这个口号："你卖我买，但我不总买你卖的。"

32）在一个伟大的商标背后，你可发现一个没有任何经验的仅仅依靠商标的销售人员。

4.3 连锁企业门店的存货管理

4.3.1 连锁企业门店存货的基本类型

一般来说，企业的存货种类繁多，每个品种的价格不同，存货的数量也不等，有的商品种类不多但是价值很大，而有的商品品种很多但是价值不高。由于企业资源有限，因此，对所有的存货品种给予相同的重视和管理是不可能的。为了使有限的时间、资金、人力、物力等资源能得到更有效的利用，应对存货进行分类，将管理的重点放在重要的物资上，根据存货重要程度进行不同的管理，这就是 ABC 分类法的基本思想。

ABC 分类法就是将库存物资按重要程度分为特别重要的存货（A 类）、一般重要的存货（B 类）和不重要的存货（C 类）三个等级，然后针对不同等级分别进行管理。

对存货通常按照存货所占总存货资金的比例和所占存货总品种数目的比例这两个指标进行

分类，ABC 分类划分如图 4-3 所示。具体来说，A 类存货品种数量少但资金占用大，A 类存货品种约占总品种的 5%～20%，而其占用资金金额占存货总金额的 60%～70%。C 类存货品种数目多但资金占用少，即 C 类存货品种约占总品种的 60%～70%，而其占用的资金金额占存货总金额的 15%以下。B 类存货介于两者之间，B 类存货品种约占总品种的 20%～30%，其占用的资金金额占存货总金额的 20%左右。

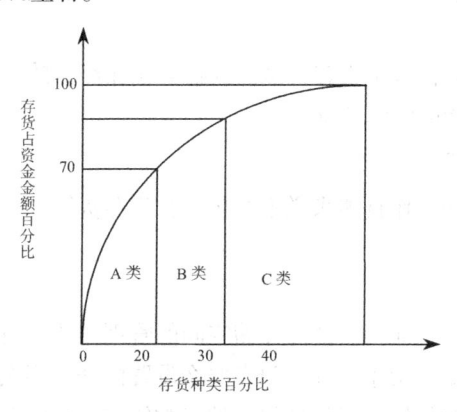

图 4-3　ABC 分类曲线图

对三类存货的管理控制要求如表 4-1 所示。

表 4-1　ABC 分类管理

项目/级别	A 类存货	B 类存货	C 类存货
控制程度	严格控制	一般控制	简单控制
库存量计算	详细计算	一般计算	简单计算
进出记录	详细记录	一般记录	简单记录
存货检查频度	密集	一般	很低
安全库存量	低	较大	大量

4.3.2　连锁企业门店存货管理的内容

在连锁企业门店的经营中，存货是必不可少的，存货管理的目的是在合理成本要求下持有适当的存货，以满足客户的需求。存货的存在意味着资金的占用和场地的占用，会给门店带来成本费用的增加，因此科学的存货管理十分必要。

1. 存货管理

门店的存货管理可以分为存货结构管理、存货数量管理和存货时间管理三个方面。

（1）存货结构管理

企业仓库空间和资金是有限的，如何使这些有限的空间和资金取得更大的效益，加强商品库存、商品结构管理是非常重要的。通过管理及时发现畅销品、滞销品和高损耗商品，确定商品贡献率，优化调整商品结构。

（2）存货数量管理

存货数量过小，会造成商品不足、市场脱销，是企业损失销售机会；存货量过大，会造成商品积压、降低效益。商品存货数量管理必须采用科学方法，通过参照以往销售数据，结合市场调研，得出合理的库存量。

（3）存货时间管理

加快存货周转率等于加快资金周转，这样会提高企业经营效率，这是连锁企业获得利润的关键之一，所以要加强存货的时间管理。

2. 存货管理的具体工作

连锁企业门店存货管理工作具体来说主要包括仓库存货管理、盘点作业管理和坏品处理作业。

（1）仓库存货管理

仓库存货管理是指连锁企业门店商品存储空间的管理作业，目前由于我国商品配送能力有限，门店实施零库存经营比较困难，许多门店要么设置内仓，要么将货架加高，将上层货架作为存储空间，保持一定的商品储备以保证门店的正常销售。仓库存货管理作业需注意以下几个方面的问题。

1）登记。商品入库存储应有登记手续，登记要有统一设计的登记卡，登记卡的项目包括进货的品名、日期、数量、规格、储藏日期、金额及每笔商品变动的经手人。一些大规格包装箱进仓，不但要填写好登记卡，在箱体上也应标示进货日期，以避免存储过期。

2）堆放和存储。

- 库存商品要进行定位管理，其含义与商品配置图表的设计相似，即将不同的商品按分类、分区管理的原则来存放，并用货架放置。仓库内至少要分为三个区域：第一，大量存储区，即以箱或栈板方式存储；第二，小量存储区，即将拆零商品放置在陈列架上；第三，退货区，即将准备退的商品放在专门的货架上。
- 区位确定后应制作一张配置图，贴在仓库入口处，以便存取。小量存储区应尽量固定位置，整箱存储区则可弹性运用。若存储空间太小或属冷冻、冷藏库，也可以不固定位置而弹性运用。
- 堆放要有条理、注意整齐美观，不能挤压的物品要平放在层架上。
- 存储商品不可直接与地面接触，底下要有栈板铺地。一是为了避免潮湿；二是由于生鲜品区保存的规定；三是为了堆放整齐。
- 仓库物资的保管要根据各种物资不同种类及其特性，结合仓库条件，用不同方法分别存放。对于某些特殊物资如易燃易爆、有害有毒等物资，要指定专人管理，并设置明显标志。
- 仓库管理人员要与订货人员及时进行沟通，以便到货的存放。

3）仓库。
- 注意仓储区的温度和湿度，保持通风透气，采光好，干燥不潮湿。
- 仓库内要设有防水、防火、防盗等设施，做好防火、防潮、防热、防震、防锈、防盗、防毒等工作，要保证使物资经常处于完好可用状态。
- 保持仓库环境整洁。

4）进出库。
- 商品进出库必须要由专人负责办好手续，日清月结。
- 商品进出库要做好登记工作，以便明确保管责任。但有些商品（如冷冻、冷藏商品）为讲究时效，也采取卖场存货与库房存货合一的做法。
- 退货、验货、报废都应登记造册，经查验后方能取退。
- 仓储存取货原则上应随到随存、随存随取，但考虑到效率与安全，有必要制定作业时间规定。
- 仓库要由专人负责，注意门禁管理，无关人员不得随意入内，对进入仓库的人员进行登记核准。

此外，管理仓库与供应、销售环节的衔接工作，在保证生产供应等合理储备的前提下，力求减少库存量，并对物资的利用、积压产品的处理等提出建议，要适时提出存货不足的预警通知，以防缺货。

（2）盘点作业管理

盘点是对仓库商品的清点和核查。通过盘点作业，可以及时计算出店铺真实的存货、费用率、毛利率、货损率等经济指标，便于门店进行考核。仓库管理与盘点作业是相辅相成的，科学合理、安全卫生的仓库管理，可以方便盘点作业，减少库存费用及损坏，及时准确的盘点则可以科学地控制库存，发现并处理问题，关于盘点的内容在后面的章节会详细介绍。

（3）坏品处理作业

损坏物品也会给门店带来很大的损失，这里的坏品包括门店在销售或存储过程中产生的过期商品，包装破损不能再销售的商品，或者因为门店停电、水灾、火灾、保管不善等造成的瑕疵品。

1）坏品处理作业流程。坏品作业流程如图4-4所示。
- 不论由门店自行检查、消费者退货，或者意外事件而出现的坏品，均应由营业现场店长再度确认，看是否真的无法销售。
- 门店工作人员在店长确认后，必须进行登记，同时一方面将坏品集中装箱保管，注意尽量保存坏品的包装完整性；另一方面通知总部，确认换货的可能性。
- 若总部确认后可退换货，即实施退换货作业，否则由门店自行承担损失。
- 若总部确认可退换货，在退换货作业实施这段时间里，做好坏品的保存工作，要注意与其他商品分开单独保存，以免被其他工作人员或顾客误拿。
- 若无法退换货，则门店要实施坏品销毁，而该作业最好会同验收人员共同进行，并切实核对坏品记录。

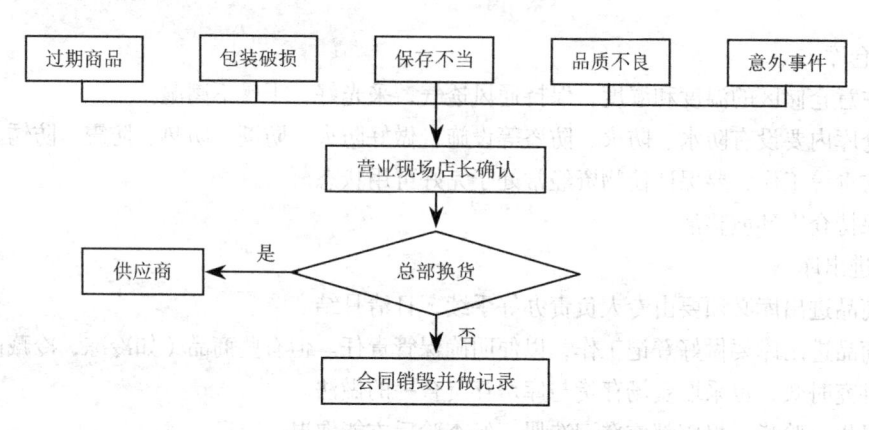

图 4-4 坏品处理作业流程图

2）坏品处理作业注意事项。
- 门店店长应查清坏品发生的原因，以明确责任归属，并尽快做出处理。
- 坏品必须登记详细，包括数量金额，以方便账物处理及门店管理分析。
- 若经确认，发生坏品的责任在门店，如商品保管不当、订货过多、验货不仔细等，那么门店必须做出反省，并通报各部门以杜绝此类事件再次发生。
- 不能退换货的坏品不能随意丢弃，必须做好记录、集中保管，待会同验收人员确认后共同处理。

4.3.3 连锁企业门店存货的业务流程

1. 门店进货作业

进货作业是订货后由供应商和配送中心将商品送达门店的作业。进货作业对供应商或配送中心来说就是配送，而对门店来说，其作业重点就是验收，进货作业的流程如图 4-5 所示。

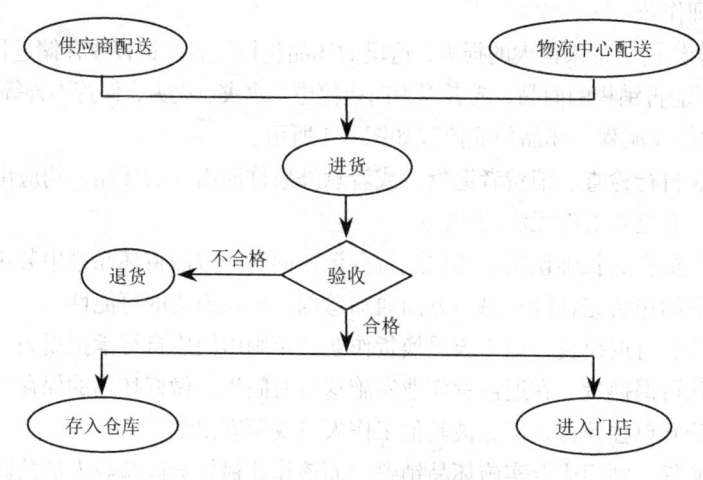

图 4-5 进货作业流程

进货作业应该考虑地形环境，设置进货码头、等候区、卸货区、升降机和堆高车等。注意严格遵守企业总部规定的时间，先办退货再办进货，以免退、调商品占用空间导致货物无法进仓。进货时应核对订货记录，订货单、送货单及发票齐全。产品分类要清楚，在指定的区域进行验收，验收后的商品进入仓库或门店，并予以登记记录。

2．门店收货作业

门店控制进货质量的主要工作在于验收作业。商品的验收工作，实质上包括品质的验收和数量的验收双重任务。验收工作的进行，有两种不同的情形，第一种情形是先验收数量，再通知负责检验单位办理检验工作；第二种是先由检验部门检验品质，检验通过后，再办理收货手续，填写收货单。

验收作业可以按照进货的来源，分为厂商配送验收、总部配送验收和自行进货验收。由于总部配送在出库时已经查点清楚，所以总部配送的商品送到门店后，可以不用当场验收清点，仅由门店验收员盖章及签收，若事后店内自行点收发现误差，可通知总部查清调补。厂商配送和自行采购的要当场查点清楚，出具相关凭证，总部指定厂商直接配送的，由总部统一结算，自行进货的则由门店自行结算。

3．退换货作业

退换货作业是根据验收结果，对不符合进货标准和要求的商品采取退货或换货的活动，可与进货作业配合，利用进货回程将退换货带回，退换货作业一般定期办理。退换货时，首先要查明退换货商品的来源；其次要填清退换单，注明品名、数量、退换货原因、要求等；最后及时告知厂商，以便厂商进行处理。

4．门店存货控制

门店存货控制是指对门店存储的各种商品的控制活动，门店存货控制业务流程如图4-6所示。

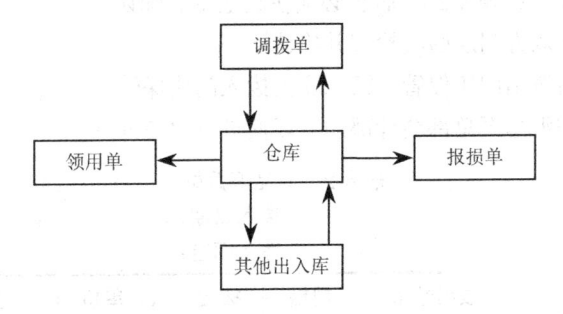

图4-6　门店存货业务流程

（1）存货报警

存货管理时可设置两种库存报警模式：库存上下限报警和安全库存报警。

库存上下限指标设置用于设置仓库中各种商品的库存下限和库存上限，当库存小于或大于库存预设的上下线时，经过盘点提示库存状况向有关人员报警。

安全库存量报警：对低于库存安全量的商品，进行库存报警。

安全库存报警条件：现有库存<日均销量×（到货周期+N天）

（2）商品调拨

门店调拨作业可以分为门店内调拨和分店之间的调拨。店内调拨主要是连锁企业门店内原欲出售的商品移交至其他需要部门，分店之间的调拨是连锁企业各门店之间的作业。这里涉及的调拨作业主要指后者，因此，这里的门店商品调拨作业是指当某分店缺货，而供应商或配送中心无法及时供货时，借调其他分店货品的作业。

通过连锁企业门店间的商品调拨，可以实现各连锁店之间的货物流通，各分店在经营过程中难免出现某些商品的销路不畅，或者某些商品的销售量急剧扩大的情况，通过调拨作业，可以利用连锁分店所处的地区不同、面对的消费者结构不同的特点，将商品在分店之间有针对性地横向转移，使其找到适合的销售地，变滞销为畅销，减少商品积压，提高库存周转率，扩大商品销售额。门店调拨作业的注意事项分述如下。

1）调拨前注意事项。

- 门店之间的商品调入与调出，必须在双方店长同意的情况下才能进行。
- 若是临时大量订单，门店在接单之前最好联系一下其他门店，确认可调拨数量是否足够，不要因随意接单而影响连锁企业的商誉。
- 门店询问调入商品的时候，同等条件下采用就近原则，以节约运输成本和时间成本。
- 门店调入商品最好要多联系几家门店并说明，以防紧急调运过程中出现变化。
- 根据实际情况安排交通工具的种类及双方由谁派出车辆。
- 安排好工作人员与时间，最好避开门店营业的高峰期。

2）调拨时注意事项。

- 必须填写调拨单（见表4-2），店长必须在其上签名确认。
- 拨入或拨出时需双方门店验收检查并确认。
- 调拨单第一联由拨出门店保管，第二联由拨入门店保管。
- 调拨单必须定期汇总至总部会计部门，以便进行财务处理。

表4-2 商品调拨单

拨出门店： 拨入日期：
拨出日期： 拨入门店：

商品代号	品名	拨出数量	规格	拨出（入）单价	金额	拨入数量

拨出门店： 店长： 验收人： 拨入门店： 店长： 验收人：

3）调拨后注意事项。
- 拨入、拨出门店必须检查存货账与应付账是否一致。
- 拨入门店应注意总结教训，重新考虑所拨入商品的最低安全量、每次订货量及货源的稳定性，尽量避免发生类似事件。

（3）报损与领用

1）商品报损。仓库有些商品会因为包装问题或其他原因损坏，需要申请报损，报损单经审核后，方可确认商品报损出库。其程序一般为选择报损商品所属仓库，选择报损商品，记录报损商品数量。

2）商品领用。因内部需要领用商品时，需填写领用单，经审核后方可领用。

复习思考题

1. 商品采购的原则有哪些？
2. 连锁企业的采购方式有哪几种？
3. 供应链管理环境下的采购有什么特点？
4. 开发供应商的流程是怎样的？
5. 存货管理都包括哪些内容？

案例分析

超市、商场强行收取商品"进场费"，供货商"痛并承受着"

2007年9月的一天让月饼经销商王斌特别窝火，眼看着中秋节将至，以往合作很不错的某大型超市却突然要求他先交3万元进场销售费。面对突如其来的"狮子大张口"，王斌反复考虑了2天后，还是交了钱。毕竟月饼是时令产品，在这个节骨眼上负气不进店，企业的损失他也承担不起。类似王斌这样的遭遇，在商界早已司空见惯，收取"进场费"已成为零售业的一项潜规则。

进场费最早是由国外品牌商发起的。20世纪80年代，国外品牌商为了在商场中争取更好的陈列位置，主动向商场交纳一定的费用，被称为陈列费。收取"进场费"已成为全球零售企业的一种主要经营方式，家乐福是这种经营模式的代表。

一家企业想进入家乐福，需要交纳特色促销活动、店内旺销位置优先进入权、进入商店的特权、良好营销环境的优先进入权、节假日、开发市场份额等多种费用。据业内人士透露，各项进场费用可能超过供货商在家乐福卖场实现的销售额的30%。

零售业的另一种经营模式是与供应商建立伙伴关系，也被称做后端模式，代表企业是沃尔玛。沃尔玛不收进场费，并宣称帮助厂商提高质量、降低劳动力成本、改进工艺、控制存货，来实现控制采购成本，实际上是大大压低了产品的进货价格，达到"天天平价"的目标。

由于沃尔玛这个模式需要强大的后端系统与技术平台作为支撑，我国的本土连锁超市一时间无法仿效，因此沃尔玛在我国市场上可谓剑走偏锋。

国内也曾有湖南步步高超市在2004年以"零进场费"的姿态出现过,但振臂一呼,全国上下响应者甚少,最后以失败告终。

零售商认为,"进场费"是零售商与供货商之间服务与合作的费用,零售商为供货商提供了一个良好的销售环境和环节,为供货商提供了无形的价值和资产,对其商品是一种综合的升值服务。对供货商的商品质量和信誉也是一种制约和要求。

面对收取"进场费"的现实,供货商显得很无奈:"因为客流量大、辐射范围广、出货量大,不能舍弃;因为它狮子大开口,费用多如牛毛,又让我们进退两难。不过为了能销售出更多的商品,我们只能交费进场。"一位供货商如是说,"不进去可能是等死,而进去则可能是找死。但'羊毛出在羊身上',价格是由市场调控的,进店费最终的承担者是消费者,这就是市场。"

北京大学中国经济研究中心的汪浩认为,零售企业向供应商收取进场费用可以补偿因承担销售那些尚未被市场接受的新产品所承担的风险,从而降低了在销售新产品时承受的压力。但是不能否认,进场费的存在并不合理。

一些企业如国美,在2007年5月为改善供零关系和销售模式取消了进场费,推出了新型厂商合作模式,并开始在终端市场引发积极效应,家乐福中国门店也于同月推行强化食品,免除食品供应商进场费,但多数企业仍在继续收取进场费。

问题1:你如何看待商场超市收取进场费的问题?

问题2:面对供应商与零售商关于进场费的争执,你认为进场费的问题应该怎样解决?

实训题

实训目的:了解连锁企业采购的方法,掌握采购的基本流程,熟悉采购计划书的制定及采购预算工作,了解一般企业采购的评价方法及其内容,熟悉企业对供应商的考核范畴与相关基本指标,了解采购谈判的内容,通过了解企业的采购,能进行相关的职业规划与设计,为以后从事采购工作做好准备。

实训内容:分析企业需求,明确一种产品的采购,结合产品市场的情况,说明采购产品在质量、数量、价格、服务等方面的要求,通过划分小组,模拟采购谈判,掌握采购谈判内容、方法技巧。查找相关企业的供应商管理与控制办法,了解采购的基本考核指标。查找相关职业规划与培训的信息,了解采购职业的基本情况。

实训方式:

(1)情景模拟形式

1)查找相关产品的市场资料,了解采购产品的市场行情,比较市场中潜在的合格供应商,了解、开发并选择1~2家企业作为企业需求产品的供应商。

2)将学生分组,分别模拟买卖双方进行采购谈判。

(2)企业实践形式

找一家连锁企业了解商品采购的情况,看看这家企业是怎样采购的,采用哪种方式进行采购,熟悉其采购流程。

第 5 章 连锁企业门店柜台服务的技巧

引导性案例

"信任"的价值

一天，一位顾客来到中商集团四楼银色保罗专柜，试穿了好几件衣服，都不太满意，对着镜子自言自语地说："可惜肚子大了一点，要是我瘦一点穿上可能会更好。"正在犹豫中手机响了，这个电话足足有半个小时，就在他话还没说完时突然断掉了，他对着手机自言自语道："越是关键的时候，它还没电了。"

看他的样子似乎很着急，于是当班营业员××拿出自己的手机对顾客说："先生，把我的电话借你用。"

顾客说："我们素不相识，你不怕……"

××笑着说："没关系，我相信您，您这不是有急事嘛！"

顾客不好意思地接过了手机，打完电话他将手机还给××，同时掏出钱要付电话费，××执意不肯收，顾客急了，说道："姑娘，你不知道，刚才你的电话让我及时解决了一个投标的项目，挽回了不少损失。这样吧，你不收电话费，那就把刚才那件衣服给我包上。"

"这件衣服您不是说穿着有点显胖吗？"顾客笑了笑说："没关系，为了感谢你对我的信任，我决定买下这件衣服，我不穿我的家人可以穿，实在不行还可以送人嘛！"

这下倒是营业员××不好意思了，她竭力表示帮助顾客是应该的，不用为了这么点小事而勉强消费。可顾客却说："不勉强，我是自愿的……"

本章学习目标

1. 知道连锁企业门店柜台服务人员的职业定位；
2. 能够按照柜台服务的基本规范去做；
3. 能够运用柜台接待技巧、导购服务技巧进行柜台服务；
4. 初步学会柜台推销技巧、操作技巧；
5. 学会应用介绍商品的技巧向顾客介绍商品。

连锁企业门店营运与管理

学习导航

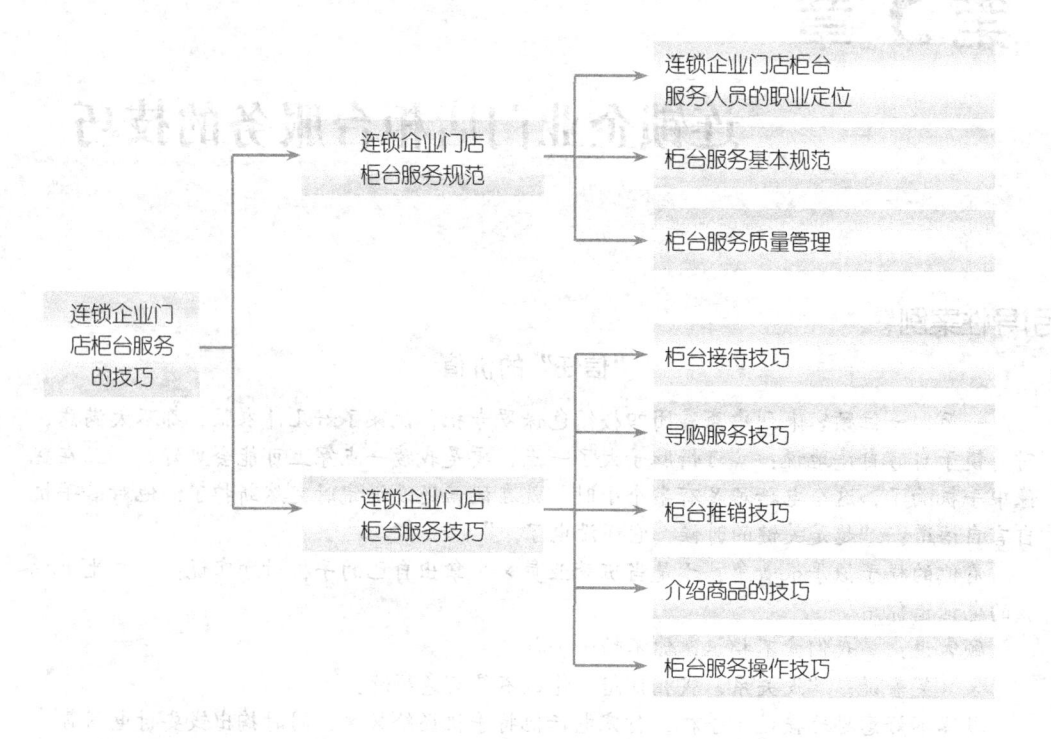

- 连锁企业门店柜台服务的技巧
  - 连锁企业门店柜台服务规范
    - 连锁企业门店柜台服务人员的职业定位
    - 柜台服务基本规范
    - 柜台服务质量管理
  - 连锁企业门店柜台服务技巧
    - 柜台接待技巧
    - 导购服务技巧
    - 柜台推销技巧
    - 介绍商品的技巧
    - 柜台服务操作技巧

职业指导

从上班的第一天起,每一名新进人员在上班的头一个月,都要先接受服务训练。目的在于使每一个人了解商业销售的生存是系于顾客的满意。因此学生在从业之前,就要具备良好的从业素质、高超的服务技术与技巧,履行岗位职责,秉承职业道德,掌握文明用语,注重着装仪表,懂得商品知识,同时,也要求学生必须从实际出发,熟练掌握各个环节的基本业务知识;另外,还应懂得市场预测等知识。

连锁企业门店的柜台服务是一项程序性、技术性工作,也是一种专业艺术性、心理性的服务行为。一方面,柜台服务人员代表着门店的利益,不仅仅负责把商品出售给顾客,而且通过自己的言谈举止、仪表着装等反映连锁企业的总体形象;另一方面,柜台服务人员又代表着顾客的利益,把顾客对商店和商品的意见、要求及时传达给企业,以利经营者改变经营方式,满足市场动态发展需求。

5.1 连锁企业门店柜台服务规范

商品销售是通过柜台服务人员的服务性劳动和技术性劳动来实现的，营销活动最大的特点是其劳动的特殊性即提供服务。消费者在购物活动中，不仅要得到物质的满足，还要得到心理上的满足。因此，在营销活动中，柜台服务人员的职业特点是要尊重顾客的自我意识。

柜台服务人员是生产与消费的信息传递者，履行着引导生产、指导消费的职责。柜台服务人员在销售过程中，能直接观察和了解到顾客对商品的态度、意见和要求，消除顾客对某些商品的排斥心理，使企业信息渠道畅通。

5.1.1 连锁企业门店柜台服务人员的职业定位

连锁企业门店提供的服务质量的高低主要取决于服务人员主观能动作用的大小和技巧的高低。员工服务技巧的娴熟程度及运用程度都会对服务质量产生直接影响。要恰当地选择柜台服务人员，连锁企业必须确定选择标准及对柜台服务人员的期望。

1. 连锁企业门店柜台服务的特点

与硬件和流程性材料等有形产品相比，服务具有如下一些特色。

1）服务的对象是具有感情色彩的人，人们的需要和期望是多样性的。

2）服务常是无形的，顾客在接受服务之前不可能对服务的质量和服务的价值做出精确的判断和评价。

3）服务常是不可贮存的，服务的提供和消费经常是同时进行的。

4）服务常是一次性的，如果服务发生了问题或事故，不可能通过重复来消除已发生的问题或事故，只能做到某种程度的弥补。

5）服务常是不可预测的，顾客的出现一般是随机的，服务组织难以预先知道将发生什么情况。

6）服务的质量更依赖于服务者的素质。

7）由于顾客的经历、背景、年龄、性别、文化程度等不同，顾客对服务的评价常会带有个人色彩。

2. 柜台服务人员职业道德素质

职业道德，就是柜台服务人员在接待顾客时所应遵循的职业行为准则。它的核心是为顾客服务，向消费者负责，并通过全体柜台人员的一言一行，表现出对顾客的服务精神，反映出企业的精神面貌。

柜台服务必须做到以下几点。

1）热情服务，礼貌待人。柜台服务人员的根本宗旨就是为顾客服务，因此应本着为顾客服务的精神，主动、热情、周到地为顾客服务。

2）要从各方面提高服务质量。包括：
- 正常的服务。即在商品购销活动中热情、公平、周到、负责。
- 多功能服务。即提供与公司销售有关的连带的服务以满足顾客的多种需要。
- 专项服务。就是为服务对象提供特殊的需要。

3）平等待客。对顾客应一视同仁，不厚此薄彼，不以衣貌取人，做到生人熟人一个样，大人小孩一个样，本地顾客外地顾客一个样。

3. 柜台服务人员业务素质

（1）柜台服务人员业务知识

主要包括商品的购进、验收、销售、保管、盘点和损益处理及价格管理等环节的业务内容。因此，柜台服务人员必须从实际出发，熟练掌握各个环节的基本业务知识。同时，作为现代连锁企业柜台服务人员，对企业经营策略、市场预测决策等知识也应熟知。

（2）柜台服务人员商品知识

柜台服务人员天天和商品打交道，必须熟悉商品知识。熟练掌握商品知识，有利于搞好优质服务。柜台服务人员要掌握商品知识，最基本的是要知道商品的编号、品名、产地、规格、特性、价格、使用和保管方法等。

4. 柜台服务人员能力素质

柜台服务人员特殊的能力结构，是由其本职活动的内容所决定的。柜台服务人员的能力素质主要包括以下几个方面。

（1）"征服"顾客的能力

顾客在选购商品的过程中，既有对商品的需求，又有对服务的需求。顾客进店是为了购买商品，但是，高明的柜台服务人员通过一次热情、周到、公平、迅速的优良服务，能够使顾客感到好像买的不是商品，而是享受。购买一次商品，就被柜台服务人员的优良服务所"征服"，成为这位柜台服务人员所拥有的忠实顾客中的一员。因此，现代柜台服务人员应是能够"征服"顾客的高明的"销售工程师"。

（2）观察能力

具有敏锐而深刻的观察能力，是优秀柜台服务人员所不可缺少的重要心理品质，对做好营业工作具有重要意义。有良好能力（观察）的柜台服务人员，不会加入任何主观偏见与情感，能全面掌握事物的真相。比如，一些善于观察的柜台服务人员，不但能从消费者的言行举止、面部表情和视线上准确地判断消费者的意图与需求，还由此了解到消费者的兴趣指向和气质特点，从而采取相应的接待方法；同时也能迅速地掌握消费者的心理变化，灵活运用各种心理策略进行诱导购买行为或满足其心理欲求。

（3）吸引顾客的能力

柜台服务人员应以其优美的姿态、甜美的微笑、文雅的举止、礼貌的用语、热情的招呼、熟练的服务技巧，对顾客产生一种无形而又巨大的吸引力。

（4）注意能力

由于柜台服务人员所处的特殊的劳动环境，要求柜台服务人员不但有稳定的注意能力，而且还要懂得注意力的灵活运用与分配转移。可以说，这是一个柜台服务人员要在营业活动中取得成效的必备条件之一。

例如，当顾客流动时，柜台服务人员应有目的地分散自己的注意力，把注意的区域尽量扩大，以便掌握顾客的动态，及时捕捉顾客在环视商品或注目橱窗后的各种反应，即使在做售前准备工作时，也应把注意力较多地分配在这方面。

（5）良好的表达能力

主要表现在介绍商品和答复顾客问题时言语表达的表现力、吸引力、感染力和说服力。要发挥这种表达能力的影响功效，要求柜台服务人员不仅具有动听宜人的声调，掌握广泛的知识和丰富的词汇，还能善于运用合乎逻辑、流利畅通的讲述和易于理解、易于接受的寓意，针对不同接待对象的心理特点变换表现方式和情感成分。可以说，柜台服务人员的表达能力，综合地反映出他们的知识技能、思维能力、记忆能力、想象能力、鉴别能力等，它很大程度上决定柜台服务人员的服务质量和经营效果。

5.1.2 柜台服务基本规范

1. 柜台服务基本要求

（1）柜台服务人员守则

- 要文明经商，礼貌待客，接待顾客要主动、热情、耐心、周到、有问必答；不冷落、顶撞顾客、不优亲厚友。
- 坚守岗位，遵守劳动纪律、柜台纪律，遵守商场的各项规章制度。
- 不旷工，不迟到，不早退，工作岗位上不聊天，不干私活。
- 保持良好的店容店貌，商品陈列要丰满，保持工作区域干净、整洁。
- 具有良好的防损意识，减少工作中损耗的发生，维护自身利益与信誉。

（2）柜台纪律

- 不在柜台内吸烟，吃东西，干私活。
- 不在柜台内聊天打闹。
- 不与顾客顶嘴吵架。
- 不因结账、上货不理睬顾客。
- 不在柜台内看书看报。
- 不坐着接待顾客。
- 不擅自离开工作岗位。

（3）柜台的服务规则

- 凡事要以顾客的角度去思考，不符合我的要求的服务，当然也不会满足其他顾客。
- 顾客想要的与你认为顾客想要的。
- 永远不要与顾客为敌。
- 提供他喜爱的商品。
- 保持工作区域清洁。
- 笑脸相迎，热诚地打招呼。
- 永远不能让顾客感觉受到冷落。
- 柜台服务人员在顾客面前一律不得吃食物、嚼口香糖等。
- 从顾客进门的第一步起，不论他们的态度是好是坏，都不能用不尊重的语言、态度、举动对待顾客。一定要保持笑容，直到顾客离去。

2. 柜台接待礼仪服务规范

1）说话口齿清晰、音量适中，最好用标准普通话，但若顾客讲方言（如闽南语、客家话），在可能的范围内应配合顾客的方便，以增进相互沟通的效果。

2）要有先来后到的次序观念。对先来的顾客应先给予服务，对晚到的顾客应亲切有礼地请他稍候片刻，不能置之不理，或本末倒置地先招呼后来的顾客，而怠慢先来的顾客。

3）在营业场所十分忙碌、人手又不够的情况下，当接待等候多时的顾客时，应先向对方道歉，表示招待不周恳请谅解，不宜气急败坏地敷衍了事。

4）亲切地招待顾客到店内参观，并让他随意地选择，最好不要刻意地左右顾客的意向，或在一旁唠叨不停。应有礼貌地告诉顾客："若有需要服务的地方，请叫我一声。"

5）如有必要应主动对顾客提供帮助，如顾客带着大包小包的东西时，可告诉他寄物处或可以暂时放置的地方。

6）顾客有疑问时，应以专业、愉悦的态度为顾客解答，不宜有不耐烦的表情，或者一问三不知。细心的柜台服务人员可适时观察出顾客的心态及需要，提供好的建议，且能对商品做简短而清楚的介绍，说明商品特征、内容、成分及用途，以帮助顾客选择。

7）不要忽略陪在顾客身旁的人，应一视同仁一起招呼，或许也能引起他们的购买欲望。

3. 柜台服务人员行为仪态规范

（1）柜台服务人员的着装要求

- 着装应整洁、大方，颜色力求稳重，不得有破洞或补丁。
- 纽扣须扣好，不应有掉扣，不能挽起衣袖（施工、维修、搬运时可除外）。
- 商场超市、职能部室驻店员工上班必须着工作服，工作服外不得着其他服装，工作服内衣服下摆不得露出，非因工作需要，不得在商场超市、办公室以外着工作服。
- 男员工上班时间应着衬衣、西裤，系领带，女员工应着有袖衬衫、西裤、西装裙或有袖套裙。

- 上班时间不宜着短裤、短裙（膝上10厘米以上）及无袖、露背、露胸装。
- 总部职能部室员工在节假日最后一个工作日或出差当天可着与工作场合相适应的轻便服装。
- 上班时间必须佩戴工牌，工牌应端正佩戴在左胸适当位置，非因工作需要不能在商场超市、办公场所以外佩戴工牌。
- 男员工上班时间应穿深色皮鞋，女员工应穿丝袜、皮鞋。丝袜不应有脱线，上端不要露出裙摆。鞋应保持干净，不能穿拖鞋、雨鞋或不着袜子上班。海鲜档员工、雨天场外值勤防损人员等特殊岗位人员因工作需要可以穿雨鞋。
- 快餐厅、面包房及生鲜熟食区员工上班时间必须戴帽，并将头发束入帽内；其他人员非因工作需要上班时间禁止戴帽。

（2）柜台服务人员的修饰要求

- 修饰要自然大方，适合自己的行业特点。
- 女柜台服务人员的化妆以淡妆为宜，不能浓妆艳抹。
- 发型宜短、散、直，或微长弱曲，以显自然、端庄之美。
- 男柜台服务人员的修饰应以整洁为主，要经常理发修面，头发要保持清洁，尤其不要留长发和胡须。
- 在工作时间内，柜台服务人员一般不允许佩戴过多的个人装饰品，除工作需要外，不要佩带戒指、耳环、项链、手链等，以免分散顾客的注意力。

小资料 适当的修饰

比如，别致的胸针或发夹，也可以为佩戴者平添光彩。胸针的正确戴法是别在左肩上方，如受领子影响，也可以别在翻领上。传统的中国女性注重的首饰是项链和戒指，而西方女性对耳环格外青睐，因为她们认为耳环最能显示人的面孔，还能把一件普通的衣服衬托起来。尝试戴一简洁的耳环，一定会给人以深刻的印象。香水是无形的装饰品，它能快速、有效地改变一个人的形象，增添其魅力。适当地使用香水，能令人神清气爽，做事充满信心，周身充满活力。

多数中国人欣赏清淡如花（如茉莉花香型）的香水味道。香水的使用应完全依照个人的意愿。女士们将香水洒在身体的何处并没有一定之规，你认为哪个部位最重要、最需要引起他人的注意，就将香水洒在哪里。但柜台服务人员要注意，不能用劣质或太浓的香水，那样会让顾客反感。

（3）柜台服务人员的站姿要求

卖东西的第一步就是站柜台候客。站柜台只有精神集中，才能及时接待顾客。柜台服务人员在柜台里边站立时应姿势端正，不要离柜台太远，随时准备接待顾客。

柜台服务人员基本站姿的标准做法：

- 头部抬起（一般不应高于自己交往的对象），面部朝向下前方，双眼平视，下颚微微内收，颈部挺直。

- 双肩放松，呼吸自然，腰部直立。
- 双臂自然下垂，处于身体两侧，手部不随意摆动。
- 手部虎口向前，手指稍微弯曲，指尖朝下。
- 两脚呈"V"状分开。注意提起髋部，身体重量平均分布在两条腿上。
- 恭候顾客时，双脚可适度地叉开，相互交替放松，但叉开的双腿不要反复不停地换来换去，否则会给人以浮躁不安，极不耐烦的印象。

小资料　各种形式的站姿

1）背手站立者：多半是自信心很强的人，喜欢把握局势，控制一切。一个人若采用这种姿势处于人面前，说明他怀有居高临下的心理。这种姿势会让一些顾客感到有压力。

2）弯腰曲背、略现佝偻状的站立：属封闭型，表现出自我防卫、闭锁、消沉的倾向，同时，也表明精神上处于劣势，有惶恐不安或自我抑制的心情。

3）两手叉腰而立：是具有自信心和精神上优势的表现，属于开放型动作。对面临的事物没有充分心理准备时决不会采用这个动作的。

4）别腿交叉而立：表示一种保留态度或轻微拒绝的意思，也是感到拘束和缺乏自信心的表示。

5）将双手插入口袋而立：具有不吐露心思、暗中策划、盘算的倾向；若同时配合有弯腰曲背的姿势，则是心情沮丧或苦恼的反映。这几种[2）、3）、4）、5）]站姿会让顾客觉得你不可信任。

6）靠墙壁而站立：有这种习惯者多是失意者，通常比较坦白，容易接纳别人。

7）背脊挺直、胸部挺起、双目平视的站立：说明有充分的自信，给人以气宇轩昂、心情乐观愉快的现象，属开放性。第6）、7）种站姿更容易取的顾客的信任。

4．柜台服务用语使用规范

良好的口语表达能力对创造和谐的营业环境，促进消费者的购买行为有重大影响。因此在销售服务过程中，柜台服务人员要用热情巧妙的语言来打动顾客，促进商品的销售。

（1）柜台服务招呼用语的要求

说好第一句话，落落大方，笑脸相迎，亲切称谓，使顾客有宾至如归之感。不允许呆若木鸡，爱答不理，不主动，不亲切。所以，接待顾客时柜台人员要精神饱满，面带笑容，顾客临近柜台时，要点头致意，表示欢迎；例如，"您好！您要看什么"、"欢迎光临，请随意参观选购"、"您需要点什么"等。

（2）柜台服务介绍用语的要求

要求热情、诚恳、实事求是，突出商品特点，抓住顾客心理，当好"参谋"。不允许哗众取宠，言过其实，不符实际，欺骗顾客。例如，"这是××（地点、工厂）的新产品，它的特点是……"、"您想看的是这个商品吗？"、"这种商品耐低温而不耐高温，使用时请注意。"

（3）柜台服务询问用语的要求

问语要亲切，礼貌待人，热情招呼，谈吐自然。不允许见面不理不睬，态度傲慢。应注意与顾客保持和谐友好的关系。例如，"您想看看这个吗？需要什么款式的（或什么商品？）我给您拿"、"有什么能帮您的？"等。

（4）柜台服务道歉用语的要求

要求态度诚恳，语言温和，争取得到顾客的谅解。不允许做错了而不向顾客道歉，反而刺激顾客，伤害顾客和戏弄顾客。例如，"对不起，让您久等了"、"对不起，耽误您的时间了"、"对不起，让您白跑一趟"等。

（5）柜台服务价格用语的要求

要求书写清楚，报价准确，真实，不虚报瞒价，应明码实价。不允许含糊不清，报价不准。顾客没有听清报价，再次询问时，不应不耐烦，甚至让顾客自己看价签。

> **小资料** 禁忌用语十二条

1）为胖人选衣服忌讳说太胖了、没有长短，应说选宽松的、合体的。

2）为瘦人选衣服忌讳说太瘦了、长得细长，应说合体的、号小的。

3）对高个男人，忌讳说太高了、不和谐，应说魁梧、强干；对瘦弱的小伙子忌讳说瘦小、矮，应说结实、灵巧。

4）对矮个子女人忌讳说：个矮、不够尺寸，应说小巧、干练；对姑娘忌讳说胖、膀大腰圆，应说苗条、丰满。

5）买结婚用品或喜庆用品忌讳说单、分、缺、少，应说双、合、多、足等吉祥的话。

6）买丧葬用品，忌讳说多买备用之类的话。

7）客人离店时随便说一句下次您来，给予优惠，时过境迁，如何兑现？因此这也不是服务语言。

8）对老年人忌讳说脸色不好、身子弱、瘦了、老了，应说多吃补品、胖了、身子骨硬实许多。

9）对带小孩的母亲忌讳说瘦、弱、小、矮，应说机灵、水灵、胖乎乎的。

10）对失明的人忌讳说瞎、眼睛不好，应说眼神不太好。

11）对腿脚残疾的人忌讳说瘸、腿脚不好，应说腿脚不太灵便。

12）对聋哑人忌讳说聋、耳朵不好，应说不便言谈的人。

（6）柜台缺货时的接待用语要求

当柜台缺货时，有顾客需要而无货可供时，柜台服务人员应代表商场向顾客表示歉意，语言要诚恳，不能用简单的否定句说：没有，而应委婉些。例如，这种货过两天才有，请您到时来看看；这种商品暂时缺货，方便的话，请留个姓名及联系地址或电话，一有货我们马上通知您，好吗？

5. 常用状态用语

1）当顾客走近服务台时，微笑，打招呼："你好，欢迎光临。"

2）在出入口、货架中间走道处看到客人时，微笑，打招呼："欢迎光临。"

3）被顾客询问时，微笑，回答："欢迎光临，请问有什么事？"

4）被顾客询问商品摆放处时，微笑，亲切，亲自带领至摆放商品处，回答："先生（或小姐），请跟我来，您要的东西在这里，欢迎选购。"

5）顾客抱怨，如商品太贵、买不到货、服务品质差等时，将顾客引至一旁仔细聆听，并抄在备忘录上，回答："您的问题，我懂了，我会立即呈报店长改善，您是否要直接告诉店长。"如较严重时，立即请店长解决。

6）当离开收银台时，应说："请您稍等一下。"

7）当重新回到收银台时，应说："真对不起，让您久等了。"

8）当自己疏忽或没有解决办法时，应说："真抱歉"或"对不起。"

9）当提供意见让顾客决定时，应说："若是您喜欢的话，请您……"

10）当希望顾客接纳自己的意见时，应说："实在是很抱歉，请问您……"

11）当提出几种意见请问顾客时，应说："您的意思怎么样呢？"

12）当遇到顾客抱怨时，仔细聆听顾客的意见并予以记录，如果问题严重，不要立即下结论，而应请主管出面向顾客解说，其用语为："是的，我明白您的意思，我会将您的建议呈报店长并尽快改善。"

13）当顾客买不到商品时，应向顾客致歉，并给予建议，其用语为："对不起，现在刚好缺货，让您白跑一趟，您要不要先买别的牌子试一试？"或"您要不要留下您的电话和姓名，等新货到时立刻通知您？"

14）当不知如何回答顾客询问时，不可以说"不知道"，应回答："对不起，请您稍等一下，我请店长来为您解答。"

15）当顾客询问商品是否新鲜时，应以肯定、确认的态度告诉顾客："一定新鲜，如果买回去不满意，欢迎您拿来退钱或换货。"

16）当顾客要求包装礼品时，应告诉顾客（微笑）："请您先在收银台结账，再麻烦您到前面的服务台（同时打手势，手心朝上），有专人为您包装。"

17）当顾客询问特价商品情况时，先应口述数种特价品，同时拿宣传单给顾客，并告诉顾客："这里有详细的内容，请您慢慢参考选购。"

18）在店门口遇到购买了本店商品的顾客时，应说："谢谢您，欢迎再次光临。"（面对顾客点头示意）

19）当收银台空闲而顾客又不知要到何处结账时，应说："欢迎光临，请您到这里来结账好吗？"（以手势指示结账台，并轻轻点头示意）

20）当有多位顾客等待结账，而最后一位表示只买一样东西且有急事待办时，对第一位顾客应说："对不起，能不能先让这位只买一件商品的先生（小姐）先结账，他好像很急的样子。"当第一位顾客答应时，应再对他说声"对不起"。当第一位顾客不答应时，应对提出要求的顾客说声："很抱歉，大家好像都很急。"

21）收银员不得以任何理由怠慢顾客，在任何情况下都应绝对避免以下情况的发生：

- 埋头打收银机，不说一句话，脸上没有任何表情。
- 未用双手将零钱及发票交给顾客，而是直接放在收银台上。
- 为顾客做装袋服务时，将属性不同的各类商品混放在同一购物袋内，或者将商品丢入袋中。
- 当顾客有疑虑或提出询问时，讲不该讲的话，如不知道，不知道，你去问别人，卖光了，没有了，货架上看不到就没有了嘛，你自己再去找找看，那你想怎么样，等等。
- 收银员互相聊天、嬉笑，当顾客走近时也不加理会。
- 当顾客询问时，只告诉对方"等一下"，即离开不知去向。
- 在顾客面前批评或取笑其他顾客。
- 当顾客在收银台等候结账时，收银员突然告诉顾客：这台机不结账了，请到别的机去，即关机离开，让顾客重新排队等候结账。

5.1.3 柜台服务质量管理

1．柜台服务态度

柜台服务人员为顾客服务的过程中应持的态度包括四点。

1）主动，即在接待顾客时主动打招呼，主动拿递商品和展示商品，主动介绍商品性能、特点、质量、价格、使用和保管方法。

2）热情，即高兴地接待顾客，面带微笑，态度和蔼，语言亲切。做到买与不买一个样，生人熟人一个样，购买商品和退换商品一个样，以热情的态度帮助顾客解决困难。

3）耐心，即耐心地帮助顾客挑选商品，耐心地回答顾客提出的问题，做到挑多问多不烦，有问必答，尽力为顾客提供方便。

4）周到，即在整个售货过程中，从关心顾客的需要出发，千方百计地为顾客服务。

柜台服务人员的不热情服务态度无疑会使自己的服务大打折扣，这对付费享受的顾客显然是不公平的。顾客非常敏感，他们不会接受一个冷冰冰的企业。如果不热情的态度在柜台服务人员中盛行，最终会使企业与顾客的距离越来越远。假如真到了那一天，即使我们再付出千倍万倍的热情，恐怕也来不及了。

2．柜台服务方法

（1）每日开业准备

柜台服务人员每天在开业前，要首先做好各项准备工作，保证开业后集中精力接待好每一位顾客。

1）备齐备足各种商品。零售商店经营的商品种类繁多，每天进销品种、数量变化较大。为了保持经营品种齐全、数量充足，避免库房有货柜台脱销断档，保证做好供应，柜台服务人员要根据前一天的销售情况，检查核对柜台商品变化。对品种不全、数量不足的商品，在开业前应及时充实填补。在检查品种和数量的同时，还要注意检查商品质量有无残损或变质的现象，避免把次品出售给顾客。

2）准备好有关售货用的工具和用品。在开业前，对出售商品时用的各种工具和用品，如秤、尺、刀剪、夹子、计算器、笔、复写纸、发货票、包装用品及找零用款、票券等，应认真进行检查，并放置在适当的地方。对各种秤具、器具，如台秤、电子秤、液体自流器等，还要仔细检查，试验好灵敏度和准确性。此外，对一些附设的试衣镜、试帽镜、试鞋垫等设备，应根据使用习惯，安放在醒目、使用方便的地方，以保证售货工作的顺利进行。

3）搞好售货现场和个人卫生。商店开业后，要接待成千上万的顾客，店内卫生的好坏，对顾客的身体健康有直接影响。因此，在每天营业前，柜台服务人员要将商品、柜台、货架和售货现场收拾干净，保持环境清洁卫生。同时，柜台服务人员要整理好个人服装、佩戴好工牌，保持仪容整洁。

（2）柜台服务人员拿放商品的基本要求与动作规范

1）拿放商品的基本要求。拿放商品是柜台服务人员的一项基本技能，也体现着柜台服务人员的职业道德水平。

一般应掌握的原则：动作敏捷，轻拿轻放，爱护商品，展示全貌，拿放得当，讲究礼貌。

切忌：摔、扔、拍、打商品，以免使顾客感到冷淡失礼。

- 较重商品拿放要求。较重商品是指体积大、质量大、搬动不便的商品，如建筑材料、装饰用品、木器家具、陶瓷制品等。
- 易碎商品拿放要求。易碎商品是指容易破损、碎裂的商品，包括玻璃器皿、瓷器、料器、工艺品、宝石、眼镜、首饰等。大件商品应用手托住底座轻轻放下，带包装的商品要将整个包装一齐拿放，成套商品应逐个打开小包装让顾客观看。对于小件的珠宝、首饰、工艺品应放在托盘或绒布上让顾客看；拿放眼镜时，要打开眼镜腿将镜片里面对准顾客，以便顾客用双手即可拿起戴上；拿放瓷器如茶壶应放在托盒内，揭开盖给顾客细看。将易碎商品拿给顾客时要提醒顾客："请您轻拿轻放，防止意外。"
- 电子商品拿放要求。如录像机、摄像机、彩色电视机、组合音响机、收录音机、VCD播放机、洗衣机、电冰箱、照相机、学习机、家用电脑等。这些商品使用方法相对复杂，技术性能较强，拿放时要轻拿轻放，并把带有功能标识的面板正面向顾客展示，同时将主要功能和使用方法逐个地进行讲解、演示，直到顾客会使用为止。
- 显示商品全貌的基本方法和要领。

提拎法。提，主要适用于服装类，如T恤衫、衬衣等可以提起进行展示全貌的商品，一般是双手提着两个肩部将商品提到胸前进行展示，或将裙子提到腰部，使顾客能更真实地看到商品全貌，以激发购买欲望。拎，是对一些鲜活水产品、蔬菜和折叠在一起的商品，通过拎起来展示商品全貌。如鲜活商品中的鱼类、蔬菜类、水果类等拎起来便可使顾客一目了然。折叠类商品，折叠衣架、折叠伞等也可用提拎法展示全貌。

手托法。主要适用于不能提拎的商品，需要用手托着商品进行展示。如帽子、工艺品、手表、首饰等商品，要用手托着商品送到顾客面前，以吸引顾客购买。

搭肩法。主要适用于花布、丝绸、毛料、化纤等纺织面料商品。搭肩法是将商品搭在柜台服务人员肩上向顾客展示商品的方法。这种方法可以将花型、色泽、质地等商品全貌展示在顾客面前，以激发顾客购买商品的兴趣。

演示法。主要适用于技术性强，不能直观展示功能和用途的商品。如清洁毛料服装尘埃的胶滚、食品处理机、有线电视遥控器及家用电器等商品，只有借助实际物品演示的方法才能将商品的功能表现出来，以吸引顾客购买。

2）拿放商品的动作规范。

- 适时主动。柜台服务人员要根据顾客的表情、言谈、爱好及需要，把握时机，主动拿取商品给顾客。其时机一般掌握在：一是当顾客对某种商品很感兴趣，并较长时间注视时；二是当顾客第二次临柜，仍注视某种商品时；三是当顾客提出"我要这个"时。
- 准确敏捷。柜台服务人员拿递商品，应依据自己经营的商品特点，练就一手递商品准确、敏捷的好功夫。其技巧有以下三点：一是目测准确，十拿九稳，要根据顾客的打扮爱好、身材、体型、头型、脚型等，拿递出适合顾客所需的商品；拿递商品不能慢条斯理或漫不经心，也不要慌张忙乱，拿错商品；二是要掌握一套看头拿帽、看脚拿鞋、看体拿衣、看身计料的过硬本事；三是讲究拿递方法，要了解商品的特点、特长，让顾客更好地了解商品。
- 礼貌得体。柜台服务人员应当自始至终保持文明礼貌地拿放商品，切忌动作粗鲁、重手重脚，严禁扔摔商品。

5.2 连锁企业门店柜台服务技巧

5.2.1 柜台接待技巧

当遇到顾客光临你的店铺，作为柜台服务人员是静静地走开，还是悄悄地留下？这里面就蕴涵着店员的商业功底。

作为一名普通的消费者，我们在逛商店的时候，经常会碰到令人尴尬的场面：正兴致极高地欣赏琳琅满目的商品或刚刚临近柜台还没看商品时，柜台服务人员就马上凑上来一声连一声地追问"买什么"或忙不迭地把商品递到你面前。在这种情况下，顾客不回答或不做反应显得很不礼貌，通常情况下，窘迫中的顾客会留下一句"随便看看"，便匆匆离去。

现在的大商场，大都十分注重营造优美的购物环境，提供丰富多彩、适销对路的商品，但往往忽视柜台服务人员素质及柜台接待技巧和方法。同顾客直接打交道的柜台服务人员一向被看做商店的门脸，其形象也是商场整体形象的反映。所以，柜台服务人员素质的高低，接待技巧如何对商品来讲是至关重要的。

1. 男女有别

由于男性和女性在生理、心理发展方面的差异，以及在家庭中所承担的责任和义务不同，在购买和消费心理方面也有很大的差别。

男性消费者在购买商品以前，一般都有明确的目标，所以在购买过程中动机形成迅速，对自己的选择具有较强的自信性。当几种购买动机发生冲突时，也能够果断处理，迅速做出决策。特别是许多男性消费者不愿"斤斤计较"，也不喜欢花很多时间去选择、比较，即使买到的商品稍有毛病，只要无关大局，就不去追究了。男性消费者在购买活动中，心境变化不如女性强烈，他们一般是强调商品效用及其物理属性，感情色彩比较淡薄，很少有冲动性购买，也很少有反悔退货现象。针对男性消费者的这些特点，柜台服务人员应主动热情地接待，积极推荐商品，详细介绍商品的性能、特点、使用方法和效果等。促使交易迅速完成，满足男性消费者求快的心理要求。

在购买过程中，女性消费者容易受感情因素和环境气氛的影响，一则广告或一群人争相抢购的场面，都可能引发女性消费者，特别是年轻女性消费者一次冲动性购买，所以女性消费者购买后，后悔及退货现象比较普遍。同时，女性消费者比较强调商品的外观形象及美感，注意商品的实用性与具体利益。在购买商品时，既要求商品完美，具有时代感，符合社会潮流，又要从商品实用性去衡量商品的价值及自身利益。这就是女性消费者走东店、进西店，比来比去，挑挑拣拣，迟迟下不了购买决心的原因。所以柜台服务人员在接待女顾客时，需要更多的热情和耐心，提供更周到细致的服务，不要急于成交，给她们足够的挑选、比较的时间，满足其追求完美的心理。

2. 察言观色

从消费者的言谈举止、表情流露，能进一步了解消费者的需要和购买动机，还可以看出消费者的脾气和性格。动作敏捷、说话干脆利索的消费者，其性格一般是豪爽明快的，对这种消费者，柜台服务人员应迅速为其推介商品，快速达成交易。在挑选商品时，动作缓慢，挑来比去，犹豫不决的消费者，一般属于顺从型的性格，独立性较差。对于这类消费者，柜台服务人员应耐心周到，帮助其挑选，并适当地加以解释，促使其做出购买决定。

消费者到商店买东西，特别是购买数量较多、价格较高的商品时，大多是结伴而来，在选购时由于各自的个性特征及兴趣、爱好不同，意见往往不一致。接待这样的消费者，柜台服务人员要设法弄清以下情况：

- 谁是出钱者。有些时候符合出钱者的意愿是很重要的。
- 谁是商品的使用者。有些时候使用者对选定商品起决定作用。
- 谁是同行者中的"内行"。虽然他既不是使用者，又不是出钱者，但由于"内行"熟悉商品，因而对商品选定起着重大作用。

在了解了上述情况后，柜台服务人员还要细心观察，分清主次，找到影响该笔生意的"主心骨"，然后以"主心骨"为中心，帮助他们统一意见，选定商品。

3. 把握时机

主动、热情、耐心、周到是柜台服务人员接待消费者的基本要求。但主动、热情接待消费者应抓住最佳时机，做到恰到好处。

（1）消费者进店临柜时

一个优秀的柜台服务人员在消费者进店临柜时，应能准确地观察判断出消费者进店的意图，并能给予相应的招呼和服务。进店临柜的消费者从购买意图上分为三种。

第一种是明确购买目的的消费者。这类消费者目标明确，进店后往往是直奔某个柜台，主动向柜台服务人员提出购买某种商品的要求。对这类消费者，柜台服务人员应主动接待，热情地帮助他挑选所需商品。

第二种是有购买目标但不明确的消费者。这类消费者进店后脚步缓慢，眼光不停地环视四周，临近柜台后也不提出购买要求。对这种消费者，柜台服务人员不要忙于接近，应让他在轻松自在的气氛下自由观赏，看他对哪种商品发生兴趣，表露出中意神情时，再主动打招呼，并根据需要展示商品。柜台服务人员不能用不客气的目光跟踪消费者，或忙不迭地追问消费者买什么甚至把商品递到顾客面前，挡住顾客的去路。这样往往会给敏感的消费者造成一种压迫感，使其产生疑虑心理，导致拒绝购买，搪塞而去。

第三种是没有购买打算，来闲逛商店的消费者。这类消费者有的是单个逛，有的是结伴逛。进店后，有的行走缓慢，东瞧西看；有的行为拘谨，徘徊观望；有的是专往热闹地方凑。对这种消费者，如果他们不临近柜台，就不要忙于接触，但应该随时注意其动向，当其突然停步观看某种商品，表露出中意神态时，或在商店内转了一圈，又停步观看某件商品时，柜台服务人员就应及时地打招呼了。

（2）当消费者选购时

消费者选购商品，一般要看一看、问一问、比一比、摸一摸、试一试，这是消费者了解和认识商品的过程。因此柜台服务人员要耐心地帮助消费者挑选，主动介绍，细心展示，不能急于成交，催促消费者。当消费者拿几种商品对比挑选时，柜台服务人员应站在离消费者稍远的地方，让消费者无拘无束地比较、观看商品，并从消费者的言谈举止中推测消费者喜欢什么样的商品，充分利用自己的知识，满腔热情地从商品的原料、设计、性能及用途等方面有重点地向消费者介绍。

（3）当消费者需要展示商品时

当消费者有了购买目标以后，柜台服务人员就采取适宜的展示方法，使消费者能最大限度地感知到商品的优良品质，激发浓厚的兴趣。如在展示玩具时，要把有趣的造型与巧妙的装置展示出来；在展示新商品时，要着重把它与旧商品的不同之处展示出来，并尽量能让消费者触摸得到；在展示名牌商品时，应突出其商标及卓越不凡之处等，在展示食品时，要展示出它的新鲜，如果可能的话，让顾客品尝也不失是一种方法。在展示商品时，为了满足顾客自尊心的需要，一般应由低档向中高档展示，这样便于消费者在价格方面进行选择，提高消费者满意程度，促使交易成功。另外，柜台服务人员在展示商品的过程中，应尊重消费者的人格，语调与神态应恰如其分，切记不要夸大其词或吞吞吐吐，给消费者留下不好的印象。

（4）当消费者犹豫不决时

在很多情况下，消费者由于受各种因素的影响，迟迟下不了购买决定。接待这类消费者，柜台服务人员要暗中分析消费者犹豫的原因，使用恰当的语言，使消费者消除疑虑，下定购买决心。

如果在商品质量问题上犹豫，柜台服务人员要耐心介绍商品的原材料、生产工艺过程，以及性能、用途等，使消费者更加了解该商品，或者向消费者推荐其他商品。

如果在商品价格上犹豫，柜台服务人员在了解消费者经济状况及购买用途的基础上，应有针对性地介绍、展示不同档次的商品。

如果是花色规格不适合，柜台服务人员应介绍、展示其他花色和规格的同类商品。

其实，柜台服务人员消除消费者忧虑的方法还有很多，如实际操作法，通过柜台服务人员的操作演示或让消费者亲自试用，加强商品对消费者感官的刺激，消除消费者的疑惑；另外还有启发法、比较法、经验数据法等，柜台服务人员可根据具体情况灵活运用。

（5）当消费者离柜时

消费者买好商品准备离柜时，柜台服务人员要按消费者的要求包装商品，快速结算，决不可推脱不管包装。这样不仅会破坏马上成交的生意，甚至会影响消费者以后来此消费。在适当的情况下，柜台服务人员还可以对消费者的选择给予赞许、夸奖，以增添达成交易给双方带来的喜悦气氛，但切忌过分，否则会给消费者留下虚伪、不真实甚至上当的感觉。消费者离柜时，店员要有礼貌地送别。

5.2.2 导购服务技巧

在引导顾客购物的过程中，有许多技巧需要柜台服务人员掌握，这样才能进一步赢得顾客的心，促进销售。

1. 让顾客加深对他们疑虑商品的认识

就是当顾客产生疑惑时，迅速把握状态的发展，重新确定话题。可向顾客提供更为详细的有关商品资料，如商品的制造原料、商品的特点、价格、性能、用途、使用方法、销售后的服务等，以便顾客做出决策。

2. 让顾客实际体验商品的好处

可以鼓励顾客实际接触一下目标商品，体验商品的好处，如让顾客试一试健身器，体验健身器的感觉是否满意；让顾客试穿（服装）、试用（玩具）、试听（音响、录音机）、试看（电视机）、试尝（食品、饮品）等，由此加强对顾客各种感觉器官的刺激，促进顾客对商品实际使用效果的深入理解，达到启迪的目的。

3．让顾客对商品产生有益的联想

可以根据不同的顾客，从商品的命名、商标、包装、造型、色彩和价格等方面，适当揭示某些迎合顾客购买心理需要的有关寓意或象征，提示商品消费或使用时带来的乐趣和满足某种心愿的程度，以丰富顾客对商品各方面的联想，使之产生消费或使用商品而获得心理满足的美好憧憬，满足顾客向往美好事物的心理欲望。

4．让顾客对商品有更多的选择余地

为避免顾客购买商品时在价格、质量、特征等方面的心理障碍，应该向顾客提供更多的选择余地。如拿出一定数量的商品做比较、挑选或将自己所介绍的商品与其他同类的商品做比较，但是不易拿出太多。一方面通过给顾客较多的思考机会，以满足顾客反复权衡商品各种利弊的心理需要，另一方面也使顾客增强对柜台服务人员的信任感。

5．不让顾客说"不"

不让顾客说"不"的方法和技巧很多，因人而异，应在实践中不断地总结和创新。

一是暗示：就是用暗示的方式，让顾客沿着柜台服务人员所需的方向发展，以便顺利达成交易的方法。如在与顾客交谈中，设计一些明知故问的问题，引导顾客说"是"，再将话题切入正题。

二是反客为主：反客为主是把自己作为交易的主动方，把顾客作为交易的被动方，自己掌握交易的主动权的一种方法。这种方法一般都用在与顾客产生了强烈的共鸣，交谈进入非常愉快的时候。这时，可以反客为主，正点切入问题，产品或服务的卖点明确，论据充分，让顾客连连称"是"，迅速达成交易。

三是假设成交：就是假设顾客购买了产品，将得到什么样的利益。这种方法的重点在于说明"利益点是顾客所需要的"。这是不让顾客说"不"的一个原因，如果这种利益不能给顾客带来价值或使用价值，当然顾客只能说"不"。所以假设或交谈重点在于阐明，成交带来的利益正是顾客所需求的，找到顾客真正的需求。

5.2.3　柜台推销技巧

1．展示联想

要在顾客心目中描绘出使用这种商品的美好蓝图，以增强消费者的购买欲望。譬如，当你向一个顾客推销一台打字机，而你已知道这是顾客专为他的女儿买的时，那么你可以在商品介绍快结束时，加上几句："我想用不了多久，您女儿一定能打出一手又快又干净的漂亮字来。"使顾客能联想到女儿正在自己宽敞的书房里轻松自如地打字，甚至可能想象到女儿已在一家令人羡慕的大公司里做秘书的情景。

2．动作示范

当你向顾客推销商品时，服务员不能只干巴巴地介绍，应该将商品拿出来给顾客做示范，

充分地展示商品的风采，这会给顾客留下深刻的印象，从而对你的商品产生好感。

3. 接近关系

当顾客告诉你一些非常有用的资讯及知识时，你不但要同意他的观点，同时还要加以附和："这些事正是我想了解的，您的话令我茅塞顿开，获益良多，谢谢您。"或者说："哦，原来是这样，真是令我恍然大悟。我琢磨这些问题已经很久了，您为我解答的太完美了。很谢谢您。"这一番肺腑之言，会使你与顾客彼此的关系更为亲近。又如，在推销说明结束前，为了使顾客对你留下较好的印象，以便下次推销。别忘了说句："你是我所遇见的最好的顾客。"如果是在推销过程中，则可以在一个恰当的机会说："不论您是否购买我的商品，对我来说，您是我遇到的顾客当中，顶好的一位。我很乐意为您效劳。"以此使自己与顾客的关系更为贴近。

4. 适当让步

在一般情况下，柜台服务人员总希望在实质性问题上不做让步，就能使顾客满意，乍看之下，这似乎是一件不可能的事，然而你还是可以从以下几方面去进行努力：对待顾客尽可能地温和而有礼貌，并注意倾听对方的意见。

但这样做的时候，我们的语言与行为要相当谨慎，不要让顾客感到商场一点利也不让，在他那里赚了很多钱。如果这样的话会让顾客有抵触心理。

5. 随机应变

柜台服务人员始终保持沉着冷静，随机应变，设法把不利因素消除，甚至化为有利的因素，同时又决不放过任何一个有利的突发因素为自己的推销加码。

5.2.4 介绍商品的技巧

1. 针对不同商品的特点进行介绍

（1）侧重介绍商品的成分、性能

对有特殊效能的商品进行介绍，应从其成分、结构讲起，再转到其效能。食品、副食品、饮料、日用化工产品、化纤类、呢绒类纺织品等商品，宜从商品的成分、性能方面入手介绍。例如，洗衣粉有中性的、碱性的和酸性的；洗发水有油性的、干性的；化妆品有中性的、微碱性的和微酸性的。其成分不同，性能也就不同。

（2）侧重介绍商品的造型、花色、式样

工艺品、玻璃器皿、暖瓶、布匹、时装等商品，往往独树一帜，别具风格，在介绍这些商品时宜侧重介绍其风格特点、艺术价值。如石湾美术陶瓷，所绘各种鸟兽人物，形态惟妙惟肖，栩栩如生，格调朴素凝重，具有艺术欣赏价值；装饰布、塑料花，应从其造型、式样、花色图案等方面入手介绍。

2. 侧重介绍商品的用途

顾客购买商品的目的就是使用，因此，柜台服务人员应抓住商品的用途，向顾客进行介绍，

（1）对多种用途商品进行介绍

有些商品，具有多功能的用途，柜台服务人员在介绍商品时，应突出介绍其多功能的方面，如介绍电视机，便要突出介绍其功能、特点，其图像清晰如何，其音质效果如何，还可结合示播。

（2）对有特殊效能商品进行介绍

有些商品，具有特殊效能，柜台服务人员在介绍商品时，应突出介绍其特殊效能方面。如有的药物牙膏，不仅具有洁齿作用，而且有防龋、防酸、防锈或滋养牙齿、防治牙病等不同功效，像竹盐牙膏之类。在介绍时便应突出其特效方面，说明其含氟含钙、防蛀健齿的与众不同处。

如果柜台服务人员卖的是服装，就应了解今年服装的流行趋势、如何穿着，并懂得化纤、聚酯、棉布、丝绸等商品的特点与性能。

（3）对连带商品的介绍

有些商品在用途上有相互关联性，枕套与枕巾、枕芯，手电筒与电池，照相机与胶卷等。柜台服务人员在成交某一方面的商品后，要随即向顾客推荐关联的商品。介绍时要注意措辞得当，依据顾客的言谈举止，有的放矢地诱导顾客，切忌强行推销商品。

（4）对代用商品进行介绍

顾客需要某一商品而本店暂时没货时，柜台服务人员要从顾客的实际需要出发，主动、热情地向顾客介绍可以代用的商品。如某种商品缺货时，介绍用途相同的另一种商品。

3．对新上市商品进行介绍

对不同类型新上市商品应有不同的介绍方法。

1）新上市的商品，顾客对其不了解，需要柜台服务人员积极向顾客推荐介绍。

2）全新商品，宜着重介绍该商品的优点、性能、用途及使用保养方法，比如，日本最新上市的一种摄像探头，外观漂亮，性能较好。

3）改进型商品，由于它是在老产品的基础上改进的，故介绍时宜着重介绍改进所在，同原来的商品比较，有哪些进步，突出其优点。比如，诺基亚后出的 8210 比最先的多了中文输入的功能。

4）未定型产品，一般是试销商品，介绍时宜同定型产品比较，介绍其内在质量、价格方面的差异，让顾客方便比较选择。

5）引进外国技术生产的产品，介绍时宜指明它与同类型国产产品比较的差异，让顾客了解其特点。

4．对名牌产品进行介绍

享受盛誉的名牌商品，要侧重介绍它的产地和信誉。如苏州的苏绣、杭州西湖的龙井茶、贵州的茅台酒，这都是享誉世界的名牌产品。柜台服务人员应主要介绍这些商品的产地、历史、工艺等。如北京的景泰蓝，应将其在铜胎上进行掐丝镶嵌，之后注入珐琅加以烧制这一复杂高超的工艺加以介绍；对贵州茅台酒，则应着重介绍1915年于美国旧金山举行的巴拿马万国博览会上获得世界名酒称号并获得奖章这一段历史。

还有的是地区性名牌也要积极介绍，着重介绍它的质量、产地、特点和信誉，从而吸引顾客慕名购买。如这是东北齐齐哈尔的华鹤家具、这是广东顺德生产的科龙空调。

5. 对土特产、风味食品进行介绍

有些商品，具有独特的风格；有些商品，具有独特的性能；有些商品，具有独特的风味。在介绍时，侧重介绍这些独具一格的地方，引起顾客的兴趣，促使顾客购买。比如，涪陵的榨菜、宜宾的芽菜、山西的蜜枣、京梨、广西的甘蔗等。这些食品的口味各有风味，具有一定的代表性。

6. 对进出口商品进行介绍

进出口商品应有中文说明，柜台服务人员介绍商品时应实事求是，着重介绍其商标辨别、标记、使用和保养方法，应把退换货、保修期、零部件供配等方面的情况讲清楚，切忌盲目夸赞，言过其实。

出口商品，有的产量过多的通常在国内销售，这样的商品通常质地较好，不用过多介绍也很容易销售。

5.2.5 柜台服务操作技巧

柜台服务人员要很好地为顾客服务，需要从多方面进行努力。不仅要有良好的服务思想，而且要有良好的售货技术。

柜台服务人员的售货操作技术是指柜台服务人员在整个营业过程中应该具备的规范动作和技巧的总称。售货操作技术的内容一般有拿、放、称、量、包、扎、算、刀功、装袋、制作、调试、拆装等。

1）拿：为顾客拿递商品。规范动作和技术要求是轻拿轻放、敏捷礼貌，有些商品要求做到十拿九准，符合顾客需要。

2）放：把商品放在顾客面前，请顾客选购。要做到利落、轻放，放的位置适当，便于顾客挑选和鉴别。

3）称：需称量出售的商品，称量技术要求做到稳、准、快，主要是准。

4）量：即用尺丈量商品。丈量技术要求做到稳、准、快，主要是准。

5）包：将顾客已买好的商品用合适的包装材料包好，以达到精美礼品的外观，并且要求牢固。

6）扎：把有包装或刚包好的商品捆扎起来，便于顾客携带。捆扎商品要求动作迅速、经济美观、结实牢固。

7）算：是营业过程中的有关计算工作。包括对顾客购买的商品计算金额、开具发票、收款找零等，要求是，计算迅速准确，填制各种销货凭证清晰无误。

8）刀功：主要是柜台服务人员出售某些副食时的切割技术，刀功技术根据不同的商品有不同的要求，一般要求迅速准确，保证卫生、整齐美观。

9）装袋：是把顾客购买的物品，按不同类型分别装袋。要求生活用品与食物分装，生鲜食物与熟食分装。

10）制作：是指门店自制自售某些商品而必须具备的操作技艺。

11）调试：是为了使顾客了解和掌握某些商品的内在特性、质量和使用方法，而对商品进行启动、试用的操作。

12）拆装：凡由各个零部件组装成整件的商品，柜台服务人员应该具备拆装技术。拆装技术的基本要求是迅速、准确，组装后的机件完整、运转正常、性能良好、无外观损伤。

复习思考题

1. 连锁企业门店柜台服务的特点有哪些？
2. 柜台服务人员应具备的能力素质是什么？
3. 柜台服务人员常用状态用语有哪些？
4. 连锁企业门店柜台服务技巧有哪些？

案例分析

找零？找麻烦？

顾客张某和妻子到华联来购物。刚刚搬新居，家里很多东西需要添置，华联刚开业不久，而且有很多特价商品，所以他们赶了过来。到二楼买了满满一车日常家居用品，洗发水、沐浴露、香皂等，买了一些办公用品，然后到一楼又买了一些副食、调味品，到收银台一结账，整整花了1002.70元，张某递给收银员十一张面值100元的钞票。收银员埋头递给张某找换的零钱并将清单交给他，接着接待下一位顾客。张某直接把零钱装入口袋，和妻子走出大门，将商品装上车。上车前在妻子的提醒下，把零钱拿出来一数，只有47.30元。他交代妻子上车，回头找到这位收银员，收银员赶紧解释："我找过您钱，97.30元，您再仔细找找，是不是掉了。"张某回答："我怎么可能掉了呢？我刚从这里出门，根本没有去任何地方，再说我也一路找过了。"收银员强调："钱款必须当面清点，一出柜台我就无法负责。"张某表示不满："你当时根本就没抬头，也没告诉我找了多少钱。"双方引起争执，这位顾客后来找到收银主管投诉。收银主管将该柜台所有收款项即时清点，并无差误。最后，在该顾客其中一个装满商品的塑料袋中找到了一张50元的面钞。顾客感到有些不好意思，但收银员却回头对收银主管说："这人就会找麻烦。"

问题1：如何完善门店柜台收银员的服务工作？
问题2：门店柜台收银员应该如何对待顾客的质疑？

113

实训题

实训目的：使学生了解连锁企业门店柜台的服务规范，包括连锁企业门店柜台服务人员的职业定位、柜台服务基本规范、柜台服务质量管理等；联系实际，掌握连锁企业门店柜台服务技巧，包括柜台接待技巧、导购服务技巧、柜台推销技巧、商品介绍技巧、柜台服务操作技巧等。

实训内容：

1）选择几家连锁企业门店观察柜台服务人员的服务状况，并做比较，分析其服务的优劣。

2）选择一家连锁企业门店，将学生进行分组，在柜台服务人员岗位上进行实习，以充分熟悉和掌握门店柜台服务岗位所应具备的技能和技巧。

实训形式：

1）将学生进行分组，实地调查，以小组为单位选择几家连锁企业门店，观察柜台服务人员的服务状况，并进行分组讨论，比较和分析各门店柜台服务的优劣。

2）以小组为单位到门店柜台进行实际操作，并在操作后形成实训报告，在实践中使学生掌握连锁企业门店柜台服务的各种技巧。

第 6 章

连锁企业门店促销的策划与实施

引导性案例

国庆、中秋双节相逢，商家促销双倍发力

2006年9月25日，苏宁电器在媒体上大做广告，开始进行国庆促销，投入宣传费用远超劳动节，宣传时间也提前了好几天。

苏宁解释这么做的原因很简单：今年国庆、中秋撞到了一起，原本在两个节日期间做出来的销售额不得不集中到一个节日周期内完成。为了抢回"失去"的时间，完成销售任务，今年很多超市商场都相应集中促销内容和促销资源来吸引人气，对于消费者来说，在双节期间能享受更多优惠了。

1. 双节相撞商家不喜欢

双节同庆看似热闹，不少商家可不怎么喜欢。一家大型超市的团购部负责人说，两个节日凑在一起，有些单位趁机少发了一份福利。昨天做完团购统计时发现，往年每年增长的团购业绩，今年却意外地出现了下降的势头。

于是商家开始创造机会弥补可能带来的业绩损失。上个周末，华润万家超市开始"双节"促销的预演，"满300元送50元券"是春节以来力度最大的一次满就送促销。大力度的促销得到了理想的回报：上个双休日华润万家超市的销售额，比平时双休日提高了65%，相当于用两天时间，做完了原来3天多时间才能做到的事情。国庆期间超市还将继续进行"满300元送50元券"的活动，超市希望通过这种方式来提升国庆黄金周的单日销售。

2. 促销资源集中释放

要在一个节日内完成两个节日的销售，商家自然得付出更多的促销费用。华润万家今年专门做了10 000个印有超市标志的纸质手提袋，印刷和设计成本都花了超市不少钱。为了适应国庆期间中秋购物送礼的特殊情况，超市为购物满一定数额的消费者免费提供一次礼品包装的服务。

在世纪联华超市，卖场一边是中秋月饼、酒类的大堆头，另一边却是国庆婚庆床上用品主题活动，把超市的销售气氛映得特别热烈。

各大家电卖场更加明显地感觉到即将到来的国庆黄金周的特殊性。五星电器影视部高部长说，早在8月份，TCL、创维、海信、康佳、海尔、三洋、飞利浦、三星等国内外大

> 连锁企业门店营运与管理

批彩电生产商就与卖场商量黄金周的促销政策，准备时间比往年更早。厂家提供赠品的态度比往年更加积极，"厂家和卖场一样，都希望能在国庆期间做出翻倍的业绩。"一家家电卖场负责人说，卖场在批厂家上报的临时促销人员时发现，今年国庆厂家派来的临促人数是平常日子的3倍，比去年国庆期间多出1/3左右。

本章学习目标

1. 理解促销活动对连锁企业门店营运的意义；
2. 掌握连锁企业门店的常见促销方式；
3. 能够对连锁企业门店常见的POP广告进行基本的选择运用；
4. 初步掌握连锁企业门店促销活动的实施与效果评估过程；
5. 能够设计简单的超市门店促销方案。

学习导航

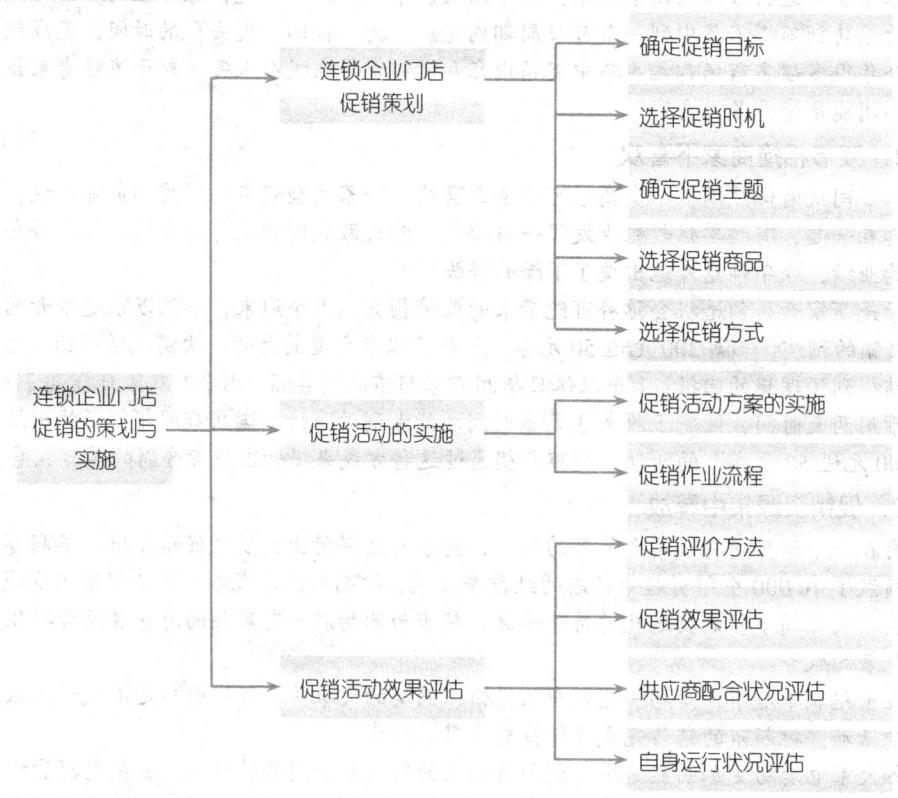

连锁企业门店促销的策划与实施
- 连锁企业门店促销策划
  - 确定促销目标
  - 选择促销时机
  - 确定促销主题
  - 选择促销商品
  - 选择促销方式
- 促销活动的实施
  - 促销活动方案的实施
  - 促销作业流程
- 促销活动效果评估
  - 促销评价方法
  - 促销效果评估
  - 供应商配合状况评估
  - 自身运行状况评估

第 6 章 连锁企业门店促销的策划与实施

职业指导

以连锁超市为例，连锁企业的促销工作一般由总部的企划部负责，企划部的职责主要是根据连锁超市发展的需要，统筹策划，组织拟订连锁超市中远期经营发展和宣传推广规划及广告宣传活动的总体要求，结合连锁超市的销售情况和竞争对手的动态及市场需求，有针对性地制定促销活动方案，准确有效地发布广告宣传信息。企划部人员平时应密切同媒体的联系，加强市场调研和分析，协调各部门间的工作关系。企划部的工作职位一般包括企划部主管、平面设计、美工、媒体及策划、专员、文员等。连锁超市门店的促销人员则负责实施促销活动方案，包括根据需要与部分供应商或其代理商直接谈判；组织收货，提前对促销商品进行重点陈列，张贴、悬挂 POP 海报，突出促销的感觉；提前对促销商品更换价签，并进行系统变价；对进场的促销员进行把关和管理；针对促销安排相应的人力支持，如收银排班、保洁、促销现场安全管理和防盗等；收集相关销售信息并向总部反馈，以便于总部对促销效果进行评估。

6.1 连锁企业门店促销策划

什么是促销？促销就是在合适的时间、合适的地点，用合适的方式和力度加强与消费者的沟通，促进消费者的购买行为。连锁企业门店促销是指连锁企业通过在门店卖场中运用各种广告媒体和开展各种活动或者宣传报道，向顾客传递有关商品、服务的信息，引发买方行动而实现销售的活动。所有促销活动的实施都必须先有促销策划。"不打没有准备的仗"，促销策划中必须明确本次促销活动的宗旨、实施的目标、实施的地点、费用的明细预算、活动的时间表、参与的人员、活动的细则、楼面的协调支持等内容。成功的促销活动的策划，必须以顾客为出发点，以商品为中心，以促进销售为最终目的。

6.1.1 确定促销目标

促销的一般目的是通过向市场和消费者传播信息，以促进销售、提高业绩。连锁企业门店在不同时期会有不同的促销目的，促销目的不同，促销方式也就不尽相同。因此，在进行促销策划时，要明确具体的促销目标，这样才能收到事半功倍的效果。连锁企业门店促销主要有以下几个目的。

1. 提高营业额

大多数促销活动都是围绕着提高营业额进行的，特别是在门店为争夺消费者时，往往会想方设法地稳定营业额，保住市场占有率。

2. 增加利润额

利润是企业追求的目标，提高利润是连锁企业门店经营活动的基本方向，各种各样的促销活动会给门店带来利润额的增加，从而使连锁企业效益提高。

3. 提高来客数

连锁企业门店重点经营食品、百货等日常生活所需商品，顾客大部分会有意无意地购买商品，空手而归者非常少，因此，提高来客数必然全带动销售额的增加。而提供便利的交通设施，备有充足的停车场，开展一些现场展演活动等，都会使顾客人数增加。

4. 提高客单价

客单价是指平均每位顾客到门店所实现的购买额，提高客单价可以在保证来客数相对稳定的基础上使总体销售额增加。

5. 提高企业形象

连锁企业可以通过特色经营、特色商品、特色服务等开展促销活动，形成独具个性的企业形象，并提高其知名度。如物美超市等企业在经营过程中，竭力树立"天天价廉、件件物美"的良好形象，通过不懈的努力，已经在辐射地区内家喻户晓，成为消费者购物的好去处。

6. 加快商品流通

以连锁超市为例，连锁超市经常会面临货物积压的状况，商品一旦大量库存，就会加重企业的经营成本负担，再加上相当一部分商品的有效期短、时令性强。因此，相应的促销活动可以有效地降低库存，减少商品积压，及时回收资金，加快商品流通。

7. 应对竞争对手

促销是连锁企业门店应对竞争的重要手段。一系列新奇、实惠、有效的促销活动，会增加消费者对该超市的商品购买欲望，从而有效地击败竞争对手。

6.1.2 选择促销时机

促销时机选择是否得当，会直接影响促销的效果。促销时机选择得当，不仅会促使促销目标的实现，还可以使促销活动有机地与企业的整体经营战略融合。促销时机包括两个方面的问题。

1. 促销活动的延续时间

一般延续时间在 1 个月以上的促销活动称为长期促销活动，其目的是希望塑造连锁企业的差异优势，增强顾客对卖场的向心力，以确保顾客长期来店购物。另一类是短期促销活动，通常是 3~7 天，其目的是希望在有限的时间内通过特定的主题活动来提高来客数及客单价，以达成预期的营业目标。长期促销活动应持之以恒，从开始到结束应该始终如一，以树立稳定的良好形象，而短期促销活动则不宜将时间拉得太长，否则会使顾客缺乏新鲜感，进而影响促销效果。

2. 促销活动所处时机

不同的季节、气候、温度，顾客的行事习惯和需求都会有很大的差异，一个良好的促销计划应与季节、月份、日期、天气和重大事件等相互配合。

1）季节。促销活动应根据季节不同来选择促销品项。如夏季应以清凉性商品为重点，冬季应以保暖性商品为重点，同时要考虑季节性的色调配合。

2）月份。商品销售有淡、旺季之分，一般而言，3，4，5，11月是经营淡季，如何在淡季做好促销工作是非常重要的。为使淡季不淡必须有创新的促销点子，不能一味地依靠特价来促销。如果不能激发消费者的需求动机，再便宜的东西也不一定能卖出去。

3）日期。一般而言，由于发薪、购买习惯等因素，月初的购买力比月底强；而周末的购买力又比平日强；节假日特别是"黄金周"的购买力会激增，更是门店促销吸引消费者的重要时机。根据不同的节假日，可以抓住商机，策划不同的促销活动，以增加营业额，提高利润。节假日既包括元旦、春节、"五一"国际劳动节、国庆节等法定节日，也包括圣诞节、情人节、母亲节、父亲节等西方节日，还包括元宵节、端午节、中秋节、重阳节等民俗节日。

4）天气。从某种意义上说，连锁企业门店也是看天吃饭的行业，一旦遇到天气差则来客就少，生意往往会减少5%~10%。因此天气不好时，如何向顾客提供价格合理、鲜度良好的商品及舒适的购物环境（如伞套、伞架、外送服务、防滑垫、干爽的卖场等），也是促销计划中应考虑的因素。此外，需求会随自然环境的变化而变化，气温一高，空调、饮料、冰品等类商品销售量就会上升，而温度降低，火锅、生鲜食品等的销售量会显著提高。

5）重大事件。重大事件是指各种社会性的活动或事件，如重大政策法令出台、学校旅行、放假、考试、运动会、停电、停水、停煤气等，这些活动或事件最好能事前掌握，以利安排促销活动，收到良好的促销效果。

6.1.3　确定促销主题

一个良好的促销主题往往会产生较大的震撼效果，所以应针对整个促销内容拟订具有吸引力的促销主题。促销主题的选择应把握两个字：一是"新"，即促销内容、促销方式、促销口号要富有新意，这样才能吸引人；二是"实"，即简单明确，顾客能实实在在地得到更多的利益。按促销主题来划分，促销活动可分为以下四种。

1．开业促销活动

开业促销活动是促销活动中最重要的一种，因为它只有一次，而且与潜在顾客是第一次接触，顾客对连锁企业门店的商品、价格、服务、气氛等印象，将会影响其日后是否再度光临门店的意愿。所以经营者对开业促销活动都十分重视，希望能通过促销活动给顾客留下一个好的印象。通常开业当日的业绩可达平日业绩的5倍左右。

2．年庆促销活动

年庆促销活动的重要性仅次于开业促销，因为每年只有一次。对此供应商一般会给予较优惠的条件，以配合门店的促销活动。其促销业绩可达平日业绩的1.5~2倍。

> **小资料** 单日销售额9 900万元银泰再刷新全国纪录

金融海啸正在全球弥漫，甚至已经殃及许多老牌百货公司，不过当百货店发起大型促销时，杭州消费者似乎依然不能"免疫"。从2008年11月14日开始，银泰百货举办10周年店庆，也同时记录着金融危机下杭州人的疯狂消费。

这是一场事先张扬的促销，酝酿了三天，把客人的胃口也吊足了三天。银泰武林店、百大店、西湖店三家商场基础力度是"满400减250"，这是一周前就已经提到的力度。解百似乎明显想拉大促销力度，"满400减280"的策略也着实在银泰店庆的时候分得一杯羹。杭州大厦也赶上了这趟全城同庆，推出的力度从"满400减160至280"，商场里的客流量也比平时增加了许多。

此前有人担心，消费预期的下降会影响杭州人热衷的"疯狂店庆日"。从银泰武林店的情况看，这种热情有增无减，而且似乎消费欲望越下降，对大型折扣也就越敏感。从14日早晨9点半开始，几乎是一开门商场里的客流量就不断猛增，而15日的客流量则达到顶峰的30万人次，成交近7万笔，几乎每分钟就有70笔生意成交。

9 900万元，这是11月15日银泰单日单店的销售额，不出意外，这应该也是国内商场的单店单日销售纪录。而且，不少专柜也破了全国纪录，百丽单日单柜全国纪录215万元、C31ROTC单日单柜全国纪录140万元、JACK&JONES单日单柜全国纪录138万元……

3. 例行性促销活动

例行性促销通常是为了配合法定节日、民俗节日及地方习俗、行事等而举办的促销活动。一般而言，连锁企业门店每月均会举办2~3次例行性活动，以吸引新顾客光临并提高老顾客的购买品项及金额，促销期间的业绩可比非促销期间提高2~3成。

4. 竞争性促销活动

竞争性促销活动往往发生在竞争店数量密集的地区。当竞争店采取特价促销活动或年庆促销活动时通常会推出竞争性促销活动以免营业额减少。

6.1.4 选择促销商品

顾客最希望的是能买到价格合适的商品，所以连锁企业门店促销商品的品种、价格是否具有吸引力将直接影响促销活动的成败。门店通常会选择以下四类商品开展促销。

1. 季节性商品

季节性商品主要是那些季节性很强的蔬菜、水果等，或者在夏季推出的清凉性商品，在冬季推出的保暖性商品。开展促销的目的并不在于追求所有顾客都来购买促销商品，而是力求吸引尽可能多的顾客来超市购物。因此促销商品的品种一般要选择顾客需求最旺的一些商品，而季节性商品往往都是顾客喜欢购买的一些商品。

2. 敏感性商品

敏感性商品一般属于生活必需品，市场价格比较透明，而且消费者极易感受到价格的变化。选择这类商品作为促销商品时，在定价上只要稍低于市场价格，就能很有效地吸引更多的顾客。

3. 大众性商品

大众性商品一般是指品牌知名度高、市面上随处可见、替代品较多的商品，如化妆品、饮料、啤酒、儿童食品等。选择此类商品作为促销商品往往可以获得供应商的大力支持，但同时应注意将促销活动与大众传播媒介的广泛宣传相结合。

4. 特殊性商品

特殊性商品主要是指卖场自行开发、使用自有品牌的特殊商品，不具有市场可比性。因此，对这类商品的促销活动主要应体现商品的特殊性，价格不宜定得太低，但应注意价格与品质的一致性。

6.1.5 选择促销方式

1. 店头促销

进入 21 世纪以来，随着与国际连锁业的接轨及经济的社会化、信息化步伐不断加快，我国的连锁零售企业面临的市场竞争日趋激烈，在这样的市场形势下，连锁企业门店的营销人员必须考虑：今天的消费需求是什么，怎样才能保持连锁企业各个门店以最佳的状态来吸引消费者，怎样才能使连锁企业和门店卖场给消费者留下良好的印象，怎样使消费者到门店后不会空手而归。要解决好这些问题，现代连锁企业必须认真对待和注重店头促销，科学地规划店头。

店头，是卖场形象的"指示器"，主要指连锁企业门店卖场中的堆头和端头。堆头是指在展示区、通道和其他区域做落地陈列的商品。堆头多做塔式落地陈列，即随地陈列，不受体积大小限制，可以扩大品牌陈列面与消费者接触面，但是需要认真规划，否则有碍观瞻甚至影响客流通行。端头是指卖场中通道两侧陈列货架的两端，端头与消费者接触率高，容易促使其产生购买行动。

店头促销是门店的一种形象促销活动，主要表现形式有三种：特别展示区、堆头陈列和货架两端（端头）陈列。这三者都是消费者反复通过的、视觉最直接接触的地方，陈列在这些地方的商品通常属于促销商品、特别推荐产品、特价商品和新产品。

（1）特别展示区、堆头和端头陈列是店头促销的关键

消费者的购物习惯，有一种长期积累的、恒定的惯性，这就对门店的店头布置提出了一种深层次的要求，那就是必须要迎合顾客的购物习惯，在商品的层次、视觉和听觉等方面，都要给顾客提供足够的信息。

如何使消费者喜欢我们的门店，可以从消费者角度和需求角度来思考。消费者到店头购物，会受到认识、记忆、使用经验、试用效果等多种因素的影响。所以，店头信息，尤其是特别展

示区、端头和堆头陈列的促销商品信息,对非计划型购物的消费者,将起到很大的作用。另一方面,对门店而言,从店头促销活动中收集到的信息、资料可以帮助连锁企业总部制定采购计划,选择供应商,确保本企业的竞争优势。在卖场的入口处设置特别展示区,加强堆头商品和端头商品的组织,充分发挥这三者的促销作用,改变商品的陈列方式,增加销售势头好的商品数量,都可以强化、提高顾客的满意度。

(2)开展活泼的店头促销

顾客上门是创造销售额的前提,开展活泼的店头促销,重点在于创造顾客与店头之间"感动、兴奋"的关系,如图6-1所示。这也是新形势下店头促销必须注重的原则。

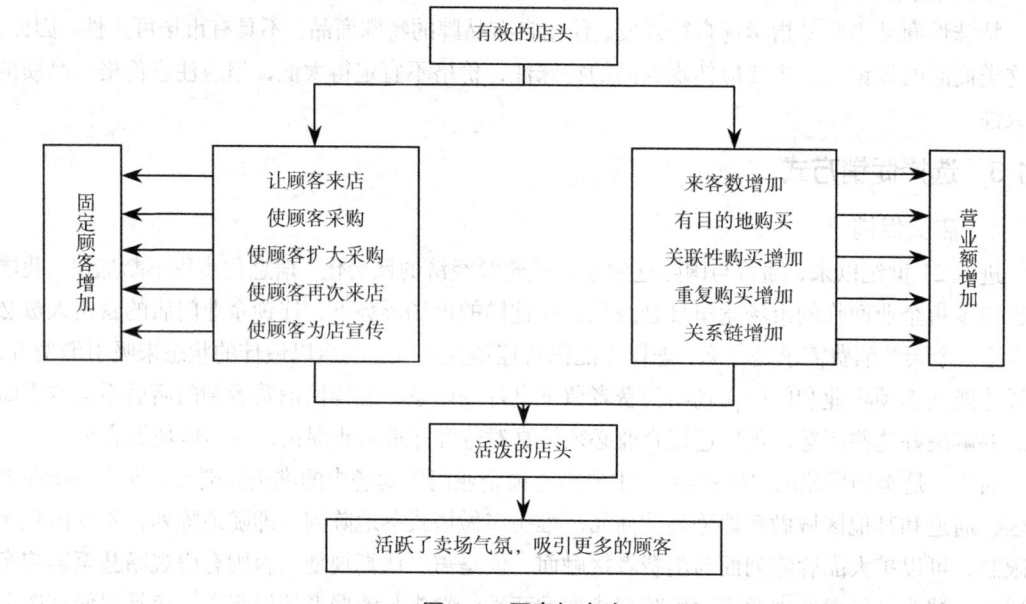

```
                    ┌──────────┐
                    │ 有效的店头 │
                    └─────┬────┘
            ┌─────────────┴─────────────┐
            ▼                           ▼
    ┌──────────────┐           ┌──────────────┐
    │ 让顾客来店    │           │ 来客数增加    │
┌──┤ 使顾客采购    │           │ 有目的地购买  ├──┐
│固│ 使顾客扩大采购│           │ 关联性购买增加│营│
│定│ 使顾客再次来店│           │ 重复购买增加  │业│
│顾│ 使顾客为店宣传│           │ 关系链增加    │额│
│客│              │           │              │增│
│增│              │           │              │加│
│加│              │           │              │  │
└──┴──────┬───────┘           └──────────────┘
           │
           ▼
    ┌──────────┐
    │ 活泼的店头│
    └─────┬────┘
          ▼
 ┌──────────────────────┐
 │活跃了卖场气氛,吸引更多的顾客│
 └──────────────────────┘
```

图6-1 顾客与店头

以特别展示区、堆头和端头为主的店头促销应该突出,并充分展示促销商品、主力商品及商品的精华部分,激发顾客的购买欲望;应该努力体现出店头的三种固有功能——展示功能、导向功能、选择和比较功能;应该利用多种形式,开展活泼的店头促销,努力塑造卖场低价、实惠、贴近顾客生活和需求的形象。

美国的一次调查显示,到连锁企业门店中去买预先设定的特定商品的顾客只占25%左右,而75%的顾客都属于即时的冲动型购买。央视市场研究股份有限公司2006-2007年的调研报告也显示,消费者在卖场中61%的采购是临时决定的,店头促销的重点对象就是非计划型购买者,因此,如何进行店头促销和卖场规划,做到商品丰富、品种齐全,使顾客进店能看得见、感兴趣、拿得到商品,是至关重要的。

店头促销的要点如表6-1所示。

表 6-1　店头促销的要点

路线＼项目	要　点	
	非计划购买	计划购买
入店	视野良好，通道顺畅，陈列清晰	计划购买的商品要好找
经过通路	自然诱导，长距离行走	能尽快到达预定场所
浏览卖场	回想，联想，	视野良好，看商品标示牌
立于卖场前	冲动，关联，	立于目的卖场前
看商品	使其想到陈列	找相关的商品（看替代品）
取商品	欲销售商品的位置	容易拿到，相关商品陈列
放入篮（车）内		重物后取
在收银台付款	浏览收银台周边陈设	浏览收银台周边陈设

2．现场促销

现场促销是指门店在一定期间内，针对多数预期顾客，以扩大销售为目的所进行的促销活动。现场促销通常会结合人员促销等其他促销形式运用，直接达到扩大销售额的目的。顾客在促销现场，面对琳琅满目的商品，不但可以任意浏览、尽情触摸，而且还有专人说明、真人示范，因此，促使顾客购买现场促销商品的可能性会大幅度提高。

（1）现场促销的优势

现场促销能够直接扩大销售额，能够大力推动促销商品的销售及商品品牌的潜意识渗透；现场促销有利于门店与消费者之间的情感沟通，造成"一点带动一线，一线带动一面"的联动局面。

（2）现场促销的特点

通过现场促销人员的营业性推广、快速性开拓，通过张贴广告、介绍商品、请消费者试用商品、赠送促销品等活动，会使门店及其所促销的商品给消费者留下较深刻的印象。此外，现场促销还有一些非同一般的特点。

1）以连锁企业门店为主体。门店现场促销的商品多数是供应商的产品，在这种情况下，可以由供应商提出建议，并参与现场促销企划、协助促销活动的进行，但是现场促销活动的主体仍是门店。

2）以实际销售为目的。在某种程度上，现场促销活动也是一种"即卖会"，其目的在于促使消费者立即购买。现场促销并非像表演那样讲究"秀"的效果，而是以促成销售额的增长情况显示其效果。

3）以多数预期顾客为主要对象。现场促销活动的对象，虽因商品不同而各异，但必须以多数顾客为对象。所谓预期顾客是指有购买愿望或购买可能性较大的消费者，至于对促销商品持否定、厌烦态度的顾客，不是现场促销的主要对象。

（3）现场促销的不同方式

1）限时折扣，即门店在特定营业时段内，提供优惠商品，刺激消费者购买的促销活动。例如，在 18:00—22:00 面包类商品六折限时优惠，或在 9:00—10:00 某些日用品七折优惠等。此类活动以价格为着眼点，利用消费者求实惠的心理，刺激其在特定时段内采购优惠商品。

在进行限时折扣时要注意：以宣传单预告，或在卖场销售高峰时段以广播方式，告之并刺激消费者购买限时特定优惠的商品，在价格上必须与原定价格有三成以上的价格差，才会对消费者产生足够的吸引力，达到使顾客踊跃购买的效果。

2）面对面销售，即门店的店员直接与顾客面对面地进行促销和销售的活动。例如，在连锁超级市场中，鲜鱼、肉制熟食、散装水果、蔬菜等都可以采用此方式进行销售。此类活动的目的是满足顾客对某些特定商品适量购买的需求，同时，也可以适时地为消费者提供消费信息或使用说明，促进商品的销售。其做法如下：规划适当位置作为面对面销售区（如在连锁超市中，通常会规划于生鲜经营区或在其附近，以强调其关联性）；选择具有专业知识及销售经验的人员来担任面对面销售的工作，以此来提升营业额；强调商品新、奇、特及促销人员亲切的服务，并让顾客自由选择商品品种及数量，以便产生更好的效果。

3）赠品促销，即消费者免费或付一定代价即可获得特定物品的促销活动。例如，只要顾客在门店实施购买，就可以免费获得气球、面巾纸等。此类活动的做法如下：通常配合某些大型促销活动，如门店开业或周年庆，或儿童节、妇女节、情人节、中秋节、重阳节等特定节庆，或在供应商推广新产品时实施赠品促销。

赠品的选择关系到促销活动的成败，虽然其金额不高，但是必须具备实用性、适量性和吸引性，才能吸引顾客来店。一般常用的赠品：免费赠品，如气球、面巾纸、盘子、开罐器、玻璃杯、儿童食品等；购买才送的赠品，如洗发香波、沙拉酱、玩具、高级瓷盘等。

4）免费试用，即现场提供免费样品供消费者使用的促销活动，如免费试吃水饺、香肠、薯条，免费试饮酸奶、饮料，免费试用洗涤剂，免费为顾客染发，等等。此类促销活动是提高特定商品销售量的好方法。因为通过实际试用和专业人员的介绍，会增加消费者购买的信心和日后持续购买的意愿。其做法如下：安排适合商品试用的地点，要做到既可提高使用效果，又可避免影响顾客对门店内其他商品的购买；选择适合试用的商品品种及其供应商，通常供应商都很愿意配合推广自己的产品，故应事先安排好各供应商，确定免费试用促销的时间、做法及商品品种；举行试用活动的供应商必须配合门店规定的营业时间进行免费试用活动，并安排适当的人员和相应的器具，或委托门店服务人员来为顾客服务。

（4）现场促销的阶段

1）准备阶段。该阶段主要包括五项工作。

一是连锁企业要了解开展现场促销活动所针对目标顾客的消费需求和特点。

二是根据消费者的需要和促销活动目标区域的市场特定情况，来决定作为市场买卖双方联系枢纽的促销品，包括促销品的品种、规格、数量及促销品配比率等，其中，促销品配比率是指促销品与产品的数量比例。

三是连锁企业的营销人员应与供应商进行若干次恳谈，按照连锁企业对目标区域总的促销方针，协商好促销的商品品种、规格、数量、价格等。

四是制定连锁企业的总体市场和各门店市场的现场促销计划与货源的调度计划。其中货源可以考虑三种情况：供应商直接供货、连锁企业的配送中心调配和两者相结合。

五是现场促销人员的选拔、培训和安排。这是现场促销活动成功与否的一个重要因素。此处应该做好两方面的工作：首先，门店促销人员应具有丰富的促销经验，有强烈冲劲和持续的原动力，具备熟练的推销技能、良好的口头表达能力、敏锐的洞察力及市场反映的良好决断力；其次，营销人员和供应商应该仔细研究、分析在促销活动实施过程中可能遇到的各种困难，决定应对措施。这些通常可以采取人员讨论和情景演习两种方式进行。

2）实施阶段。该阶段主要包括三项工作。

一是门店促销人员应该抓住有利时机，讲好开场白，抓紧时间促销商品，包括提供试用商品、赠送促销商品，或张贴广告等。

二是门店促销人员应该根据实际现场情况，调整好心理状态，恰当改变口头表达的内容和方式，调整说话声音、速度和节奏，协调动作，注意外表形象等，总结出一套高速、高效的促销通用语，并加以推广和调整。

三是门店促销人员应该注意现场促销中以下两种方式的灵活运用：①观念灌输，促销人员应该善于把纯粹的推销商品的观念，上升到连锁企业经营理念的传播；②感情沟通，如通过逗顾客的小孩来引起顾客注意，以达到沟通情感和促销的目的。

3. 展示促销

美国商场有句名言：样品展示是新产品销售的开始。以美国人的观点来看，展示促销并非仅仅是宣扬新产品，更要发掘新产品的预期顾客，促其购买。通过商品展示，使消费者直接、充分地了解新产品的特性、优点，这种推广活动就是展示促销。

通常，展示促销只针对新产品，是人员促销的一部分。通过陈列新产品样品促销新产品，使新产品信息广泛传播，大量招徕商品买主，兼具促销与广告的作用。例如，一般用于食品类商品的展示促销，门店可以举办食品烹调、炊具使用示范等活动。就展示表演的种类而言，有试用、试饮、试吃、附带赠品及示范销售等，五花八门，不胜枚举。

展示促销最突出的特点在"寓教于售"。这对连锁企业成功实现"使用价值导向"，可起到很大的推动作用。新市场的驱动，也要靠这种促销方式来完成。门店经营的商品种类繁多，新产品层出不穷。很多产品刚上市时，不为消费者所了解，门店及时、适当地开展展示促销活动，可以迅速地把新产品介绍给顾客，激发消费者需求，促进消费者购买和消费。此外，通过展示促销，还可以加强门店与顾客间的信息沟通和感情交流，了解顾客对新商品的反应及消费需求的变化。

（1）展示促销的特点

1）可以促使消费者更好地接受新产品。中国有句俗话：眼见为实。对于消费者来说，了解一种新产品最好的方法就是令其对该产品产生实际的感受。展示促销可以让消费者做到亲眼目睹，从而对新产品产生浓厚的兴趣。

2）可以节省促销的费用开支。展示促销的成本费用主要是用于展示的商品费用、辅助品费用及促销人员的劳务费用，与其他一些促销方式相比，费用较低，但是效果却很好，所以是连锁企业门店经常采用的一种较好的促销方式。

3）存在着一定的不足与缺陷。展示促销受商品特性的限制较大，而且一般只适用于新产品。而新产品展示的效果好坏，有时会受到展示人员水平的影响。如果展示不当，反而会造成适得其反的效果。

（2）展示促销应该注意的问题

1）周详的计划是成功的关键。凡事预则立，连锁企业的营销人员进行企划时，必须明确商品展示促销的重点。这就要求在广告，尤其是在POP广告、电台广播和电视广告中，引用与诉求点相关的词句，从品位、简便性、加工、品牌、使用便捷性、新鲜程度、赠品魅力等，选择出与新商品特性相符合的一点或几点做诉求，以期发挥最大的促销效果。

2）强调高效率。在买方市场的形势下，展示活动更要讲究效率，要将促销与展示有机结合起来，积极谋取促销之策。在展示活动当中，门店并非只是悠然自得地介绍新产品而已，而是以市场导入者的魄力，面向消费者开展促销活动。由于卖场所能腾出的空间十分有限，为讲究卖场效率，应随每次展示促销商品的不同，视所需场地的大小，临时指定展示场所。

3）精心选择展示商品。展示商品应具有以下特征：有新型的使用功效，能使新商品的使用效果立即显现，新产品的技术含量低，为大众化的产品。

4）设置合适的区域来进行新产品展示活动。该区域在门店内的布局应该显眼醒目，以便吸引更多的消费者前来观看；要注意展示区域与商品销售位置的配合，应在商品销售位置附近开展；要注意保持卖场内部通道的顺畅，使对展示活动无兴趣的消费者能够顺利通过和选购其他商品。

5）认真地选择展示人员。展示人员水平的高低对于展示效果的影响很大，所以在选择展示人员时应充分考虑展示人员对展示商品的性能、质量、使用方法等的了解程度，以及展示人员的展示技巧和把握现场气氛的能力。

（3）展示促销程序

1）确定销售目标。具体办法：通过信息系统查询所促销商品在促销活动前4周的销售数量，然后用这个数量除以28（即4周天数），得出日均销售数量，则销售目标为，8小时示范的销售目标通常为日均数量×3，4小时展示的销售目标通常为日均数量×2。这些必须在促销员的每日报告中显示。例如，一项商品在促销活动前4周的销售数量为420个，则每日平均销售量为15个，8小时促销的目标应为45个（15×3），4小时促销的目标应为30个（15×2）。

2）样品展示。样品展示有五个注意事项。① 样品来源。供应商提供免费样品，或者供应商从门店以零售价格购买。② 确定样品数量和尺寸。应该根据促销商品的特点和要求，结合门店内的规则，安排促销商品的数量和尺寸。③ 保留样品记录。保留样品包装标签，用于收款及核对。④ 放牧，即让顾客从一张促销台到另一张促销台的行为。通过促销员的介绍与配合，不让顾客失去每个试用商品和接受门店商品或服务的机会。⑤ 补充商品。在促销商品用完之后必须立刻补充，但是必须遵守促销员离开促销台的各项安全守则。

相关链接　某连锁超市食品展示的要点

- 即使离开促销台一分钟，也要把热的食品和食油拿开，没有借口。
- 不要给没有大人带领的小孩食物；当天烹制好的促销食品，如果没有用完，应倒掉，不能留着第二天使用，以免食物变质。
- 拿取食物时要带塑胶手套。
- 任何食物都不能放在地上，所有备用食物必须盖好或用保鲜纸包好。
- 需要烹饪或再加热的食品，温度要加热到65℃；需冷藏保存的食品，促销样品保存温度为2～7℃。
- 烹制的食品要在切后10分钟内给顾客品尝。
- 要让顾客拿好其样品，以免污染其他样品。
- 促销员的头发要束好，以免碰到食物和设备，如果门店卫生要求标准严格的话，通常还需促销员戴发网或帽子。

（4）门店在展示促销中的职责

1）对于供应商方面，门店要让他们相信，门店会以热情、令人兴奋的方式促销他们的商品，并且会百分之百地只促销他们的商品，而非别人的商品。

2）对于顾客方面，门店要做到：永远不要出现门店的促销活动令顾客不开心，确保顾客在促销活动中的安全，让顾客能从中得到商品的详细信息和优点，门店应始终保持良好的服务态度。

相关链接　供应商促销代表的商品展示要求

- 只有经过批准的供应商或其促销代表才能在门店展示商品。
- 所有供应商促销代表需佩戴附有姓名的工牌，并且自备展示用品、样品等。
- 供应商促销代表进出门店必须登记其包裹、样品和用品等。
- 促销过程中，禁止供应商促销代表吃东西、坐着或闲聊。
- 如果供应商促销代表不遵循规则，门店人员应加以纠正或严肃处理。

4. POP广告

无论店头促销、现场促销，还是展示促销，都少不了POP广告的大力相助。POP广告是指门店卖场中能促进销售的广告，也称做销售点广告，可以说凡是在店内提供商品与服务信息的广告、指示牌、引导等标志，都可以称为是POP广告。

POP广告的任务是简洁地介绍商品，如商品的特色、价格、用途与价值等。可以把POP广告的功能界定为商品与顾客之间的对话，敞开式销售方式尤其需要POP广告，需要通过POP广告来沟通门店与消费者之间的关系。

（1）POP广告对门店促销的意义与作用

在连锁企业门店卖场促销中，必须要提高商品陈列的视觉效果。但仅仅通过陈列来提高是不够的，而POP广告具有强烈的视觉传达效果，可以直接刺激消费者的购买欲望，这就是POP广告的促销意义。

POP广告对促销的作用主要体现在以下几点。

1）传达门店商品信息。主要体现在：吸引路人进入门店，告知顾客该门店内正在销售什么，告知商品的位置配置，简洁告知商品的特性，告知顾客最新的商品供应信息，告知商品的价格，告知特价商品、刺激顾客的购买欲，烘托门店卖场的气氛，促进商品的销售。

2）创造门店的购物气氛。随着消费者收入水平的提高，不仅其购买行为的随意性增强，而且消费需求的层次也在不断提高。消费者在购物过程中，不仅要求能购买到称心如意的商品，同时也要求购物环境的舒适。POP广告既能为购物现场的消费者提供信息、介绍商品，又能美化环境、营造购物气氛，在满足消费者精神需要、刺激其采取购买行动方面具有独特的功效。

3）突出门店的形象，吸引更多的消费者来店购买。据分析，消费者的购买阶段分为注意、兴趣、联想、确认和行动。所以，如何从众多的同类商店中吸引顾客的眼光，达到使其购买的目的，POP广告功不可没。

4）促进连锁企业与供应商之间的互惠互利。通过促销活动，可以扩大连锁企业及其经营商品的供应商的知名度，增强其影响力，从而促进连锁企业与供应商之间的互惠互利。

值得一提的是，要注重知识性POP广告的应用。现在许多连锁企业门店中，大部分的POP广告都是一些利益性促销广告，如某某商品降价，某某商品可以参加抽奖等，而知识性促销广告所见甚少。当今世界已进入知识经济时代，知识已经成为经济发展的重要力量，时代已经对连锁经营提出了新的要求。连锁企业经营者应该树立起知识营销的新理念，通过知识性POP广告来加强各门店与消费者之间的沟通，在这方面，建材、家居连锁企业百安居做得比较好，在百安居的各个门店中，消费者在摆放每一类商品的货架边都能看到一张知识性POP广告，上面标明了该种商品的用途、使用注意事项，以及对其他配套商品的需求等信息，对消费者的选购起到了很好的指导作用。

（2）POP广告的种类

POP广告在实际运用时，可以根据不同的标准对其进行划分。不同类型的POP广告，其功能也各有侧重。

按外表形式划分，连锁企业门店普遍使用的POP广告类型有以下几种。

1）招牌POP。招牌POP主要包括店面、布帘、旗子、横（直）幅、电动字幕，其功能是向顾客传达企业的识别标志，传达企业销售活动的信息，并渲染这种活动的气氛。

2）货架 POP。货架 POP 通常是展示商品的广告，是一种直接推销商品的广告。

3）招贴 POP。招贴 POP 类似于传递商品信息的海报，招贴 POP 要注意区别主次信息，严格控制信息量，建立起视觉上的秩序。

4）悬挂 POP。悬挂 POP 主要包括悬挂在门店卖场中的气球、吊牌、吊旗、包装空盒、装饰物，其主要功能是创造卖场活泼、热烈的气氛。

5）标志 POP。标志 POP，即门店内的商品位置指示牌，它的主要功能是向顾客传达购物流程和位置的信息。

6）包装 POP。包装 POP 是指商品的包装具有促销和企业形象宣传的功能，例如，附赠品包装，礼品包装，若干小单元的整体包装。

7）灯箱 POP。门店中的灯箱 POP 大多稳定在陈列架的端侧或壁式陈列架的上面，它主要起到指定商品的陈列位置和品牌专卖柜的作用。

按所处的位置，可以分为外置 POP、店内 POP 及陈列现场 POP 三类。外置 POP 是将本门店的存在及所经销的商品告知顾客，并将顾客引入店中的 POP 类型；店内 POP 是将门店内的商品情况、店内气氛、特价品的种类，以及商品的配置场所等经营要素告知消费者的 POP 类型；陈列现场 POP 广告是在商品附近的展示卡、价目卡及分类广告，它们能帮助顾客做出相应的购买决策。上述三类 POP 各自的功能及有关情况如表 6-2 所示。

表 6-2　外置 POP、店内 POP 及陈列现场 POP 的类型和功能

种　类	类　型	功　能
外置 POP	招牌、旗子、布帘	告诉顾客门店的位置及其所售商品的种类，通知顾客正在特卖或营造销售气氛
店内 POP	卖场引导 POP、特价 POP、气氛 POP、厂商海报、广告板	告诉进店的顾客，某种商品好在什么地方；告诉消费者正在实施特价展卖，以及展卖的内容，制造店内气氛；传达商品信息及厂商信息
陈列现场 POP	展示卡、分类广告、价目卡	告诉顾客商品的品质、使用方法及厂商名称等信息，帮助顾客选择商品；告诉顾客广告品或推荐品的位置、尺寸及价格；告诉顾客商品的名称、数量、价格，以便消费者做出购买决定

6.2　促销活动的实施

在激烈的市场竞争大潮中，各大连锁超市推出的促销活动越来越频繁，手段方式也越来越多，而要实现促销活动的预期目标，实现销售利润的提高，促销活动的组织与实施则显得尤为重要。一方面，加强促销活动的实施与管理，是促销活动取得良好效果的重要保证；另一方面，

对促销活动的作业流程加强管理，有助于不断改进促销方式，以提高促销活动效果。

6.2.1 促销活动方案的实施

1. 拟订促销企划方案

首先，由连锁企业负责促销的职能部门根据计划要求，分析研究最近商圈内竞争店动态、消费者收入水平及其购买力状况，拟订一定时期内企业促销活动的诉求重点及具体做法；其次，还需要获得相关部门的配合与支持，如召集营运部、商品管理部相关人员召开促销会议，对促销活动的主题、时间、商品品种及价格、媒体选择、供货厂商的配合及竞争店的促销活动等仔细分析，以确保促销活动的有效实施。

2. 准备促销商品

连锁企业的大多数促销活动都可以使商品销量大幅度增加，而连锁企业的业绩往往与厂商的配合与否有很大关系。因此，连锁企业在实施促销活动前，应取得厂家或供应商的积极配合，对促销商品的数量、质量、价格及供货期等进行协商、确定，以保证及时、充足的供货。

3. 做好促销宣传

连锁企业可以选择的媒体很多，但最常用也是最重要的媒体是促销海报（宣传单）。因此，促销海报（宣传单）的设计与制作就显得尤为重要，连锁企业可以事先召集其他相关部门进行宣传策划，印制出别具一格的海报或宣传单进行充分宣传，以提升促销效果。

4. 促销活动的实施

促销活动的目的除了希望在特定期间内，能提高来客数、客单价及增加门店营业额之外，更重要的是让顾客日后能持续光顾。因此，各门店需要运用促销检核表来确保门店促销活动实施的质量，以便为顾客提供良好的服务并达成促销效果。

促销活动核检表是连锁企业总部或门店管理人员在不同促销期间，对卖场情况进行评估的依据，可以作为促销活动实施情况的参考。某超市促销活动检核表如表 6-3 所示。

表 6-3　某超市促销活动检核表

类　　别	检核项目	是	否
促销前	1）促销宣传单、海报、红布条、POP 是否发放及准备妥当？		
	2）卖场人员是否均知道促销活动即将实施？		
	3）促销商品是否已经订货或进货？		
	4）促销商品是否已经通知电脑部门进行变价手续？		
促销中	5）促销商品是否齐全？数量是否足够？		
	6）促销商品是否变价？		
	7）促销商品陈列表现是否吸引人？		
	8）促销商品是否张贴 POP？		

续表

类　　别	检核项目	是	否
促销中	9）促销商品品质是否良好？		
	10）卖场人员是否均了解促销时间及做法？		
	11）卖场气氛布置是否活泼？		
	12）服务台人员是否定时广播促销做法？		
促销后	13）过期海报、POP、红布条、宣传单是否拆下？		
	14）商品是否恢复原价？		
	15）商品陈列是否调整恢复原状？		

在对促销活动进行检查时，应该高度重视对门店 POP 广告使用情况的检查。及时检查 POP 广告在门店中的使用情况，对发挥其广告效应能起到很大的作用。POP 广告的检查要点：

- POP 广告的高度是否恰当。
- 是否依照商品的陈列来决定 POP 广告的大小尺寸。
- 有没有脏乱或过期的 POP 广告。
- 广告中关于商品的内容是否介绍清楚（如品名、价格、期限）。
- 顾客是否看得清、看得懂 POP 广告的字体，是否有错别字。
- 是否由于 POP 广告过多而使通道视线不明。
- POP 广告是否有因水湿而引起的卷边或破损。
- 特价商品 POP 广告是否强调了与原价的跌幅和销售时限。

6.2.2 促销作业流程

连锁企业的促销计划经决策部门确认以后，促销管理的重点便落在了促销活动作业流程规划上面。由于连锁企业每月配合节令、重大事件而实施的促销活动通常为 2~3 次，时间安排得相当紧凑。因此，各部门必须依照作业流程规范操作，以防止促销效果不理想。以连锁超市为例，连锁企业促销活动作业流程通常如下所述。

1）企划部促销组负责拟订促销计划。

2）采购部（或商品管理部）负责提供或确认促销活动中所需的供应商名单及供应商支持，同时组织促销活动中的商品，并确保促销商品按时足量送到。

3）企划部美工负责促销活动中宣传品、促销品的设计及制作。

4）配送中心负责对促销商品优先收货、配货。

5）各门店店长负责促销活动在该店的具体实施。

6）电脑部负责对促销商品的变价。

7）人力资源部负责在促销活动中供应商促销员的派驻及考核。

8）行政部库管（或开发部工程组）负责促销活动中道具及设备的提供。

9）营运部负责对促销活动中的商品价格及质量进行控制、监督和检查。

10）企划部促销组负责对各店促销活动的实施情况进行监督、检查、控制。

11）营运部负责每期促销活动完成后的评估用资料的收集。

12）企划部负责企划促销活动的评估总结。

6.3 促销活动效果评估

6.3.1 促销评估方法

促销效果的评估是连锁企业一项非常重要的工作内容，通过评估促销活动的效果，对其成功与不足加以认真总结，以便把下一次促销活动搞得更好。一般来说，连锁企业促销效果的评估可以采用以下几种方法进行。

1. 比较法

选择促销活动前、促销活动中及促销活动后 3 个阶段的销售额来测评促销效果，一般会出现以下 3 种情况，如图 6-2 所示。

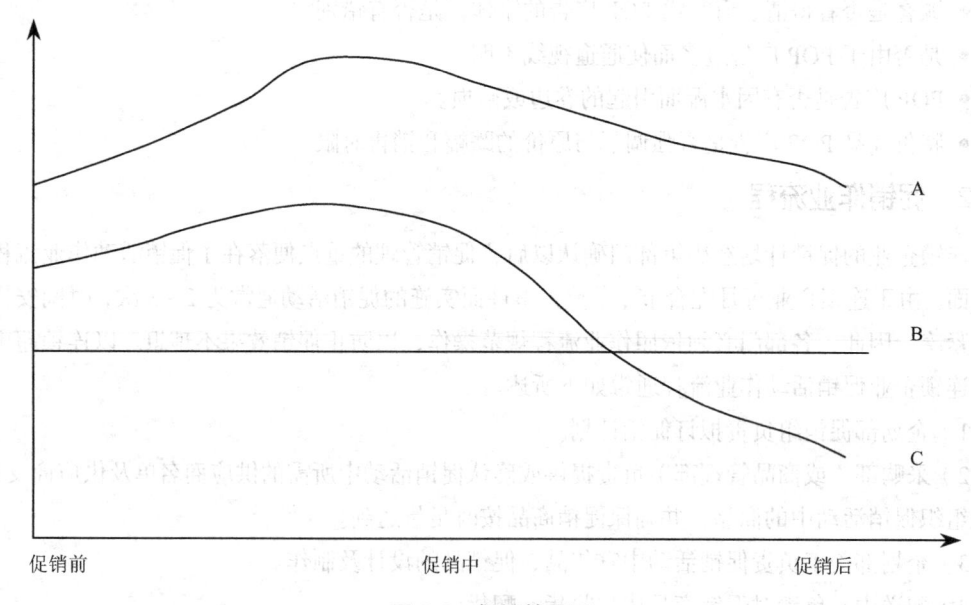

图 6-2 促销效果图

（1）有效促销

图 6-2 中的 A 曲线是连锁企业举办促销活动所期望达到的预期目标。它表明进行促销活动

后，很多顾客被吸引前来购物，来客数增加，销售额提升，收到了预期的理想效果。在促销活动结束后，由于促销期间连锁企业的各种宣传，使其知名度与美誉度提高，给顾客留下了良好的印象，再加上实质性的优惠促销活动，无形中提升了企业形象。因此，促销活动结束后，连锁企业的销售额依然有所增长，从而形成了比较乐观的销售前景。

（2）无效促销

图 6-2 中的 B 曲线表明促销活动的开展对于连锁企业的业绩没有任何帮助，企业的经营状况没有得到任何改善，而且所举办的促销活动浪费了一定的人力、物力、财力，促销效果很不理想。

（3）不良促销

图 6-2 中的 C 曲线是连锁企业举办促销活动后的一种不良后果，是连锁企业最忌讳出现的一种情形。本次促销活动虽然在促销期间使销售额有了一定程度的提高，但由于促销活动策划不当或管理不到位等问题，出现了某些意外情况，严重损伤了连锁企业的形象。促销期间虽然销售额有了短暂上升，但促销一结束立即下滑，甚至低于促销前的水平。

2．调查法

连锁企业真正能够长期持续经营依靠的是其良好的信誉及消费者的信赖。因此，对于消费者的反应不可忽视，在促销活动中或促销活动结束后，可以组织相关人员对特定的消费者群体进行抽样调查，向他们了解促销活动的效果。比如，询问有多少人对本次促销活动反映良好，其中哪些方面反映最好，哪些方面反映最差；顾客是否从中得到了实惠；对今后的购物行为是否有影响等，从而掌握连锁企业所举办的促销活动的效果。

3．观察法

观察法便于操作，且十分直观，连锁企业主管人员很容易了解促销活动的效果。它主要通过在促销活动中，通过来店购物的顾客对促销活动的反映，来了解促销效果。比如，顾客在折价销售中的踊跃程度；顾客所收到优惠券的回收率；参加抽奖与竞赛的人数，以及赠品的偿付与否等。

总之，促销活动结束后的总结与评估，有助于提高连锁企业的绩效。通常情况下，如果促销活动的实施绩效在预期的 95%～100%，则是正常情况；如果在预期的 105% 以上，则是高标准表现；如果在预期目标的 95% 以下，则有待在今后的促销活动中加以改进和提高。

6.3.2 促销效果评估

促销活动结束后要对促销成果进行分析，而不能在活动结束后就置之不理。连锁企业促销主管部门应该及时收集促销期间的营业数据，召集相关人员，就促销活动的实施效果与目标的差异进行分析，总结得失，作为下次促销活动策划、执行改进的参考。企业可以用多种方法来评估一次促销活动的效果。企业对促销活动的事后评估可以分为短期促销绩效评估和长期促销绩效评估两种。

1. 短期促销绩效评估

短期促销绩效评估是指企业在促销结束之后，衡量消费者对促销活动的即刻反应和态度，以及时获取消费者的信息，并掌握商品促销的效果。一般情况下，企业所采用的典型评估方法是分析折价券的回收率、印花的回收兑现率、赠送品的偿付情况、竞赛和抽奖的参与人数等。比较促销前后销售业绩的变动是测定促销效果的最佳依据，在其他条件不变的情况下，销售的增加可以归因于促销活动。

短期促销绩效评估主要评估以下几个方面。

（1）评估促销主题配合度
- 评估促销主题是否针对整个促销活动的内容。
- 促销内容、方式、口号是否富有新意、吸引人，是否简单明确。
- 促销主题是否抓住了顾客的需求和市场的卖点。

（2）评估创意与目标销售额之间的差距
- 创意是否过于沉闷、正统、陈旧，缺乏创造力、想象力和吸引力。
- 创意虽然很好，然而是否符合促销活动的主题和整个内容。
- 促销创意是否偏离预期目标的销售额。

（3）评估促销商品选择的正确与否
- 是否选择了消费者真正需要的商品。
- 能否给消费者增添实际利益。
- 促销商品能否反映超市的经营特色。
- 能否帮助连锁企业门店或供应商处理积压商品。
- 促销商品的销售额与毛利额是否与预期目标相一致。

2. 长期促销绩效评估

短期促销绩效评估可以使企业了解消费者对促销活动的态度和反应，但这种评估很难得知消费者真正的消费意图。因而企业有必要对长期促销绩效进行评估，揭示消费者的消费态度，把握消费者的消费心理，从而使以后的商品促销活动更加具有针对性和目标性，增强促销活动的效果。

长期促销绩效评估最切合实际的方法是消费者调查法。促销活动结束后，企业可以在目标市场上找一组样本消费者进行调查，了解促销活动的效果并在促销后的一段时间内进行跟踪评估。通过调查了解有多少消费者还记得促销，他们对促销活动的评价，有多少人从中获得利益，促销对他们以后的品牌选择行为有何影响等。

消费者调查法简单易行，但资料有限、得出的结论比较粗略，常用来有选择地研究某种促销方式对消费者的影响。

6.3.3 供应商配合状况评估

- 除对促销效果进行评估，还应该对供应商的配合状况进行评估。
- 供应商对连锁企业促销活动的配合是否恰当及时。
- 能否主动参与、积极支持，并为连锁企业分担部分促销费用和降价损失。
- 在促销期间，当连锁企业请供应商直接将促销商品送至门店时，供应商能否及时供货，数量是否充足。
- 在商品采购合同中，供应商尤其是大供应商、大品牌商、主力商品供应商，是否做出促销承诺，而且切实落实促销期间供应商义务及配合等相关事宜。

6.3.4 自身运行状况评估

促销结束后，连锁企业还应对自身的运行情况进行评估。

1．从总部到门店，各个环节的配合状况

1）配送中心运行状况评估：配送中心是否有问题，送货是否及时；在由连锁企业配送中心实行配送的过程中，是否注意预留库位，合理组织运输、分配各门店促销商品的数量等几项工作的正确实施情况如何。

2）门店运行状况评估：门店对总部促销计划的执行程度，是否按照总部促销计划操作；促销商品在各门店中的陈列方式及数量是否符合各门店的实际状况。

3）总部运行状况评估：连锁企业自身系统中，总部促销计划的准确性和差异性；促销活动进行期间总部对各门店促销活动的协调、控制及配合程度；是否正确确定促销活动的次数，安排促销时间，选择促销活动的主题内容，选定、维护与落实促销活动的供应商和商品，组织与落实促销活动的进场时间。

2．促销人员评估

1）促销人员评估的作用：评估可以帮助促销员全面并迅速地提高自己的促销水平，督促其在日常工作流程中严格遵守规范，保持工作的高度热情，并在促销员之间起到相互带动促销的作用。

2）促销人员的具体评估项目：促销活动是否连续，是否达到公司目标，是否有销售的闯劲，是否在时间上具有弹性，能否与其他人一起工作，是否愿意接受被安排的工作，文书工作是否干净、整齐，他们的准备和结束的时间是否符合规定，是否与顾客保持密切关系，是否让顾客感到受欢迎。

复习思考题

1. 简述促销对连锁企业门店营运的作用。
2. 什么是店头促销？实施店头促销的基本要点有哪些？

3. 什么是现场促销？论述现场促销的不同方式。

4. 什么是展示促销？实施展示促销应注意哪些问题？

5. 简述POP广告对门店促销的意义与作用。

案例分析

某超市端午节促销方案

1. 促销主题

忆一段历史佳话 尝一颗风味美粽

2. 促销目的

树立超市的人文形象，同时促进销售额的提高。

3. 促销时间

6月16日—22日

4. 促销对象

第一商圈内的居民

5. 促销商品

成品粽及熟食、海鲜、江米、蜜枣等。

6. 促销内容

（1）价格促销

对一些成品粽及熟食进行特价活动（6月18日—22日），具体品项由采购部决定（一楼促销栏及广播进行宣传）。

（2）娱乐促销

可选2项中的其中1项。

1）包粽子比赛。

游戏规则：3人/组；限时5分钟，以包粽子多者为胜；胜者奖其所包粽子的全数；其余参加者各奖一个粽子。

活动时间：6月21日—22日。

活动地点：一楼生鲜部的冻品区前。

道具要求：桌子、喇叭、包粽子的材料（糯米、豆子、花生、肉、竹叶、蜜枣）。

负责人：生鲜部，采购部配合。

2）射击比赛。

游戏规则：每人可获得5颗子弹；已射中的标志为豆沙、肉粽等，即获得该种粽子一个。

活动时间：6月21日—22日。

活动地点：一楼生鲜部的海产区前。
道具要求：气球、挡板、气枪、子弹。
负责人：生鲜部，采购部配合。
（3）免费品尝
引进供应商进行场内免费品尝（时间：6月21日—22日）。
具体负责：采购部。
（4）新品促销
可考虑引进一批闽南肉粽，现场特色促销。
具体负责：采购部。
（5）卖场陈列与布置
场内：
1）一楼冻品区前，两个堆头的位置，堆头前布置成龙舟的头，两个堆头为龙舟的身。
2）冻柜上方用粽子或气球挂成"五月五吃粽子"字样。
场外：条幅宣传"忆一段历史佳话　尝一颗风味美粽"。
问题：该促销方案有何特点？你认为哪些地方需要改进？

实训题

实训目的：通过分组实训，训练学生的市场调研技能，培养学生的协调沟通能力，促使学生掌握连锁企业门店促销的常用策略和做法，具备一定的促销方案撰写能力。

实训内容：全班同学自行分组，每4~6人一组，选择一家连锁企业门店，考察门店的经营特点和经营状况，尤其是在节假日或双休日开展促销活动的情况。

实训形式：每组同学针对某次节假日或双休日，为所考察的门店制定一份促销方案（2000字左右），方案中必须包含必要的图片介绍。

第7章 收银服务管理

引导性案例

屈臣氏收银的细节管理

收银台俗称付款处，是顾客付款交易的地方，也是顾客在门店最后停留的地方，这里给顾客留下的影响好坏，决定顾客是否会第二次光临，对于任何一家零售卖场来说，重要之处都是不言而喻的。但是据研究，屈臣氏的收银台是所有零售卖场中最复杂的，也是最有学问的。

第一代屈臣氏商店的收银台设置在店铺的最里面，原因是收银台设置在店铺门口会给顾客造成压力，不愿意进入店铺，同时收银台在商铺里面可以引导顾客进入商场最里面；后来发现，收银台在最里面，顾客不容易找到付款的地方，而且不方便付款，结合超市的特点，屈臣氏将收银台设置在店铺的入口靠墙的地方，以方便顾客付款，这就是第二代的屈臣氏店铺；然而，随着生意红火，屈臣氏的管理者发现，收银台设置在入口处对客流造成阻碍，同时结合"屈臣氏发现式陈列"，收银台放在店铺的中间是最合理的。在屈臣氏第三代以后的店铺都一直遵循这种标准。

屈臣氏的收银台除了付款功能，还有服务台功能，包含开发票、广播中心、顾客投诉接待、商品退换，还是一个商品促销中心、宣传中心。这样一个多功能的枢纽之地，屈臣氏有一套完整的独特操作方案。

1. 收银台的设计

大家在屈臣氏的店铺中会发现，收银台不像其他超市的，很特别，屈臣氏的收银台高度为1.2米，据说这是顾客在付款时感觉最舒适的高度，不会因太高而显得压抑，在每个收银窗口处有个凹槽，这个设计是专门给顾客埋单时放置购物篮的，在收银台上装置有一些小货架，摆放一些如糖果、香口胶、电池等可以刺激顾客即时购买意欲的轻便货品，一切都非常人性化。

2. 收银服务要求

屈臣氏研究发现，在收银服务中收银台的员工必须做到两个最重要的方面，第一就是与顾客打招呼时一定要做到眼神接触，在零售工作中，很多员工只顾着忙，虽然嘴中说着欢迎光临，但是眼睛却看着别处，给顾客非常不诚恳、不礼貌的感觉，好像漫不经心的服务，所以要求必须做到打招呼时与对方眼神接触；第二是尽量减少顾客付款排队的时间，屈臣氏调查显示，顾客购物中最怕的是排长队等待付款，由于都市白领更是讲究效率，所以规定收银员与付款顾客数量比例是1:4，在收银台前，出现超过5个顾客排队埋单，就必须马上呼叫其他员工帮忙，其他员工无论在忙什么，都会第一时间赶到收银台，解决收银排队问题。为了满足这种要求，屈臣氏店铺的所有员工都能熟练操作收银机。

3. 收银台的商品陈列

前面提到，收银台是一个促销中心，在屈臣氏促销活动中，一直都保持着三种超特惠商品，顾客一次性购物满50元就可以多加10元超值换购其中任一件，所以在收银台前面摆放有三堆商品，就是这三种，当顾客在付款的时候，收银员会在适当的时候向顾客推介优惠的促销商品，让顾客充分感受到实惠。

另外，在屈臣氏经常举行商品的销售比赛活动，这是一种非常成功的促销方式，这些商品也会在收银台进行销售；在付款处范围内，我们还可以发现一些如糖果、香口胶、电池等可以刺激顾客即时购买意欲的轻便货品；在收银台的背后靠墙位置，主要陈列一些贵重、高价值的商品，或者是销售排前10位的商品。

4. 宣传中心功能

在屈臣氏，收银台的布置必须体现当期正在进行的促销活动，如陈列大促销挂画、发放促销赠品、促销宣传手册，当收银员稍微有时间后，必须安排广播促销商品推介。

本章学习目标

1. 知道收银服务的标准；
2. 能够按照收银员的作业流程做好收银工作；
3. 掌握收银基础知识；
4. 能够熟练进行POS收银机的操作；
5. 掌握收银作业管理重点；
6. 掌握收银作业技巧和待客要领；
7. 学会处理收银中出现的各种事件。

连锁企业门店营运与管理

学习导航

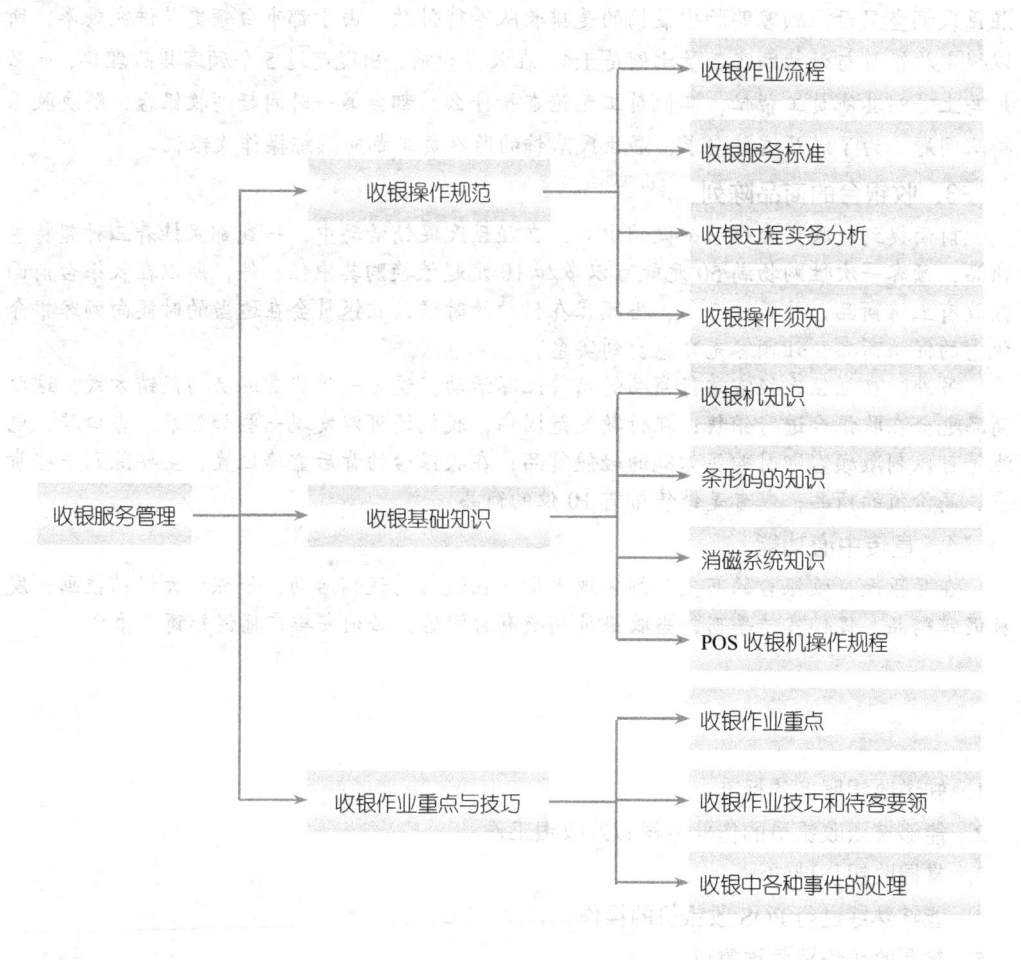

```
                          ┌─ 收银作业流程
                          ├─ 收银服务标准
            ┌─ 收银操作规范 ┤
            │             ├─ 收银过程实务分析
            │             └─ 收银操作须知
            │
            │             ┌─ 收银机知识
            │             ├─ 条形码的知识
收银服务管理 ─┼─ 收银基础知识 ┤
            │             ├─ 消磁系统知识
            │             └─ POS 收银机操作规程
            │
            │                  ┌─ 收银作业重点
            └─ 收银作业重点与技巧 ┼─ 收银作业技巧和待客要领
                               └─ 收银中各种事件的处理
```

职业指导

　　收银员岗位是连锁企业一线服务的第二大主体，收银工作看似简单，其实却责任重大，是连锁企业非常关键的环节，收银员的言行代表着企业的形象。收银员在整个收银作业的过程中，不只是单纯地为顾客提供结算服务，还包括对顾客的礼仪态度，提供各种商品和服务的信息，解答顾客的提问等。这就要求学生应具备良好的职业素质、职业技能、专业知识和服务技巧，在日常门店的收银工作中，要注意收银服务规范，因此，做好收银工作，需要的是更多的耐心、细心、恒心及高度的责任心和娴熟的业务技能，还要和其他部门的人员相互配合。此外，收银员应学习一些商品知识和财务管理方面的知识，还可根据需要考取收银员职业资格证书。

第 7 章 收银服务管理

收银在短暂的收银结账服务中，集中体现了整个门店的服务形象和管理水平，也是门店服务的一个重要的组成部分。收银服务管理不仅关系到各个门店营业收入的准确性，往往还是整个连锁企业门店的一项综合性管理工作。门店中最能体现营运标准的部门就是收银。收银是营运的最后一个商品流程环节，所有营运管理的价值都在收银时刻得以转化和体现。

7.1 收银操作规范

7.1.1 收银作业流程

收银作业流程是针对每日来安排作业流程的，每日作业流程可分为营业前、营业中和营业结束后三个阶段流程。

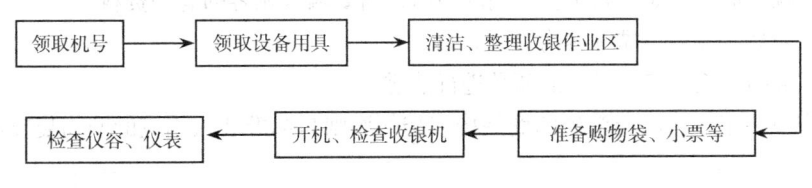

1. 营业前作业流程

营业前作业流程如图 7-1 所示。

图 7-1 营业前作业流程

1）领取机号：收银员领取即将上岗收银机的号码。

2）领取设备用具：领取相应的为每台收银机准备的专业设备和文具，收银机柜常备的有海绵缸、干净抹布、收银小票带、购物袋、"暂停结账"牌、验钞机、现金布袋等。

3）清洁、整理收银作业区：清洁、整理收银机台面、收银机设备、收银柜；清洁地板、垃圾桶；收银机前货架的理货工作，包括整理商品、清洁灰尘、核实价格标签等方面。

4）准备购物袋、小票等：检查所有规格的购物袋、小票带是否足够，将购物袋、小票带放置在正确的位置和设备上，保证存根联及收款联的正确安装。还需检查库存的小票带是否安全地收放在收银柜中。

5）开机、检查收银机：检查收银机系统的日期、开机状态是否正常，机内的程序设计和各项统计数值是否正确，能否进行扫描、收银。

6）检查仪容、仪表：包括服装是否整洁，发型、仪容是否清爽整洁，化妆是否适度，是否佩戴服务证。

2. 营业中作业流程

营业中作业流程如图 7-2 所示。

连锁企业门店营运与管理

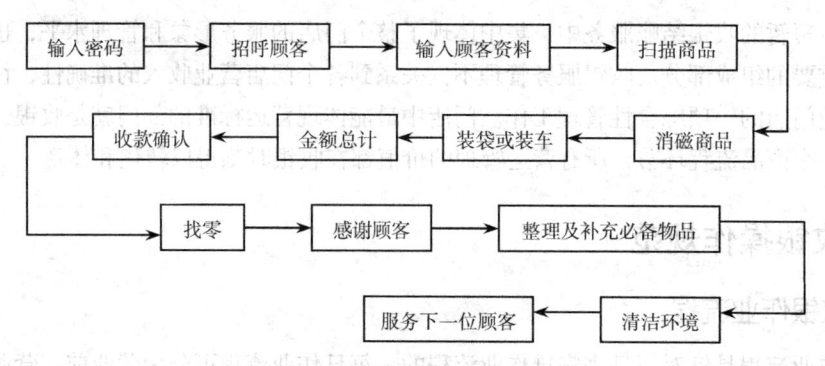

```
输入密码 → 招呼顾客 → 输入顾客资料 → 扫描商品
                                        ↓
收款确认 ← 金额总计 ← 装袋或装车 ← 消磁商品
  ↓
找零 → 感谢顾客 → 整理及补充必备物品
                              ↓
         服务下一位顾客 ← 清洁环境
```

图 7-2　营业中作业流程

1）输入密码：输入上岗收银员的密码，收银员只能够也只允许用自己的密码上岗。

2）招呼顾客：收银员应主动地按照门店的服务标准问候顾客。

3）输入顾客资料：如果属于会员制的门店，需要输入顾客的有关资料。

4）扫描商品：逐一扫描顾客购买的商品。

5）消磁商品：逐一将扫描后的商品进行消磁。

6）装袋或装车：将已经消磁的商品按装袋的原则与标准装入相应的购物袋或放入购物车中。

7）金额总计：付款余额总计，并告诉顾客应付款总额。

8）收款确认：唱收顾客的钱款，现金需进行假币的辨认。赠品兑换或赠送等的处理。

9）找零：唱付顾客的零钱，同时将收款小票递给顾客，提醒顾客拿好商品。

10）感谢顾客：对顾客予以感谢。

11）整理及补充必备物品：在顾客结账时应整理及补充收银台各项必备物品，如收银台前头柜的商品，兑换找零等。

12）清洁环境：保持收银台及周围环境的清洁，擦拭收银台，整理购物篮，整理顾客的退货。

13）服务下一位顾客：重复以上程序，接待下一位顾客。

注意：

1）发生顾客抱怨或由于收银结算有误顾客前来投诉交涉时，应立即与值班长联系，由值班长将顾客请到旁边接待与处理，以免影响正常的收银工作。

2）在非营业高峰期间，应听从值班长安排从事其他工作。

3. 营业结束后作业流程

营业结束后作业流程如图 7-3 所示。

1）暂停收银：在快闭店时，如果还有顾客在机前，应该继续为其服务，然后放置"暂停结账"的告示，向附近的顾客说"对不起"，请到其他收银机付款。

2）班结程序：执行班结程序，打印班结清单。

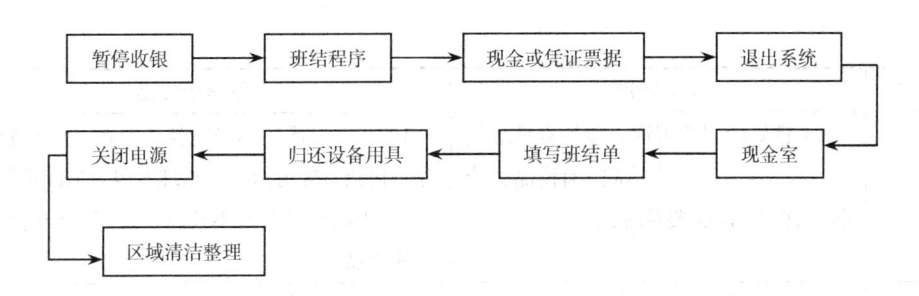

```
暂停收银 → 班结程序 → 现金或凭证票据 → 退出系统
                                              ↓
关闭电源 ← 归还设备用具 ← 填写班结单 ← 现金室
   ↓
区域清洁整理
```

图 7-3　营业结束后作业流程

3）现金或凭证票据：应提交的单据包括收银机抽屉中所有现金（现金袋）、购物券、礼券、单据及代金券、友情卡、信用卡单、银行卡单、连锁企业门店许可充当现金的凭证、该收银机班结单。

4）退出系统：退出收银机收款系统。收银机的抽屉则不必关上，将其打开，直到次日营业时间开始，其目的在于防止夜间歹徒侵入卖场时破坏收银台。

5）现金室：将现金袋安全护送到现金室，现金予以登记，收银员不进行点钞过程。

6）填写班结单：填写班结单，收银主管进行金额核实，无误后，在班结单上签名认可。

7）归还设备用具：将借出的设备用具归还现金室。

8）关闭电源：切断收银机及消磁系统电源。

9）区域清洁整理：清洁收银台面和收银机；清理收银柜，将所有购物袋、小票带放回指定地方；清洁收银机周围区域；将收银机区域内的商品收回到指定的地方；将停留在收银机区域的购物车、购物篮放回到指定区域。

7.1.2　收银服务标准

1. 收银员基本服务标准

收银员基本服务标准如表 7-1 所示。

表 7-1　收银员基本服务标准

项　目	符合标准	不符合标准
表情	1）自然、亲切的微笑 2）热情、友好、自信、镇静 3）全神贯注于顾客与工作	1）无表情、无奈、不理睬、僵硬、冷淡 2）生气、愤怒、紧张、慌张、着急、恐惧
动作	1）身体直立、姿势端正 2）良好的个人生活习惯 3）良好的行为习惯，包括走路快而稳等	1）歪站、歪头、叉腰、弯腰、驼背、耸肩、双手前叉、双手后背、手放口袋中、跺脚、脱鞋、蹭鞋 2）吃东西、抽烟、对着客人咳嗽、打喷嚏、随地吐痰、乱扔杂物、不停地眨眼

143

续表

项 目	符合标准	不符合标准
动作	4）良好的职业习惯，包括看见地板有垃圾、纸片要随手捡起，有商品要捡起，有零星商品要及时归位等	3）当众揉眼、抠鼻、挠头、挖耳、搓脸、瘙痒、化妆、修剪指甲、整理衣服、擦眼镜等 4）走路遇见客人不让路、抢路、场内跑步、撞散商品
语言	1）口齿清楚、语言标准流利、声音适中、柔和，一般采用标准的普通话服务 2）礼貌用语、文明用语 3）用顾客听得懂的语言，如广东人可以用粤语，外宾可用英语 4）主动与顾客打招呼，甚至称呼顾客的名字	1）口齿不清、说话地方方言、结巴、声音过高或过尖或过小或生硬死板 2）讲粗话、大声说话、开不恰当的玩笑、嘲笑顾客、挖苦顾客、模仿顾客讲话、吹口哨、与人说笑、高声喊叫、交头接耳、窃窃私语等 3）不懂顾客的语言，不予理睬，对顾客的问题不予回应等 4）没有文明用语

2．收银员的仪表标准

收银员的仪表标准如表 7-2 所示。

表 7-2 收银员的仪表标准

项 目	仪表标准	避 免
发型	头发整齐，染浅发或黑发，无碎发遮盖眼睛或眼镜	异型头发或过于鲜艳的染发，碎发多、较乱，男同志留长发
仪容	仪容清爽，女同志上淡妆	浓妆，男同志留胡须
口腔或牙	牙齿清洁，口气清爽	异味、刺激味、烟味、吃东西
手指甲	手清洁，指甲不涂指甲油或涂无色指甲油，指甲修剪整齐	手有污迹，涂艳色指甲油，留长指甲
首饰	简洁	过于繁杂，过多，贵重
工号牌	正面向外，位置正确，干净整洁	位置不正确、有污迹、未戴工牌
制服	符合公司标准，干净整洁，无明显皱纹，无腰包	有污迹、起皱
鞋或袜子	符合连锁企业标准或舒适的平底皮鞋，干净整洁，着袜	高跟鞋、旅游鞋、凉鞋，颜色过于刺眼、款式过于奇异的鞋，光脚

3. 收银过程作业标准

收银过程作业标准如表 7-3 所示。

表 7-3 收银过程作业标准

程 序	步 骤	标准用语	标准动作	避 免
1	欢迎顾客	欢迎光临、您好、早上好、中午好、下午好、晚上好	面带笑容，声音自然，与顾客的目光接触，帮助顾客将购物篮或是购物车中的商品放到收银台上	无笑容、无欢迎用语、无表情、不理睬顾客、不主动帮助顾客
2	扫描、检查	逐项念出每件商品的金额	手持扫描枪或将商品逐一经过扫描器，听到扫描成功的"滴"声后，判断收银机显示的售价、品名是否与商品相符或符合常识；扫描完成的商品必须与未扫描的商品分开放置，避免混淆；检查购物车或篮底部、顾客手中是否还留有未扫描商品	商品扫描不成功未进行重新扫描、遗漏扫描、未正确使用数量键、未做遗留商品的检查、重复扫描
3	消磁商品		扫描后的商品逐件进行消磁，对采用硬防盗标签的商品，要在不损坏商品的前提下消磁	漏消磁，不消磁
4	装袋或装车		按装袋原则装袋，尽量满足顾客提出的特殊要求	让顾客自己装袋、装袋不符合要求、拒绝顾客的要求、损坏商品
5	合计总额	总共××元，谢谢	将商品放入购物车或装好购物袋，等待顾客拿钱	声音太小、读错总额
6	唱收钱或卡	共收您××元或收您××卡一张	当顾客的面点清钱款并确认金额，若现金要检查是否为伪钞；若信用卡，应礼貌地告诉顾客稍微等待进行刷卡	未唱收钱或卡、未检查伪钞、点错现金、刷卡时间长或金额错误、错误地使用收款键
7	唱付找零	找您××元，拿好小票	找出正确零钱，大钞、零钱放在规定的收银机钱格中，关闭抽屉，双手将现金、收银小票交给顾客，将银行卡单据放入抽屉，将卡、底单、小票还给顾客	未唱付找、找错零钱、忘记给收银小票、执行银行卡程序不正确
8	感谢顾客	谢谢！拿好商品，欢迎再来	提醒顾客不要遗忘物品，面带笑容，目送顾客离开	没有感谢语、无笑容

7.1.3 收银过程实务分析

1. 扫描商品

（1）原则

一是快速原则，以最快的速度将商品进行扫描，包括熟悉一般商品的条形码印刷位置、保持印有条形码包装面平整、条形码正对着扫描器或扫描枪等。快速扫描是提高收银速度、衡量收银工作素质的重要指标。二是无多扫描，即保证每一件商品只有效扫描一次。多扫描会导致顾客多付款及引起顾客投诉。三是无漏扫描，即保证每一件商品都被有效扫描过，在顾客已付款的商品中，无商品漏扫描或扫描不成功。漏扫描直接造成商场损失，是收银区域防止损耗的重点之一。

（2）方法

一是机器扫描，用扫描器或扫描枪进行扫描的方式，准确、快速。二是人工输入，对机器扫描多次无效的条形码手工输入。

（3）例外处理

凡是收银员经过多次机器扫描及人工扫描都不能成功的，称为例外。条形码例外的处理是非常重要的，正确地处理条形码例外是收银管理人员、楼面管理人员重要的、紧迫的工作之一。

1）收银员：收银员必须将条形码例外向当班收银主管报告；对顾客说"对不起"，先将无例外商品进行结账，并请顾客稍做等候；当条形码问题处理后，优先将例外商品结账给顾客。

2）收银主管：接到条形码例外报告后，第一时间直接处理或派人处理；以简单、快速、直接的方式联系楼面人员处理；接到正确的条形码后，迅速反馈给收银员，并向等候的顾客道歉；将例外记录当日反馈给部门管理层，并每周制作汇总报告。

3）常见例外：门店常见扫描例外如表 7-4 所示。

表 7-4 门店常见扫描例外

名称	原因	处理措施
条形码失效	1）条形码损坏、有污渍、磨损 2）生鲜条形码印刷不完整、不清楚	1）在同样商品中找到正确的商品条形码、用手工扫描方式解决 2）生鲜条形码重新计价印刷
条形码无效	1）编码错 2）条形码重复使用、假码	1）核实商品的售价，以价格销售的方式售卖 2）将例外记录，由楼面人员跟踪解决
多种条形码	1）商品的包装改变，如买一送一 2）促销装商品的赠品条形码有效	1）核实正确的条形码 2）由部门跟进所有的非正确条形码，必须予以完全覆盖
无条形码	1）商品本身无条形码，自制条形码脱落 2）商品的条形码丢失	1）找出正确的条形码，用手工扫描 2）由部门跟进剩余商品的条形码检查

2．消磁商品

（1）原则

一是快速消磁，以最快的速度将每一件已经扫描成功的商品进行消磁；二是无漏消磁，保证每一件商品都经过消磁而且消磁成功，包括熟悉商品消磁的正确方法和有效的消磁空间，掌握重点消磁的商品；三是保护商品，进行硬标签手工消磁时，不能损坏商品，应轻取轻拿。

（2）方法

一是机器消磁，用消磁器进行消磁的方法，适用于软标签；二是人工消磁，用手工进行消磁，用手工进行消磁的方式，适用于硬标签。

（3）例外处理

商品经过出口处防盗门时引起报警，则为消磁例外。其处理原则有以下几个。

1）收银员：对返回的已结账未消磁的商品，第一时间进行消磁处理；对顾客或稽核员说"对不起"，表示歉意；记住例外的商品，使下一次能正确消磁。

2）稽核员：对引起的报警向顾客做解释，并快速查找未消磁的商品；如却属于商品未消磁，则征得顾客同意后将商品带回结账收银台进行消磁，提醒收银员要正确执行消磁程序；将已经消磁的商品还给顾客，并道歉；将未消磁进行记录，并即时报告给收银主管。

3）收银主管：接到报告后，提醒收银员并做记录，以便处理和分享信息；现场处理因未消磁引起的顾客投诉问题。

4）常见例外：门店常见消磁例外如表 7-5 所示。

表 7-5 门店常见消磁例外

名　称	原　　因	处理措施
漏消磁	商品未经过消磁程序	1）商品必须经过消磁程序，特别是硬标签的商品类别，予以熟记 2）重新消磁
消磁无效	商品消磁的方法不正确，超出消磁的空间	1）结合消磁指南，掌握正确的消磁方法 2）特别对软标签的类别商品予以熟记，反复多次消磁，直到有消磁回音为止 3）重新消磁

3．商品装袋

（1）原则

要正确选择购物袋的尺寸，将商品分类装袋，装袋后达到易提、稳定、承重合适。

一般装袋分类的原则：

- 生鲜食品不与干货食品、百货食品混合装袋。
- 生鲜食品中的熟食、面包类即食商品不与其他生鲜食品混装，生熟分开。

- 生鲜食品中，海鲜类不与其他生食品混装，避免串味，或水果不能和未处理的生鲜蔬菜放在一起，等等。
- 化学用剂类（洗发水、香皂、肥皂、洗衣粉、各类清洁剂、杀虫剂等）不与食品、百货类混装。
- 服装、内衣等贴身纺织品，一般不与食品类食品混装，避免污染。
- 其他比较专业的、特殊的商品一般不混装，如机油、油漆等。

（2）装袋作业技巧

收银员在给顾客结算完货款之后，就要帮助顾客将商品装入袋中，这一过程看似简单，但也要讲求一定的技巧：一是考虑商品的轻重，质地比较硬的和重的商品放下面，轻的商品放上面；二是考虑容易出水和流出汁水的商品，如冷冻品、豆制品、鱼、肉等应先用其他包装袋包妥当后再放入大的购物袋中，或单另装袋；三是考虑商品的易碎程度，易碎的商品（如方便面、膨化食品、薯片）能分开装最好，不能的则放在购物袋的上方；四是考虑商品的强度，将饮料类、瓶装类、罐装类、酒类商品放在购物袋的底部或侧部，起到支撑的作用；五是考虑商品的总重量不能超出购物袋的极限，商品的总体积不能超出购物袋，如果让顾客感觉不方便提取或有可能超重时，最好分开装或多套一个购物袋；六是体积大的商品用绳子捆扎好；七是要知道每个便携带的最大承载量，每只提袋不应装入过多的商品，以便顾客轻松携带；八是要将零售店铺的促销广告或赠品经顾客确认后装入袋中；九是装完袋以后，要礼貌地对顾客说"欢迎您再来"；十是顾客离开时，要提醒顾客不要将自己购买的商品、携带的东西遗忘在收银台。

（3）例外处理

商品装袋的例外处理如表7-6所示。

表7-6 商品装袋的例外处理

名　称	处理措施
商品过重	分开多个购物袋或多套一个购物袋
不能装袋	向客人解释因购物袋大小的问题，不能装袋，并指示客人可以到服务台捆扎
袋子破裂	去掉破裂袋子，重新包装

4．接受付款

（1）原则

一是唱收原则，即唱总，一共多少钱；唱收，收到多少钱；唱找，找出多少钱；二是正确输入原则，点清所收的钱款时，必须将金额正确地输入收银机；三是选择付款方式原则，现金、银行卡、支票等各种付款，必须在收银机上选择正确的付款方式输入；四是辨别假币原则，接受现金付款时，必须对现金进行假币的识别。

（2）银箱维护

不同面值的现金必须放入银箱规定的格中，不能混放或放错位置，银行卡单及有价证券不能与现金混放。

（3）方法

1）信用卡付款。步骤：验证信用卡的正确和有效；把信用卡放在刷卡机的槽口刷卡；请顾客输入密码；输入金额，并检查销售单上打印的内容是否完整、清楚；请顾客在销售单上相应位置签名；将销售单上的签名与信用卡上的签名对比，确保其真实性、正确性；选择付款键，打开银箱，完成交易；将信用卡和销售单的顾客联交还给顾客，保留商场联并放入银箱；关闭银箱。

2）银行储蓄卡付款。步骤：把储蓄卡放在刷卡机的槽口刷卡；输入金额；请顾客输入密码；检查销售单上打印的内容是否完整、清楚、正确；选择付款键打开银箱，完成交易；将储蓄卡和销售单的顾客联交还给顾客，保留商场联并放入银箱；关闭银箱。

3）现金付款。步骤：唱接现金并清点现金；鉴别现金是否为残损钞、伪钞；输入所收金额；选择正确的付款键；唱付找零；关闭银箱。

残钞的确定：半张纸币，一张纸币沿中线或靠中线的地方垂直撕下左部或右部；两种不同的纸币黏合；两张不同面值的纸币黏合在一起成为一张纸币；缺角、缺边纸币。残钞是不能用来消费的。

4）友情卡、代金券付款。按面值等同现金付款，不找零。

（4）例外处理

现金付款的例外处理如表7-7所示。

表7-7 现金付款的例外处理

名 称	处理措施
伪 钞	1）如对钞票发生疑义，应进行伪钞鉴别程序 2）当收银员不能做最后判断时，请求收银管理层的帮助 3）如确认是伪钞，请求顾客更换 4）如顾客因此产生异议，可双方一同到银行鉴别
残 钞	1）请求顾客更换 2）如属于不影响币值的，可考虑接受
刷卡不成功	1）向顾客道歉，并说明需要重新刷卡 2）如属于机器故障、线路繁忙，更换机器重新刷卡 3）如属于线路故障不能刷卡，请求现金付款 4）如属于卡本身的问题，可向顾客解释，请求更换其他银行卡或现金付款

5. 找零

（1）原则

找零应坚持三个原则。一是唱付原则：给顾客找零时，必须大声说"找您××元"，此为唱付原则。二是正确找零原则：必须进行找零，不能以零钱不足等理由拒绝顾客付款，哪怕是用 100 元买 1 角钱的东西。找付的零钱必须准确，要求按收银机的计算余额找零并且现金清点正确。三是手递原则：零钱必须是亲自递到顾客的手中，不能放在购物袋或是收银机台面上。

（2）方法

不同面值的零钱放在银箱中的不同格中；按收银机计算的余额点数现金；点数现金时应按最大面值的现金组合，以节约零钞。

（3）例外处理

找零的例外处理如表 7-8 所示。

表 7-8 找零的例外处理

名　称	处理措施
无零钱	1）收银员必须随时保持足够的零钱 2）如果零钱不足，必须向收银主管兑换零钱，不能私自向其他收银机兑换、暂借或以私人的钱垫付 3）必须如数找零，不能用小糖果等代替零钱 4）如遇到零钱不足无法找时，请求顾客稍做等待，兑零后再找 5）如银币不够时，宁肯多找零钱，不能少找零钱。如应找 0.4 元，但 1 角的硬币只有 3 个，此时应找顾客 0.5 元，而不是 0.3 元
顾客不要零钱	1）如有顾客不要的少量硬币，必须放在银箱外面 2）如有顾客硬币不够数，可用此充数
顾客请求	1）如客人对找给的零钱有要求，不能拒绝客人，满足客人的要求 2）如顾客对找给的零钱不满意，如破旧、较脏等，必须满足顾客要求，给予更换即使银箱关闭，等待第 2 次开箱时更换，不能拒绝客人或极力说服客人接受

7.1.4 收银操作须知

1. 商品价格的确认

收银员在收银计价时，要确认商品标价的正确与否，这是商品价格管理最后一道的控制环节，收银员应相当熟悉商品价格及价格变动，以便尽早发现错误的标价，特别是调价后新价格日，需特别注意调价商品的价格。

1）收银员如发现价格标错，应立即通知值班长纠正。

2）收银员发现标签价格低于正确标价时，应向顾客委婉解释，如顾客不接受道歉，坚持按标签价格支付时，应尊重顾客的意愿，因为这是理货员的错误。

3）收银员如发现商品上有两张不同的价格标签时，应按低价登录收款。

4）若发现顾客所购数量很大，且标价有疑时，应立即查核清楚，是工作人员的疏忽，还是顾客自行偷换标签价格，只要发现以上两种情况之一者，应立即通知值班长加以纠正和处理，并立即通知店内人员检查其他商品的标价是否正确。

2．收银员对商品的管理

商品的管理工作不仅是管理人员的工作，收银员也有责任对商品进行管理，这是由超市集中结算的性质所定的。

3．投币服务机现金收银

投币服务机是特殊的现金收银工具。投币服务机按功能可分为自动售货机、自动售票机、票币兑换机、投币电话、投币电子游戏机等。

各种投币服务机上都有顾客自行操作的操作指示牌或荧光屏指示器，顾客按规定操作机器，并投入一定数量的现金，便可得到所需商品或服务。

常见的自动售货机有售报机、售香烟机、售饮料机等。常见的自动售票机有车船票、邮票、存车票、存行李票等自动售票机器。

4．收银工具、环境与文具管理

（1）收银工具

1）收银工具包括收银机具和收银文具。

2）收银工具的位置摆放应以方便顾客结账、收银员操作和确保安全为准则。

3）常用收银工具主要有收付款机（整体包括综合核算、登录及荧屏显示功能的微电脑机、凭证打印机、存放现金与票据的金库等）、验钞机、电话及银行授权机（连接电话线）、保险柜等。

4）根据实际需要，在收银台案内侧或后方的安全角落可安置一个保险柜，台案下可设置一个装废弃物的纸篓。

5）收银工具应随时检查，发现异常应及时修理，严禁带病作业。带电收银器具要检查电源、电线，防止漏电。严禁将纸质物品摆放在电器上。

6）收付款机一般应放置在收银员的偏右方，以迎合收银员右手操作的习惯。收付款机一般有供顾客审视的电子显示屏，所以收付款机的摆放位置还应便于顾客看清电子显示屏。收银员与顾客所处位置之间的台案上不应放置可能阻挡顾客监督视线和影响收银工作的收银工具、文具或者其他物品，以尽量简洁为主。

（2）收银环境

1）收银环境由收银场地、收银台案、收银工具、收银文具构成。

2）收银台案的摆放位置应考虑留有一定的顾客活动空间，以方便顾客结账、顾客集散或不影响顾客进出为准则，收银台案多位于客人经常进出口的里面一侧，大型商场则安置在活动场地较宽敞的中心位置。

3）收银场地一般用收银台案自然而然地分割成顾客用空间（台案外）和收银员工作空间（台案内），此类收银场地的收银员有劝阻客人进入工作空间的权力。

（3）收银文具

1）收银文具主要有算盘、客用计算器、印盒、印章、签字笔、海绵壶、胶水瓶、纸带或橡胶皮筋、钉书器、收付款机打印纸带、复写纸、凭证单据收集夹等（这里主要指商场，超市通常不需要这么多文具）。

2）收银文具应注意保管，应放置在便于使用的固定位置上。无特殊情况，收银文具不外借。收银文具的备用量不宜过多，以免造成收银环境混乱。

3）收银台面上的物品摆放应尽量简洁，不经常使用或备用的小件收银文具一般多放在收银台案的抽屉或分格内。

4）收银台上的现金、票据及凭证单据应在处理后随时收存锁闭，不得随便摆放于收银台面。废弃单据应当按十字方向撕毁，以防被他人恶意利用。

7.2 收银基础知识

7.2.1 收银机知识

当顾客拿着商品向收银台结账时，需使用POS收银系统，才能阅读商品条形码，并记录商品的销售情况。

1. POS系统的定义及结构

POS系统又称为销售实时管理系统，它是以后台电脑和商业条形码为基础，以条形码扫描器为基本工具，配合电子收银机及其他电子设备（如磁卡阅读器、电子秤等）所构成的一个系统。它主要用于前台销售，实现收款、退货、换货、价格查询、折扣、取消交易、简单的数据统计分析等功能，支持多种支付方式。其最重要的功能是适时采集各种商品的销售信息，对经营商品实施单品管理。它由POS终端（或电子收款机）、POS系统软件、系统服务器及相应的通信软件和互联网络硬件组成。典型的POS系统的基本结构如下图7-4所示。

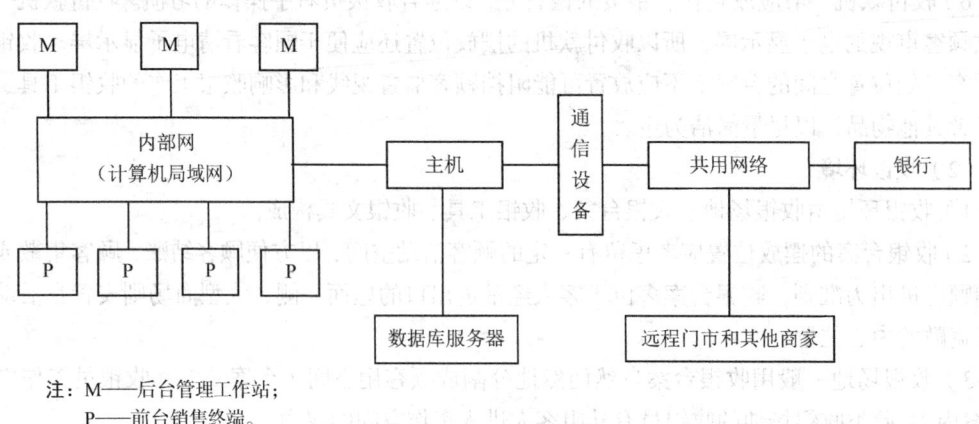

注：M——后台管理工作站；
P——前台销售终端。

图7-4 POS系统的基本结构

大型超市所用的 POS 收银系统是由电脑收银机和扫描器组成的。电脑收银机兼具收银及存取电脑内商品移动的功能，扫描器又叫商业条形码阅读机，其原理是利用光线反射来读取条形码发射回来的光源，转译成可辨识的数字，以确认是否为已建档商品代号。

常用的扫描器有三种形式：一种叫光笔，一种叫手握式扫描器，一种叫固定式扫描器。光笔及手握式扫描器的优点为价格便宜，移动性强，且适用于较重或标签位置不易看到的商品的扫描；缺点是扫描感较差，扫描动作常重复多次才有感应。固定式扫描器正好相反。

2．POS 系统特征

（1）具有单品管理、营业员管理、顾客管理功能

1）单品管理就是把握住店里陈列的每件商品的销售动向。例如，何时、何地、何人买了多少件某种商品，或某时刻某种商品的销售量、库存量和采购量等指标，以便管理层做出更细致、可行的销售计划或处理措施。

2）营业员管理，通过 POS 系统的销售时刻来掌握各营业员或收款员的工作状况、营业成绩（依销售额评价）等，进而以其结果评估其工资奖金。

3）顾客管理，通过使用 POS 系统，由信用卡结账，可以准确把握每位顾客的消费额、购物倾向等。为确定合理的商品结构提供及时、准确的科学依据。

（2）商业销售与金融结算相结合，即时转账结算

POS 系统利用信用卡销售直接即时入账、直接进行电子转账和结算，加快了交易速度和准确性，对商业企业、银行和顾客都有利。

（3）在销售点输入信息，自动读取商品销售信息和顾客信息

使用 POS 系统销售，在销售点输入信息。销售采用条形码扫描器自动采集商品销售信息，采用信用卡直接进行电子转账和结算并自动采集顾客购物信息。POS 系统在销售过程中，能够把每个商品的销售信息及相关信息进行详细、完整、实时地收集整理的特征，可以说是 POS 最大的特征。

（4）有很强的网上实时处理能力

经由上述各 POS 系统收款机所收集的信息，可实时或批次上传到店内或本部的电脑，再将其他部门传送过来的信息，进行实时综合处理、统计、分析，为决策者提供及时的综合分析信息。

7.2.2 条形码的知识

1．条形码

商品上可以看到由一组宽度不同、平行相邻的条和空按一定的规则组合起来的符号，来代表一定的字母、数字的信息，通常颜色是黑白的，这些记号就是条形码。条形码技术就是将商品信息数码化，使计算机能够读取和处理，以达到识别不同商品的目的。条形码兴起于 20 世纪 40 年代，最早是用于需要快速结账的零售业。顾客在商场购买商品时，收银员只需要用条形码阅读器进行扫描，计算机就可以自动读取条形码，从数据库中确定商品的有关信息，如品名、

价格、单价等，并能汇总购买金额，快速进行结账。同时还能实现对销售信息的分类、汇总、库存更新、销售分析等，大大提高了工作效率和经营水平。因条形码技术已经成为信息时代的信息流通技术标准，因此国际上已经广泛推广使用，主要的条形码系统有美国代码系统（Universal Product Code，UPC）、国际通用商品代码系统（European Article Number，EAN）。

2. 条形码系统

（1）国际通用商品代码系统

我国目前在国内推行采用的是 EAN 商品条形码系统。EAN 条形码系统中条形码共有 2 种版本，即 EAN—13 和 EAN—8。EAN—13 是完整的商品条形码，由 13 位字符组成；EAN—8 是缩短条形码，由 8 位字符组成。

EAN—13 条形码：

第 1~3 位字符（国别码）：代表商品的国家、地区。

第 4~7 位字符（厂商码）：代表商品的生产厂家。

第 8~12 位字符（产品码）：代表商品的代码。

第 13 位字符（校验码）：扫描成功的依据。

如 6901234567896，690 为国家码，1234 为厂商码，56789 为产品码，最后的 6 位为检验码，这样的条形码为标准码。

EAN—8 条形码共有 8 位数，只有国家码和产品码及校验码，没有厂商码。

第 1~2 位字符（国别码）：代表商品的国家、地区。

第 3~7 位字符（产品码）：代表商品的代码。

第 8 位字符（校验码）：扫描成功的依据。

除此之外，还有内部流通的自编码。使用条形码有利于商品的流通和商品的自动化，提高服务品质和竞争力，同时对于一些劣质商品也能从其条形码的可读性进行区别。

（2）店内码系统

在商品销售中，有些商品（如烤鸭、水果、蔬菜、熟肉制品、乳酪、鲜鱼等）是以随机重量销售的，这些商品的编码不由生产企业承担，而由零售商完成。由零售商编制的商品条形码系统，只能应用于商品内部自动化管理。因此这种条形码称为店内码，而 EAN 又称自然码。

3. 条形码的特点

- 商品的条形码在世界范围内是唯一的。
- 国家不同，商品的条形码不同。如百事可乐，中国生产的与美国生产的，尽管商品一样，但条形码不同。
- 生产厂商不同，商品的条形码不同。如百事可乐，广州生产的与哈尔滨生产的，尽管商品一样，但条形码不同。
- 商品不同，商品的条形码不同。如同一企业生产的电视机和洗衣机，因商品不同，条形码不同。
- 条形码与价格无关。如饮料，整箱包装的与单瓶装的，因包装不同，条形码不同。

4．条形码系统的重要作用
- 输入速度快，准确度高，操作简便，使销售过程更畅通、迅速。
- 条形码编码所包含的商品信息，相当于商品的"身份证"，用于商品、原产地、生产厂家的识别。
- 销售者利用条形码系统进行库存更新、销售分析、商品订货与商品管理。
- 商品标准化程度高，与国际市场接轨。
- 使用成本低、可靠性强，有利于扩大商品的销售市场。

7.2.3 消磁系统知识

1．电子商品防盗系统

电子商品防盗系统是利用声电、声磁原理所设计的专门用于商场防盗的设备，主要通过系统的特定标签在通过检测装置时相互作用发出报警而达到防盗的作用。

2．防盗标签及消磁

防盗标签分软标签和硬标签两种。

1）软标签：它主要用于保健品、酒类、化妆品、磁带、CD、电池、糖果等；软标签的特点是一次性，不能循环使用，具有隐蔽性。消磁方法，付款后，通过收银机消磁系统消磁，报警功能消失。

2）硬标签：它主要用于服装、内衣、皮具、皮鞋、酒类、高档食品等；硬标签的特点是永久性，可循环使用，不具备隐蔽性。消磁方法，付款后，收银员手工用特定工具将标签取下收回。

3．消磁的重要作用
- 消磁是商场一道无形的防盗大门和重要的防盗措施，所有收银人员必须充分重视。
- 正确消磁是收银人员的工作之一。
- 消磁工作的要求是100%的准确性。

4．消磁商品

（1）原则

1）快速消磁：以快捷的速度将每一件已经扫描成功的商品进行消磁。

2）无漏消磁：保证每一件商品都经过消磁且消磁成功，包括熟悉商品消磁的正确方法和有效的消磁空间，掌握重点消磁的商品。

（2）方法

1）机器消磁：用消磁器进行消磁的方式，适用于软标签。

2）人工消磁：用手工进行消磁的方式，适用于硬标签。

> **小资料** 消磁常识
>
> （1）什么人负责消磁？
>
> 只有正在过机扫描收款的当值收银员才能对商品进行消磁。
>
> （2）什么时候消磁？
>
> 只有在顾客购买付款的过程中才消磁，保证所有付款后的商品都已经正确消磁，未付款的商品不能消磁，否则是不诚实行为。
>
> （3）怎样正确消磁？
>
> 商品逐件进行消磁，所有通过消磁程序的商品都必须确认被正确消磁过，无处理不完全或漏处理的。
>
> （4）为什么不能漏消磁？
>
> 消磁工作的要求是100%正确，减少顾客投诉和出口处稽核的工作负担。
>
> （5）系统出现异常怎么办？
>
> 收银员有责任第一时间报告收银管理人员，请求帮助，在系统未恢复正常工作前，停止收银程序。

7.2.4 POS收银机操作规程

通常POS收银机的操作规程是按照软件设计的具体要求来进行的，各门店要重视操作人员的培训工作。以下介绍POS机基本操作规程。

1. 开机

打开收银机的电源开关，等待机器启动，直到出现"员工登录"窗口。

2. 登录

在"员工登录"窗口，先输入正确的员工号，单击【回车】；如果有此员工即可输入口令，输入口令后单击【回车】；如果口令正确即可进入系统。

3. 退出

在"销售"窗口中，单击【回车】（或【1】）后表示"确认"，即退回到"员工登录"的窗口，等待下一个员工的登录。

4. 关机

如当前在"销售"窗口中，则先按3所述退出；如在"员工登录"窗口中，单击【退出】屏幕上会出现一个询问窗口，单击【回车】（或【1】）后表示"确认"，等待片刻，直到出现"现在您可以安全地关闭计算机了"字样即可关闭电源。

5. 输入交易明细

在"销售"窗口中，在明细"货号"栏输入商品代码（可以采用条形码扫描、键盘输入代码和热键三种方法），如果没有此商品，则不显示该商品的名称等信息且光标停留在"货号"栏中；如存在此商品的信息，则显示出该商品的名称、单价等信息。在"数量"栏中输入销售数量，如果不输入数量缺省为 1。如要修改，则可以使用箭头键，将光标移动到需要修改的明细上，直接进行修改。如果要删除此商品，单击【删除】即删除光标所在明细。如要将当前交易全部删除，则可以连续按两次【全部删除】。在交易明细输入完毕后，单击【开票】即进入交易开票。

6．交易开票

按照 5 所述，进入交易开票后，位于屏幕右上角的第二行显示了当前交易的"应收"金额，在"预付"金额中输入顾客所付的金额数，【回车】后显示出"应找"金额，再单击【开票】，当前交易完成。

7．退货

在"销售"窗口中，单击【退货】即进入"退货"窗口。如果屏幕中间出现"经办人登录"的窗口，则说明当前登录的员工没有"退货"权限。如果经办人登录成功则进入"退货"窗口。

8．冲账

所谓冲账，就是对已经做过的交易产生一笔新的交易使之相互冲抵。在"销售"窗口中，单击【冲账】即进入"冲账"窗口。如果屏幕中间出现"经办人登录"的窗口，则说明当前登录的员工没有"冲账"权限。如果经办人登录成功则进入"冲账"窗口，选择某一笔交易，单击【开票】后进行冲账。

9．修改口令

在"销售"窗口中，单击【功能】【1】，出现修改口令框：① 先输入旧的口令，如果正确就可以输入新的口令；② 输入新的口令；③ 将新的口令再输入一遍，前后口令必须保持一致。

7.3 收银作业重点与技巧

7.3.1 收银作业重点

1．收银员作业守则

1）收银员不可随身携带现金。收银员在执行任务时，身上如有私有现金，容易让人误认为是店内公款，而造成不必要的困扰。如果收银员当天带有大额现金，并且不方便放在个人的寄物柜时，可请经理代为存放。

2）收银台除茶水外，不许放置任何私人物品。收银台随时会有顾客办理退货，或临时删除购买的品项，若有私人物品放置在收银台，容易与顾客的退货混淆，引起他人的误会。

3）收银员在当班时不可擅自离位。收银柜台内有金钱、发票、单据等重要物品，如果擅自离机，将使歹徒有机可乘，造成店内的损失，而且当顾客需要服务时，也可能因为找不到工作人员而引起抱怨。

4）收银员不可为自己的亲朋好友结账。避免收银员利用职务上的方便以较原价低的价钱输入收银机，而图利亲友。同时也可避免引起不必要的误会。

5）收银员在工作时不可嬉笑聊天，随时注意收银台前的动态，如有任何状况，应通知收银主管处理，不启用的收银通道必须用链条或其他物品围住，收银员在工作时彼此嬉笑聊天，会给顾客留下不佳印象，破坏企业形象，导致门店的损失。此外，收银员位于商场的出入口，较方便留意商场内出入人员，应协助保卫做好安全工作。

6）收银员应熟悉超市便民特色服务的内容、促销活动、当期特价商品及商品存放的位置等信息，收银员熟悉上述各项信息，除了可以迅速回答顾客的询问，也可主动告知店内促销商品，让顾客有宾至如归、受到重视的感觉，同时还可以增加公司的业绩。

7）收银员不可任意打开收银机抽屉查看数字和清点现金。随意打开抽屉既会引人注目而造成不安全，也会使人对收银员产生营私舞弊的怀疑。

2．收银员离开收银台的作业管理

当收银由于种种原因必须离开收银台时，其作业程序分述如下。

1）离开收银台时，要将"暂停收款"的牌子放在收银台的显眼处，面向顾客。

2）屏幕用密码锁定，收银通道用链条拦住。

3）将现金全部锁入收银机的抽屉里，钥匙必须随身带走或交值班长保管。

4）将离开收银台的原因和回来的时间告知邻进的收银员。

5）离开收银机前，如还有顾客等候结算，不可立即离开，应以礼貌的态度请后来的顾客到其他的收银台结账，并为等候的顾客结账后才可离开。

3．顾客要求兑换零钱的原则

为了免于影响正常收银及欺诈，对于顾客的纸钞兑换纸钞的要求，应予以婉言拒绝，最好请顾客到服务台兑换零钱。

4．本店职工的购物管理

1）门店职工不得在上班时间内购买本店的商品，其他时间在本店购买的商品，如要带入超市内，其购物发票上需加签收银员的姓名，还需要店内主管加签姓名，这双重签名是为了证明该商品是结过账的私人物品。

2）本店职工调换商品应按照超市规定的换货手续进行，不得私自调换，收银员不可徇私包庇，以避免员工因职务上的便利，任意取用店内商品或图利他人，慷企业之慨。

5．商品的管理

凡是通过收银区的物品，必须经过付款结账。厂商若有退货应从指定地方进出。收银员应有效地控制货品的出入，在卖场出入的厂商人员必须使用商场发给的佩挂证件，避免厂商及店内人员擅自带出店内的商品，造成门店的损耗。

6．商品调换和退款的管理

每一个连锁企业都有自己的商品调换和退款的管理制度，原则上商品不予调换和退款，除非是商品质量问题。

1）接受顾客要求调换商品或退款，门店应设有指定人员专门接待，不要让收银员接待，以免影响收银工作的正常进行。

2）接待人员要认真听取顾客要求调换商品和退款的原因，做好记录，借此了解顾客退、换货的原因，同时这些记录可能成为门店今后改进工作的依据。

3）此作业最好在门店的服务台或其他指定地点进行，以免影响收银员的正常结账作业。

7.3.2 收银作业技巧和待客要领

1．营业中收银作业技巧

（1）招呼顾客

在适当的时机与顾客打招呼，是顾客服务非常重要的技巧。绝对要避免对顾客视而不见、听而不闻、问而不答，任何时候、任何方式的顾客服务都应给顾客一个确实的答案。

（2）为顾客提供结账服务

认真接待好每一位顾客，在扫描登记商品时，要手快、有速度感，并准确无误。收顾客现金时要唱收，支付顾客现金时要唱付，收银机打印出的单据要放在顾客购买物品的袋子中，无顾客结账时做好收银台整理及分内的其他工作。

（3）特殊收银处理

对赠品兑换或赠送商品及折扣处理商品注意进行特殊收银处理。

（4）顾客携带现金不足或临时退货的处理

当顾客发现随身携带的现金不足以支付选购的商品时，应好语安慰，不要使顾客感到难堪，并建议顾客办理不足支付部分的商品退货。如果已经打好结算单，应将其收回，重新为顾客打一份减项的结算单；如果顾客临时决定退货，应热情、迅速地为顾客办理退款手续。

2．收银员待客工作要领

1）暂时离开收银台时，应说："请您稍等一下。"

2）重新回到收银台时，应说："真对不起，让您久等了。"

3）自己疏忽或没有解决的办法时，应说："真抱歉或对不起。"

4）不知如何回答顾客询问时，不能说"不知道"，应回答："对不起，请您等一下，我请店长来为您解答。"

5）顾客询问商品是否新鲜时，应以肯定、确认的态度告诉顾客："一定新鲜，如果买回去不满意，欢迎您拿来退货或换货。"

6）顾客商品散落时，弯腰或下蹲帮助顾客收捡商品，并说"没关系，没伤到您吧……"、"您要小心点，我来帮您……"等。

7）提供意见让顾客决定时，应说："若是您喜欢的话，请您……"

8）希望顾客接纳自己的意见时，应说："实在是很抱歉，请问您……"

9）遇到顾客埋怨时，应仔细聆听顾客的意见并予以记录，如果问题严重，不要立即下结论，而应请主管出面向顾客解释，其用语为："是的，我明白您的意思，我会将您的建议回报给店长并尽快改善。"

10）顾客有不舒服等症状或有焦虑、焦急的表情时，应说："先生/小姐，请问有什么可以帮助您的吗？""先生/小姐，您需要什么帮助吗？""先生/小姐，您是否有些不舒服，我能为您做点什么？"

11）有多位顾客等待结账，而最后一位表示只买一样东西，且有急事待办时，对第一位顾客应说："对不起，能不能先让这位只买一件商品的先生（小姐）先结账，他好像很着急。"当第一位顾客答应时，应再对他说声"对不起"。当第一位顾客不同意时，应对提出要求的顾客说："很抱歉，大家好像都很急。"

12）顾客对找钱有疑问时，应再重算一遍，口气要和蔼，千万不可因为自己找错而对顾客反唇相讥。

7.3.3 收银中各种事件的处理

1．价格差异的处理

收银差错的原因有两种可能：一是收银员在工作时精力不集中，情绪不正常，没有坚持唱收唱付；二是顾客计算失误。不管什么原因，如果差错发生了，收银员必须首先自检。即使是顾客的错，也要得理让人，切忌同顾客发生争吵。

1）真诚地向顾客道歉，解释原因并立即予以更正。收银员态度要冷静，话语要温和。

2）当收银员误将商品多打时，可询问客人是否还要购买其他商品，如客人不需要，则应重新登录。同时向顾客致歉说："对不起，这是我工作中的失误，怪我太粗心。"

3）如果收银单已经打出，应立即将打错的收银单收回，并将正确的收银单双手递给顾客，并因耽误顾客时间而再次向顾客道歉，向顾客的合作表示感谢。

4）礼貌地请顾客在作废的收银单上签字，顾客离去之后，在一定时间内登记入册，并立即通知相关主管签字作证。

2．其他事件的处理

（1）没有零钱时的处理

1）收银员必须随时保持足够的零钱。

2）如果零钱不足，必须向收银主管兑换零钱，不能私自向其他收银机兑换、暂借或以私人的钱垫付。

3）如遇到零钱不足无法找赎时，请求顾客稍微等待，兑零后再找。

4）如硬币不够时，宁肯多找零钱，不能少找零钱。

（2）收取可疑币的处理

收银员应有辨别货币真伪的基本功。一般经营机构虽无权对货币的合法性做出裁决，但收银员对可疑货币有权采取建议调换的方式变相拒收。如果在收银时发现可疑币的数量较多，则应立即请公安部门前来解决。

（3）对情绪激动顾客的处理

收银台很容易遇到顾客大发牢骚，抱怨这不好那不好。顾客此时情绪往往比较激动，那么使他平静下来，更好处理一些。一定要说你理解顾客的感情，而不能说你同意他的立场。你可以说："我理解您为什么有那种感觉！"你说这些话的时候声音中要表现出信心、权威、平静和关心。如果顾客不相信你能理解他的感觉，你要说："我可能不太了解你的感觉，但如果您能告诉我，我将尽量理解并尽我所能帮助您。"直至顾客的情绪完全平静下来，有时你得重复四五次之多。在很多情况下，如果把顾客从发怒的地方弄走将很有帮助。如果失去生意的可能性很大，或如果顾客想在别人面前显示，让他离开这个环境。如果其他人也在场，你遇到顾客发火，请说："我们找个地方好好谈谈，这样我能正确地为您解决问题。"

复习思考题

1. 收银员的服务标准是什么？
2. 收银作业的重点和技巧是什么？
3. 简述收银作业的流程。
4. 简述收银过程中各种事件的处理。
5. 简述 POS 收银机的操作规程。
6. 收银员待客作业要领有哪些？
7. 商品装袋分类的原则有哪些？如何掌握装袋技巧？

案例分析

收银员工作失误引发的顾客投诉

2001 年 7 月，顾客服务中心收到这样一个投诉，顾客杨某一家在埋完单时无意中发现，他的小票上多录入了 2 件他并没有购买的商品，与此同时，跟随他身后埋单的家人，也发现小票上多录入了 2 件并没有购买的商品。杨某当时非常气愤地跑到顾客服务中心，大骂："你们这简直是诈骗犯！"而且一直嚷嚷："如果不对这件事做出合理解释，我就投诉到消协"。并口口声声说"要炒掉这样的员工，要狠狠地处罚她"。闻讯而来的主管马上拿过电脑小票进行核实，发现情况确实如此，而且错误出自同一个收银员。主管立即向顾客道歉，并将这一家人引至自己的办公室内，倒水安慰他们。待他们冷静后，主管再次对收银员工作的失误进行诚恳的道歉和检讨，并答应就此事要对该收银员进行严肃的处理和教育。当时商场正在进行有奖促销活动，主管就多给了顾客几张抽奖券，并说："这次差错是我们工作中的一次失误，我们一定会引以为戒，提高我们员工的工作质量，希望您能继续支持和相信我们商场。"在主管的耐心解释下，杨某一家才慢慢地消了气，并主动说："算了，也不要炒掉她了，现在找一份工作也不容易，但要好好教育她，不能再出现这样的失误，否则对你们商场的声誉影响太坏了。"

问题 1：收银员先后发生同样的错误，说明了什么？

问题 2：收银主管是如何处理顾客投诉的？

问题 3：作为收银员应如何提高服务质量？

实训题

实训目的：让学生了解收银服务管理的基本理论，熟悉收银操作规范，掌握收银作业的重点和技巧，熟悉收银员待客作业要领，结合实际，掌握POS收银机操作规程。

实训内容：① 选择一家超市实际考察，熟悉收银员作业流程，了解收银作业管理的重点；② 熟悉POS收银机操作规程，熟练操作POS收银机，掌握其使用方法。

实训形式：实地考察与实际操作相结合。由教师带领学生到超市实地考察，观看超市收银员收银作业整个流程并配合讲解，提出问题，引发学生思考；带领学生阅读超市收银员工作手册，使学生进一步了解收银员的收银规范；在POS收银机上给学生进行操作示范，并让学生亲自操作，确保学生真正掌握POS收银机的使用方法。

第 8 章

连锁企业门店的理货与补货管理

引导性案例

理货员面对商品质量投诉

某日,一男顾客携带新科三碟超级 VCD 机来××店投诉,称该机轧片,无法正常使用,要求退货,并且情绪颇为激动,声称他们卖假货,要曝光。在这种情况下,该门店理货员先对顾客表示了歉意,并表示一定会负责到底,给予应有的处理。

当场开机测试,证实此机确实轧片,存在质量缺陷。针对这种情况,门店理货员并没有简单地一退了之,而是让家电部的理货员做了耐心的解释。提出新科这牌子的 VCD 质量是有保证的,并非"大兴货",其次又向顾客解释了轧片的原因:一是操作过快,使机械动作不能及时响应;二是盘片托盘的复合运动造成机械转动的不稳定,这是目前国产三碟机普遍存在的问题,但发生率很低,接着建议他调换单碟机来使用。顾客听了之后愉快地接受了,对这个处理结果,顾客非常满意,临行前一再表示今后购物一定到这里来,因为这里的人热情、服务好,既解决了他的问题,又教会了他使用常识。

本章学习目标

1. 掌握理货和补货的基本原则;
2. 明确理货员的工作职责;
3. 掌握理货与补货工作流程;
4. 理解理货员的职业道德要求;
5. 学会连锁企业门店的理货工作。

连锁企业门店营运与管理

学习导航

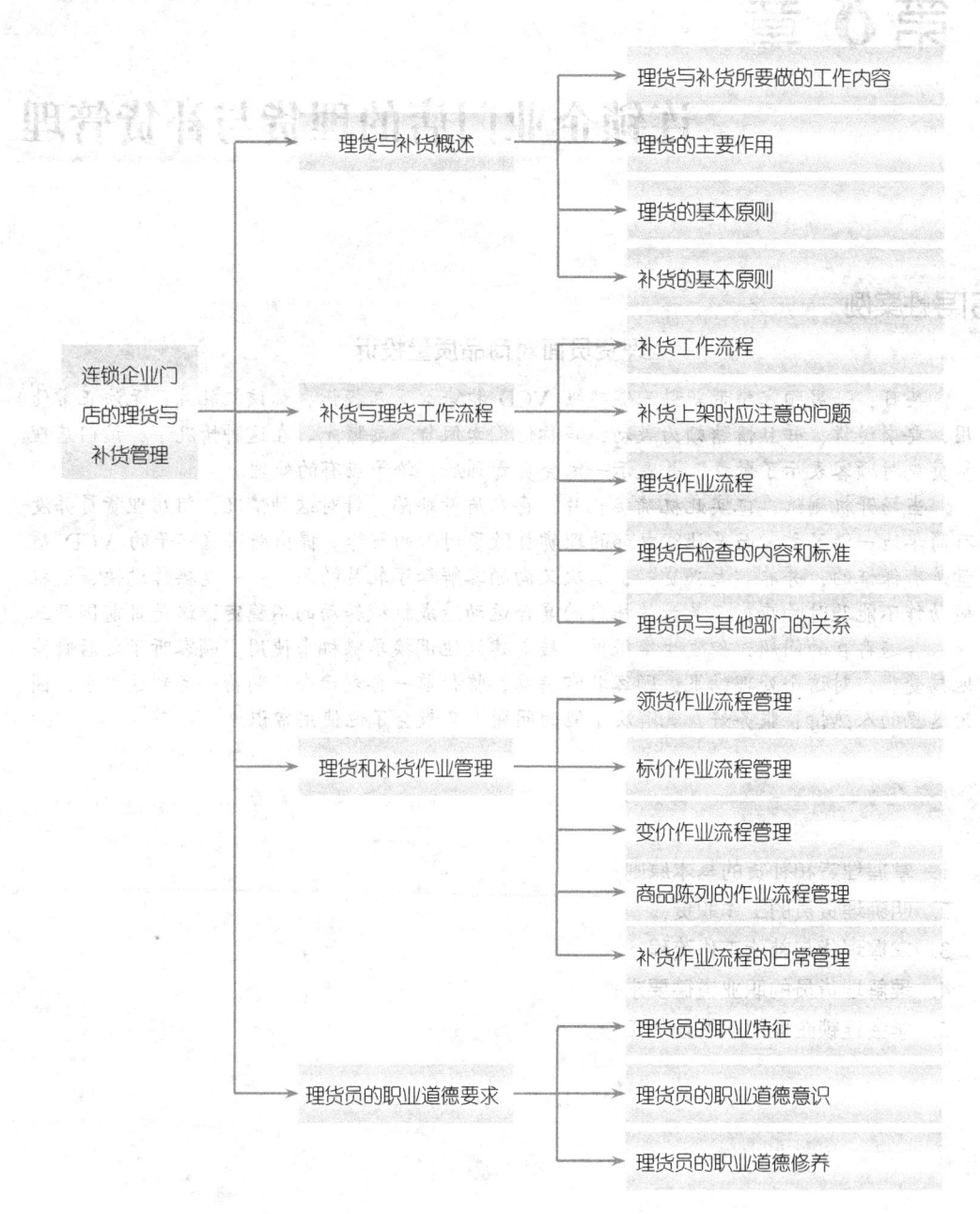

```
                              ┌─ 理货与补货所要做的工作内容
                              │
                理货与补货概述 ─┼─ 理货的主要作用
                              │
                              ├─ 理货的基本原则
                              │
                              └─ 补货的基本原则

                              ┌─ 补货工作流程
                              │
                              ├─ 补货上架时应注意的问题
                              │
连锁企业门店   补货与理货工作流程 ┼─ 理货作业流程
的理货与补货                    │
管理                           ├─ 理货后检查的内容和标准
                              │
                              └─ 理货员与其他部门的关系

                              ┌─ 领货作业流程管理
                              │
                              ├─ 标价作业流程管理
                              │
                理货和补货作业管理 ┼─ 变价作业流程管理
                              │
                              ├─ 商品陈列的作业流程管理
                              │
                              └─ 补货作业流程的日常管理

                              ┌─ 理货员的职业特征
                              │
                理货员的职业道德要求 ┼─ 理货员的职业道德意识
                              │
                              └─ 理货员的职业道德修养
```

第 8 章 连锁企业门店的理货与补货管理

职业指导

理货员工作看似较简单、普通，但他们是为顾客服务的人。他们的一举一动、一言一行无不体现着连锁企业的整体服务质量和服务水平，他们素质的好与差，将直接影响连锁企业的生意和声誉，所以只有不断地提高理货员的素质和业务能力，才能使连锁企业在激烈的市场竞争中立于不败之地，因此理货员的工作非常重要。完成理货员本职工作，重点应做到：熟练掌握本店所经营商品的性能、用途、使用方法；经常性记录所经营商品的缺货情况，制定补货计划；对商品和货架定期进行清洁；地面用具必须实行每天清洁一次；搞好市场调查，掌握消费者需求，及时上报主管，制定新产品购销计划。

从经营管理的功能来看，连锁企业总部执行全面的管理计划及商品开发、采购、配送、经营指导等多方面功能，而门店在其支持和帮助下执行最终销售功能。因此，虽然门店看起来只是一个小店铺，但连锁总部的战略决策，花费大量人力、物力、财力，精心设计制定的各种经营决策和标准，最终只能在门店日常作业化管理中体现出来。门店管理可以说是连锁企业经营管理的核心环节。

8.1 理货与补货概述

在连锁企业的连锁店中，理货员是不需要直接面对顾客、不与顾客进行直接交易的销售人员，但其工作的性质会比传统柜台式销售的营业员更复杂。虽然理货员主要的服务方式是间接服务，但是仍有很多机会与顾客接触。可以说理货员工作的好坏，是影响连锁企业门店销售业绩的重要因素。

8.1.1 理货与补货所要做的工作内容

理货与补货都是理货员所要做的工作。理货是指在商店内进行的一切鼓励和刺激即兴购买行为的活动，如产品的陈列、价目牌及专门设计的促销活动等。由于休闲食品很大程度上属于"即兴消费品"，即消费者在某一时刻产生冲动购买的消费产品，有关资料表明，50%以上的销售额属于即兴购买。因而，理货就变得至关重要。

补货是指理货员将标好价格的商品，依照商品各自既定的陈列位置，定时或不定时地将商品补充到货架上去的作业。定时补货是指在非营业高峰时对货架商品进行补充，不定时补货是指只要货架上商品即将售完，就立即补货。

1. 理货

- 将无条形码的商品补上。
- 货物正面面向顾客，整齐地靠外边线码放。
- 调整货品与价格卡，使其一一对应。

165

- 保证不补货时，通道上不堆放库存。
- 不允许随意更改排面。
- 破损或拆包货品及时处理。

2. 补货
- 检查商品有无条形码。
- 检查价格卡是否正确，包括促销商品的价格检查。
- 检查商品与价格卡是否一一对应。
- 补完货要把卡板送回，空纸皮送到指定的清理点。
- 新商品在到货当日上架，所有库存商品必须标明货号、商品名及收货日期。
- 保证做到补货及时，不出现在有库存的情况下有空货架的现象。
- 按照先进先出的原则补货。
- 检查并保证库存商品的包装正确。
- 补货作业期间，保持通道顺畅。

3. 促进销售，控制损耗
- 依照公司要求填写的"三级数量账记录"，每日定期准确计算库存量、销售量、进货量。
- 及时回收零星商品。
- 落实岗位责任，减少损耗。

4. 价签或条形码
- 按照规范要求打印价格卡和条形码。
- 保证价格卡放在排面的最左端，缺损的价格卡需即时补上。
- 剩余的条形码及价格卡要收集统一销毁。
- 保证条形码贴在适当的位置。

5. 清洁
- 保证通道上无空卡板、无废纸皮及打碎的物品残留。
- 保证货架上无灰尘、无油污。
- 保证样品干净，货品无灰尘。

6. 整库、库存、盘点
- 库房保持清洁，库存商品有库存单。
- 保证所有库存封箱。
- 保证库存商品码放有规律、清楚、安全。
- 盘点时保证盘点的结果正确。

7. 辅助工作
（1）服务

- 耐心礼貌地解答顾客询问。
- 补货理货时不可打扰顾客挑选商品。
- 及时平息及调解某些顾客纠纷。
- 制止顾客各种违反店规的行为，如拆包、进入仓库等。
- 对不能解决的问题，及时请求帮助或向主管汇报。

（2）器材管理
- 卖场铝梯不用时要放在指定位置。
- 封箱胶、打包带等物品要放在指定位置。
- 理货员随身携带：笔1支、戒刀1把、手套一副、封箱胶、便签若干。
- 各种货架的配件要及时收回材料库，不能放在货架的底下或其他地方。

（3）市场调查
- 按公司要求、主管安排的时间和内容做市场调查。
- 市场调查资料要真实、准确、及时、有针对性。

（4）工作日志
- 条理清楚，字迹工整。
- 每日晚班结束时写。
- 交代未完成的工作内容，早班员工需落实工作日志所列事项。

8.1.2 理货的主要作用

1）最大限度地减少由于缺货造成的销售损失。如果连锁店某种商品因畅销而造成货架缺货，顾客本该购买这种商品而没有买到，就会造成销售的机会损失。理货员的职责之一就是保证商品及时上架，以避免销售的机会损失。

2）做到明码标价，让顾客放心购买。顾客购物一般要货比三家，如果连锁店某种商品没有标价或标价模糊，会造成顾客没有比较的余地，担心上当而不敢购买，而去询问又嫌麻烦。理货员的职责之一就是掌握商品的标价知识，能熟练地标价，正确打贴价格标签，方便顾客比较和购买。

3）有效防止限期使用的商品过期，避免损害消费者权益。理货员的职责之一就是注意查看商品的有效期，防止过期商品上架销售，从而保证消费者权益不受损害，维护连锁经营企业的商誉。

小资料　管好商品有效期

这个案例，也许大多数超市经营者都有经历过。有一次，一个中年人下午在店里买了蜜饯，晚上便气冲冲地跑到店里来，一副要打架的样子。他劈头就问：今天是3月20日，为什么蜜饯上的生产日期却是3月21日，你们把消费者的权益放到哪里去了？说完，他愤怒地准备大闹特闹一番。店长一方面自己纳闷为什么会这样子，另一方面又急忙要解释，情急之下，只好一直劝他要理性，不要冲动，有什么问题，门店一定负责解决，在他宣泄完情绪之后，才肯静下来听店长的解释。店长向他说明，门店的商品大多数是总部统一配送的，所以如果产品出了问题，可以通过总部向厂商反映，联系解决。于是门店请他留下地址，他才极不情愿地走了。后来厂商直接和顾客联系，上门道歉、赔偿，也还了该店的清白。不过令人真正兴奋的是，那个曾经凶巴巴的客人，现在已经是笑口常开的常客了。

4）有利于保证商品的安全。防止商品损坏、失窃和火灾也是理货员的职责之一。因此理货有利于保证商品的安全。

5）有利于保证连锁店的卫生。理货员的职责之一是搞好商品、设备、货架与通道责任区的卫生，保证清洁。这样使连锁店的卫生得到保证。

6）有利于信息沟通，及时收集顾客的意见和建议。理货员的职责之一是对顾客的合理化建议及时记录，并向门店店长汇报。因此，理货有利于及时收集顾客的合理化建议，有针对性地改进营销工作。

8.1.3 理货的基本原则

1）商品凌乱时，必须理货。

2）零星物品应收回与归位。

3）理货的区域先后次序：促销区→货架。

4）理货的商品先后次序：促销商品→主力商品→易混乱商品→一般商品。

5）理货时，必须将不同货号的货物分开，并与其价格签的位置一一对应。

6）理货时，需检查商品包装（尤其是复合包装）、条形码是否完好，缺条形码则迅速补贴，破包装要及时修复。

7）理货时，每一个商品有其固定的位置，不能随意更动排面。

8）一般理货时遵循从左到右，从上到下的顺序。

9）补货的同时，进行理货工作。

10）每日销售高峰期之前和之后，需有一次比较全面的理货。

11）每日营业前理货时，做商品清洁工作。

8.1.4 补货的基本原则

（1）先进先出的原则

货架陈列的前层商品被买走，会使商品凹到货架的里层，这时商场理货员就必须把凹到里层的商品往外移，从后面开始补充陈列商品，这就是先进先出。

（2）抓住时机的原则

一是货架凌乱，商品缺货时必须进行补货；二是营业高峰前及结束营业后必须进行补货。

（3）先主后次的原则

就货架而言，补货的先后顺序是：端架→堆头→货架。端架是指整排货架的最前端或最后端，即顾客流动线转弯处所设置的货架，常被称为最佳陈列点。端架通常用来陈列一些高毛利商品、新品、促销商品或要处理的滞销商品。因此端头是商品陈列极佳的黄金地段，是卖场中最能吸引顾客的位置。一个品牌商品为了促销等原因不摆在同类商品的货架上，单独陈列堆放在一个位置，一般都是放在面积较大的平面货架上或箱式产品直接堆码在地上，称为堆头。

就商品而言，补货的先后顺序是：特价商品、促销商品→主力商品→易乱的商品→一般商品。

（4）保持新鲜的原则

对冷冻食品和生鲜食品的补货量要分段控制。为保持新鲜度，又分散理货员一次补货的工作量，在补货时一般采用三段式补货陈列法，即在早晨营业前将所有品种补齐，数量保持在当日销售量的40%左右，中午再补充30%的陈列量，下午营业高峰前再补充30%的陈列量。

（5）饱满陈列的原则

如货架不满陈列，对顾客来说是商品自己的表现力降低了。满陈列可以给顾客商品丰富的好印象，吸引顾客注意力，又可以减少内仓库存，加速商品周转。

（6）缺货有标签原则

当商品缺货又找不到库存时，必须首先通过系统数据进行查询确定，确实属于无货时，将暂时缺货的标签放置在货架上。

（7）保证商品的包装和条形码完好

补货时要检查外包装，商品的条形码是否完好，能修复的要及进修复，不能修复的不能停留在销售区域内，只能固定存放于库区。

（8）保证商品陈列位置相对不变

补货时，每一种商品有其固定的陈列位置，不能随意更改排面。

8.2 补货与理货工作流程

8.2.1 补货工作流程

为了符合商品陈列先进先出原则，通常补货工作流程要按照以下顺序进行。

1）补货前先对系统的库存数据进行确认。
2）确定属于缺货时，将暂时缺货标签放置在货架上。
3）先检查核对一下欲补货陈列架前的价格卡是否和要补上去的商品售价一致。
4）将货架上原有的商品取下。
5）清洁货架（这是彻底清洁货架里面的最好时机）。
6）将准备补充的新货放至货架的后段。
7）清洁原有商品。

8）将原商品放于货架的前段，确保在商品保质期内将商品销售出去。

9）货架补齐后，及时清理通道的垃圾和存货，垃圾送到指定点，存货送回库存区。

10）补完货要把卡板送回，空纸皮送到指定的清理点。

8.2.2 补货上架时应注意的问题

1）及时补货。不得出现在有库存的情况下有空货架的现象。

2）一一对应。检查价格卡是否正确，包括促销商品的价格检查；商品与价格卡要一一对应。

3）保持清洁。补货时要保持卖场的清洁。

4）方便顾客。补货时不可打扰顾客挑选商品。尽量不堵塞通道。陈列商品要与上隔板间有 3~5 厘米的空隙，让顾客的手容易伸入。

5）显而易见。使卖场内所有商品都让顾客看清楚的同时，还必须让顾客对所看得清楚的商品做出购买与否的判断。要让顾客感到需要购买某些预定购买计划之外的商品，即激发其冲动性购买的心理。贴有价格标签的商品正面要面向顾客。每一种商品不能被其他商品挡住视线。货架下层不易看清的陈列商品，可以倾斜陈列。颜色相近的商品陈列时应注意色带色差的区分。

6）让顾客伸手可取。注意商品陈列的高度。

7）商品所在位置很容易判断。设置标识牌，分类合理。设置商品配置分布图，并根据商品的变化及时修改。

8）商品陈列的关联性。关联性商品应陈列在通道的两侧，或陈列在同一通道、同一方向、同一侧的不同组货架上，而不应陈列在同一组双面货架的两侧。

9）同类商品纵向（垂直）陈列。同类商品纵向陈列，会使同类商品平均享受到货架上各个不同段位的销售。同类商品横向陈列，会使顾客挑选时感到不方便。横向陈列用于陈列变化的补充。

8.2.3 理货作业流程

图 8-1 是理货员的每日工作流程。

理货员的作业流程可分为营业前、营业中、营业后三个阶段。

1. 营业前

1）打扫责任区域的卫生。

2）检查购物篮、购物车。

3）检查劳动工具。

4）查阅交接班记录。

表 8-1 为某连锁便利店理货员营业前工作自查表，供参考。

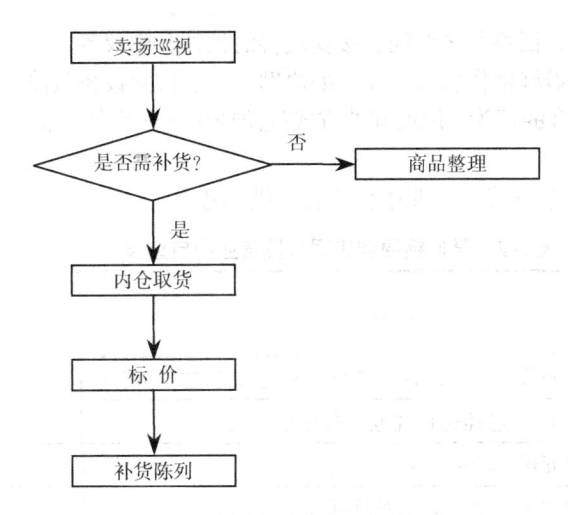

第8章 连锁企业门店的理货与补货管理

```
卖场巡视
   ↓
是否需补货? —否→ 商品整理
   ↓是
内仓取货
   ↓
标 价
   ↓
补货陈列
```

图 8-1 理货员的每日工作流程

表 8-1 某连锁便利店理货员营业前工作自查表　　　　检查日期：

时　段	检查项目	完成情况 是	完成情况 否
营业前	1）服装干净整齐，佩戴好工号牌		
	2）办理交接		
	3）清洁整理货架		
	4）清洁责任区		
	5）清洁整理冷柜、冷风柜		
	6）商品标价、补货		
	7）清洁、整理商品		
	8）核对价目牌		
	9）整理补充必备物品：各种记录和笔、干净抹布		
	10）整理仓库		
	11）检查冰箱温度		
门店	签名：	日期：	班次：

注意：1）工作完成时请打"√"，否则打"×"
　　　2）请签名后再下班

2. 营业中

1）巡视责任区域内的货架，了解销售动态。
2）根据销售动态及时做好领货、标价、补货上架、货架整理、保洁等工作。

3）方便顾客购货，回答顾客询问，接受友善的批评和建议等。

4）协助其他部门做好销售服务工作，如协助收银、排除设备故障。

5）注意卖场内顾客的行为，用温和的方式提防或中止顾客的不良行为，以确保卖场内的良好氛围和商品的安全。

表 8-2 为某锁便利店理货员营业中自查表，供参考。

表 8-2　某连锁便利店理货员营业中自查表　　　　　检查日期：

时　段	检查项目	完成情况	
		是	否
营业中	1）站立服务，礼貌待客，热情和蔼地回答顾客的询问		
	2）检查 POP 悬挂是否规范，书写是否规范		
	3）巡视商场，清洁货架		
	4）整理货架商品，落地陈列商品		
	5）检查冰箱温度		
	6）冷藏冰箱内的商品排面整理		
	7）核对价目牌及商品标签价格		
	8）厂商进货验货、上货架		
	9）纸箱、空箱、空瓶收好		
	10）冷藏冰箱的定时补货		
	11）冷藏冰箱的不定时补货		
	12）货架的定时补货		
	13）货架的不定时补货		
	14）检视过期产品，变价、损耗商品		
	15）记录过期产品，变价、损耗商品		
	16）商品的安全管理		

门店：　　　　　签名：　　　　　日期：　　　　　班次：

注意：1）工作完成时请打"√"，否则打"×"
　　　2）请签名后再下班

3. 营业后

1）打扫责任区内的卫生。

2）整理购物篮、购物车。

3）整理劳动工具。

4）整理商品单据，填写交接班记录。

表 8-3 为某连锁便利店理货员营业后自查表，供参考。

表 8-3 某连锁便利店理货员营业后自查表　　　　　　检查日期：

时段	检查项目	完成情况	
		是	否
营业后	1）所有用品归位		
	2）所有单据整理归位		
	3）交接班读账、填交班日报表		
	4）制服挂好、交代事项留言		
	5）协助现场人员处理善后工作		

门店：　　　　　　签名：　　　　　　日期：　　　　　　班次：

注意：1）工作完成时请打"√"，否则打"×"
　　　2）请签名后再下班

通常，门店执行理货员每班次工作检查表的工作情况纳入连锁企业营运部考核门店的指标。理货员的作业自查表，必须由当班理货员填写，应按时进行（不得提早或延误），每天填写完交于店长，一般由店长一星期装订一次在店长会议时上交。在填写自查表时，如"是"则打"√"，"否"则打"×"，无此项目则"空格"。而在时段检查中打"×"的部分，则应填写未完成工作登录表（见表 8-4）。

表 8-4 为某连锁超市未完成工作登录表，供参考。

表 8-4 某连锁超市未完成工作登录表

发生时间	未完成工作项目登录	未完成原因	重新完成时间

门店：　　　　　　签名：　　　　　　日期：

注："未完成工作项目登录"栏应填写实际发生的问题；

"未完成原因"栏应填写造成未完成该工作的真实原因；

"重新完成时间"栏应填写在何时间完成该工作的具体情况（登录表必须填满）。

8.2.4 理货后检查的内容和标准

1）商品陈列是否遵守了先进先出的原则。要求严格遵守先进先出的原则。

2）商品的价格标签是否正面面向顾客。要求商品的价格标签正面面向顾客。

3）商品有无被遮住，无法"显而易见"。要求商品不被遮住，顾客很容易看到。

4）商品的背面是否隐藏起来。要求商品的背面隐藏起来。

5）商品是否时常保持清洁，货架隔板、隔物板贴有胶带的地方是否弄脏。要求商品时常保持清洁，货架隔板、隔物板贴有胶带的地方未弄脏。

6）商品包装是否整齐，没有脱落。要求商品包装整齐，没有脱落。

7）有无价格标签脱落或价格不明显的商品，标签是否贴在规定位置。要求无价格标签脱落或价格不明显的商品，标签贴在规定位置。

8）商品最上层是否太高，上下隔板之间是否间距适中，是否做到了取商品容易，放回也容易。要求上下隔板之间间距适中，做到取商品容易，放回也容易。

9）标价是否明显正确，标签及价格卡售价是否一致。要求标价明显正确，标签及价格卡售价一致。

10）商品群和商品部门的区分是否正确。要求商品群和商品部门的区分正确。

11）商品是否快过期或接近报警期。要求商品不过期或不接近报警期。

12）商品是否有破损、异味等不适合销售的状态存在。要求商品没有破损、异味等不适合销售的状态存在。

13）同类的不同品种商品是否做到了纵向陈列。要求同类的不同品种商品做到纵向陈列。

14）体积庞大的商品是否置于货架的下层。要求体积庞大的商品置于货架的下层。

15）店内标识牌是否容易识别。要求店内标识牌容易识别。

16）商品是否做到了前进陈列。要求商品做到前进陈列。

17）商品陈列架上是否有空闲区。要求商品陈列架上没有空闲区。

18）POP 是否破损。要求 POP 保持完好无损。

8.2.5 理货员与其他部门的关系

1. 理货员与前厅各部门的关系及与部门主管的关系

（1）理货员与总台的关系

顾客所购商品发生退换情况，理货员应积极主动配合，并办理好退货或换货的有效手续，总台发放赠品或促销商品时，如短缺或有其他问题时理货员应积极配合。

（2）理货员与收银服务员的关系

当收银员在给顾客结算时发现商品标价错误，理货员应积极协助查找原因，如自己发生标价错误应即时纠正并主动承担相关责任。在每天下班时，应到收银处收起当天顾客未结算的商品并办好有效手续。

（3）理货员与防损员的关系

应积极主动地配合保安和防损员做好本部门商品的防损工作，发现可疑人员即时报告并做好跟踪工作。发现偷窃人员应交保安处理，和保安搞好销售以外的商品出入手续。

（4）理货员与部门主管的关系

下级服从上级，全面完成上级主管交给的各项工作任务，上级主管发出的指令如果有损公司的利益、形象或有违反法律法规的，在服从命令的同时，有权越级向上汇报。

2．理货员工作中应主动发现的问题并及时上报

1）商品质量方面的问题：
- 已损商品撤架、临近保质期或过期商品的撤架。
- 收货中有问题的商品拒收。
- 进口商品的质量标准认证情况。

2）商品标价方面的问题：
- 错误地标高或标低的商品。
- 不良顾客撕毁或调动价格签的商品。
- 一件商品多种标价等情况（指小型贵重商品或顾客容易调换的商品）。

3）新商品的扩销问题：
- 竞争店有、我店无的商品。
- 市场流行商品。
- 时令商品。

4）安全防损和秩序卫生问题：
- 防盗。
- 贴防窃码等。

5）超市设备、用具、货架等可能临时发生的问题。

6）下面这些问题应上报主管：折扣折让销售量大商品、团购量大商品、需采购大批量商品。

7）商品陈列需大面积调整变动，指促销、换季、改变磁石点。

8.3 理货和补货作业管理

8.3.1 领货作业流程管理

在营业过程中，陈列于货架上的商品在不断地减少，理货员的主要职责就是去内库领货以补充货架，在有些连锁企业门店（如连锁便利店）中，除了饮料之外，是不允许有商品库存的，因而只要商品验收完毕，理货员即可进行标价，补货上架陈列，或暂时放于内仓，待营业时及时补货。

1）现货员领货必须有领货单。

2）领货单上理货员要写明商品的大类、品种、货名、数量及单价。

3）理货员对内仓管理员所发出的商品，必须按领货单上的事项逐一核对验收，以防止商品串号和提错货物。对于连锁大型综合超市、仓储式商场和便利店来说，其领货作业的程序可能不反映在内仓方面，而是直接反映在收货部门和配送中心的送货人员方面。一旦完成交接程序，责任就完全转移到商品部门的负责人和理货员的身上。

8.3.2 标价作业流程管理

标价是指商品代码（部门别和单品别）和价格以标签方式粘贴于商品包装上的工作。每一个上架陈列的商品都要标上价格标签，有利于顾客识别商品售价，也有利于门店进行商品分类、收银、盘点及订货作业。这项作业动作很简单，几分钟内就可学会，一天内就能熟练操作，但标价的具体作业管理的要求很多，十分复杂。

1. 标签的类型

1）商品部门别标签，表示商品部门的代号及价格，通常适用于日用杂品及规格化的日用品。

2）单品别标签，表示单一商品的货号及价格，这种标签尤其适合于连锁超市内的生鲜食品，或分为称重标签和定额标签。

3）店内码标签，表示每一单品的店内码和价格，也可分为称重标签和定额标签。

4）纯单品价格标签，只表示每一个商品的单价，无其他号码。

商品价格标签对连锁企业搞好门店商品管理有很大的作用。其作用主要有识别商品的部门分类和单品代号，以及商品销售、盘点和订货作业；识别商品售价，有利商品周转速度的管理等。商品部门别标签、单品别标签和店内码标签一般都可以用条形码的形式很快地通过电脑来设计和制作。此时标价作业的重点则是"对号入座"，而对那些仍需用价码来标价的门店就必须强调手工作业的管理与控制。

2. 标签打贴的位置

1）一般商品的标签位置最好打贴在商品正面的右上角（因为一般商品包装的右上角无文字信息），如右上角有商品说明文字，则可打贴在右下角。

2）罐装商品，标签打贴在罐盖上方。

3）瓶装商品标签打贴在瓶肚与瓶颈的连接方。

4）礼品则尽量使用特殊标价卡，最好不要直接打贴在包装盒上，可以考虑使用特殊展示卡。因为送礼人往往不喜欢受礼人知道礼品的价格，购买礼品后他们往往会撕掉其包装上的价格标签，由此可能会损坏外包装，破坏了商品的包装美观，从而导致顾客的不快。这是理货员要特别注意的，应从细微之处为顾客着想。

3. 标价作业应注意事项

1）一般来说，门店内所有商品的价格标签位置应是一致的，这是为了方便顾客在选购时对售价进行定向扫描，也是为了方便收银员核价。

2）打价前要核对商品的代号和售价，核对领货单据和已陈列在货架上商品的价格，调整好打价机上的数码，先打贴一件商品，再次核对如无误可打贴其余商品。同样的商品上不可有两种价格。

3）价格标签纸要妥善保管。为防止不良顾客偷换标签，即以低价格标签贴在高价格商品上，通常可选用仅能一次使用的、有折线的标签纸。

商品的标价作业随着 POS 系统的运用，其工作性质和强度会逐渐改变和降低。标价作业重点会向正确摆放标价牌的方向发展，频繁的打价码作业会不复存在，至多只有少量称重商品的店内码粘贴。

8.3.3 变价作业流程管理

变价作业是指商品在销售过程中，由于某些内部或外部环境因素的发生，而进行调整原销售价格的作业。

1. 变价的原因

1）内部原因，如促销活动的特价、连锁企业总部价格政策的调整、商品质量有问题或快到期商品的折价销售等。

2）外部原因，如总部进货成本的调整、同类商品的供应商之间的竞争、季节性商品的价格调整、受竞争店价格的影响及门店消费者的反应等。

2. 变价作业应注意的事项

变价作业不论由何种原因引起，一般都由连锁企业总部采购部门负责，采购部门会将变价通知及时传达到各个门店，而门店理货员在整个变价过程中应注意以下几个方面。

1）在未接到正式变价通知之前，理货员不得擅自变价。

2）正确预计商品的销量，协助店长做好变价商品的准备。

3）做好变价标价的更换，在变价开始和结束时都要及时更换商品的物价标牌及贴在商品上的价格标签。

4）做好商品陈列位置的调整工作。

5）要随时检查商品在变价后的销售情况，注意了解消费者和竞争店的反应，协助店长做好畅销变价商品的订货工作，或者是由于商品销售低于预期而造成商品过剩的具体处理工作。

3. 变价时的标价作业

商品价格调整时，如价格调高，则要将原价格标签纸去掉，重新打价，以免顾客产生抗衡心理；如价格调低，可将新的标价打在原标价之上。每一个商品上不可有不同的两个价格标签，这样会招来不必要的麻烦和争议，也会导致收银作业的错误。

8.3.4 商品陈列的作业流程管理

商品陈列作业是指理货员根据商品配置表的具体要求，将规定数量的标好价格的商品摆设在规定货架的相应位置。商品陈列的主要原则与方法参照第 2 章的详细说明。

商品陈列的检查要点：
- 商品是否有灰尘？
- 货架隔板、隔物板贴有胶带的地方是否弄脏？
- 标签是否贴在规定位置？
- 标签及价格卡售价是否一致？
- POP 是否破损？
- 商品最上层是否太高？
- 商品是否容易拿取、容易放回原处？
- 上下隔板之间是否间距适中？
- 商品陈列是否做到先进先出？
- 商品是否做好前进陈列？
- 商品是否快过期或接近报警期？
- 商品是否有破损、异味等不适合销售的状态存在？

8.3.5 补货作业流程的日常管理

补货作业是指理货员将标好价格的商品，依照商品各自既定的陈列位置，定时或不定时地将商品补充到货架上去的作业。所谓定时补货是指在理货员每班次上岗前或非营业高峰时的补货。所谓不定时补货是指只要货架上的商品即将售完，就立即补货，以免由于缺货而影响销售。

卖场日常巡视和商品的整理。

1）清洁商品。要维持卖场气氛的良好，商品清洁非常重要，这是商品能卖出去的前提条件，尤其是在营业低峰时段，要做好整个货架的清洁工作。所以我们会看到在连锁超级市场、便利店中，理货员在巡视卖场时手中的抹布是不离手的，它就像士兵手中的枪一样重要。

2）做好商品的前进陈列。即当前面一排的商品出现空缺时，要将后面的商品移到空缺处去，商品朝前陈列，这样既能体现商品陈列的丰富感，又符合商品陈列先进先出的原则。

3）检查商品的质量。如发现商品损坏（如服装等）、商品变质、破包或超过保质期（如各类食品），应立即从货架上撤下。

如通常在连锁超级市场、便利店中规定，有以下几种商品必须从货架上撤下：① 过期商品，有变质现象的商品；② 接近有效期限的商品（以保质期×3/4 为期限）；③ 各种有严重瘪罐或严重锈蚀现象的商品；④ 真空包装遭破坏的商品；⑤ 商标脱落商品，包装破旧的商品；⑥ 遭灰尘严重玷污的商品；⑦ 各种标志不清的商品（包括生产日期、保质期、计量、厂名、厂址等）；

⑧ 厂商已更改包装的旧包装商品；⑨ 有破损、缺件现象的工业品。

8.4 理货员的职业道德要求

8.4.1 理货员的职业特征

理货员是在连锁经营发展过程中产生的新名词，其岗位虽类似于现场推销员、营业员、售货员，但又具有自身的职业特征。

1. 理货员所处的工作环境主要是商品空间和顾客空间

理货员在指定的区域内与顾客共享一个空间，顾客可以充分自主地接触商品空间，这是自助购物商店的一个基本特征。由这一特征会引起一些问题：① 理货员的作业活动，如打标、补货上架等，会占用一定的顾客购物空间，从而可能会给顾客自由选购商品造成不便；② 顾客可以自由接触商品和设备，可能会给商品和设备造成一定的不利影响，容易产生理货员与顾客之间的矛盾；③ 理货员有特定的责任区域，但顾客的询问和需要提供帮助的项目可能会超出理货员的责任范围而导致拒绝，这也容易产生理货员与顾客之间的矛盾；④ 在连锁企业门店应让顾客保持充分的自主，如果理货员做不适当的商品介绍，反而会引起顾客的反感。上述问题表明，理货员虽然不需要直接面对顾客而向顾客提供销售服务，但其工作的性质与售货员等有区别，需要具备特殊的职业道德和职业技能。

2. 理货员的工作重心是商品及与商品销售服务相关的环境

推销员、营业员、售货员的工作重心是接待服务，通过语言、体态、表情在与顾客沟通的过程中完成商品交易活动。理货员则是通过理货活动，依靠商品展示与陈列、POP 广告、标价、排面整理、商品补充与调整、环境卫生、购物工具准备，以及理货员的作业活动状态等，与顾客间接或直接地发生联系。这一岗位特性有四点与推销员、营业员、售货员相区别：① 间接性，理货员与顾客的沟通在大多数情况下是间接的，理货员是根据顾客的选购行为、表情及个别询问来了解顾客的需求情况；② 规范性，理货员所从事的作业活动必须按连锁经营企业总部设计好的操作规范执行，任何偏离操作规范的行为都会影响顾客的利益及公司的形象和营业的绩效；③ 辅助性，理货员虽然是通过作业活动和结果（如商品陈列）向顾客提供间接的服务，但在某些情况下（如顾客询问、生鲜食品称重等），仍需要理货员提供直接的服务；④ 机动性，理货员一般不用等候顾客，因而除完成理货作业活动外，为充分利用作业时间，在营业高峰时段还应服从主管的指派，配合其他部门做好其他作业活动，如卸货、搬运、清洁门面、装袋等。

8.4.2 理货员的职业道德意识

树立良好的职业道德意识是遵守职业道德规范的先决条件，也是不断提高工作成果的重要基础。不讲道德，马马虎虎的工作态度，绝不能获得成果。只有培养积极的工作态度，才有可能提高工作效率，扩大工作业绩。

理货员的岗位特性要求树立以下八大职业道德意识。

1）尊重顾客。"顾客第一"、"顾客永远是对的"、"顾客是上帝"等理念，不能局限于理性认识，应贯彻到全体员工的行动上。

2）目标意识。即要求有目标地从事工作，并具有不断向更高的工作目标努力的意志。没有目标就没有动力，有了明确的目标，即使工作辛苦也会有良好的心情，这是做好工作的精神保证。

3）形象意识。连锁经营企业是一个大家庭，一个店铺、一个部门，乃至每一位理货员、收银员的个别形象都会直接影响公司的整体形象。因此，每一位员工（包括理货员）都必须清醒地意识到自己是企业的代表，自身形象也代表了企业形象。

4）品质意识。商品品质需要工作品质来保证，理货员应树立良好的工作态度，以确保商品和服务的品质。

5）成本意识。为顾客节省成本是成本意识的核心。只有降低成本才能向顾客提供质优价廉的商品和服务，也只有使公司低成本地运行才能获得更多的利润。节约成本，人人可为；节约成本，人人有责。

6）合作意识。连锁经营企业这个大家庭虽然类似于工业化大生产的流水线，但与流水线又截然不同。它更像个有血有肉的有机生物体，体内的各个器官和细胞都有独特的功能，并依靠相互作用、主动配合而维持机体的活力。每一个员工应该时时保持良好的合作来完成工作。

7）问题意识。无缺陷、无问题的公司几乎是没有的。问题不在于是否有问题和缺陷，问题在于不注意去发现问题、正视问题，甚至即使发现了问题也不敢提出问题。问题意识就是要求人们不要回避问题，要善于发现问题，面对问题；不要只抱怨问题，要善于寻找解决问题的办法；不要只提出解决问题的办法，要善于有效地解决问题。

8）规范意识。即要求按规则、规定来从事工作。对连锁经营企业来说，做到这一点尤为重要。如果人人都无视规矩和规定，统一的服务形象就难以维持，连锁经营企业的规模优势就难以发挥。

8.4.3　理货员的职业道德修养

理货员的职业道德修养主要包括意志修养与品质修养。

意志修养应把握以下几个方面。

1）角色认同，即要求有清晰的角色意识。理货员务必认清：应该做什么，不该做什么；应该说什么，不该说什么。角色认同的基本要求：用"假如我是……"的思路将心比心，推己及人，设身处地，进行角色互换，站在对方的角度来思考和处理问题。

2）理智自制，即要求冷静、沉着，不受对方的情绪所影响。做到你发火，我耐心；你粗暴，我礼貌；你埋怨，我周到；你有气，我热情。

3）宽容，即要求宽以待人，得饶人处且饶人，把一切"面子"都留给顾客。有宽容心才能有效地自制。

4）理念与行为统一，即要求理智、观念与情感、情绪保持平衡。例如，理智上强调"顾客永远是对的"，但很多第一线的服务人员在情绪上都因"顾客并不一定都是对的"而愤愤不平；观念上知道"源源不断的顾客是公司最大的资产"，但由于很多服务人员的良好服务并未得到应有的回应和社会支持，造成观念上和情感上的冲突；做得不好时会受到各方面的责骂，但做得好时，却没有什么反应，由此产生委屈心态；工作时间长，精神负担重，体力疲劳，使服务人员懒得去理会顾客的要求、感觉和反应。

上述这些如不能很好地平衡，意志修养将会难以形成。

品质的内涵十分广泛，对理货员来说，应当着重突出以下三个方面。

1）取财有道。人人都需要赖以生存、发展和享受的物质财富，但在追求物质财富时有四点需要特别注意：① 聚财不贪，"家有黄金万吨，一日不过三顿"；② 享乐不可极，享乐是一种诱惑，必要的享乐能使人生更丰富多彩，能使工作更充满活力，但乐极往往生悲；③ 不义之财不可取，财物是一种诱惑，只有反抗诱惑，才能有更多的机会做出高尚的行为；④ 没有第一次，克己自律应从第一次开始，有了第一次，就会有第二次、第三次。

2）与人为善。人人都需要他人的友情、关爱、帮助、支持、鼓励、赞扬、指教、尊重和信赖，如果人人与人为善，就能达到上述这些美好的期望。对注重品质修养的人来说，通常应从以下四个方面去实现"与人为善"的待人准则：① 主动交往，以心换心，以德报怨；② 助人为乐，施恩勿念，受施勿忘；③ 任其自然，淡泊洒脱，笑对人生；④ 淡化自我，尊重他人，诚实守信，坚持真理。

3）追求卓越。"做一天和尚撞一天钟"的工作态度和工作作风已不适合现代社会。科技进步、时代发展，需要人们比以往付出更多的辛劳去掌握日新月异的知识和技术。作为理货员，对工作与学习，知识与道德，今日与明日等关系应当有一个比较明确的认识：① 在工作中学习，学习中工作，才能使工作做得更好；② 知识是道德的基础，知识是道德的明灯，没有知识的"道德"是愚昧的道德，没有道德的知识还不如愚昧；③ 天道酬勤，今日的辛劳，必将换来明日的收获。总之，只有不断求上，才能有益于顾客，有益于公司，有益于社会，有益于自我，有益于家庭，才有可能达到和谐的道德境界。

复习思考题

1. 简述理货员的工作内容。
2. 理货有什么作用？
3. 理货的基本原则有哪些？
4. 简述补货工作流程。
5. 作为管理人员，看理货是否达到要求需要检查哪些方面？
6. 商品陈列的检查要点是什么？
7. 理货员的岗位特性要求其应具备哪些职业道德意识？

案例分析

抓好商品管理，严防缺货

元旦过后，客户张先生向店里订购一批年货，打算好好地犒赏他的员工。由于他是店里的常客，关系相当好，当场就把钱付清了，并约定10天后来取货。

那段时间正好是门店的销售旺季，店里的商品供不应求，就这样，张先生所订的商品发生了缺货，到了约定取货的那一天，还是有几种商品凑不齐应交的数量。当天上午，张先生一清早就到店里，要将他所订购的商品运回公司。店里值班长很不好意思地告诉他，他所订购的商品中有几样缺货，问他是否可以改用其他商品代替，张先生顿时勃然大怒，直说如此信任你们，为什么不事先通知他。由于值班长没有处理这类事情的经验，不能立刻让张先生获得满意的答复，于是火暴的场面一直僵持不下，值班长只好打电话向店长求救。

店长立即赶到店里，表明自己的身份，并且希望能以同类商品代替，让张先生顺利地将商品带回去。虽然那些商品价格都比张先生原来所订的要高，但店长还是以原来所订的那种商品价格给他。由于店长的态度诚恳，再加上处理很果断、迅速，马上就把东西配齐。张先生终于不再坚持。

问题1：连锁店缺货会导致什么样的后果？

问题2：在连锁店经营中，遇到顾客情绪激动该怎么处理？

实训题

实训目的：学会做一个合格的理货员。

实训内容：① 到当地一家连锁经营门店，做义务理货员（义工）或到校内实训超市做实习理货员后总结：如何做一个合格的理货员；② 调查当地一家连锁经营门店的理货员：做一个合格的理货员难处有哪些。

实训形式：第一题每个学生单独进行实训；第二题2~3个学生为一个小组进行实训。最后写成实训报告，上交指导教师评阅。

第9章 连锁企业门店商品盘点作业管理

引导性案例

澄清超市盘点的糊涂账

"盘点如过鬼门关,惊得店长打颤颤。盘点就像变戏法,忽赔忽赚阴阳脸。"这句顺口溜,尽管有以偏赅全、以小遮大之嫌,却也从另一个侧面折射出当今商界盘点中遇到的种种烦恼和不安。更有专家指出,目前至少有60%以上的超市盘点是一本糊涂账,到头来糊涂僧只有判审糊涂案。有的超市干脆不再耗时费力,打起了"肉烂在锅里"的算盘。

根据近年的实践经历和专门访查,盘点后经常出现五个不等于现象:① 期末门店存额≠期初门店存额+当期入店额-当期销售额-合理损耗-退库额;② 入店金额≠仓储配送额-退库额;③ 当期财务销售现金流量≠当期门店实际销售额;④ 财务当期库存量≠仓储库存商品;⑤ 财务应付商品货款≠∑供应商货款金额。具有典型意义的是,某中型超市春节后盘点,账物不符金额高达17.6万元,占当期销售额的5.8%。后虽经多次复查,调整了5万余元的票据,其他仍难以查明个中缘由。

盘点(包括盘账和盘物)本是商业活动中的一个常规项目。开门营业是序幕,货架销售是过程,定期盘点是商业拼斗成果的阶段性总结。通过盘点既可回顾前期,又可预测后市,具有承前启后的特殊意义。从盘点本身来讲,并无多少复杂和不可掌控性。那么,究竟是什么原因使现在的商业盘点如此尴尬,这般难受?细究起来主要是由两方面的变化而引起的。一是商品品种急剧增加,由过去的几百种扩展到了目前的少则数千种,多则上万种。品种多了,管理的难度自然也增大了。二是进销存模式,由过去的副食商场小组直接操作,改进为购销分离,统一采购,计算机管理,大物流循环。面对剧烈的变革,我们的管理却缺乏规范化、标准化和制度化,表现出了明显的滞后和不适应。

盘点查错率高仅仅是表象,其背后必然有物流、票据流的无序和管理混乱等上游原因。为了把盘点差错率控制在3‰~5‰,甚至更低,让盘点真实、快速地反映经营成果,并反映管理成果,我们必须把握好日常工作中的几个关口。

(1)验货入库关

这个环节内的问题可分为两类情形:一类属于失误或疏漏,常常出现票据数量和实物数量不符,如实际收货20件,而收货单上却写为25件;再如,当前收货的包装系数已变

为 1×16，而收货单据上仍为 1×32；另一类是内外串通，蓄意欺骗，这种状况反映了超市在接货管理上有严重漏洞，长期一人接货，缺少轮岗和监督机制，久而久之被坏人钻了空子。前不久就有媒体对某超市接货人员与供应商沆瀣一气，骗取企业 70 多万元货款做了披露，这一沉痛教训，怎能不引发我们的沉思和警醒？

（2）信息录审关

用计算机实现单品管理，是商业史上的一个重要里程碑。但为满足管理需要，绝大多数商品单位由件、箱分拆成了个与袋，因而商品信息录入者，便常常与近乎天文数字打交道。面对枯燥的数字，再细心者也会手下有误。有供应商估算，某大型超市因数量误录，一年的损失不低于 50 万元。因此，大型超市均应采取录审分离制，以避免收货数量的"多零"现象。小型超市不便实行分离制的，也应由录审员严格执行自我审录，自我修正程序。

（3）售卖收银关

一般来讲，POS 机收银只要价格信息录入无误，就不该出错。实则不然，一是有的顾客惯于偷梁换柱，把低价的商品码撕贴在高价商品上，收银员只顾扫码，不看商品；二是一组商品（1×6，1×4），按单个商品收银等。

（4）商品离场关

无论是破损商品返厂，还是报损，都必须有严格的离场程序。同时，坚决杜绝有关负责人打白条现象。即使是自家的门店，店主也不可随意违规，给经营管理造成漏洞，给日后盘点带来无端的困难。

（5）盘点操作关

盘点是一项十分辛苦和细致的工作，需事先做好单据的汇总整理，商品的归类码放，数量的认真校点和未贴商品标签的补贴工资。对于初盘中的错误，通过人员交叉复盘后，一般均可发现和纠正。况且，随着盘点扫码枪的应用与普及，将会大大减轻其劳动强度，提高盘点准确率。

本章学习目标

1. 掌握盘点的方法、步骤；
2. 能够组织实施盘点活动；
3. 能够根据盘点的作业规范和盘点流程管理进行盘点作业；
4. 学会如何对贵重商品进行盘点；
5. 能够对盘点差异进行分析处理；
6. 能结合实际提高盘点管理水平。

第9章 连锁企业门店商品盘点作业管理

学习导航

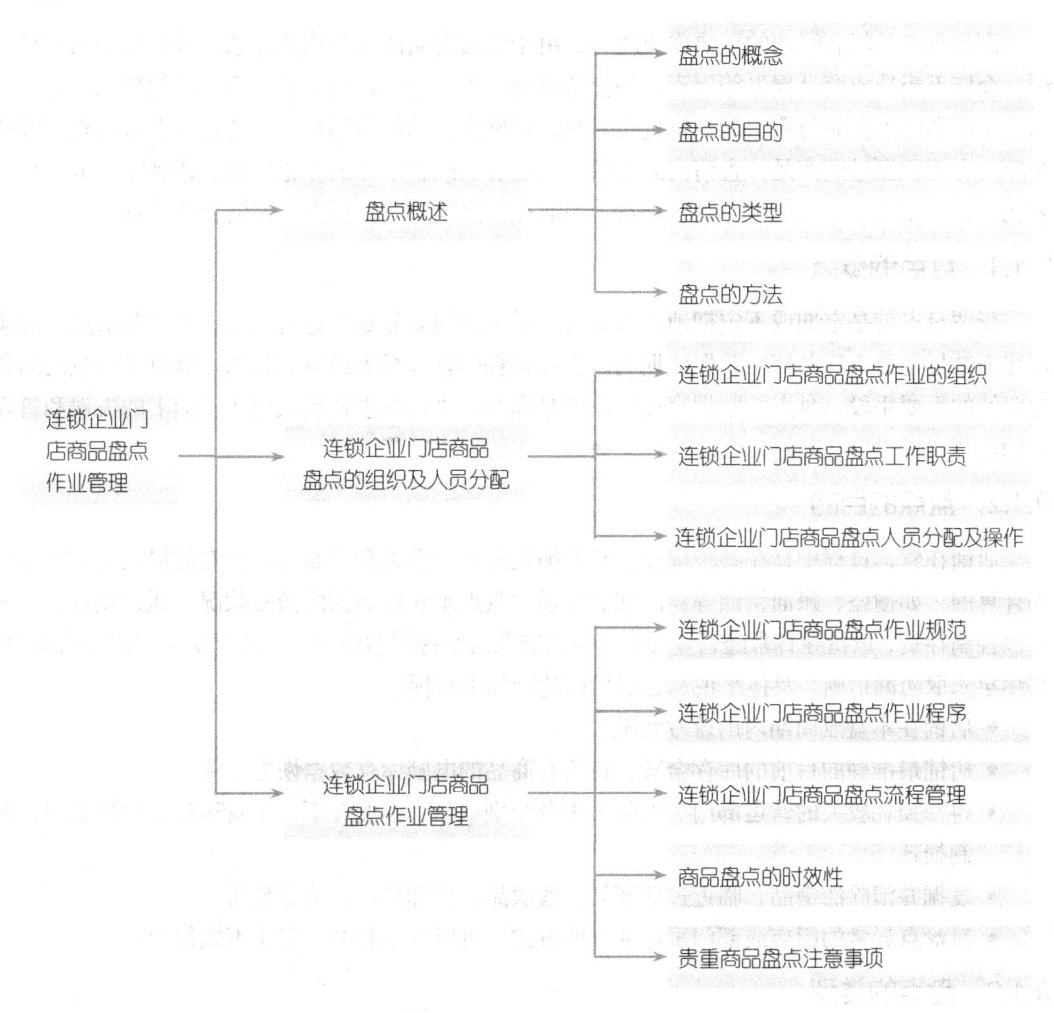

连锁企业门店商品盘点作业管理
- 盘点概述
  - 盘点的概念
  - 盘点的目的
  - 盘点的类型
  - 盘点的方法
- 连锁企业门店商品盘点的组织及人员分配
  - 连锁企业门店商品盘点作业的组织
  - 连锁企业门店商品盘点工作职责
  - 连锁企业门店商品盘点人员分配及操作
- 连锁企业门店商品盘点作业管理
  - 连锁企业门店商品盘点作业规范
  - 连锁企业门店商品盘点作业程序
  - 连锁企业门店商品盘点流程管理
  - 商品盘点的时效性
  - 贵重商品盘点注意事项

职业指导

盘点是门店运营管理中的一项重要工作内容，盘点往往和库存管理有紧密的联系，因此盘点管理人员应该掌握一定的库存管理的相关知识，熟悉收发商品的管理和账目的管理，并懂得做进销存账，善于管理货物的进出；盘点涉及门店的各个商品部门，盘点管理人员应具有良好的沟通、内外部协调和管理能力；现代先进的盘点技术要求盘点人员熟悉电脑操作，工作细心认真，能吃苦耐劳，有条理有计划并有准确性地完成任务，具有团队合作精神。

9.1 盘点概述

商品盘点是门店管理的重要作业之一，由于收发商品的人为作业疏忽、计算机输入资料错误、仓储不当造成商品损失等因素，均会造成商品库存量不正确及账物不一致的现象，这就要求把仓库和陈列商品与账上的数量进行对照，以确定商品的实际数量。通过盘点可以查明陈列仓库内有无积压过期商品，查清商品在数量上已有的或者潜在的差错事故，达到账、卡、物三者相符，以便更新存量记录、确认损益、采取补救措施、减少损失、评估管理绩效。

9.1.1 盘点的概念

所谓盘点就是定期或不定期地由人员直接对店内的商品数量进行全部或者部分清点，以验证账面数量是否正确并切实掌握该期间内实际损耗的管理行为或审查行为。盘点是衡量门店营运业绩的重要手段，盘点的数据直接反映的是损耗，盘点的损耗反映门店营运上的失误和管理上的漏洞，借以发现问题，改善管理，确保门店的正常运营。

9.1.2 盘点的目的

店铺在营运过程中存在各种损耗，有的损耗是可以看见和控制的，但有的损耗是难以统计和计算的，如偷盗、账面错误等，因此需要通过盘点来获得店铺的盈亏状况。通过盘点，一来可以控制存货，以指导日常经营业务；二来能够及时掌握损益情况，以便真实地把握经营绩效，并尽早采取防漏措施。具体来说，盘点可以达到如下目标：

- 店铺在本盘点周期内的盈亏状况。
- 店铺最准确的目前的库存金额，将所有商品的电脑库存数据恢复正确。
- 得知损耗较大的营运部门、商品大组及个别单品，以便在下一个营运年度加强管理，控制损耗。
- 发掘并清除滞销品、临近过期商品、残次品，整理环境，清除死角。
- 对盘点异常的门店或部门采取抽查的方式，可以发现弊端、阻止不轨行为。

9.1.3 盘点的类型

以盘点周期来区分，可分为定期盘点和不定期盘点。

1）定期盘点是指每次盘点间隔时间相同，包括年、季、月度盘点、每日盘点、交接班盘点。采用此方法可以事前做好准备工作，因而一般连锁企业门店都会采用这种方法，但该方法没有考虑节庆假期等特殊情况。

2）不定期盘点是指每次盘点间隔时间不一致的盘点方法，是在调整价格、改变销售方式、人员调动、意外事故、清理仓库等情况下临时进行的盘点。

按照盘点时计算存货是以账面还是以实物为标准来分，可以分为账面存货盘点和实际存货盘点。

1）账面存货盘点是指根据书面记录或计算机记录的数据资料，计算出商品期末存货余额或估算成本的方法，一般由计算机部和财务部进行。

2）实际存货盘点是针对未销售的商品库存，进行实地清点统计，从而得出期末存货余额或估算成本的方法。采用实际存货盘点方法，一般在清点时只记录零售价即可。

按照盘点区域来分，可以分为全面盘点和区域盘点。

1）全面盘点是指在规定的时间内，对店内所有存货进行盘点。

2）区域盘点是指将店内商品以类别区分，每次依顺序盘点一定区域。

按照盘点实施时间来区分，可以分为营业中盘点、营业前盘点、营业后盘点和停业盘点。

1）营业中盘点，也就是"即时盘点"，即在营业中随时进行盘点，营业与盘点同时进行。连锁企业门店可以在营业中盘点，这样可以节省时间，节省加班费用等，但在一定程度上会影响顾客购物，因此这种方法主要适用于对库存区的盘点或进行单品盘点。

2）营业前（后）盘点是指开门营业之前或关门打烊之后进行盘点。这种方法可以不影响门店的正常营业，但是有时候会引起员工的消极抵触，而且将额外支付给员工相应的加班费，这种方法主要适用于对销售区域的盘点。

3）停业盘点是指在正常营业时间内停业一段时间来盘点。这种方法员工较易接受，而对于门店来说将会减少一定的销售业绩，同时也会在一定程度上造成顾客的不便，这种方法主要适用于全面盘点。

按盘点实施采用的手段，门店盘点可分为手工盘点和数据采集终端盘点。

1）手工盘点。分发空白盘点表至各部门，按人员分工顺序抄录货架上的商品名、条形码；在正式盘点日营业结束后整理商品归类、点数，按盘点表上对应的商品名、条形码抄录数量经复点无误后，各部门汇总统一报至电脑部，据以录入商品盘点信息，复核无误后登录，盘点录入工作完成。这种流程特点是无须投入专门盘点设备及相应盘点程序的配合，但差错率高、录入时间长、参与盘点人员较多。

2）数据采集终端盘点。卖场数据传至电脑得出数量差异，适用于全面盘点。流程为理货员将商品数量清点后，将数量填写在卡片上，盘点人员持盘点机直接扫读标价牌上的条形码（要求使用条形码打印机打印带有条形码的标价牌），而不是直接扫读商品上的条形码（商品上的条形码存在位置的寻找、读码率高低等影响扫读速度的因素），之后按照卡片上的数量在盘点机上输入数量。在全场商品数据输入完毕后，将盘点机中的数据通过通信座传输至后台电脑系统中，通过与系统数据比较后产生盘点差异表。一般定期盘点都是在营业结束之后与次日营业开始之前进行，因此盘点可视为实时盘点的数据，通过对差异表分析复查能够发现实时而不是时过境迁的问题。

电脑数据传至盘点机得出数量差异，适用于随机盘点。用盘点机对卖场局部进行抽查的方式对商品数量实时点查，通过盘点机可以在营业结束之后，组织少部分人员进行重点盘点，从电脑系统中下载数据之后，进入卖场对个别部门商品进行重点核查。对某种商品扫读条形码后，盘点机上会出现该商品的系统数量，通过对照实点数量，就可立即知道该商品的差异数，利于及时采取相应措施，而不必等到每月固定盘点时才能发现问题。

这种方式的特点是需投入专门盘点设备及相应盘点程序的配合，因省掉了手工抄录工作，使差错率大幅降低、录入时间大为缩短、参与盘点录入人员减少。

小资料　数据采集器简介

根据数据采集器的使用用途不同，大体上可分为两类：在线式数据采集器和便携式数据采集器。在线式数据采集器又可分为台式和连线式，它们大部分直接由交流电源供电，一般是非独立使用的，在采集器与计算机之间由电缆联结传输数据，不能脱机使用。这种扫描器向计算机传输数据的方式一般有两种：一种是键盘仿真；另一种是通过通信口向计算机传输数据。对于前者无须单独供电，其动力由计算机内部引出；后者则需单独供电。因此，在线式数据采集器必须安装在固定的位置，并且需把条形码符号拿到扫描器前阅读。目前，一些物流企业在出入库管理中已开始使用。由于在线式数据采集器在使用范围和用途上造成了一些限制，使其不能应用在需要脱机使用的场合，如库存盘点、大件物品的扫描等。为了弥补在线式数据采集器的不足之处，便携式数据采集器应运而生。

便携式数据采集器是为适应一些现场数据采集和扫描笨重物体的条形码符号而设计的，适用于脱机使用的场合。识读时，与在线式数据采集器相反，它是将扫描器带到条形码符号前扫描，因此，又称为手持终端机、盘点机。它由电池供电，与计算机之间的通信并不和扫描同时进行，它有自己的内部储存器，可以存一定量的数据，并可在适当的时候将这些数据传输给计算机。几乎所有的便携式数据采集器都有一定的编程能力，再配上应用程序便可成为功能很强的专用设备，从而可以满足不同场合的应用需要。越来越多的企业将目光投向便携式数据采集器，国内已经有一些企业将便携式数据采集器用于仓库管理、运输管理及物品的实时跟踪。

随着便携式数据采集器的性能、配置及数据通信等各项技术指标大幅度提高，它正以全新的姿态走向商场，并开始向更深、更广的领域发展。尤其是在库存（盘点）电子化的应用领域，国外已经取得了很好的成绩，并得到迅速推广。

除了上面介绍的几种盘点类型之外，在一些特殊情况下也需要进行盘点，如整顿、结账、审计等盘点。这些盘点往往是随工作进行状态而出现的可以预见但不便于计划，一般在领导的指示下实施。

1）整顿盘点。日常工作中某项业务出了问题，领导者为了彻底查清而指示的盘点。

2）结账盘点。在某项工作进行过程中当完成了一个段落时，为了给相关人员结账或者顺利开展下一步工作而进行的前期盘点。

3）突击盘点。一般是针对贵重物品进行的突击检查，目的是确保贵重物品的安全。

9.1.4 盘点的方法

1．盘点单盘点法

盘点单盘点法是以商品盘点单统计盘点结果的方法。这种方法汇总记录在整理列表上，十分方便，在盘点过程中，容易发现漏洞、重盘、错盘的现象。

2．盘点签盘点法

盘点签盘点法是在盘点中采用一种特别设计的盘点签，盘点后贴在实物上，经复核者复核后撕下。此种方法对于商品的盘点与复盘核对十分方便、准确，且紧急商品仍可照发，临时进货也可照收，核账与做报表均很方便。

3．货架签盘点法

货架签盘点法是以原有的货架签作为盘点工具，不必特意设计盘点的标签。盘点计数人员盘点完毕后即将盘点数量填在货架签上，复核人员复核后确认无误即揭下原有货架签，换上不同颜色的货架签。然后清查部分货架签尚未被换下的原因，最后依照账单顺序排列，进行核账与报表。

4．分区轮盘法

分区轮盘法是由盘点专业人员将门店和仓库分为若干区，依序清点商品存量，一定日期后再从第一区周而复始盘点。

5．分批分堆盘点法

分批分堆盘点法是将商品记录签放置于透明塑料袋内，拴在商品的包装上。一旦发现商品，立即在记录签上记录，并将领货单副本存于该透明塑料袋内。盘点时对尚未动用的包装件可认定其存量毫无误差，只将动用的存量进行实际盘点，若不相符，则核查记录签与领货单就可以了。

6．最低存量盘点法

最低存量盘点法是指当库存货物达到最低存量或者订购点时，即通知盘点专业人员清点仓库。盘点后开出对账单，以便核查误差。这种盘点方法对于经常收发的商品相当有效，但对于呆滞商品则不合适。

9.2 连锁企业门店商品盘点的组织及人员分配

9.2.1 连锁企业门店商品盘点作业的组织

1．营运总部盘点组织的建立

盘点工作一般都由店铺自行负责，总部予以指导和监督。但随着连锁规模的扩大，盘点工作也需要专业化，即由专职的盘点小组来进行盘点。盘点小组的人数依营业面积的大小来确定，如 500 平方米的超市，盘点小组至少要有 6 人，作业时可分几组同时进行，盘点小组于营业中

连锁企业门店营运与管理

进行盘点，如采用盘点机进行盘点，6人小组一天可盘1~2家这种规模的超市，盘点后应将所获得的资料立即输入电脑，并进行统计分析。盘点的组织工作通常由人力部门配合各部门的需求来进行，分为填表者、盘点者、核对者、抽查员等。在编组时，要衡量工作的分量，尽量让每一组的盘存数量相当，也就是工作尽量安排平均，这样才可以控制盘点存货时间。确立了盘点组织之后，还必须规划好当年度的盘点日程，以利于事前准备。总部在门店盘点前，临时成立盘点组织，基本的架构如图9-1所示。

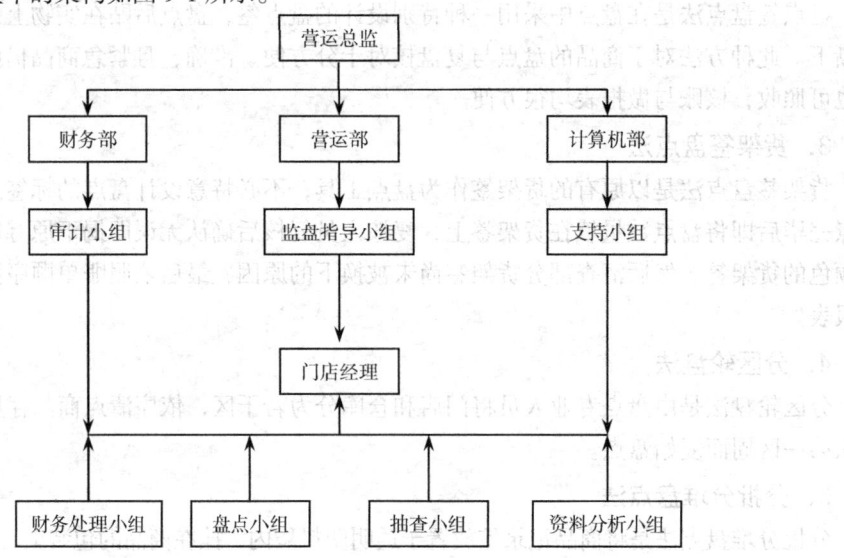

图9-1 连锁总部盘点组织架构

- 营运总监：营运总监负责所有门店的盘点安排，并对盘点结果进行确认。
- 监盘指导小组：营运部成立监盘指导小组，设立区域指导员，负责对各个门店盘点准备工作的检查、核定，指导解决各个门店出现的问题，传达总部对盘点的指示要求，并向营运总监反馈门店的情况，在门店盘点日，现场跟踪门店的盘点。
- 审计小组：负责将本次营运年度所有门店的各项数据进行汇总，并参加门店的盘点，对盘点的真实性进行核定，同时出具各家门店的盘点损耗率。
- 支持小组：计算机部组织支持小组，对系统进行维护和提供支持，包括盘点过程中有关流程的培训和设备的使用等。
- 门店经理：门店经理负责整个门店的盘点事宜，督导盘点小组按计划进行盘点的组织实施，负责人员配备及盘点日程安排。
- 盘点小组：以门店为单位负责本店盘点。
- 抽查小组：由总店行政人员组成，抽查核实盘点情况。
- 财务处理小组：由门店计算机部门和财务部门组成，负责盘点资料的处理。

- 资料分析小组：由门店计算机部门组成，负责分析商品经营的绩效。

2．门店盘点组织的建立

（1）门店盘点组织的结构

盘点是人员投入较多的作业，涉及整个营运部门，准备工作多、繁杂、时间长。为减少对日常营运工作的影响，门店在盘点前，应成立盘点小组，全面组织门店盘点的工作，保证盘点准确、顺利、快捷地完成。通常门店盘点组织的结构如图9-2所示。

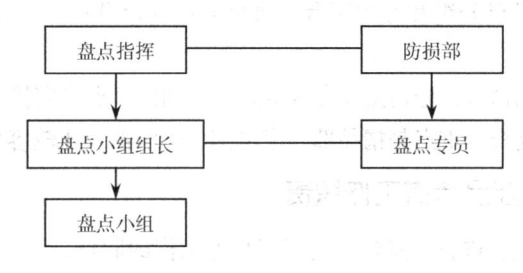

图9-1　门店盘点组织结构

- 盘点指挥：盘点指挥全面负责门店盘点的准备和实施，指导、监督盘点小组的工作，协调盘点过程中门店各个部门与总部相关总门的关系，及时传达总部的意见，控制盘点准备的整个进度和工作质量，盘点指挥由分店经理担任。
- 盘点小组组长：具体实施盘点的准备工作，包括全部的盘点流程，负责控制盘点的进度和工作质量的检查，向盘点指挥进行汇报，并及时与盘点专员、总部监督盘点指导小组进行沟通，盘点小组设正组长1人，副组长2人，其中1人必须是电脑中心办公室人员。
- 盘点小组：主要负责在系统中设置盘点图、核实商品陈列图、盘点表的准备、区域的检查、盘点人员的培训工作，盘点小组的成员必须包括主要盘点部门的员工。
- 盘点专员：负责与盘点小组保持沟通，了解盘点小组是否执行公司的盘点流程，并检查重要的盘点资料有无错误、遗漏等。

（2）盘点人员的安排

1）人员安排的注意事项：

- 分店楼面部门除必需的留守人员外，所有人员均应参加年度盘点，包括行政部门等，必须支援楼面进行盘点。
- 盘点前1个月，各个部门将参加盘点的人员进行排班，盘点前1周，原则上取消年假休息，盘点当日应停止任何休假。
- 各个部门将参加盘点的人员报盘点小组，必须注明哪些是点数人员，哪些是录入人员。
- 盘点小组统一对全店的盘点人员进行安排，分为库存区盘点人员、陈列区盘点人员。
- 盘点小组安排盘点日陈列区的盘点人员时，各个分区小组中必须包括本区营运部门的经理、主管、熟练员工，其中部门经理任分控制台台长。

- 盘点小组在每一个分区小组的人员安排中,必须明确初点录入人员、点数人员、复点录入人员、点数人员等。

2)人员安排的通告:
- 盘点小组在接到部门上报的参加盘点人员的名单和排班后,将所有盘点人员进行安排,于盘点前7天以书面通知、公告的方式通知各个部门。
- 盘点人员按库存区盘点和陈列区盘点两次来安排。将盘点区域分成不同的盘点分区,每个分区设置一个盘点分组和分控制台,每个分控制台设置一个分台长,全面控制盘点工作的进行。
- 防损部根据盘点的情况,分别按库存区盘点和陈列区盘点来安排人员,要求每个分区都必须安排人员进行复查,重点是精品部、家电部、烟酒部及比较容易出现点数错误的区域。

9.2.2 连锁企业门店商品盘点工作职责

为保障盘点工作的顺利进行,需要确定门店盘点工作的职责,主要是确定总盘人、主盘人、初盘人、复盘人、填报人、协点人、抽查人等及其各自的职责。

1. 总盘人

由总经理担任,总盘人负责盘点工作的总指挥,督导盘点工作的进行及异常事项的裁决。主要职责有确保整个盘点进度与质量,合理安排各分区盘点任务,协调盘点小组间的工作和出现的问题,解决临时、突发问题,负责与财务、售后服务部门现场协调。

2. 主盘人

由事业部门主管担任,主盘人负责实际盘点工作的推动。其主要职责有确保各分区内盘点工作的进度与质量,各分区内盘点小组任务的分配,盘点文具的准备,审核盘点单,保证盘点单信息完整可读,负责安排盘点单的及时领取与上交,负责现场确定盘点方式。

3. 初盘人

由事业部门及财务、经管部门指派,初盘人负责商品数量的点计,供填表人进行填写。

4. 填表人

由财务部门指派(人员不足时,间接部门支援),填表人负责填写盘点人的数量记录。其主要职责是保证及时、准确地完成盘点,调整数据的系统录入,负责盘点工作量统计,负责准备盘点单并及时提交盘点分区组长,对盘点单发放和回收进行监控、跟踪。

5. 复盘人

由总经理视需要指派及事业部、经管部门的主管担任,复盘人与盘点人分段核对填表人填写情况,确保数据的准确性。其主要职责有分析差异产生的原因,确定复核商品清单,编写盘点报告,确认系统调整数据。

6. 协点人

由事业部门及财务、经管部门指派，协点人负责盘点时物料搬运及整理工作，其主要负责车辆、餐饮、清洁、库区照明、盘点工具等后勤工作。

7. 抽查人

抽查人由门店经理派人员担任，负责盘点过程的抽查监督。其主要职责有抽查盘点人员盘点质量，检查单据填写是否规范，及时给盘点人员支持，及时与盘点组长沟通商定特殊商品的盘点方式。

9.2.3 连锁企业门店商品盘点人员分配及操作

为防止盘点弊端的产生，盘点应有其他部门人员，尤其是会计和管理人员的参与，为确保盘点作业的有序有效，盘点作业要将所确定的责任分区落实到人，并且告知有关人员。一般可利用盘点责任区域分配表（见表9-1）来分配盘点责任区域，而盘点责任区域分配表则可以根据门店卖场布局图（见图9-3）来编制。盘点作业责任区确认的具体操作办法：先由每个门店根据各自存货及商品的位置做盘点配置图，在图上标明卖场的通道、陈列架、后场的仓库通道，在陈列架和冷藏柜上与盘点配置相同的编号；然后对每一个区位进行编号；再将编号做成贴纸，粘贴于陈列架的右上角。做好了上述工作之后，就可以详细地分配责任区域，以便盘点人员确认和了解工作范围，并控制盘点进度，在落实责任区域的盘点人时，最好采用"互换法"，即商品部A的作业人员盘点商品部B的作业区，防止"自盘自"造成不实情况发生，盘点人员的分配状况可以用盘点人员编组表（见表9-2）来记录。原则上，盘点当日，应停止任何休假，特别是全面盘点至少应于两周前安排妥当，包括加班、延长时间等，应由门店各部门写出盘点安排计划并呈报店长批准。支援各部门盘点的员工，由自动数据处理中心（Automatic Logic Center，ALC）合理调配，同时填写支援组盘点人员安排计划表，并呈报店长批准。

表9-1 盘点责任区分配表

部门_____　　　　　　　　　　日期_____

姓　名	盘点类别	区域编号	盘点单编号			备　注
			起	迄	张数	

填表人：_____　　　　　　　　批准人：_____

连锁企业门店营运与管理

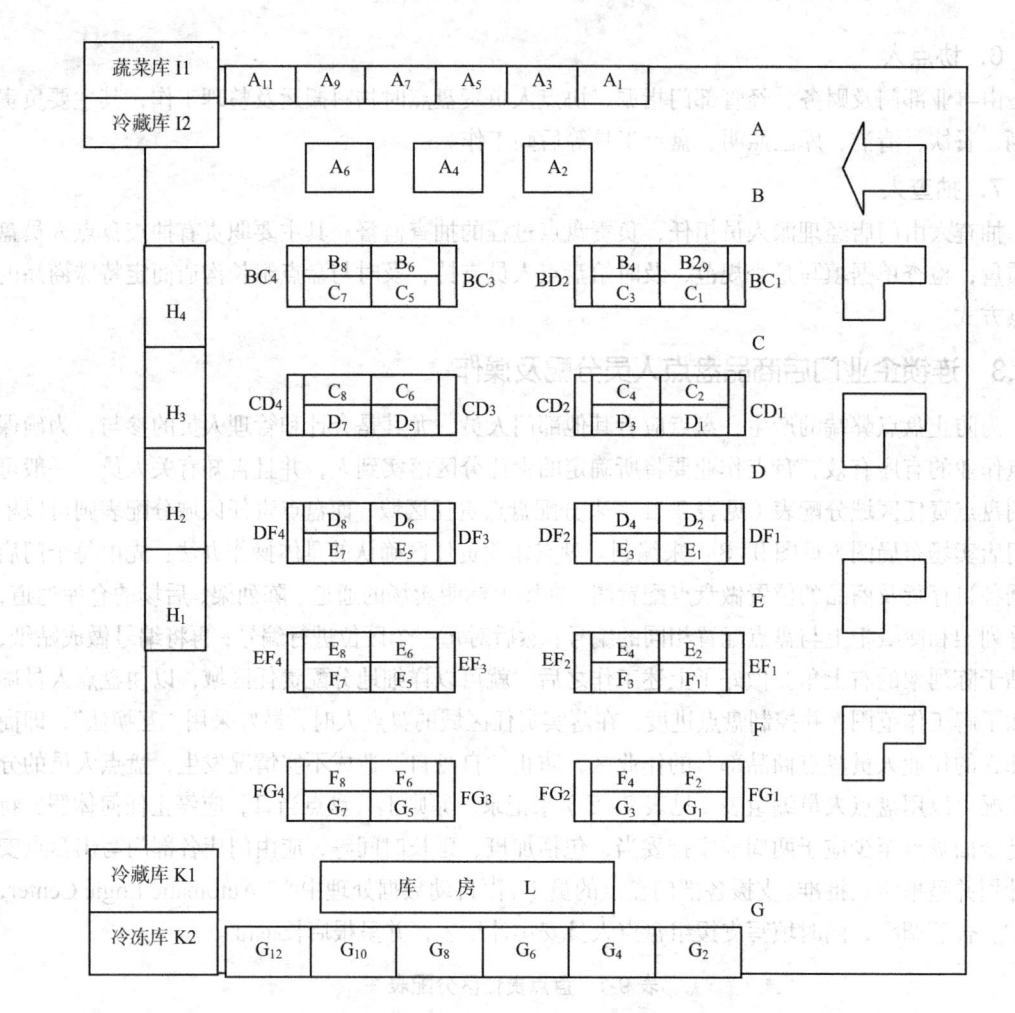

注：图中字母分别为盘点过程中卖场通道、陈列架、后场仓库的标号。

图 9-3　卖场布局图

表 9-2　盘点人员编组表

部　　门	盘点项目	日　　期	初盘人	复盘人	抽查人	备　注

9.3 连锁企业门店商品盘点作业管理

9.3.1 连锁企业门店商品盘点作业规范

盘点作业正式开始后，盘点人员在整个盘点作业过程中，要遵循一系列的操作规范。按照盘点作业的顺序，这些操作规范可以分为初点作业规范、复点作业规范和抽点作业规范三个方面。

1. 初点作业规范

盘点人员在实施初点作业过程中，还应注意如下一些规范事项。

1）若于营业中盘点，则先将当日有营业的收银机全部读出"×账"。

2）先点仓库、冷冻库、冷藏库，再点卖场。

3）若是营业中盘点，卖场内先盘点购买频率较低且售价低的商品。

4）盘点货架或冷冻、冷藏柜时要依序从左到右，从上到下。

5）每一台货架或冷冻、冷藏柜均应视为独立单位，使用单独的盘点表，若盘点表不足，则继续使用下一张。

6）最好两人一组，一人点、一人写，若在非营业中清点，可将事先准备好的小贴纸或小纸张拿出，写上数量后，放在商品前方。

7）盘点单上的数字要写清楚，不可潦草，避免混淆。

8）如果写错字，要按规定涂改。

9）对不同特性的商品盘点的计算方式如下：

- 规格化商品，清点其最小单位的数量。
- 生鲜商品若未处理，则以原进货单位盘点，如重量、箱数等；如果已加工处理尚未卖出，则以包装形式盘点，如包、束、袋、盒等。
- 汽水、可乐等桶状商品，则清点桶数。未开封者视为全额零售价，已开封者折半价。
- 散装而未规格化的商品，以重量为单位。

10）盘点时，顺便观察商品的有效期，过期商品应随即取下并记录。

11）店长要掌握盘点进度，机动调动人员支援，并巡视各部门盘点区域，发掘死角及易漏盘区域。

12）若是营业中盘点，应注意不可高谈阔论，或阻碍顾客通行。

13）对于无法查知商品编号或商品售价的商品，应马上取下，事后追查归属。

2. 复点作业规范

复点可在初点进行一段时间后再进行，复点人员应手持初点的盘点表，依序检查，在复点作业人员进行复点时，应注意如下一些规范事项。

1）在开店初期，由于员工对商品不熟悉，复点通常按100%的商品进行盘点，而开店半年以上者，则可以根据不同的商品分类，按 30%~50%的比例进行盘点。

2）复盘时应先检查盘点配置图与实际现场是否一致，是否有遗漏的区域（独立区域常会漏盘）。

3）若使用小贴纸方式，则应先巡视有无遗漏未标示小贴纸的商品。

4）在将复点的数字计入复点栏内时，应一并计算出差异，填入差异栏。

5）复点者必须使用红色圆珠笔填表。

6）复点无误后应将小贴纸拿下。

3. 抽点作业规范

对各小组和各责任人员的盘点结果，门店店长等负责人要认真加以检查，在抽点时，应注意以下一些规范事项。

1）由部门经理先抽盘并填写分店盘点抽查记录表，每个小分类抽盘 20%左右的品项。然后由门店总经理安排防损部，并在相关部门主管的协助下进行盘点抽查，每个小分类抽盘 10%左右的品项。

2）抽盘的重点应为高单价、高库存、易失窃商品，以及处于卖场内的死角的商品或不易清点的商品。

3）抽点者对整体区域的检查应如复点者。

4）抽点者对初点与复点差异较大的数字，要进行实地确定。

5）检查每一类商品是否都已盘点出数量和金额，并有签名。

6）对劣质商品和破损商品的处理情况应加以复查。

7）抽点者也必须使用红色圆珠笔。

9.3.2 连锁企业门店商品盘点作业程序

1. 门店盘点流程

连锁企业门店盘点作业流程如图 9-4 所示。下面简单介绍盘点流程的步骤和具体工作内容及要求。

1）盘点通知：总公司营运部下达所有下属门店本营运年度的盘点安排，确定具体的盘点时间，组织财务、审计、监盘小组到门店参与、监督门店的年度盘点。

2）盘点组织落实：盘点作业人员组织由各门店负责落实，总部人员在各门店进行盘点时分头下去指导和监督盘点。一般来说，盘点作业是连锁企业门店人员投入最多的作业，所以要求全员参加盘点。

3）盘点准备工作计划：用倒计时的方式将盘点所需要进行的工作以清单的形式列印出来。

4）盘点区域的规划：将所有需要盘点的区域进行编号规划，将不需要盘点的区域划分出去。

5）陈列图的确认：对整个门店所有需要盘点的区域的陈列图进行确认，并输入电脑系统。

6）准备文具：准备所有盘点需要的文具、用具等。

第 9 章　连锁企业门店商品盘点作业管理

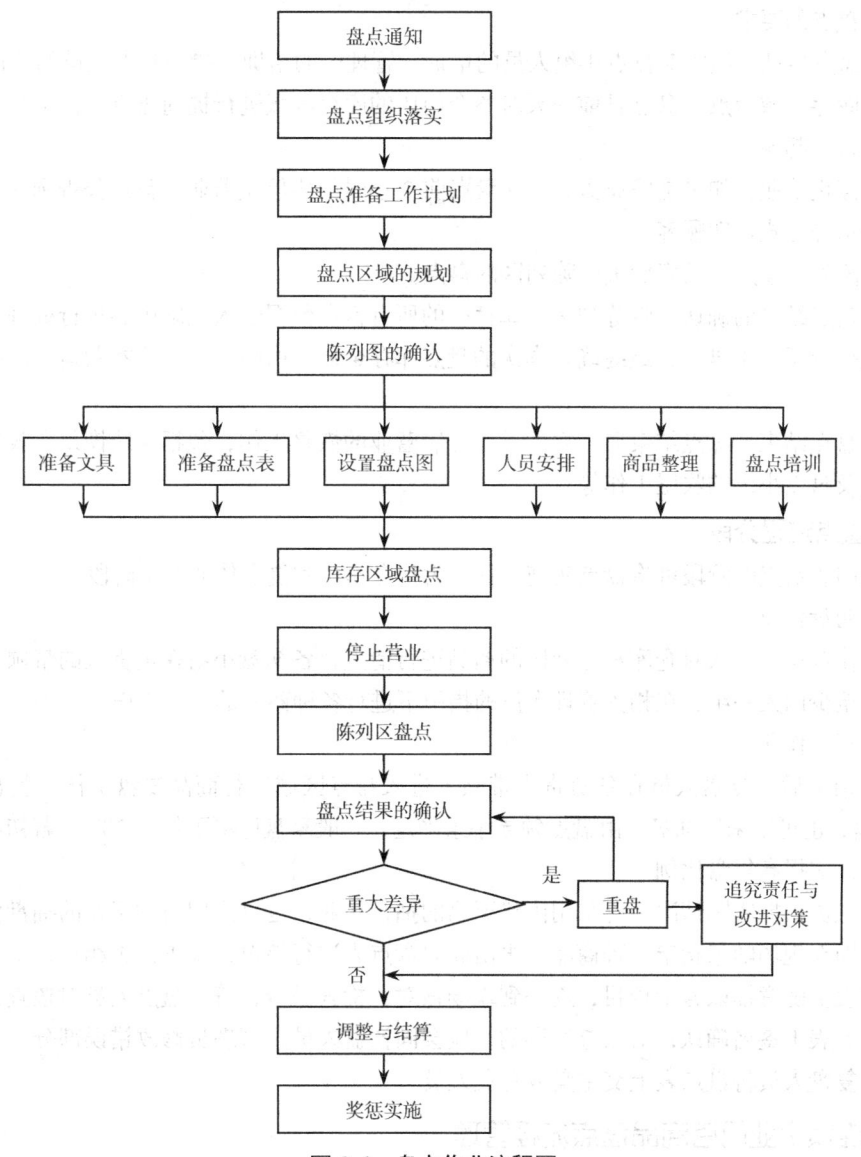

```
盘点通知
   ↓
盘点组织落实
   ↓
盘点准备工作计划
   ↓
盘点区域的规划
   ↓
陈列图的确认
   ↓
准备文具  准备盘点表  设置盘点图  人员安排  商品整理  盘点培训
   ↓
库存区域盘点
   ↓
停止营业
   ↓
陈列区盘点
   ↓
盘点结果的确认 ←──────────┐
   ↓                      │
重大差异 ──是──→ 重盘 → 追究责任与改进对策
   ↓否
调整与结算
   ↓
奖惩实施
```

图 9-4　盘点作业流程图

7）准备盘点表：在库存区预盘点之前，将所有的盘点表审核、准备完毕。

8）设置盘点图：将门店所有陈列区域的商品陈列图设置到电脑系统中。

9）人员安排：安排所有参加库存区盘点、陈列区盘点的人员，以及盘点指挥中心和盘点资料处理中心的人员，详细到如工作时间、就餐时间、报到地点等。

10）商品整理：在盘点进行前，对销售区域、库存区域的所有属于盘点的商品进行整理，使其符合盘点的要求。

11）盘点培训：组织对盘点小组人员的培训、管理层的培训、参加盘点人员的培训。

12）库存区域盘点：盘点日前一天对整个门店的库存区域进行提前盘点，但资料与陈列区的盘点资料一起输入。

13）停止营业：如果是停业盘点，在盘点前2小时门店停止营业，盘点公告则在一周前以广播、告示等方式告知顾客。

14）陈列区盘点：关店后进行陈列区的盘点。

15）盘点结果的确认：将陈列区、库存区的所有盘点数据输入电脑中心进行处理，并对差异报告进行分析、重盘等，最终确定本次的盘点库存金额，由财务部计算本营运年度的盘点损耗率。

16）盘点结束：盘点结束后，立即进行开店营业的恢复工作，包括系统恢复、收货恢复、楼面恢复及盘点小组的收尾工作等。

2. 盘点流程分段

按照门店盘点的阶段可将盘点实施流程分为初盘作业和复盘作业两个阶段。

（1）初盘作业

初盘作业是第一次对仓库和陈列区的商品进行清点，各初盘小组在负责人的带领下进入盘点区域，至少两人一组，在相关管理人员的指引下进行各种商品的清点工作。

（2）复盘作业

初盘结束后，复盘人员在各负责人带领下进入盘点区域进行商品复盘工作。复盘可采用100%复盘，也可以采用抽盘，由盘点领导小组确定，一般复盘比例不低于30%，若初盘盈亏数量较大时，应提高复盘比例。

复盘人员根据实际情况，可采用由账至物的抽盘作业，也可采用由物至账的抽盘作业。由物至账，即在现场随意指定一种商品，再由此对盘点表进行核对，检查是否相符；由账至物，即在盘点表上随意抽取若干项目，逐一到现场核对，检查是否相符。盘点人员对核查无误的项目，在盘点表上签名确认；对核查有误的，应会同初盘人员、管理员修改错误部分，并共同签名负责，复盘人员将盘点表上交主盘或总盘人员。

9.3.3 连锁企业门店商品盘点流程管理

1. 盘点计划

盘点一般要召开盘点会议，必要时要成立盘点领导小组，划分盘点区域及负责人，确定盘点各项工作的分工，用倒计时的方式将盘点所需要进行的工作以清单的形式列印出来，主要应解决以下问题。

（1）确定盘点流程与盘点方法

对于以往盘点工作的不理想情况应先加以检讨修正，再确定盘点程序与方法，程序与方法应在会议通过后列入企业正式的盘点程序或盘点制度中。

（2）决定盘点日期

通常门店盘点时间的决定因素要配合财务部门成本会计的决算，具体如下：每月进行重点存货盘点及财务盘点；每半年进行一次全面的存货盘点及财务盘点；每年进行一次全面的财产盘点，根据实际需要和现实情况确定盘点日期。

（3）确定参与人员分工

确定盘点参与人员，根据盘点分工依层次予以培训。制作门店和仓库各区域分布图，对整个门店所有需要盘点区域的陈列图进行确认，将非盘点物品转移至非盘点区域；按照商品陈放区域或商品品类划分盘点责任区，并根据责任区数量分配盘点人员及数量，各个区域负责人安排员工做日常预盘点、库位的整理。

（4）准备相关事宜

充分制作各种盘点登记流转单据，处理完所有手写、借料单据，系统完成所有收货、出库指令，购买盘点所需要的工具，检查盘点机、运送车等设备是否处于随时可用状态。盘点前门店要通过各种方式告知供应商，以免供应商直送的商品在盘点时送货，造成不便，如需停止营业，盘点前2小时门店停止营业，盘点公告应在一周之前以广播、告示等方式通知顾客。

2．系统盘点图的建立

（1）系统盘点图建立的流程

1）确认盘点区域位置图：盘点小组对整个门店的盘点区域进行编号。

2）确认正常货架的陈列图：楼面各个部门对正常销售的陈列货架的陈列图进行确认。

3）商品整理：将正常货架的商品进行整理，主要是排面的陈列必须符合标准。

4）价签或条形码核实：核实所有商品的价签与商品是否一一对应，所有商品是否具备有效条形码。

5）陈列图的1次录入：利用手持终端（Hand Held Terminal，HHT）将盘点区域编号输入，并将各个位置下的陈列商品一一录入。

6）系统陈列图的核实：打印系统中的陈列图，并与实际陈列进行核实，检查有无错误。

7）确认促销区商品：楼面对促销区的商品陈列进行确认，不再变动。

8）陈列图的2次录入：利用HHT将促销区各个位置下的陈列商品一一录入。

9）系统陈列图的核实：打印系统中的促销区的陈列图，并进行核实无误。

10）系统盘点图完成：列印全部的系统盘点图，进行核实无误，则完成系统盘点图的输入设置工作。

（2）商品陈列的确认

1）楼面确认商品陈列是非常重要的，在输入电脑系统前，楼面要将需要退货的品种、新品种及需要清仓的品种进行统计，尽量减少输入系统后陈列图的更改。

2）楼面陈列的所有商品必须有可以扫描的条形码，因为系统的录入是HHT直接扫描进行录入的。

3）楼面商品的每一个陈列位都必须有价格标签，价格标签必须同商品一一对应。

4）所有需要盘点的商品可以在不同的位置出现多次，但不能同时拥有一个以上的位置编号，如果某个商品出现横跨货架的陈列，必须进行纠正。

（3）系统盘点图的核实

1）系统盘点图输入完毕后，必须列打印报告，检查系统输入的盘点区域编号是否正确，有无遗漏。

2）对应的位置编号下，商品的陈列图是否正确，有无遗漏，包括同一位置编号下的多个陈列位置的输入。

（4）系统盘点图的修正

1）系统盘点图录入核实后，原则上不接受楼面的任何更改。但在实际操作过程中，因各种因素的影响，系统陈列图的更改是不可避免的。

2）楼面尽量不更改陈列图，除非必须更改，如在输入后，某品种余货销完，不再进货，需要补充新商品等，则需要做相应的更改。

3）陈列图的更改必须经过盘点小组的批准。

4）促销商品的陈列图输入核实后，不接受任何理由的陈列更改。

3. 盘点前的整理工作

盘点开始前门店应对商品进行整理，这样会使盘点工作更有序、更有效，盘点前的整理工作主要包括以下几个方面。

1）清除盘点区域死角、维修部门、顾客退货处的滞留商品，将全部零星散货放入正常的陈列货架。

2）在盘点前规定的时间内，楼面必须将需要退换货的商品、报废的商品处理完毕，将有损商品、过期商品预先鉴定，与一般商品划定界限，以便正式盘点时做最后鉴定。

3）清洁整理仓库与门店陈列商品，检查商品中是否混杂了其他商品，检查所有商品是否具备有效条形码，其价格标签是否正确无误，使陈列架与仓库井然有序，便于清点。

4）中央陈列架前面（靠出口处）端头往往陈列的是一些促销商品，商品整理时要注意该处的商品是组合式的，要分清每一种商品的类别和品名，进行分类整理，不能混同成一种商品。中央陈列架尾部（靠卖场里面）的端头往往是以整齐陈列的方式陈列一种商品，整理时要注意其间陈列的商品中是否每一箱都是满的，要把空的箱子拿掉，不足的箱子里要放满商品，以免把空箱子和没放满商品的箱子都按实计算，盘点时出现差错。

5）所有需要盘点的商品必须在盘点区域内的盘点编号下，所有不需要盘点的商品必须在非盘点区域内。

6）检查商场各个区域的商品陈列及仓库存货的位置和编号是否与盘点配置图一致。

7）仓库对于供应商交来的商品尚未办理验收手续的，应在盘点前办理验收手续，或退回供应商还未运走的商品，所有权归供应商所有。不属于本公司的商品，必须与公司商品分开，避免混淆，以免盘入公司商品中。

8）仓库和门店必须在盘点前确定一个截止时间停止领发商品，避免交叉混淆出错，柜组退回商品要彻底搞清，将退货区域与其他存货区域分开，在全面盘点前进行保质期和商品包装的检查，处理好规格不符合的商品、超发商品、即将过期商品、破损商品。

9）将单据、文件、账卡整理就绪，未登记、销账的单据均应结清。

4. 盘点人员培训

盘点人员的培训分成两部分，一部分是认识商品的培训，另一部分是盘点方法的培训。

（1）认识商品的培训

对于认识商品的培训，重点在于复盘人员与监盘人员的培训，因为复盘人员与监盘人员对大多数商品品种规格不太熟悉。加强复盘人员与监盘人员对商品认识的方法：

- 将易于认识的商品分配给商品认识不足的复盘人员和监盘人员（如财务，行政人员）。
- 对所分配的复盘产品，加强复盘、监盘人员的商品认识培训。
- 对商品认识不足的复盘、监盘人员，每次盘点所分配的商品内容最好相同或相当接近，每次盘点不要变更。

（2）盘点方法的培训

门店盘点流程与盘点方法经会议讨论通过后，即成为制度。参与初盘、复盘、抽盘、监盘的人员必须根据盘点管理程序加以培训，必须对盘点的程序、盘点的方法、盘点使用的表单等整个过程充分了解，这样盘点工作才能得心应手。

> **小资料** 盘点表使用的培训
>
> 1）盘点表是盘点库存区时使用的。所有的库存区域，盘点小组全部设置盘点表。
>
> 2）盘点表是编号的，在某一个编号下，盘点表的增加必须经过盘点小组的登记审核后才可以增加。
>
> 3）盘点前到总控制台领取盘点表，盘点完毕后，回归总控制台。
>
> 4）盘点表必须经过防损部的盘点专员的抽查确认后，才能封存，等待输入系统。
>
> 5）如果需要修改盘点表上的数字，按照如下格式修改：１２３４５６７８９０。
>
> 6）如果需要修改盘点表上的数字，不能用涂改液或圈涂法，必须将原来的数据画掉，重新书写。
>
> 7）盘点表上只记录商品的品名，因此盘点表上的数据是该商品在该盘点位置下的所有库存的总数。
>
> 8）盘点表上的数据只能用蓝色、黑色签字笔或圆珠笔书写，不能用红笔、铅笔或彩色笔书写。
>
> 9）盘点人员必须在盘点表上签字，用中文正楷字体。

5. 盘点操作管理

1）盘点前盘点人员准备好圆珠笔、垫板，确认自己的盘点区域，认识自己的盘点伙伴，做好分工，各盘点人员在盘点组长处领走盘点表时要签名，以证实领走。交回时盘点组长在交回栏签名，以证实交回。

2）盘点人盘点前和填表人分别在盘点表上签名。盘点人对一个货架开始盘点前，先叫货架编号、盘存表号码、张数，让填表人核对。盘点开始后，所有盘点人员应面对货架，两人一组，一人点数，一人输入，按照从左到右、从上到下的顺序开始盘点，见货盘货，不允许跳跃盘点，不允许使用商品作为盘点工具，不允许坐在或站在商品上。赠品、自用品不盘点，特价商品按原价格盘点，若盘点中遇到标价不同或没标价时应找其他同种类商品的价标，或询问负责该部门的售货员，或由相关人员向电脑中心查询。破损、失窃商品按原来实物进行盘点，并单独列在盘点表上。本区域的散货，盘点人员发现后，应将其送往特定区域，特定区域的商品，包括本日的顾客退换货及楼面发生的散货，在特别区域进行盘点，归入待处理区域的所有商品一律不进行盘点。

3）填表人拿起盘点表（见表9-3）后，应注意是否有重叠，盘点表一式三份，要求上下对齐并在盘点表上签名。填表前必须先核对货架编号，货架号要按从小到大的顺序填写，不允许空号、漏号或货架号从大到小填写。填表人对于某些内容已预先填写的盘点表，应将货号、品名、单位、金额等核对无误后，再将盘点者所获得的数量填入盘存表，填写数量应带单位，填写金额需将位数对齐，填写必须正确清楚，对于需要更正的地方，必须按规定执行，并注明更正。商品要按区填写，即食品、非食品不能写在同一张盘点表上。生鲜区所有商品一律按进价盘点，如不明进价，则写明售价。

表9-3 盘点表

货架编号： 　　　　　　　　　　　店名：
文件袋号： 　　　　　　　　　　　日期：
盘点编号：

品号	品名	规格	数量	零售价	金额	复点	抽点	备注
小计								

初点人：_____　　复点人：_____　　抽点人：_____

4）复盘人员在盘点期间应认真核对，以发挥核对的作用。应注意盘点人的盘点数量、金额是否正确无误,填表者的填写是否正确无误,监督错误的更正是否符合规定。复盘人对每一商品盘点完后,应在盘点表上填写相应结果,并于盘点表全部填写完毕核对无误后,签名确认。

5)抽查人应服从主盘人的指挥调派,在建立抽查组织后,开始进行抽查工作。抽查人检查已盘点完成的货架商品,核对其货号、品名、单位、金额及数量是否按规定填写,检查更正处是否按照规定处理,检查进行盘点的各组是否有签名。抽查盘点完成的商品是否与盘点表上记载者相符,若发现盘点数量不符,应即通知原盘点组人员更正。抽查人进行抽查后,应在抽查人栏签名,向主管人员报告有关抽查时所发现的优缺点,主管人员再综合各抽查人意见,将优缺点填入盘点综合抽查报告表内。主盘人应在盘点表内各项错误更正后核对及签名。

6. 盘点差异分析与处理

（1）差异分析

盘点结束后应将盘点表全部收回,在对盘点表进行计算统计后填写盘点差异表(见表9-4)。

表9-4 盘点差异表

店名:　　　　　　　　　　　　　　　　　　　　　　　　　　　日期:

部门	类别	品名规格	单位	账面数量	盘点数量	盘盈数量	盘盈金额	盘亏数量	盘亏金额	盘亏合计金额	差异原因说明	对策

盘点人:　　　　　　　　复核人:　　　　　　　　说明:

门店将盘点所得各种资料与账目核对后,如发现不一致现象,应积极追究账物差异的原因,差异的原因可以从以下几点着手分析。

1)盘点作业是否存在操作不当。因盘点人员事先培训工作进行不全面、安排不到位等原因造成错误的操作指令;盘点人员工作态度不认真,不慎重造成重盘、漏盘等。

2)账目管理是否存在不足。账物不一致是否确实,是否因商品管理账物制度有缺陷而造成账物无法确实表达商品实际数目;账物管理人员存在失职,记账时发生漏登错误、编号错误、数量计算错误或进货、发货的原始单据丢失造成账物的不符。

3)商品本身情况发生变化。原装箱产品在拨发时发现情况改变,保管不良,遇到商品恶化、失窃或意外损坏,接收商品时,检验人员对商品的规格鉴别错误,基于需要,商品类别变更,装配拆分等造成账目与实际差异。

4)盘点差异在允许范围之内。整体而言商品一般不会盘盈,除非有进货无进货传票、盘点虚增作假或计算错误,多数情况为盘亏,盘损率只要在合理范围内均视为正常,一般来说正常的盘损率应低于0.3%,超过0.3%则说明存在异常。盘损率是指实际盘点库存与电脑理论库存(账面库存)的差异与盘点周期内的总销售金额之比,盘损率的计算公式如下:

连锁企业门店营运与管理

盘损率（%）=（账面库存－实际盘点库存）/盘点周期的总销售金额×100%

账面库存=上一年盘点库存+盘点周期的采购成本±分店转货成本－盘点周期的销售成本

实际库存 = Σ 单品盘点数×单品销售价格

（2）盘点结果处理

盘点作业结束后，要进行盘点作业的账册工作。盘点账册的工作就是合计出商品的盘点金额，生成盈亏报表。门店要将盘点结果送总部财务部，财务部将所有盘点数据复审之后就可以得出该门店的营业成绩，结算出毛利和净利，这就是盘点作业的最后结果。仓库和财务部根据审批情况做库存财务账差异调整、更正库存。盘点结果处理主要要做好以下工作。

1）在盘点中发现的错误，应予以纠正。发现商品存量不正常，要根据销售情况调整库存标准，存量不足的商品要及时采购，存量过多的商品要调低库存数量。

2）当发现商品的标号、规格、型号混乱时，应查明原因并调整账面数字，商品也随即调整仓位或货位。

3）如果商品变质、损耗，应查明变质、损耗的原因、存储时效，必要时应会同检验部门复检，凡损坏者应在发现后立即处理，如不能利用者应做废品处理。

4）对于盘盈、盘亏的商品，以实际存在数量为依据，审查核定后，进行库存的整理更正。

5）对废弃比率过大的商品，要设法降低废弃品率，周转率低的商品，要设法降低库存量，短缺率过大的商品要设法强化销售部门与库存管理部门及采购部门的配合。

6）盘点工作完成后，对所发生的差额、错误、变质、呆滞、损耗等结果应分别予以处理，总结原因提出改善对策，防止以后再次发生。

小资料 盘点错误原因及根除方式

某超市在2006年6月盘点时，某商品盘亏13 600元。在损耗调查过程中发现：该商品自上一次盘点后至本次盘点期间的进货、销售、库存均没发现问题。随后再往前追溯发现：此商品在上一次盘点时显示盘盈13 600元。由此可以推定：上一次该商品的盘盈属于盘点错误所致。实践中我们发现，盘点错误主要由以下原因造成：

- 盘点前没有充分准备。
- 盘点货位分布图有区域遗漏。
- 培训不够导致员工对盘点流程不熟，尤其是一些企业让促销员参与盘点。
- 不参加盘点的区域没有明显的"不参加盘点"标识。
- 盘点前没有及时处理单据，造成初盘结果误差很大。
- 已经盘过的仓库没有封库，商品进出没有登记。
- 样品、赠品和商品没有区分，造成盘盈。
- 点数错误或串盘。

- 未将堆头下的商品开箱检查。
- 数据录入错误。
- 店外的库存商品漏盘。
- 缺乏盘点抽查机制，影响准确率。
- 对所有区域缺少总控，造成某个区域漏单漏输。
- 管理人员人为干扰，篡改盘点数据。

要确保大盘点的准确性和真实性，需从以下方面控制。

盘点前控制：
- 商品陈列准备严格遵守盘点流程的要求。
- 商品预盘。
- 单据处理如负库存的调整。
- 抽查收货单据，防止盘点前的作弊，如收货不录系统、空调拨、空返厂等行为。
- 盘点人员安排（分区编组、人员安排、盘点培训、盘点演习）。

盘点中控制：
- 执行盘点流程（人员安排、分区、单据传递、数据录入、数量更改等）。
- 确保不同区域之间没有货物流动。
- 商品、单据复核需按要求比例。
- 盘点中出现的异常情况及时处理（破损、空包装、过保质期等）。
- 防止非原包装箱、货架顶、堆垛打底商品漏盘、错盘。
- 确保录入准确。
- 高值商品重点抽盘。
- 预防盘点期间盗窃。

盘点后控制：
- 盘点后打印出库存差异报告，需在最短的时间里复查。
- 对于大金额的库存调整，必须有防损部的复核才可以确认。
- 保管好盘点的文件，并复印存档，防止有人篡改。
- 复查时需分析查出的结果，哪些是上次盘点错误影响到本次盘点，哪些是盘点时点错的，哪些是录入时录错的，哪些是单据出错的。
- 盘点后要对损耗的部门和单品进行分析，并制定行动计划。

7. 盘点考核

盘点结束后，主要盘点负责人根据盘点中出现的问题进行汇总，分析差异，总结盘点中的不足经验，并针对盘点发现的营运问题提出改进措施，出具盘点报告。

同时根据各个盘点区域组织及盘点质量、效率进行评比，作为管理人员绩效考核的一项内容。盘点工作有关人员依照有关的规定，切实遵照办理且表现优异者，经主盘人签报，要予以嘉奖；对违反盘点相关规定者，视情节轻重，经主盘人签报，要予以处分。

9.3.4 商品盘点的时效性

商品盘点工作是每个门店都要进行的重要工作内容，是企业管理财产的重要工具，是每个经营管理者进行管理、发现问题、堵塞漏洞的重要手段，是财务部门核算的重要数据来源，而盘点工作的时效性问题是很容易被忽视的环节，它关系到盘点工作的成败。

盘点的目的究其实质，应该是发现经营管理中的问题并着手改正。很多连锁企业门店盘点时存在认识上的误区，只注重总金额的盈亏，至多只明细到部门总金额，对于管理上的把握仍停留在感性的认识上，不习惯于用理性化、数据化的东西来管理，忽视了单品数量差异的重要性；或是没有有效的办法解决盘点时效性问题，往往在连锁企业门店商品数量已经发生变化后，盘点差异表才显示出结果，这时进行商品复点，已无法识别是真正的亏损还是因商品已经售出造成的盘点误差。

连锁企业门店财务对存货采取的核算方法有售价核算法、进价核算法，理论上商品的"财务账＝电脑系统账＝盘点表"。说盘亏、盘盈时往往都是依据这个理论，用财务账上的商品总额同盘点表上的金额比较而得出的。

实际上这个理论是有很大局限性的，因卖场财务账上只能对商品建立到部门的二级账，对单品的明细账因品种太多，无法建立三级明细账，故盘点表相当于三级明细账，而财务账和盘点表之间并无直接的对应关系，是以电脑进销存系统数据为纽带发生关系的。卖场的售价变动很频繁，在采用售价法时，当电脑部变价的同时财务部也要做相应的商品金额调整，变动差价乘以数量等于计划调整金额，理论上财务账的数量同卖场实际数量是一致的，但是实际情况往往不一致。这时如果没有找出数量差错原因就调整财务存货账，采用任何一种数量都是不对的。在采用进价法时不要求盘点者在盘点表上抄录进货价格（事实上抄录进价也是一件困难的事情），而只抄录商品数量，盘点表上只有数量显然无法同财务账核对，因此要将数量输入电脑系统从而得出金额，但如果不能保证商品数量及时输入系统，那么这个数据同样无法同财务账核对。而现实是，很多卖场靠人工输入盘点表无法在卖场商品数量没有变动的情况下完成这项工作，也就是说在第二个营业日开始时盘点工作不能及时正确地录入完成，那么盘点工作很大程度上也就流于形式。通过对前面人工盘点和盘点机盘点方法进行分析，我们可以发现，用盘点机进行盘点效率高，可以实时获取和传输商品数据，解决了盘点时效性的问题。

盘点工作的时效性不仅不能被轻视，而且也不能降低要求，解决好这个问题的关键是相关的管理部门实现由事后监督向事中、事前监督转变，而数据采集终端是解决盘点工作时效性的有效方法，同时制定出适合门店的盘点作业流程，并要各相关部门切实执行配合好，盘点工作的时效性才会得到保障。

9.3.5 贵重商品盘点注意事项

贵重商品是指桶装奶粉、烟酒、化妆品、小家电等易被盗、高价值商品，每天两次盘点有利于维护库存准确、及时发现异常情况并进行纠正，减少商品内、外盗的现象。工作中应注意以下几点。

1) 应由部门当班员工负责盘点和复查、抽查，不能完全交由促销员独自盘点。

2) 发现差异应在可能出现的区域仔细复查，如仓库的死角、加高层、与其他商品混装、待退货等情况。更改库存应慎重。

3) 防损部应随时抽查盘点，对错盘、漏盘等工作失误提出处罚。另外，针对同一单品重复更改库存的情况应特别重视，如改小之后又改大，或多次改小的情况。

贵重商品的盘点程序如图9-5所示。

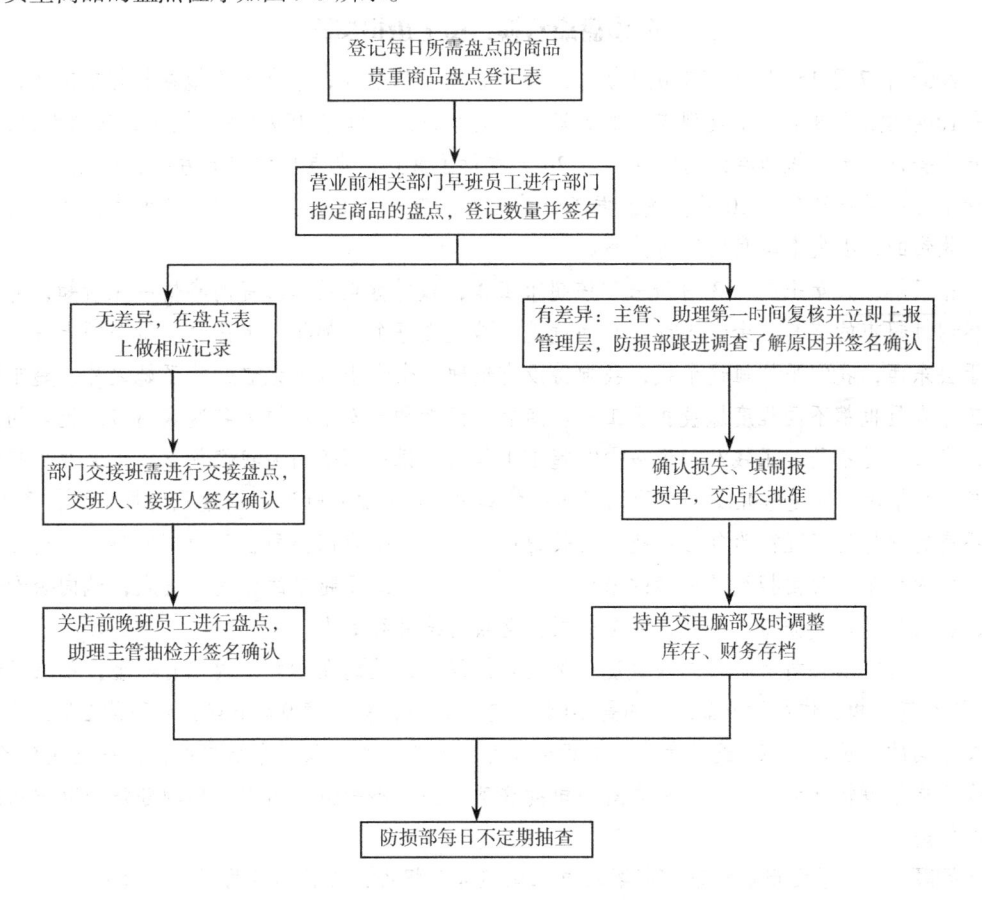

图9-5 贵重商品盘点程序图

复习思考题

1. 什么是盘点？盘点有哪些方式？
2. 如何组织盘点？
3. 盘点前，应该做好哪些准备工作？
4. 初点、复点、抽点作业各应有哪些注意事项？
5. 盘点差异应该怎样分析？

案例分析

超市盘点亏损，员工承担风险

2007年7月15日，《都市快报》接到市民余女士的热线，余女士说她在某超市工作，但是7月10号领工资的时候，发现自己的工资以丢失率为由被扣了199.4元，她对此感到十分困惑。余女士告诉记者，她所在的超市在6月26日进行了盘点，盘点后发现有亏损，因此工资被扣。余女士说：反正到7月10号，我们发工资的时候，工资单上有丢失率199.4元钱，收银员只是负责收钱的，丢失率与我们没有关系。

据了解，余女士是在3月份来到该超市工作，她对盘点及扣工资的事情一无所知，为此她也咨询过超市的店长。余女士说：我问过她，她就说每个人都扣，但是我觉得合同上没有说，关于丢东西，我们平均摊这个钱，我觉得没有道理。余女士告诉记者，除了她之外，超市的其他工作人员也都不同程度地被扣了工资。随后，记者和余女士一块来到这家超市。记者问：这个月发工资是不是扣了钱？扣了多少？超市工作人员说：那是因为我们盘点。记者找到超市的店长了解情况，但是她并没有给予记者明确的答复。记者说：听说你们这儿的员工被扣了工资，是不是有这样的情况？为什么？超市店长说：是啊，这是我们公司自己内部的事情。这位店长以公司内部事情为由拒绝了记者的采访。下午，记者找到了超市的相关负责人，她向余女士解释，扣的并不是工资而是奖金，奖金是根据盘点的结果而定的。

某百货有限公司负责人胡晓敏说：你盘点结果好，控制在9‰以内就有奖金，如果正好是9‰就不奖不扣，你超过9‰，比如是10‰，或是11‰，就去掉9‰个点，剩下的2‰，就由大家按不同的岗位来扣取。这位负责人向记者出示了员工守则，以及守则中的商品安全奖惩条例，余女士在了解情况之后，表示事先对公司的这项条例并不知情，出现这样的分歧是双方的沟通存在问题。

问题1：如果发现盘损率较高要求员工承担部分损失，你认为这样是否合理？

问题2：你认为应该怎样处理盘点亏损？

实训题

实训目的： 通过训练让学生明白，为了准确控制存货以指导商店日常经营活动，掌握损益以真实把握企业经营绩效，及时采取防漏措施，就必须进行商品盘点。

实训内容： 日常盘点作业是连锁企业从业人员必须掌握的一项基本技能，营业员要了解商品盘点的工作职责，清楚商品盘点作业的程序，从盘点前的准备工作入手，确定盘点时间和区域，设计印制盘点表，整理商品，正式盘点，经过初点、复点、抽查，直至盘点结束，分析差异原因及时解决。

确定盘点时间和区域 → 设计印刷盘点表 → 整理商品 → 盘点 → 分析差异

实训方式：

1）情景模拟方式：① 要求学生学习商品盘点相关资料，熟悉实习商店或模拟商场的所有商品的特性、用途、价格、特点等，可以上网查询、咨询指导老师、图书馆查阅、企业咨询；② 组织学生分组讨论，共同商量如何把好商品盘点关，如何做好盘点工作；③ 在指导老师的帮助下，全体学生以营业员身份，模拟商品盘点的作业流程，并填写盘点表。

2）企业或实训基地实践方式：联系一家商场利用企业盘点的机会，或者利用学校自有的实训基地，组织学生现场观摩，亲身体验商品盘点的全过程。

第 10 章

门店损耗管理

引导性案例

沃尔玛收银损耗的防范

沃尔玛曾经做过统计，收银员在收银过程中所导致的损耗，占整个商场损耗的 1/3 左右。

收银过程发生的损耗首先是漏扫商品。在沃尔玛公司有两个代名词，一个是"BOB 先生"，一个是"LISA 小姐"，这听起来是对两个人的称呼，但实际上它们各有含义。

"BOB"是指顾客拿在手中或放在购物车及购物篮里的、未被收银员注意到的商品，如小孩手中拿的糖果、小玩具，放在购物车下面的整箱酒、饮料，大袋的米、面，或烫衣板等。收银员在顾客结算时，要主动帮助顾客把商品从购物车或购物篮中拿到收银台上。这既可以显示出收银员对顾客的热情，又可以看清有无漏掉的商品。

"LISA"是指所有非原始包装且包装内可放其他物品的商品，必须开箱检查，如棉被、箱包、电饭煲等，因为里面可放些牙膏、鞋油、电池、口香糖等小件的商品，或可把贵重的商品放入廉价的包装盒内，诸如此类容易造成损耗的商品很多。

如果收银员在忙碌之中忘记做防损工作，周围的同事（领班或主管）就会像找人一样地提醒收银员"有没有见到 BOB"或"LISA 在哪里"，使收银员在顾客没有任何察觉的情况下做好防损工作，为公司挽回不必要的损失。这种委婉的提醒主要是怕直接指出来会使顾客反感，误以为把他当成小偷。

其次是扫错条形码。一种情况是整箱的商品，由于商品录入的不同，有些包装箱上的条形码是单品的价格，收银员误以为是整箱的条形码，又不核对价钱，导致商品流失。另一种情况是促销装的商品（即赠品）与商品捆绑式售卖，由于捆绑不规范，将赠品的条形码露于表面（应将赠品条形码覆盖或在电脑中删除），使收银员错扫了价值低的赠品，而把商品漏掉；或者"买二赠一"的商品采用捆绑式售卖时，本应把绑在一起的两件商品分别扫描，但由于楼面与收银员沟通不及时，收银员错扫成"买一赠二"，给公司造成损失。

最后是所扫商品与电脑打出的不一致。收银员要核对所扫商品是否与电脑打出的一致，尤其是生鲜食品及糖果的称重码，一定要核对商品名称、型号、重量、价格。如有任何疑点，要立即让领班重新拿到楼面核对条形码或重新称重，避免给公司造成损失。

第 10 章 门店损耗管理

本章学习目标

1. 能够分析找出连锁企业门店损耗产生的原因；
2. 掌握门店在重点区域防止损耗的基本做法；
3. 掌握门店常见员工偷窃和顾客偷窃事件的防范与处理技巧；
4. 初步掌握防盗性的卖场布局与商品陈列，能够处理一般的防盗系统报警事件。

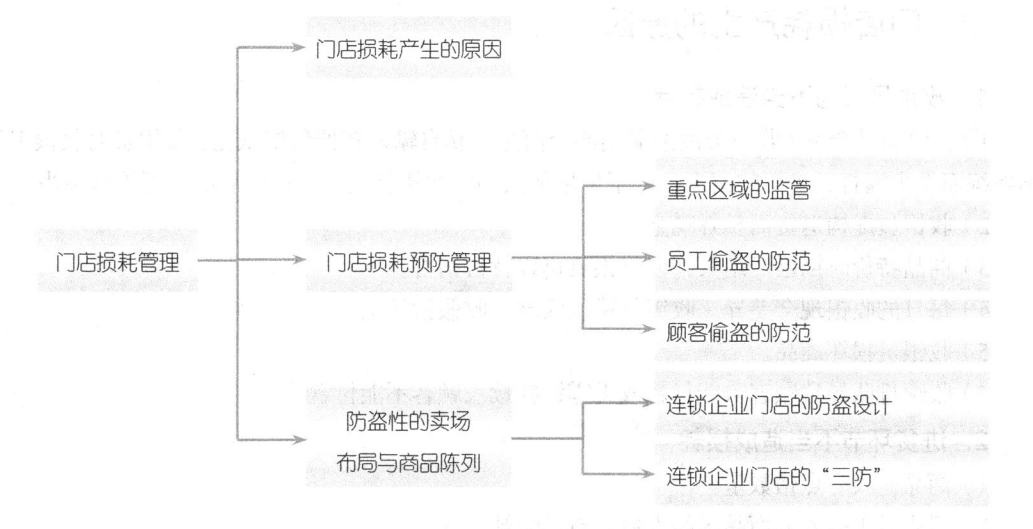

学习导航

```
                        ┌── 门店损耗产生的原因
                        │
                        │                      ┌── 重点区域的监管
                        │                      │
门店损耗管理 ───────────┼── 门店损耗预防管理 ──┼── 员工偷盗的防范
                        │                      │
                        │                      └── 顾客偷盗的防范
                        │
                        │   防盗性的卖场        ┌── 连锁企业门店的防盗设计
                        └── 布局与商品陈列 ────┤
                                                └── 连锁企业门店的"三防"
```

职业指导

2006 年，中国商业联合会组织的一次中国零售企业需求人才调查显示，零售企业对防损类人才的需求要占到对各类人才总需求人数的 18.3%。零售企业中防损类人才主要由防损员构成，防损员要想圆满地完成各项防损指标任务，首先要认真学习和掌握公司的内部管理制度，按照防损工作的要求，认真执行每个岗位的工作流程，确实行使防损工作的职责，才能达到预期的成果。要搞好防损管理工作，防损员的责任是十分重要的，对防损员的要求是不能与一个普通员工相比较的，所以，对防损员的要求也就不同，防损员要有高度的政治思想觉悟、要有高尚的思想品德、要有高度的责任感和强烈的责任心；要搞好防损管理工作，防损员必须要去掉好人主义思想，不怕恶人恶意，要牢记为企业争效益的原则，要有时刻为企业着想的奉献精神。这样，才能真正做好防损工作。

连锁零售企业门店的"损耗",是门店接收进货时的商品零售值与售出后获取的零售值之间的差额。例如,如果某一门店收到了价值 10 000 元的零售商品,完全售出后,门店只实现了 9 000 元的收入,那么就存在着1%的"损耗"系数,商品的价值减少了1 000 元。但是,并不是门店中每个员工都完全明白它的含义,一些人认为"损耗"只源于盗窃,也有些人则认为"损耗"是由商品损坏所致的。实际上,"损耗"是由盗窃、损坏及其他因素共同引起的。2002 年度美国零售保安协会商场损耗调查数据显示,行政管理错误和供应商欺诈分别占了 15%和 5%,外盗在损耗中所占比率为 32%,员工偷盗占 48%,员工偷盗中又有 44%发生在销售点(收银出口)。商品的损耗无疑加重了企业的负担,为此,防范各种损耗,特别是商品损耗,日益受到零售企业的重视。

10.1 门店损耗产生的原因

1. 收银员行为不当造成损耗

1)打错商品金额(收银员故意漏扫部分商品或私自输入较低价格抵充,收银员对收银工作不熟练而发生漏打、少算的情形,由于价格无法确定而错打金额,误打后的更正手续不当)。

2)收银员虚构退货而私吞现金。

3)商品特价时期已经结束,但收银员仍以特价销售。

4)每日的收银现金差异(收银员错误收款、收假钞等)。

5)收银员损坏商品。

6)收银排队导致顾客未能付款或无零钞找赎、顾客不能付款等。

2. 进货环节不当造成损耗

1)商品验收时点错数量。

2)门店员工搬入的商品未经点数,造成短缺。

3)仅仅验收数量,未做品质检查导致损失。

4)进货商品未入库。

5)未妥善保管进货商品的附赠品。

6)进货过剩导致商品变质。

7)商品进货的重复登记。

3. 销售环节不当造成损耗

1)商品调拨的漏记。

2)商品领用未登记或使用无节制。

3)销售退回商品未办理销货退回,或销货退回商品未妥善保管。

4)卖剩商品未及时处理,导致过期。

5)商品标价错误(高价低标、POP 与标签的价格不一致、商品促销结束后未恢复原价等)。

6）商品运输、搬运、陈列不当产生损耗。

7）补货过程中损坏商品。

8）商品（尤其是生鲜商品）加工、保存不当产生损耗。

9）提货区发错货。

4. 盘点不当造成损耗

1）点错数量。

2）看错或记错售价、货号、单位等。

3）盘点表上出现计算错误。

4）盘点时遗漏品项。

5）因负责区域不明确而做了重复盘点。

6）将赠品记入盘点表。

7）将已填妥退货单的商品计入。

5. 员工行为不当造成损耗

1）随身夹带、皮包夹带、购物袋夹带、废物箱（袋）夹带。

2）偷吃或使用商品。

3）将用于顾客兑换的奖品、赠品占为己有。

4）将商品高价低标，卖给亲朋好友。

5）利用顾客未取的账单作为废账单退货而私吞货款。

6. 顾客行为不当造成损耗

1）随身夹带商品、皮包夹带、购物袋夹带。

2）偷吃或使用商品，被偷商品大多是陈列在货架外层的商品，以小东西居多。

3）顾客不当的退货。

4）顾客将商品污损或破坏。

5）将包装盒留下，拿走里面商品或调换里面商品，调换标签。

6）高价商品混杂于类似低价商品中，使收银员受骗，或是在人多时不结账，而直接将商品带出。

7）将偷窃来的商品退回而取得现金。

7. 供应商行为不当引起损耗

1）误记交货单位（数量）。

2）供应商套号，以低价商品冒充高价商品。

3）供应商混淆品质等级不同的商品。

4）供应商随同退货商品夹带商品。

5）换取商品时，收受不确实。

6）送货时不送完全，或拖延送货，而造成混乱。

7）供应商与员工勾结实施偷窃。

8. 意外事件造成损耗

1）自然意外：水灾、火灾、台风和停电等。

2）人为意外：抢劫、夜间偷窃和诈骗等。

10.2 门店损耗预防管理

10.2.1 重点区域的监管

1. 门店的收出货口

防损员要同收货部门主管共同负责门店收出货口的开、闭。以超市为例，当超市门店进货时，应该协助做好现场秩序的维护；对于收下的货物，特别是精品、家电、化妆品等贵重商品还应进行数量抽验、检查，以防缺漏；然后还必须监督所有的商品运达收货区内。

为了确保大单商品货物离开超市时的安全和完整，出货时防损员必须按出货单的条目逐一核查，并且送货物离开收出货口。

此外，防损员还应对每一单商品的退换货、出货，以及每一单的物品离场查验放行手续。

供应商行为不当常常会给超市带来相当大的损耗，如供应商误交供货数量，以低价商品冒充高价商品，擅自夹带商品，随同退货商品夹带商品，与员工勾结实施偷窃等。针对这种情况，门店对供应商必须加强管理：

- 供应商进入退货区域时，必须先登记，领到出入证后方能进入；离开时经防损人员检查后，交回出入证方可放行。
- 供应商在门店或后场更换商品时，需有退货单或先在后场取得提货单，且经商品管理部门和防损部门批准后方可退货。
- 供应商的车辆离开时，需经门店防损人员检查后方可离开。送货后的空箱和纸袋必须折平，以免偷带商品出店。

2. 大型超市门店的精品区

通常大型超市门店都会规定，顾客在精品区内购买的商品，必须在精品区内结账。

精品区的防损员主要负责检查顾客持有的结账小票是否与所携商品一致，同时应督察收银员对商品的包装是否符合精品区的包装要求。

3. 门店商品的高损耗区域

一般来说，洗护用品、文具用品、内衣用品、高档糖果、奶粉、保健品、鞋类等商品经营区域，以及试衣间通常是门店商品的高损耗区域。在这些区域，防损员要加大巡视力度，密切监管货架上陈列的商品。对个别顾客破坏商品包装、藏匿商品、夹带等不良行为，要及时发现并制止，依法处理盗窃行为。

4．门店的收银口

门店收银口既是购物结账处，也是商品的出货处，是门店防损的重点区域。

（1）收银出口管理的主要内容

1）收银出口处设立电子防盗系统，是卖场采取的防盗保护措施。

2）收银出口处设立防损安全员岗位，在营业时间内实行不间断的值班制度。

3）收银出口处的监管重点在于正确、快速、满意地解决防盗报警问题，同时维护好出口处的顾客秩序，保证所有顾客能从入口进、出口出（也有的门店把出入口合二为一了）。

（2）防盗报警的处理原则

1）验证原则。当系统报警时，不能认定一定有商品被偷窃，应该相信每一位顾客都是清白的，除非已经掌握确凿的证据。

2）服务原则。当系统报警时，防损安全员要迅速到报警现场，必须保持热情、微笑、得体的服务态度，不能因为自己的态度、表情、语言得罪顾客，引起纠纷和赔偿。

3）冷处理原则。坚决避免与顾客在门口发生争执，不能影响其他顾客的正常通行，不能引起堵塞和围观。

（3）防盗报警的处理程序

1）首先将商品与人进行分离，确认是不是商品引起报警。

2）如果确认是属于商品报警后，进一步查找商品报警的原因。

3）查看有无带感应标签的商品，将其取出核实是否属于未经消磁的商品；查看收银小票，看有无未结账的商品。

4）礼貌地请顾客到收银台去再次消磁或结账。

5）如是顾客引起报警，应礼貌地请顾客自行检查是否有忘记结账的商品放在身上。

6）顾客若承认，则让顾客结账，只要顾客结账，则认为顾客是疏忽而不是故意不结账，处理时注意维护顾客的自尊。

7）顾客若不承认，则请顾客到办公室协助处理，但不要在出口处与顾客发生争执。

小资料　收银出口防损典型情景

1．顾客空手出卖场时，引起报警

（1）处理措施

- 礼貌地留住顾客，请顾客后退。
- 请顾客逐个通过安全门，确定是哪一个顾客引起报警。
- 若某顾客两次通过安全门依然报警，则礼貌地提醒顾客有无在卖场购物而忘记付款。
- 顾客若肯定回答，请顾客到收银台付款，顾客若否定回答，请他再次过安全门，报警后请求顾客协助找到感应标签。
- 若顾客坚持否定或有异议，可以请顾客到办公室处理。

（2）注意事项
- 不要接触顾客身体、不能搜身、不可言辞激烈。
- 不使用"防盗标签"、"防盗门"等字眼。
- 不用任何带有"偷"的字眼。

2. 顾客带着商品出卖场时，引起报警

（1）处理措施
- 礼貌地留住顾客，请顾客后退。
- 请顾客携带商品逐个通过安全门，确定是哪一个顾客引起报警。
- 采取"人物分离"的方法，把顾客商品单独通过安全门，查看商品是否引起报警。
- 若商品未引起报警，则按情景1处理。
- 若商品引起报警，则同顾客一起查看商品中有无带感应标签的，带有感应标签的商品是否在收银小票上。
- 判断商品属于已付款未消磁的，请收银员重新消磁并感谢顾客；属于未付款的，请顾客付款或到办公室处理。

（2）注意事项
- 同情景1的注意事项。
- 除非顾客自己承认偷窃，否则在警方未确认或证据不确凿的情况下，不能认定顾客偷窃商品。

5. 门店的提货处

顾客在超市选购了大件商品，需要在超市提货处提货。

在提货口，防损员出于对超市商品安全和顾客商品安全的双重负责，应该仔细核对提货人的收银小票是否与商品的品名、型号、货号和数量相一致。对已经提货的商品，防损员还要确认收银小票是否已加盖提货章，商品的包装是否封闭完好，把好超市商品出货的最后一关。

6. 门店的垃圾出口

超市的垃圾出口也属于防损员的工作范围，从垃圾出口流出的物品必须经过防损员的仔细检视，检查是否属于真正该丢弃范围的垃圾，这些垃圾是否经过处理。

防损员特别要对垃圾袋进行检查，以保证垃圾袋中没有混入未执行报废手续的商品和可以回收的废品。

7. 门店生鲜商品经营区

1）建立健全生鲜商品经营防损的保障制度，包括产销平衡、生态转换、存货控制、适时减价、温度调控、设备维护等方面的各项保障制度。

2）加强生鲜商品鲜度管理。有些生鲜商品必须当日售完，如鱼片、绞肉、活虾等，对于不能于次日出售的熟食和生鲜品，在每日的销售高峰期过后，应逐渐打折降价出售，尽量在当日售完；防止将新鲜品和陈品、熟食品和生鲜品混淆造成鲜度恶化；生鲜商品管理人员应彻底执行翻堆制度，防止新旧生鲜商品混淆，鲜度下降；生鲜商品作业人员应尽量避免作业时间太长或作业现场温度太高，以免商品的鲜度下降；冷藏冷冻设备应定期检查，一般以每月3次为宜；必须严格控制生鲜商品的库存，以免生鲜商品大量积压而变质。

10.2.2 员工偷盗的防范

员工偷窃与顾客偷窃是有区别的，顾客偷窃往往是直接拿取商品而不结账；而员工偷窃则有多种表现形态，如内部勾结、监守自盗、直接拿取货款、利用上下班或夜间工作直接拿取商品等，形式多样，防范难度大。某外资超市在上海的一家大卖场就曾发生过这样一件事：家电部的几位资深员工利用他们对卖场环境的熟悉，内外勾结、监守自盗时间长达半年之久，给这家大卖场造成高达几十万元的经济损失。

加强内部员工防盗管理主要从下面几个方面入手。

1）要针对员工偷窃行为制定专门的处罚办法，并公布于众，严格执行。

2）严格要求员工上下班时，从规定的通道出入，并自觉接受卖场保安人员的检查，员工所携带的皮包不得带入卖场或作业现场，应存放在指定地点。

3）对员工的购物情况要严格进行规定，禁止员工在上班时间去购物或预留商品；员工在休息时间所购商品应有发票和收银条，以备保安人员或防损人员检查。

4）门店员工如携带物品、手袋等离开门店，应自觉让门店店长或防损员检查，门店店长或防损员有责任做好该项检查工作。

小资料　美国连锁企业总部的内部管理措施

员工偷窃是美国零售企业面临的一个主要问题。由于多达3/4的员工至少参与了一次偷窃，预计雇主每年的损失超过400亿美元。用匿名坦白的方法发现，有43%的杂货店员工承认他曾偷了现金或实物。为防范员工偷窃，美国各大连锁企业总部通常都制定了严格的内部管理措施，要求门店遵守的内容主要有以下几个方面。

1）检查现金报表，主要有现金日报表、现金损失报告表、现金入库表、营业状况统计表、换班报告表、营业销售日报表、营业销售月报表等。

2）检查商品管理报表，主要有商品订货簿、商品进货统计表、商品进货登记单、坏品及自用品统计表、商品调拨单、商品退货单、盘点统计表等。

3）需针对员工监守自盗制定处罚办法，并公布周知，严格执行。

4）员工购物应严格规定时间、方式及商品出入手续。

5）严格要求员工上下班时从规定的出入口出入，并自觉接受检查。

6）夜间作业时，应由店长指定相关人员负责看守门店财产及商品。

7）装置电子监视系统。

总之，为了防止内盗现象的出现，美国的超市都制定了一系列的防范措施，如建立内部举报制度和制定员工内盗的处理程序，并定期检查现金报表和商品管理报表，最大限度地降低损耗的发生。

10.2.3 顾客偷盗的防范

1. 顾客偷窃的防范

顾客随身夹带商品，顾客不当的退货，顾客在购物时将包装盒留下拿走里面的商品或调换里面的商品，顾客将食物吃掉并扔掉包装盒等不当行为都属于顾客偷窃的范畴。顾客偷窃已成为超市损耗的一个重要原因，针对这些情况，卖场的工作人员必须做到：

- 禁止顾客携带大型背包或手提袋购物，请其把背包或手提袋放入服务台或寄包柜。
- 顾客携带小型背包入内时，应留意其购买行为。
- 顾客边吃东西边购物时，应委婉提醒其至收银台结账。
- 要派专门人员加强对卖场的巡视，尤其应留意死角和多人聚集处。
- 对贵重物品或小商品要设柜销售。
- 定期对员工进行防盗教育和训练。
- 安装凸镜、红外线监测器、EAS系统、闭路电视监控系统等防盗设施。

尽管顾客偷窃是门店面临的普遍性难题，但如果采用必要的防范措施还是会收到一定成效的。一般而言，顾客在选购商品的时候，通常会不慌不忙、平心静气地对商品的"三期"、"三址"等进行一系列的了解，选择符合需要的接近其消费水平的商品，而小偷则不同，他们选择商品时，心不在焉，东张西望，以选择商品为掩护，观察四周的动静，看是否有机可乘，与顾客相比，他们往往会在商场中东溜西窜，以寻找商场无人的角落对商品进行藏匿，而后若无其事地走出收银口，所以，他们在选购商品时显露出很强的随意性。对待这样的"顾客"，销售人员就要小心了。

对门店内一些贵重的商品，除采取传统的柜台式销售外，可采取销售人员"面对面"的销售方式；对于一些体积较小、单价却较高的商品可放在收银员面前的摊架上，这样，收银员也可以负担起一部分商品的看守职责，使被盗率大大减少。

2. 顾客偷窃事件的处理方法

目前，国内一些连锁企业私下实行"偷一罚十"的规定，这是不具备法律效力的。依据行政处罚法，只有国家机关才能进行处罚，任何门店都没有处罚权。即使是顾客错了，门店也绝不能以非法手段对待"小偷"，擅自处罚。通常，门店可以采取这样的处理方法。

1）在认定偷窃之前给予顾客有表示"购买"的机会。具体的办法是对隐藏商品的顾客说"您要××商品吗"、"让我替您包装商品"等。若在收银台时则说"您是否忘了付款"等，再一次提醒顾客"购买"。

2）进一步提醒。如果提醒之后顾客仍无购买的意思，则要以平静的声音说"对不起，有些事情想请教您，请给我一点时间"，将其带入办公室，并做适当的处理。

3）处理态度。在处理偷窃事件时，不要把顾客当做"窃贼"，讲话要冷静、自然，尽可能往顾客"弄错"的角度去引导其"购买"，不要以"调查"的态度来对待顾客，不要让店内的其他顾客有不愉快的感觉。

4）误会的处理。如果误会了顾客，应向顾客郑重地表示道歉，并详细说明错误发生的经过，希望能获得顾客的理解，必要时应亲自到顾客家中致歉。

5）对真正"小偷"的处理。一是将偷拿者送到公安机关接受处理；二是向法院提起民事诉讼，要求偷拿者赔偿。尽管这样做很"麻烦"，但只有走合法程序才能实现连锁企业对自身权益的合法保护，因为维权不能以违反法律、伤害他人合法权益为代价。

> **小资料** 超市员工需密切关注的可疑消费者
>
> ① 衣着宽大不合适的人；② 走路不自然，略显臃肿的人；③ 拿了商品不加详看就走的人；④ 折叠商品、压缩商品体积的人；⑤ 东张西望，观察周围环境比挑选商品还细致的人；⑥ 在卖场内逛了几圈又回到原来位置的人；⑦ 从商品盒下面打开包装的人；⑧ 短时间内多次出入卖场的人；⑨ 购买与自己身份和消费层次不相匹配商品的人；⑩ 不买商品故意支走超市员工的人；⑪ 扮成孕妇的人；⑫ 同时进入卖场又分开者；⑬ 称完散货后将包装袋封口撕开的人；⑭ 将体积较小的商品用钱包或报纸覆盖的人；⑮ 不将小商品放进购篮（或购物车）内的人；⑯ 将随身携带的包裹打开的人。

10.3 防盗性的卖场布局与商品陈列

统计数据表明，不论是百货商店还是超级市场，开架销售门店中最容易丢失的商品种类主要集中在化妆品、洗发用品、香烟、高档酒水、奶粉、小家电、电池、口香糖、巧克力、保健品、服装服饰（如内衣、羊绒衫、裘皮大衣、皮衣等）、CD/VCD这类价格较高而又方便携带的商品。这类商品的丢失约占到商店损失的50%~70%。如果把它们有效地"保护"起来，会对整个损失的减少有很大帮助。因此，在连锁企业门店的卖场布局与商品陈列设计中，考虑商品防盗的需要，是门店整体设计中值得重视的一个问题。

在采用敞开式销售方式的门店中，防盗性的卖场布局与商品陈列的主要技巧有：① 把最容易失窃的商品陈列在门店员工（理货员、促销员、收银员等）视线最常光顾的地方，即使门店员工很忙的时候，也能兼顾照看这些商品，这样会给小偷增加作案的困难，有利于商品的防盗；当然，最容易失窃的商品也不应该放置得离出口处太近，因为出口处人员流动大，门店员工不易发现或区分偷窃者；② 可以采取集中的方式，如在门店当中把一些易丢失、高价格的商品集中到一个相对较小的区域，形成类似"精品间"的购物空间，也是一种很好的"安全"的商品陈列方式，非常有利于商品的防盗。

10.3.1 连锁企业门店的防盗设计

不同类型的连锁企业门店，在卖场设计中考虑防盗措施时，应有所不同。

1. 超级市场

对于小型的超市，安装电子防盗系统的必要性不大，可以采取国外广泛使用的防盗镜保护，防盗镜一般安装在超市的各个角落，能让门店员工（理货员、促销员、收银员等）方便地监视整个超市内的情况，再配合安全的商品陈列和门店员工的巡视，一般可以满足其对防盗的需要。

2. 百货商场

在大型的百货商场中，服装类商品在全部商品陈列中要占到很大比例，在卖场的设计中一般均采用敞开式陈列。针对各个地区的失窃情况，建议在失窃率较高的地区，像最易丢失的裘皮大衣、女性内衣、高档西服等商品经营区域采用局部封闭的保护方式，以便于安装电子商品防盗系统，确保最佳的防盗效果。如北京的燕莎友谊商场、蓝岛大厦、当代商城，为了在营造良好购物环境的同时把损失降到最小，均对羊绒羊毛制品采用了局部保护方式，在采用敞开式陈列销售的同时安装了先进的声磁电子防盗系统。

3. 专卖店

专卖店（如音像专卖店、化妆品专卖店、药店等）是失窃案件高发地区，开架销售的专卖店如果不安装电子商品防盗系统，其防盗效果将会大打折扣。由于专卖店一般面积都不大，而且只有一个出入口，所以在卖场设计时需要考虑给电子防盗系统留有位置，这样，不至于因为货架的放置太靠近防盗系统而造成出入口的狭小。在开设新店时如果预先考虑防盗的要求，那么同样的防盗效果，同样的营业面积，需要防盗系统的套数将大大减少，在防盗系统上的投资也会大大减少。

10.3.2 连锁企业门店的"三防"

连锁企业门店的"三防"指"人防"、"物防"和"技防"，其中"人防"和"物防"（护栏、警示标志、凸镜、步话机、红外线监测器等）是传统的安全措施。"技防"指采用 EAS 系统、闭路电视监控系统等，以前归口到"物防"中，随着防损科技的不断发展，"技防"已越来越显示出了它独特的优越性而从"物防"中独立出来。

1. 电子防盗系统

早在 20 世纪 60 年代后期，美国就出现了第一套电子式商品防盗（Electronic Article Surveillance，EAS）系统。从根本上改变了以往一切针对顾客监视的防盗手段。实行对商品的防盗监护，避免了消费者的抵触情绪。我国企业接受电子防盗系统是在 20 世纪 90 年代以后，在北京、上海、广州、深圳等商业发达的大城市开始有商场安装 EAS 系统。EAS 系统的主要做法是在体积小、价值大、易于被盗的商品上附上一个电子防盗标签，在商场出口通道或收银通道处安装检测器，付款后的商品经过专用解码器使标签解码失效或开锁取下标签。同时，在商场的出口处有一个检查门，该门由一个发射器和一个接收器构成，宽度一般在 0.9~1.5 米之间，当小偷拿着未付款（附有标签）的商品经过出口时，检查门上的检测器会测出标签并发出警报，以拦截被偷商品出门。

检测器一般由发射器和接收器两个部分组成。其基本原理是利用发射天线将一扫描带发射出去，在发射天线和接收天线之间形成一个扫描区，而在其接收范围内利用接收天线将这频带接收还原，再利用电磁波的共振原理来搜寻特定范围内是否有有效标签存在，当该区域内出现有效标签即触发报警。

电子防盗系统从保护形式上加以细分，可分为立式系统、隐蔽式系统和通道式系统。立式系统的检测装置醒目地立在商场的出入口处，除检测功能之外还具有明显的威慑作用。隐蔽式系统是把系统隐蔽地安装在出口的地毯下或天花板处，不影响商店的整体环境，也能起到防盗保护的作用，满足店主既美观又防盗的需要。通道式系统是在超市出口处把 EAS 系统同收银台连成一体，构成通道式保护，是实现超市防盗的有效方法。

国内目前常见的电子商品防盗系统由检查门、电子标签、消码器等构成。

（1）检查门

由一个发射器和一个接收器组成，常见类型有以下几个。

1）RF 系统（8.2MHz），是一对天线构成的射频发射机和射频接收机，安装在顾客出口通道的两侧，通道宽度为 1~2 米。当顾客携带未付款商品，商品上的标签未经消磁，经过探测器时干扰天线接收到信号而产生报警。

2）电磁（EM）系统，它采用电磁波来进行探测，适用于图书馆、书店等场合。其特点是标签细小，可贴附于金属面上，并可以在借书时进行解码和还原，即在还书时把书放在还原板上把标签还原，对书重新设置保护，其探测天线距离为 0.8~1 米。

（2）电子标签

电子标签又称电子感应标签，固定于被保护的商品上。电子感应标签有可消磁的软标签（纸质标签）和不可消磁的机械式硬标签两种。

1）软标签：软标签尺寸小，易于粘贴，隐藏在商品包装内，对一些非常简易的包装及体积非常小的商品也能提供全面的保护。标签有些可以重复使用，有些不能重复使用。软标签上印有条形码，看似一般的价格标签，打上价格或产品信息，贴在各类超市货品上，用少量的标签就可对商品进行全面的保护。

2）硬标签：硬标签体积较大而坚固，难以被移走或破坏，依靠专业取钉器才能打开。硬标签一般以扣钉方式扣在商品上，寿命比软标签长，可重复使用。

硬标签其实是一种磁性锁（内含永久磁条，不能充消磁）。磁性锁极不易拆除，强行拆除会毁坏商品，它使用方便，具有很好的阻吓作用，而且成本很低，应用在服装、眼镜、首饰、奶粉、酒类、领带、丝织品、CD 或磁带保护盒等商品上，标签可以重复使用。有的硬标签内还装有油墨，当小偷试图拆除这种硬标签时，硬标签便会喷出油墨，沾染商品和窃贼的身体。

（3）消码器

消码器是用来消磁的。根据不同电子标签的技术构成，消码器分为以下几种：

- 电子消码器，可对电子标签进行遥感消码。

- 扫描消码器，可对条形码或防盗码合一的电子标签同步完成条形码扫描与防盗码消码。
- 拔除器，又名取钉器，安装在收银台，是用于开启硬标签的专用设备。在顾客付款后，将扣钉从硬标签拔出，这样商品就可带出超市而不产生报警。

2. 闭路电视监控系统

除了电子商品防盗系统以外，跟门店防盗密切相关的还有闭路电视监控系统（Closed-Circuit Television，CCTV）。闭路电视监控系统能监视商场内发生的情况和发现可疑的事件，起到威慑阻吓使用。同电子防盗系统相比，其优点在于它不仅能有效地监视商场内的情况，并能利用录像带把事件或盗窃过程记录下来，作为日后追查取证的依据。对收银台、出入口、收发货区、高损耗商品、通道交叉口、自动扶梯口等重点区域，可通过安装闭路电视监控系统来进行重点监控。

在防盗的同时，闭路电视监控系统还有助于安防、员工培训、仓库管理、货物接收和收款过程中的监督、评价商品陈列技术等。

1）员工培训。该系统添加一个录像机和放像机，便可用于员工培训。将员工工作的全过程录下来，然后在个人或集体培训课上播放录像，以收集的事例来说明工作方法的优劣。

2）收银台监视。该系统可用来监视不计钱、偷放钱和私自拿钱的行为。如果能将闭路电视通过一个应用软件与时点销售系统相连接，尤为有效。

3）对仓库运行和商品接收的监视。如果将该系统安装一部摄像机置于特定位置，可以使门店的经理在同一时间分身有术，不仅可以观察员工从卸货到商品标价的作业情况，也可观察供货商的行为，并发现一些平时看不到的情况。假设此时正忙其他工作，可将这些活动录制下来，留待闲暇时观看。

4）商品陈列技术评价。该系统摄像机可用于观察顾客对新的陈列方式、新产品、销售活动及客流移动模式的调整所做出的反应，以评价出多种可能性和客观性。

闭路电视监控系统的缺点主要有两个。

1）通常安装在隐蔽的位置对特定区域进行远程监视，摄像机的视角有涉及不到的区域，因此超市人流稠密时作用会受到制约。

2）超市的闭路监控系统需要有专人 24 小时专管，一般说来，实际操作中很难有人能够长时间连续不断地监看图像，因此不能保障及时发现和制止所有的盗窃行为。

复习思考题

1. 门店损耗产生的原因主要是什么？
2. 防止门店商品损耗的途径有哪些？
3. 门店偷窃事件应该如何防范和处理？
4. 防盗性卖场如何进行布局设计和商品陈列？

案例分析

怀疑顾客偷东西，超市应该如何处理才合法？

7月17日下午，胡某与女儿一起到汉口某超市购物，付款后离开时，出口处的警报骤响，胡某即被拦下，一服务员要求胡某拿出身上的物品。为表明清白，胡某按要求拿出身上的东西，重新走过警报装置，警报再次响起。超市工作人员一口咬定胡某拿了德芙巧克力，并对胡某搜身，却没查到任何东西。

胡某受辱后，求助市民法律援助热线：我的权益如何维护？

市民法律援助热线工作人员告知胡某，按《消费者权益保护法》第25条规定："经营者不得对消费者进行侮辱、诽谤，不得搜查消费者的身体及其携带的物品。"因此，超市工作人员无权私自搜查顾客的身体，在无相关证据下，更无权认定顾客具有偷窃行为。胡某有权要求商家赔礼道歉、赔偿精神损失，并建议胡某先与超市磋商，如果对方拒绝可向消协投诉，若协商达不成一致，可依法提起诉讼。

问题：怀疑顾客偷东西，超市应该如何处理才合法？

实训题

实训目的：通过分组实训强化学生的防损意识，训练学生的防损技能，培养学生发现问题、解决问题的能力。

实训内容：① 组织学生赴校外实训企业分组开展防损实训，每组针对某一防损主题（收货作业防损、员工出入管理、顾客购物防损、商品安全管理、前台作业防损、生鲜经营防损等）选择实训岗位，进行顶岗实训；② 组织学生调研本地某大型超市门店防损工作现状，收集该门店防损工作的主要做法，发现该门店防损工作中存在的问题或不足。

实训形式：① 顶岗实训结束后每组同学提交实训报告一份；② 调研结束后每位同学撰写调查小结一份，对所调研门店应该如何优化防盗性卖场布局与商品陈列提出设想或建议。

第 11 章

顾客服务

引导性案例

只要您满意就好

某日，顾客李小姐去某购物广场购物，在相册柜台前看中了一款自己喜欢的相册，便取下来翻看，当她打开相册时才遗憾地发现里面的纸张质量不是很好，有几页稍微有点褶皱，虽然夹相片影响不大，但一想自己花钱买的东西不完美心里就有些不舒服。正在犹豫之时，在一旁的营业员便走过来询问："小姐，这个相册有什么问题吗？"李小姐便把自己刚才的想法告诉了她，"噢，是这样？"营业员边说边又从货架上拿下了几款其他式样的相册让李小姐挑选，李小姐看了看还是不太满意，便说："我还是比较喜欢刚才那种，封面很漂亮，只可惜里面的纸张质量有点不太好。"听完李小姐的话，营业员马上蹲下身从最底层的货架翻了半天，帮李小姐找了两个款式相似的相册又让她慢慢挑选，李小姐看了看还是觉得不太理想，但一想刚才营业员趴在下面吃力地帮自己找了那么久，便不好意思再说。这时营业员看李小姐面有难色，马上说："您是不是不太喜欢？没有关系，我再帮您仔细找找，看看有没有您喜欢的那款。"边说边小心翼翼地移开放在货架前面摆放整齐的一本本相册，仔细的在里面翻看，"呦，太好了，这里正好有两个。"随着一声欢快的叫喊声，营业员从最里层的货架里取出了两本相册，李小姐一看正好是刚才自己相中的那款，也很开心，便马上打开看，虽然里面的纸张质量也不算特别好，但想想不太影响夹相片，而且刚才营业员为自己能够买到满意的相册耐心地找了那么久，而且没有流露出任何不耐烦的情绪，李小姐便非常爽快地买下了这本相册。临走时，她对那位营业员说："谢谢你，刚才你那么耐心，我都不好意思了。""没事，没事，只要您满意就好，您慢走。"李小姐拿着相册愉快地离开卖场，边走边回味着刚才营业员说的那句话"只要您满意就好"……

第 11 章　顾客服务

本章学习目标

1. 理解提升顾客服务质量对于连锁企业门店生存和发展的重要意义；
2. 掌握连锁企业顾客服务的类型和顾客服务项目的主要内容；
3. 掌握常见的顾客投诉的主要类型、顾客投诉的处理程序和方式；
4. 能够运用一定的顾客投诉处理技巧，接待一般的顾客投诉事件；
5. 能够运用至少两种方法进行顾客服务质量评价。

学习导航

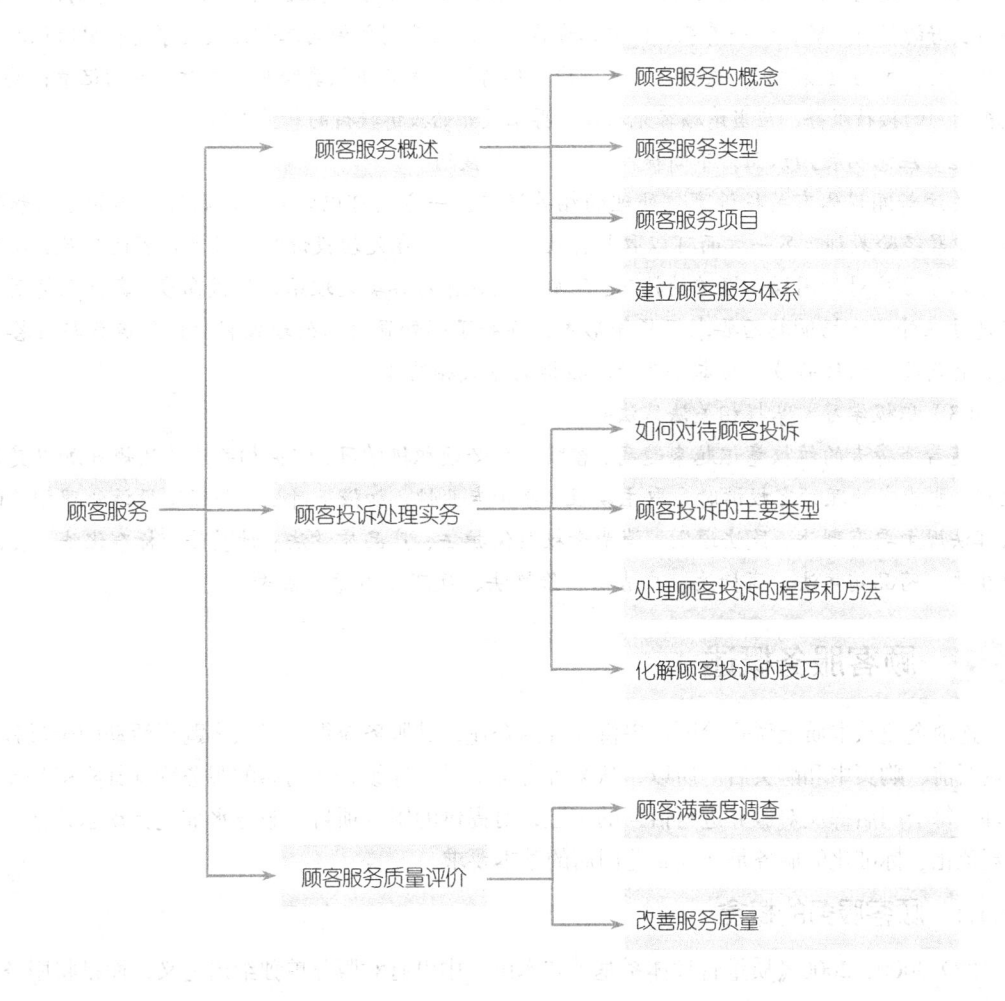

```
                            ┌─ 顾客服务的概念
                            ├─ 顾客服务类型
             ┌─ 顾客服务概述 ─┤
             │              ├─ 顾客服务项目
             │              └─ 建立顾客服务体系
             │
             │                  ┌─ 如何对待顾客投诉
             │                  ├─ 顾客投诉的主要类型
顾客服务 ────┼─ 顾客投诉处理实务┤
             │                  ├─ 处理顾客投诉的程序和方法
             │                  └─ 化解顾客投诉的技巧
             │
             │                  ┌─ 顾客满意度调查
             └─ 顾客服务质量评价┤
                                └─ 改善服务质量
```

连锁企业门店营运与管理

职业指导

顾客服务是连锁企业门店与消费者接触的最前沿，所做的工作关系着门店在公众群体中的形象与影响力，关系着顾客对商家、产品的选择与信任，做好客服工作意义重大。客服工作要求专业性与能力性并重、经验技巧不断累积、应变能力不断提升。在工作过程中，掌握一定的服务技巧对提高我们的工作质量将会有很大的帮助。

（1）培养良好的接待态度

电话接待不用直接面对顾客，顾客不能通过我们的肢体语言或者面部表情来判断我们的接待态度，会更加在意我们在电话中的声音。所以在电话接待中，应尽可能做到语速适中、语调轻柔、语音标准。在现场接待投诉时，因为矛盾较为直接，处理技巧讲求及时性、灵活性、原则性并存。要有良好的精神面貌，统一着装、佩戴工号牌，杜绝上班时间做与工作无关的事情；要有认真的工作态度，主动迎接顾客，表明自己的身份，接待投诉过程中认真聆听，并做简要的记录；要有礼貌周到的接待服务，应当请顾客先入座，再正式开始投诉接待的相关工作。

（2）注意拓展知识面，不断提高工作能力与技巧

关注新闻媒体有关投诉事件处理的相关报道，一方面可以学习处理顾客投诉的方法和规范、积累经验教训，另一方面可以取长补短，弥补我们在处理投诉时与顾客应答的不足，同时还可以学习应对新闻媒体报道的技巧，了解新闻媒体对各类处理结果的偏向度。客服人员还可以通过在外资卖场购物后要求退货等形式，详细了解外资卖场处理顾客投诉的流程与应答方式，将借鉴来的经验技巧与本企业处理投诉的方式相结合。

（3）积极学习、掌握相关法律法规

随着消费者的维权意识越来越高，客服人员必须积极学习、掌握相关法律法规并加以灵活运用，才能在处理顾客投诉时争取主动性、显示专业性、加强及时性。与顾客投诉处理相关的法律法规主要有刑法、民法通则、消费者权益保护法、产品质量法、计量法、标准化法、食品卫生法、药品销售法、商标法、广告法、价格法、反不正当竞争法等。

11.1 顾客服务概述

连锁企业从本质上说是给顾客提供服务的企业，其服务应贯穿于顾客购买活动的全过程，即购买前、购买中和购买后。所以，从某种意义上说，连锁企业门店的服务管理其实就是质量管理，每个门店都应对服务进行恰当的定位，对提供的服务项目、服务水准进行动态评估。提供规范化、标准化的服务是连锁企业门店的基本要求。

11.1.1 顾客服务的概念

ISO 9000：2000《质量管理体系基础和术语》中没有对服务单独给出定义，而是将服务包

括在四大类通用产品中,对服务的含义进行了说明:"服务通常是无形的,并且是在供方和顾客接触面上至少需要完成一项活动的结果。服务的提供可设计,例如,在顾客提供的有形产品(如维修的汽车)上所完成的活动;在顾客提供的无形产品(如准备税款申报书所需的收益表)上所完成的活动;无形产品的支付(如知识传授方面的信息提供);为顾客创造氛围(如宾馆和饭店)。"

我们在理解顾客服务的含义时要着重把握以下几点。

1. 服务的目的

服务的目的是满足顾客的需要。顾客的需要是指顾客对服务的物质和精神方面的需要,包括当前的和期望达到的需要。顾客的需要处在不断变化和发展之中,因此企业应当不断地改善自己的服务,以适应顾客需求的变化。

连锁企业的顾客服务是连锁企业为了使顾客消费更加方便、更有价值而进行的一整套活动。连锁企业是以顾客服务为宗旨的企业,从广泛的意义上理解,零售本身就是一种服务活动。零售经营的所有要素都是增加商品价值的服务。店铺选址、店堂布局、商品结构、商品信息传递等,都为顾客带来了购物的便利。

当前,连锁企业面临的市场环境异常复杂,竞争很激烈。顾客可以选择不同的零售业态,即使同一业态也有许多门店供消费者选择。顾客在进行购物时,对门店的服务品质要求也越来越苛刻,这就使门店的服务成为企业竞争的重要环节。高品质的服务能为企业赢得持续的竞争优势,而高品质的服务源于高水平的服务管理。

2. 服务的作用

服务对门店的营运有着重要的作用。在激烈的市场竞争环境下,零售企业要想争取顾客,求得生存、发展壮大,就必须重视服务工作。首先,良好的服务能够留住企业的老顾客。根据国外相关机构的研究显示,造成顾客流失的原因很多,其中由于服务原因导致顾客流失的比例是最高的,因此企业要想留住顾客,必须改善服务质量。其次,良好的服务能够使顾客再次光顾门店,同时产生良好的口碑,从而吸引更多的新顾客。国外一家研究机构曾经证实,企业服务质量每提高 1%,销售额就会增加 1%;服务人员怠慢一位顾客,会影响 40 位潜在顾客;而一个满意的顾客会带来 8 笔潜在生意,其中至少有一笔会成交。

3. 服务的特点

与有形产品相比,服务具有一些自身的特点。第一,服务的对象是具有感情色彩的人,而人们的需要和期望又是多样的,因此服务具有个性化的特征;第二,服务常常是无形的,顾客在接受服务之前是不可能对服务的质量和服务的价值做出精确的判断和评价的;第三,服务是不可贮存的,服务的提供和消费常常是同时进行的;第四,服务常是一次性的,如果服务发生了问题或事故,不可能通过重复来消除已经发生的问题或事故,只能做到某种程度的弥补;第五,服务是不可预测的,顾客的出现一般是随机的,服务组织难以预先知道将会发生什么情况;

第六，服务质量更依赖服务者的素质；第七，由于顾客的经历、背景、年龄、性别、文化程度等不同，顾客对服务的评价常会带有个人色彩。

11.1.2 顾客服务类型

门店的顾客服务，从不同的角度划分有不同的类型。

1. 按照销售过程分类

1）售前服务，即在商品出售前所进行的各种服务工作，目的是向消费者传递商品信息，从而引起消费者的购买动机，内容主要包括提供商品信息、商品整理编配、购物气氛营造等。

2）售中服务，服务人员在卖场中为消费者提供的各种服务，主要包括接待顾客、商品介绍、帮助挑选、办理购买手续、包装商品等。

3）售后服务，商品出售后继续为顾客提供的外延服务，目的是使消费者对卖场感到放心满意，打消购买时的顾虑，树立卖场良好的服务形象。售后服务包括退换商品、送货、维修、安装等。

2. 从投入的资源分类

1）物质服务，即通过提供一定的设备、设施为消费者提供的服务，如电梯、试衣间、试鞋椅、寄存处、购物车、停车场等。

2）人员服务，即导购人员、咨询人员、收银人员、送货人员、安装维修人员所提供的各种服务。卖场服务人员要与顾客进行面对面接触，他们的形象和素质往往对企业的形象有着直接的影响。

3）信息服务，向消费者传递商品与所提供的商品等方面的信息，主要有 POP 广告、媒体广告、新闻宣传、商品目录等。

3. 按照顾客需要分类

1）方便性服务，即对顾客浏览选购商品提供服务，这类服务是卖场的基本服务，满足消费者的基本需要，如提供方便的营业时间、商品陈列井然有序、商品货位有指示说明等。

2）商品购买的伴随性服务，即针对顾客在获得商品过程中的要求提供的服务，如现场演示、现场制作、包装、送货、安装等。

3）补充性服务，即对顾客在购买商品过程中产生的额外需求提供服务，这类服务对销售能起到推动作用，也有助于形成卖场的特色化服务，如自动取款机、公用电话、免费停车、餐饮服务等。

11.1.3 顾客服务项目

连锁企业门店的服务是指在商品销售过程中，为顾客提供的各种劳务活动，不仅指门店售货员接待顾客时所提供的服务，而且包括为方便顾客所提供的劳务活动。

门店服务的目的是为顾客购买商品提供方便，从而促进商品的销售。因此，门店服务工作的关键是洞悉顾客心理，抓住顾客的心，从而打动顾客，使顾客感觉舒适便利，满足其消费需求，而不是只提供单纯的、例行性的劳务。随着经济的发展，门店在商品、店堂环境等硬件方面的差异越来越小，同时，消费者对门店提供的商品和服务的要求也越来越高。由于目前我国已经进入高度服务化销售时代，任何一家门店想要在商战中脱颖而出，都必须增强自己在顾客服务方面与竞争对手的差异、特色和优势，从而赢得更多的顾客。

连锁企业门店有大有小，然而无论是大型门店，还是中小型门店，它们所提供的服务都可以概括为有形服务和无形服务两大类。具体而言，连锁企业门店提供的服务构成一般有以下内容。

1．收银服务

（1）收银员的举止态度

收银员在工作时应随时保持亲切的笑容，以礼貌和主动的态度来接待和协助顾客；当的确是顾客发生错误时，切勿当面指责，应以委婉有礼的语言来为顾客解脱；收银员在任何情况下，都应保持冷静和清醒，能控制好自己的情绪，切勿与顾客发生口角；员工与员工之间切勿大声呼叫或相互闲聊。

（2）咨询服务

收银员要熟悉门店的商品和特色服务内容，了解商品位置和门店促销活动，尤其是当前的商品变价、商品特价、重要商品存放区域，以及有关的经营状况，以便顾客提问时随时做出正确的解答。

（3）装袋服务

询问顾客是否需要购物袋，如果需要，根据顾客购买量选择合适尺寸的购物袋。不同性质的商品必须分开装袋。掌握正确的装袋顺序：①硬与重的商品垫底装袋；②正方形或长方形的商品装入包装袋的两侧，作为支架；③瓶装或罐装的商品放在中间，以免承受外来压力而破损；④易碎品或较轻的商品置于袋中的上方。

确定连锁企业的传单等宣传品及赠品已放入顾客的购物袋中。装袋时应将不同客人的商品分清楚，要绝对避免不是一个顾客的商品放入同一个袋中的现象。对包装袋装不下的、体积过大的商品，要另外用绳子捆好，以方便顾客提拿。提醒顾客带走所有包装入袋的商品，防止其把商品遗忘在收银台上。

（4）零钱准备

为了应付找零及零钱兑换的需要，每天开始营业之前，每个收银机必须在开机前将零钱准备妥当，并铺在收银机的现金盘内。零用金应包括各种面值的纸币及硬币，其金额可以根据营业规律来决定，每台收银机每日的零用金应相同。

收银员在营业过程中应随时检查零用金是否足够，发现不足时应及时通知收银主管兑换。零用金不足时切勿大声喊叫，也不能和其他的收银台互换，更不能因零用金不足而拒绝收银服务。

（5）会员购物服务

如果是会员制超市（或拥有部分固定会员），每个收银员必须明确会员制超市的服务规范，明确会员卡的作用，特别要熟悉每期促销快讯上特价商品的品项、种类及会员特惠商品的有效日期，遇到顾客购买会员特惠商品时，应主动热情地要求顾客出示会员卡；对不是本超市会员的顾客（非会员），要耐心解释，告知非会员不能享受会员价的原因；对使用购物券、礼金券购物的顾客，应认真记录会员卡号、小票号、消费金额等，以便查核。

2. 存包处服务

存包服务通常分为人工存包和自动存包两种服务。

（1）人工存包

1）人工存包处服务人员的职责。每日早、晚班人员应做好存包区的卫生清洁工作；存包柜的备用钥匙由主管保管，客人遗失存包牌需开柜时，必须与主管联系；存包处服务人员要尽职尽责，认真核对号码牌，不能利用工作之便盗取顾客的物品，一经查出，要严肃处理。

2）工作方法。顾客到存包处存包，服务人员把包放入存包柜（架）。号码牌一号两牌，一牌系于物品上，另一牌给顾客；提醒顾客将现金、手机等贵重物品取出，存包处不负责贵重物品的寄存；顾客凭存包牌取包，取包时服务人员应将客人存包牌与柜包物品上的标志牌核对是否吻合，以防假冒。

3）特殊情况的处理。特殊情况的处理主要包括顾客遗失存包牌的处理和过夜包的处理。顾客如遗失存包牌，应及时与服务台联系并办理挂失手续，由顾客填写存包牌遗失登记表，注明存包柜内有何物，尤其是证件名称，顾客所登记的物品与柜内相吻合，请客人予以签收，并交纳挂失费，服务台开具收据给客人，次日早上交财务。遗失存包牌的号码要公告作废，并且该号码在一定时期内不能再启用。

晚班存包柜工作人员应仔细核查发出存包柜的牌号是否回收，缺失部分作废；若柜内仍有物品，将其记录在顾客过夜包登记表上。如三天内顾客到存包处领取，可收取适量的过夜保管费（具体标准视当地经济发展水平而定）；超出3天期限，存包处将自行处理，而且将该柜子的存包牌号码作废。

（2）自动存包

1）自动存包处服务人员的职责。负责换币并指导客人正确使用存包柜，同时留意不法分子利用存包柜作案的动向。

2）自动存包的注意事项。自动存包柜中途不可开门；有意外事件发生时，根据本单位自动存包柜的应急开门程序办理；应急钥匙由客服部主管及以上人员保管；发生重大事件（如掉包）先让顾客填写投诉单，并帮助客人报警；存包柜人员对客人的询问要耐心解释，随时留意存包柜出现的异常情况（如放错柜、未拿钥匙、遗失钥匙等）。

3）存包备用金为一定金额，请交接人员做好交接工作，出现差异由当事人自行负责。

3．退换货服务

（1）营业前的准备工作

- 退换货服务人员去现金办的金库领用退换货单，并在登记本上签名。
- 清洁服务台卫生，并检查相关文具是否准备妥当。

（2）营业中的工作流程

1）审查是否符合退换货标准：顾客持销售小票及商品，在指定期间内到退换货服务台办理；退换货服务人员审查该商品是否符合退换货标准，若不符合退换货标准，要婉转谢绝客人的退换货要求，若符合退换货标准，在进入退换货流程时应请顾客出示小票，客服人员核对商品与小票是否相符；客服人员需要填写顾客退换货单一式三联，双方签字（一联转财务，二联转顾客，三联转部组）。

顾客退换货单使用注意事项：退换货单必须按流水号使用，不能跳号；遗失一份退换货单将受到一定的处罚；每退换一件商品需在顾客退换货单汇总表上登记。

2）商品的退货程序。客服人员根据小票上显示的付款方式，在顾客退换货单上标注是现金购物或是持卡购物，同时标注小票流水号。通常，退货金额在500元以下的由客服部主管签字后办理退货手续；退货金额在500元以上的由客服部经理签字后，方可办理退货手续（经理不在时，由卖场值班经理签字）。

客服人员将小票上的该商品剪下，粘贴在退货单的第二联；顾客持顾客退换货单第二联到指定收银台领现金。收银员收取的退货单据，由收银主管打印相应金额的负票，粘贴在第二联顾客退换货单上，并于下班时与营业款一起上交现金办。

客服部填写顾客退换货单汇总表一式两联，将第一联顾客退换货单与相应的顾客退换货单汇总表核对后，于交接班时上交现金办。

3）商品的换货程序。客服人员填写顾客退换货单一式三联，并将小票上的该商品剪下，粘贴在换货单的第二联，同时将顾客退换货单第二联交予顾客（换货单只可换货，不可退现金）。

顾客办理换货手续并换取卖场内的任何商品后，到指定收银台结账，所换商品经POS机结账时将顾客退换货单交收银员，所购商品超出换货商品的金额，则由顾客补现金，收银员在换货商品的POS小票上标注"换货"字样。

换货商品在收银台按正常程序结账，打印收银小票并收回换货单。

收银员收取的换货单据应由收银主管打印相应金额的负票，粘贴在第二联顾客退换货单上，并于下班时与营业款一起上交现金办。

客服部填写顾客退换货单汇总表一式两联，第一联顾客退换货单与相应的顾客退换货单汇总表核对后，于下班前上交现金办，第二联留存。

闭店前通知有退换货商品的部组主管，到客服部领取当日的退换货（生鲜部的退换货商品尤应注意），将退换货商品与第三联顾客退换货单一同交给部组，部组主管检查退换货商品并在顾客退换货单汇总表上签字确认。

4. 购物车服务

- 及时将顾客用完的手推车及购物篮归还原处，便于下一位顾客使用。
- 每班人员分成两组，一组送手推车及购物篮，另一组负责整理顾客用完的手推车及购物篮并放于入口处，便于顾客拿取。
- 任何一组工作繁忙时，另一组应及时协助其完成工作。
- 上班时间工作人员不得随意串岗，影响工作运行。
- 除做好管理工作外，应协助外保人员防止手推车及购物篮的损坏、遗失。
- 各部门员工用完客服部手推车之后，应及时归还；如需长时间借用，要以书面形式借用（打借条），归还时索回借条。
- 手推车管理员应每星期对手推车及购物篮进行盘点，并将准确数字与上期比较后上报主管。
- 手推车管理员应及时清理手推车内的垃圾，并定期冲洗以保证其正常使用。
- 若发现手推车有损坏现象，应及时报行政部修理。

5. 赠品的管理、发放

赠品的发放通常有三种形式，即随商品包装、厂商驻店发派、客服部赠品发放处派发。

1）赠品的收货。厂商送来赠品后，由收货部与客服部一起点收，并放入赠品仓库，凭赠品收货单入赠品账本。

2）领取赠品。客服人员填写领料单，经部门主管批准后，去仓库领出赠品，并在账本的贷方位置做领出的记录。

3）发放赠品。顾客持购物小票至赠品区领取，工作人员在赠品控管表上做派发登记，注明流水号、机台、数量、经办人，并在购物小票上盖"赠品已送"的印章。

4）赠品的账目。每天发放的赠品品名、数量都需依据赠品控管表上的记录进行入账，贵重赠品每天盘点，其余赠品一月大盘一次。

5）赠品的转货及报废。对长时间存放且不再派发的赠品，通知楼面主管进行处理，填写存货更正单，否则由客服部自行处理。对已变质或破损的赠品，需填写报废单经部门经理批准后进行报废。

6）赠品的稽核。每日客服主管对前一日电脑销售与赠品派发数量进行核对，若有出入，应查询原因并处理。

6. 开具发票

顾客服务部在开具发票时必须在顾客购物付款后凭小票才能开具，期限通常为一个月以内，而且只能开具普通销售发票，增值税发票及其他专用发票由财务部门开具。开具发票时，必须由开票人签名，用蓝色或黑色的圆珠笔填写，且必须符合发票书写的规范，按从小到大的号码连续开，不能跳跃开发票，不能虚开发票，不开空白发票。发票由专人负责领取、开具、归还，每天营业结束前必须归还发票到现金室。发票一旦遗失，迅速上报管理层及财务部，以便及时到税务部门办理遗失手续和遗失声明。

7．广播中心

广播中心主要负责卖场的音乐气氛，宣传各项促销特价信息及为客人提供广播服务。广播的内容一般分为音乐广播、促销广播、服务广播，具体有以下内容。

1）常规内容，包括开关店广播及每日店内音乐的播放等内容。

2）促销短讯，卖场的促销活动、特价商品促销、部门的促销活动等内容。

3）紧急内容，包括火警、儿童丢失、紧急疏散、雷雨暴雨、停电等事件。

4）安全广播，包括提醒顾客关于防盗、看护儿童等方面的内容。

5）其他广播，包括顾客寻人、部门找人等方面的内容。

凡属于非日常播音的内容，必须经过申请，客服经理批准后才能广播。

播音员的工作原则有以下几条。

1）努力提高自身的业务素质，注意播报内容时要吐字清晰，克服不良情绪，严格按照超市有关礼貌用语的要求来播音。

2）学会根据客流量播放适当的音乐。根据客流量的不同、时间段的不同来选择不同的音乐进行播放。高峰期播放节奏明快的音乐，让顾客加快购物步伐，让下一轮顾客进场；非高峰期则播放缓和的音乐，以留住顾客，让顾客长久地留在超市里购物。

3）充分利用促销广播来促销商品。要利用广播将不好销售的商品的用途、优点及对顾客的适用情况等传达给顾客，以达到促销的目的，充分发挥其作用。

4）要为顾客排忧解难，充分发挥服务广播的作用。顾客在购物过程中经常会遇到各种困难，如有时会丢失物品或跟朋友走散等，作为广播员此时应帮助顾客尽可能找回丢失的物品和走散的朋友，要安慰顾客不要着急并及时为其排忧解难，给其提供方便。

> **小资料** 某卖场一日播音稿

6：55 营业准备：

各位同事：早上好！一年之计在于春，一日之计在于晨，现离开门营业时间还有五分钟，请大家抓紧时间完成手边的工作，准备迎接第一批顾客的到来。祝大家在新的一天里工作愉快。谢谢！

7：30 开门迎宾词：

亲爱的顾客朋友：早上好！欢迎光临××大卖场。今天是×月×日，星期×，我们今天的营业刚刚开始，同时，对您的支持和关心表示衷心的感谢。我们的营业时间为早上 7：30 至晚上 11：00。卖场的营业面积为 15 000 平方米，共有两层，内设中央空调、自动扶梯，先进的收银系统。一楼主要经营的有：生鲜、散装食品、熟食面点、海鲜鲜肉、调味品、茶庄、冲印、化妆品、手机等。二楼主要经营的有：洗涤日用品、音像制品、文具、服装、皮具、箱包、床上用品和美容中心等。欢迎顾客朋友前往各区域选购。我们将以最亲切、最真挚的服务来满足您的需求。如果您对我们的商品和服务有任何意见或者建议，欢迎拨打我们的投诉电话：××××。谢谢！

9：00 早餐：

亲爱的顾客朋友：早上好！欢迎光临××大卖场！本商场面包坊的面包已经新鲜出炉了，希望这浓浓的面包香能为您新的一天带来美好的开始。××全体员工提醒您别忘了享用这丰盛的早餐。谢谢！

11：00 午餐：

亲爱的顾客朋友：中午好！欢迎光临××大卖场！我们的熟食专柜为您推出了美味的10元快餐，欢迎广大顾客朋友前往选购。××全体员工祝您购物愉快！谢谢！

15：00：

亲爱的顾客朋友：下午好！欢迎光临××大卖场！为答谢广大顾客朋友对本卖场的支持与厚爱，××全体员工将为您营造一个良好的购物环境，让您踏着时尚的步伐，伴着优美的乐曲，体验时尚与潮流的脉搏，感受我们真诚的服务。我们始终以优质的商品、优惠的价格和最佳的服务满足您的需求。如果您对我们的商品和服务有任何的意见和建议，欢迎您到服务台咨询。××全体员工愿您满怀希望而来，满载喜悦而归。谢谢！

22：45 打烊词：

亲爱的顾客朋友：晚上好！感谢您光临××大卖场。您购物辛苦了，我们的营业时间为早上7：30至晚上11：00，现在距离下班时间还有15分钟，又到了和您说再见的时候了，请您抓紧时间挑选好您所需的商品，同时不要遗忘随身携带的物品。感谢您对我们工作的支持和鼓励，我们将认真总结今天，努力做好明天。欢迎您再次光临，祝您晚安。谢谢！

晚上10：55下班致员工词：

各位同事：大家辛苦了！我们的营业时间即将结束了，请大家抓紧时间完成手边的工作，准备迎接下班。祝大家度过一个愉快的夜晚。谢谢！

常用通知：

- 各专柜各部门请注意！今晚将要进行全场消毒，请各部门做好准备。谢谢！
- 请各部门负责人于今天下午3：00准时到办公室开会。谢谢！
- 亲爱的全体同人：辛苦了！我们今天的营业已经结束了，请大家到前台参加例会。谢谢！

温馨提示：

亲爱的顾客朋友：欢迎光临××大卖场。为了确保您和家人的安全健康，请您上、下楼梯时小心慢行，以免摔倒。请不要将小孩单独放在购物车内，以免发生意外。已埋单的商品请存放到服务台保管。本卖场防损员提醒您，在购物时，请妥善保管好您的贵重物品，请不要把手机、钥匙、钱包等放在购物车或购物篮内，以免不慎丢失。××全体员工祝您购物愉快。谢谢！

拥挤现象：

亲爱的顾客朋友：你们好！欢迎光临××大卖场！由于现在客流量较大，收银台出现了拥挤现象，为了维护好卖场的秩序与您个人的人身安全，请大家排好队不要拥挤，同时请您照看好身边的老人和小孩，确保他人安全。请不要把手机、钱包等贵重物品放在购物车或购物篮内，以免不慎丢失。

另外，当您需要结算时，请到前台稍做等候，我们的工作人员会尽快为您办理结算手续。不便之处敬请谅解，谢谢您的支持与合作。××全体员工祝您购物愉快。谢谢！

下雨时：

亲爱的顾客朋友，你们好！现在场外正下着大雨，为了避免雨水淋湿，请在本卖场停留片刻。同时，我们日用品区为您准备了各种美观实惠的雨伞，欢迎顾客朋友前往选购。××全体员工祝您购物愉快。谢谢。

11.1.4 建立顾客服务体系

1. 服务定位

零售企业可以为顾客提供多种可以选择的服务项目，一个门店究竟要为顾客提供哪些服务项目，提供的服务项目达到怎样的质量和水平才能使顾客满意，这是零售企业经营者必须考虑的问题。

零售企业因业态、规模、经营商品的种类、档次不同，其提供的服务也有较大的差异。每个零售企业并不能满足市场中所有顾客的需要，而是只能满足市场中一部分顾客的需要，因此，不同的零售企业就存在着服务定位问题。零售企业只有准确合理地瞄准自己的位置，才能最大化地为顾客提供满意的服务，从而实现自身的业绩目标。

那么，零售企业应怎样进行服务定位呢？我们借用营销大师菲利浦·科特勒的观点来说明这一问题。科特勒把零售企业按照提供服务的多少划分为三类。

自助零售（Self-Service Retailing），可用于许多零售业务。顾客在购物中自己进行寻找—比较—选择—购买，以便于节省金钱。这类商店主要以提供方便商品为主，时下遍布城市各个角落的便利店、小超市等属于这一类。

有限服务零售（Limited-Service Retailing），提供了较多的销售帮助。因为这些商店经营的商品比较多，顾客需要较多的信息，因此商店为顾客提供的服务也相对比较多，如信用服务、退货等。当然，这种商店由于营运成本增加了，其商品的售价也自然较高。

完全服务零售（Full-Service Retailing），如专卖店或高级百货商店，这类零售店提供的服务最全面，其销售人员在顾客的购买过程中随时准备提供帮助。一些高端的顾客就愿意光顾这类商店，他们喜欢被"服侍"，对服务要求也比较高。高昂的人员费用、较高比例的特殊商品、周转较慢的商品、较自由的退货政策、不同的付款条件、免费送货、提供休息室及餐厅等多种服务导致较高的运营成本，因而顾客需要付出较高的价格。

从上述科特勒对零售企业的分类可以看出，零售企业选择服务定位与各种影响因素有关，企业只有在研究影响服务的各种因素情况下，才能恰当地进行服务定位。零售企业通过研究下面的因素可以帮助自己确定为顾客提供的服务项目和水平。

1）门店的业态。不同业态的门店提供的服务是不同的。百货商店经营的花色品种比较多，相应地为顾客提供的服务项目也要多，而连锁超市经营的主要是食品和日用品，其提供的服务项目也就可以少些。

2）竞争者的服务。竞争对手提供的服务对零售店确定服务项目和水平有着重要的影响。在竞争激烈的市场中，企业必须考虑竞争者提供的服务，以提供相似的或更好的服务，否则就容易失去顾客。

3）经营的商品。门店经营的商品往往决定了相应的服务内容，如经营家用电器，就要考虑送货、安装、维修等服务；经营高新技术产品，就应考虑提供展示和产品使用指导等。这些服务一方面给顾客带来了方便，另一方面也可以促进销售。

4）门店的档次。高档门店经营的商品价格高，通常顾客期望从门店得到的服务水平也高。相反，普通门店给顾客提供的服务项目就少了许多，只提供基本的服务，顾客也能接受。

5）目标顾客的特点。目标顾客的收入、偏好决定了对门店服务的选择。收入水平高的顾客，在购物时往往注意购物环境，自然对服务的要求也高。他们希望门店的服务使他们的购物变得轻松、舒适、愉悦。相反，如果目标顾客是一般收入的家庭，那么门店就要考虑提供的服务项目要与顾客的购买力水平相适应。因为，要提供更多的服务，就势必提高商品的价格，如此，就会影响这些家庭的购买欲望。

6）提供服务的费用。零售企业的管理人员要了解为顾客提供各项服务所花费的成本，以便确定为提供这些服务支出的费用，需要产生多少新的销售额才能获得补偿。比如，如果为顾客提供负责送大件商品到家服务，而不管顾客住的远近，这项服务预计会每年增加费用 100 000 元，而这项业务的毛利率是 10%，那么，就必须使提供的服务能促进销售，并使销售额至少能够增加 1 000 000 元。从这个意义上说，为顾客增加服务的花费，类似于促销的花费，关键的判断标准是增加或取消服务项目的经济效果。

零售企业要基于自身的实际情况，在分析上述影响因素后，给自己的服务进行定位。只有这样，门店的服务定位才能比较准确合理。

2. 服务设计

零售企业在服务定位的基础上，要进一步对自己的服务进行设计。零售企业的服务设计主要有以下两个方面。

（1）服务内容设计

零售企业在进行服务内容设计时，需要考虑以下几个基本原则。

1）服务不存在标准模式。服务的内容不是任何情况下都一样的。不同的顾客、不同的消费目的、不同的消费时间、不同的消费地点，导致对服务的要求是不同的。

2）不同的服务项目对顾客的相对重要性不同。比如，免费送货上门和维修服务这两个服务项目对家具和计算机的购买者来说，其重要性就有显著区别。门店需要通过调查，对顾客需要的服务项目，按重要性的大小加以排序，然后做出决定，至少要在本行业顾客认为最重要的服务项目上能使顾客得到满足。

3）服务内容需根据门店的经营方式来确定。比如，快餐店的服务人员就没必要给客人端茶倒水，但对大酒店而言就显得非常必要。大型百货商店对消费者来说就要提供导购、送货上门、退货、售后保修等多项服务；对于超级市场和平价商店，人们期望更多的是购物便利和价格合算。

4）注重推出具有竞争优势的服务项目。比如，某家企业研究本行业顾客对于若干家主要同行企业服务工作的意见，发现顾客对所有的企业在运送的可靠性、容易接触等方面都感到满意，但对于售后使用指导方面不太满意，或者说这些主要企业做得不够。因此，售后使用指导对该企业来说就是决定性的服务项目，它就会使顾客得到其他企业所不能提供的服务。这样，该企业所提供的售后使用指导就是具有竞争优势的服务项目。

5）选择服务内容时应考虑成本因素。一个企业在选择服务内容时，应该先平衡服务内容与服务成本之间的关系，既要满足消费者的服务期望，也要满足消费者的价格期望，还要满足企业自身的成本收益平衡。一般来说，一种服务一旦超越了门店的经济承受能力，超越了顾客的价格承受力，其本身就难以长久。

（2）服务标准设计

顾客服务是一种无形的软性工作，因人而异。常常因为服务人员的心情、身体状况等各种原因影响服务质量，也会因服务人员的个人素质、经验、训练程度等造成服务水平的差异。如果不设计服务的具体质量标准和行为准则，就很难保证服务的质量。

3. 高度重视会员顾客的关系管理

零售企业创造利润，进行差异化营销、提升竞争力的重点就在于培养会员顾客、巩固会员顾客的忠诚度、落实会员的实际利益。

（1）降低企业经营成本，为会员提供优惠的商品价格

会员制在发达国家获得成功，主要原因是能够让会员得到价格实惠，如果企业在其他方面没有特色，又不能在商品价格上让会员感受到好处，甚至有些商品价格比其他地方还要贵，那就很难吸引会员来消费。因此，作为零售企业，应尽可能通过多种途径，加强企业的内部管理，扩大商品销售，降低企业的商品成本和经营费用，在商品价格方面具有竞争优势，使会员在本企业购买的商品价格低于其他同类零售企业。同时，零售企业应加强商品的价格管理，充分发挥会员卡的作用，使会员比非会员享受到更优惠的价格。

（2）为会员提供增值服务和个性化服务

著名的经营销售学家里维特曾经说过，在未来竞争中的关键，不在于生产、销售什么产品，而在于能提供多少附加值及提出什么样的精心服务。实际上会员是企业一个重要的资源，因此零售企业应注重对会员的开发，通过提供增值服务来吸引顾客，更好地满足会员需要。目前，

部分零售企业已意识到这一点，并着手为会员提供更多的服务。如定期为会员提供最新商品信息和促销信息，推出免息分期付款购物、购物陪同等多种服务项目，甚至一些零售企业联合餐饮、娱乐、金融、保险等各类消费渠道形成"异业联盟"，会员持卡到异业联盟店消费也可享受对应的折扣优惠，拓展了会员卡的使用价值，企业通过一系列的增值服务提升了会员的满意度。另一方面，要想真正建立顾客忠诚，零售企业还必须针对不同消费者的不同需求为其提供个性化服务，通过对会员需求的分析将顾客分类，以提供有针对性的服务。如可根据消费者的年龄层次、收入状况、购买商品的金额及种类进行分类，从而开展有针对性的活动，建立个性化的顾客关系管理，这也正是发展会员制的核心所在。

（3）建立消费激励机制，刺激会员持续购买

零售企业进行会员制管理，应制定相应的消费奖励机制，给予会员一定的消费返还，增加会员的实际利益。同时，通过奖励措施，企业可以吸引更多的会员消费更多的商品，争取会员的多次反复购买和大量购买。对会员消费的奖励可采取多种途径。如有的零售企业实行消费积分制度，用会员卡来自动记录每一次购物情况并给予积分，并不定期地举行积分奖励，顾客利用自己的积分可以兑换成现金或商品。有的零售商场根据顾客的消费金额，实行会员分级并发放不同级别的会员卡，同时根据累计的消费金额进行会员升级，对于消费金额大的会员，企业提供更多的商品折扣优惠和服务内容。

（4）建立基于现代信息技术的顾客信息资料库，加强会员管理

要实施真正意义上的会员制，为顾客提供个性化的产品及服务，前提条件是对会员的充分了解。目前大多数实施会员制的企业在顾客申请入会时都会要求填写比较详细的个人资料，如消费者的姓名、地址、爱好、消费能力、消费档次等，同时顾客在消费时也留下了相关的消费记录，这些资料信息的收集和处理由传统手工方法是无法很好解决的，必须借助现代信息技术。因此，零售企业必须做好信息化的基础建设工作，建立基于现代信息技术的顾客信息资料库，及时收集顾客的消费数据，并根据所收集的销售数据和会员资料做进一步的开发利用，通过对顾客信息的分析、整理、挖掘，对消费结构进行分析，向会员提供全方位的服务，对会员实施个性化、人性化的客户关系管理，最大限度地满足会员需求。

11.2 顾客投诉处理实务

11.2.1 如何对待顾客投诉

现代连锁企业自我服务的方式较传统的零售业来说，更多地体现了顾客购物的自主性，它可以避免面对面销售时营业员与顾客可能发生的较多冲突，但不能完全避免由于顾客对商品或服务的不满而对连锁企业门店提出的意见或投诉。因此，如何处理好顾客投诉，是连锁企业门店经营管理中的重要内容，处理得好，矛盾得到化解，企业信誉和顾客利益得到维护；反之，往往会成为连锁企业门店经营的危机。

顾客投诉其实是门店的重要财富，是服务水准提升的重要契机，投诉应对流程其实就是为顾客创造价值的过程。正确对待和处理顾客的投诉，化不利因素为有利因素，可以改进客户服务质量，并与顾客形成长期合作的良好关系。

做生意不仅要创造顾客，更要留住顾客。无论处理什么样的抱怨，都必须要通过研究顾客的思维模式寻求解决问题的方法。投诉处理原则包括以下几个。

1. 正确的服务理念

需要经常不断地提高全体员工的素质和业务能力，树立全心全意为顾客服务的思想，确定"顾客永远是正确的"的观念。投诉处理人员面对愤怒的顾客一定要注意克制自己，避免感情用事，始终牢记自己代表的是门店或企业的整体形象。

2. 有章可循

要有专门的制度和人员来管理顾客投诉问题，使各种情况的处理有章可循，保持服务的统一、规范。另外要做好各种预防工作，对各种顾客投诉防患于未然。

3. 及时处理

处理抱怨时不要拖延时间、推卸责任，各部门应通力合作，迅速做出反应，向顾客清楚地说明事件的缘由，并力争在最短时间里全面解决问题，给顾客一个圆满的答复。拖延或推卸责任，只会进一步激怒投诉者，使事情进一步复杂化。

4. 分清责任

不仅要分清造成顾客投诉的责任部门和责任人，而且需要明确相关部门、人员的具体责任与权限。

5. 留档分析

对每一起顾客投诉及其处理情况要做出详细的记录，包括投诉内容、处理过程、处理结果、顾客满意程度等。通过记录来吸取教训、总结经验，为以后更好地处理和预防顾客投诉提供参考。

11.2.2 顾客投诉的主要类型

顾客抱怨是门店经营不良的直接反应，同时又是改善门店销售服务十分重要的信息来源之一。通常，顾客的投诉主要集中在对商品、服务、安全与环境的意见方面。

以超市门店为例，对连锁企业门店而言，顾客抱怨的类型主要有以下几种。

1. 对商品的抱怨

商品是满足顾客需要的主体，顾客对商品的投诉主要集中在以下几个方面。

1）质量不良。商品质量问题往往是顾客投诉最集中的问题。商品质量问题主要是坏品、过保质期、品质差或不适用，许多商品的品质往往要打开包装进行使用时才能做出判别。特别是食品由于储存、陈列不当引起的问题较多，打开包装或使用时发现商品品质不好时，顾客的反应通常较强烈，意见较大，引起的投诉也较多。

2）价格过高。超市门店销售的商品大部分为非独家经营的商品，在信息时代，顾客对各商家的价格易于做出比较，特别是日用品、食品、生鲜果疏类商品是顾客经常购买的商品，顾客对商品的价格十分熟悉，对同一商品在不同商场价格的高低和同一商场的同一商品的价格因季节性因素或促销因素而发生的价格变动十分敏感，顾客往往会因为商品价格过高向门店提出意见。

3）标示不符。商品包装标示不符往往成为顾客购物的障碍，进而成为顾客的投诉对象。顾客对商品包装标示的意见主要有商品的价格标签看不清楚、商品上有几个不同的价格标签、商品上的价格标示与促销广告上的价格不一致、商品包装上无厂名无制造日期、进口商品上无中文说明等。

4）商品缺货。顾客对门店商品缺货的抱怨，主要是对热销商品和特价商品的缺货、商品品种的不全而不满。

2．对服务的抱怨

消费者购买商品的同时需要门店提供良好的服务，其对门店服务的不满直接影响门店商品的销售。对服务的抱怨主要有以下几个方面。

1）营业员的服务方式欠妥：接待慢，搞错了接待顺序；缺乏语言技巧，不会打招呼，也不懂得回话；说话没有礼貌，过于随便；说话口气生硬，不会说客套话等；不管顾客的反应和需要，无重点地加以说明，引起顾客的厌烦和抱怨；商品的相关知识不足，无法满足顾客的询问；不愿意将柜台或货架上陈列的精美商品让顾客挑选。

2）营业员的服务态度欠佳：只顾自己聊天，不理会顾客的招呼；紧跟在顾客身后，表现出过分的殷勤，不停地劝说顾客购买，让顾客觉得对方急于向自己推销，在心理上形成一定的压力；顾客不买时，马上板起面孔，甚至恶语相加；以衣帽取人，瞧不起顾客，言语中流露出蔑视的口气；表现出对顾客的不信任，盯梢或用语言中伤；对顾客挑选商品不耐烦，甚至冷嘲热讽。

3）营业员自身的不良行为：营业员对自身工作流露出厌倦、不满情绪，例如，抱怨工资、奖金低，工作纪律严等；营业员对其他顾客的评价、议论，甚至贬低；营业员自身衣着不整、浓妆艳抹、举止粗俗、言谈粗鲁、打闹说笑、工作纪律差，给顾客造成不良的印象，直接影响顾客的购买兴趣；营业员之间发生争吵，互相拆台。

4）服务作业不当：如结算错误、多收钱款、少找钱；包装作业失当，导致商品损坏，装袋不完全，遗留顾客的商品；结算速度慢、收银台开机少，造成顾客等候时间过久；顾客寄放物品遗失、存取发生错误；送货太迟或送错了地方；不遵守约定，顾客履约提货，货却未到等。

5）对服务内容的抱怨

主要是对营业时间、商品退换、存包规定、售后服务及各种服务制度（规定）等方面问题的投诉，如不提供送货服务、无保修或店内无维修点等。

3．对安全和环境的抱怨

顾客在卖场购物时因安全管理不当，受到意外伤害而产生不满，如因地滑而摔跤，因停电而碰撞或受到损失。顾客感觉环境不舒适，如照明亮度不够，空气不流通，温度过高或过低，商场内音响声太大；卖场走道内的包装箱和垃圾没有及时清理，影响卖场整洁和卫生；商品卸货时影响行人的通行等。

卖场设施不当也有可能导致顾客投诉，如货架高度不当，拿取不方便；无休息的凳椅；收银机少，交款排队的时间较长；商场布局指示不清；无电梯、洗手间等。

11.2.3 处理顾客投诉的程序和方法

有关的研究资料指出，顾客其实就是免费的广告，关键是该免费广告所带来的是正面效应还是负面效应，当顾客有好的体验时可能会告诉 5 个其他的顾客，但是有不好的体验时可能会告诉 20 个其他的顾客。因此，如何让顾客成为连锁企业门店正面的免费的宣传媒介，使连锁企业实现持续经营的目标，有赖于门店的营业人员能否谨慎地处理顾客的每一个投诉意见。连锁企业门店中的任何人员，不论是基层服务人员、管理人员，或者是负责顾客服务的专职人员，不管他在门店中有无处理顾客投诉的权力，在接受顾客投诉时，其处理原则都是一致的，都应认真对待顾客的投诉，妥善处理每一位顾客的不满与投诉，并且在情绪上使之觉得受到尊重。

在处理顾客投诉意见时总体上应遵循如下程序。

1. 保持心情平静

（1）就事论事，对事不对人

当顾客在商店的购物需求无法得到很好的满足时，很自然地就会产生抱怨，甚至前来投诉。当顾客对着门店工作人员发泄其不满时，往往在言语与态度上带有激动的情绪，甚至有非理性的行为发生。这种不满的发泄或是毫无尊重的责骂，很容易使接待或处理投诉的工作人员，觉得顾客就是在指责他个人，有些工作人员在顾客情绪的感染之下，也很容易被激怒，而产生对抗性的态度与行为，甚至不再愿意处理顾客的投诉。事实上这是错误的，因为这样只会导致彼此之间更多的情绪对抗与更加紧张的气氛。其实顾客的投诉，只是针对门店本身或所购买的商品，并不一定针对具体的服务人员。正面的态度，往往可以让顾客产生正面的反应，很多事情并不需要用冲突的方式来解决。因此，为了缓解顾客的情绪，让彼此可以客观地面对问题，最好的处理方式，是从一开始就心平气和地保持沉默，用和善的态度请顾客说明事情的原委。

（2）以自信的态度来认知自身的角色

每一位处理顾客投诉的工作人员，都身负着连锁企业利益代表和顾客利益代表的双重身份。连锁企业要依靠工作人员来处理各种顾客投诉，最终满足顾客的需求，为连锁企业带来销售方面和形象方面的利益；同时顾客也必须通过工作人员，来表达自己的意见，维护自己的消费权益。因此，工作人员必须以自信的态度来认知自己的角色，让连锁企业和顾客都得到最大的利益，实现双赢，而不是以逃避的态度来工作。

2. 有效倾听

一般顾客对门店有意见前来投诉，其情绪都是比较激动的，甚至是过激的，接待人员此时应保持平静的心情，善意接待。所谓有效倾听，就是诚恳地倾听顾客的诉说，并表示你完全相信顾客所说的一切，要让顾客先发泄完不满的情绪，使顾客心情得到平静，然后倾听顾客不满产生的细节，确认问题所在。不论是什么样的诉怨，都不要试图马上为自己辩解，应让顾客尽情地说完，顾客会因得到相信和尊重而觉得安慰。应该避免的情况是试图辩解，做一些言语上的辩解，只会刺激顾客的情绪，容易引起顾客的反感。同时，在倾听过程中，也千万不能让顾客有被质问的感觉，遇到不明白的地方，应以婉转的方式请顾客说明情况，例如："很抱歉，刚才有一个地方我还不是很明白，请问您有关……的问题。"并且在顾客说明时投以专注的眼神，随时以间歇的点头或"我懂了"来表示对问题情况的了解。如果无处理权限的员工遇到顾客诉怨时，也必须在不打断顾客说话的前提下，可以委婉地向顾客解释说："很抱歉我们给您带来了麻烦，但是我无权给您一个满意的答复，万一答错的话反而会再给您添麻烦，所以还是让我马上去请我们的负责人来，请您稍等。"然后立即去找相应的负责人。

3．运用同情心

在有效倾听顾客投诉的事情原委后，应以同情心来回应顾客的投诉意见，要不带任何偏见地站在顾客的立场来回应顾客的问题，即扮演顾客的支持者角色，让顾客知道接待人员对问题的了解和态度。例如，当顾客投诉买的裤子在穿到单位时才发现两个裤脚长短不一致，此时可以回应顾客："我知道那种感觉一定非常尴尬。"而对于顾客不合理的诉怨，切不可擅发议论与对方争辩，即使顾客的诉怨的确不合理，也不可说："你是错的！"有时温柔地称许顾客的说法且富有感情，可能反而会意外地解决顾客的投诉。

4．表示歉意

不论顾客提出的意见其责任是否属于本门店，如果店方能够诚心地向顾客表示道歉，并感谢顾客提出的问题，通常能让顾客感到连锁企业对自己的尊重。就连锁企业门店而言，如果没有顾客提出投诉或意见，往往就没法知道自己存在的不足和需要改进的地方，应将顾客的投诉或意见视做对本门店的关心和爱护。顾客是好意才会说出诉怨，切不可忽视顾客的好意。对绝大多数顾客而言，他们对门店提出投诉，是希望所提的问题能得到改善和解决，使他们能继续光临门店，并得到良好的服务。因此，顾客投诉从表面上看似乎是门店经营上的危机，但若能处理得当，使顾客愿意再度光临，同时也使门店的经营因顾客的投诉而有所改进，将给连锁企业带来更多有形和无形的利益。所以，应向任何一个投诉的顾客道歉并表示感谢。

5．分析顾客投诉的原因

（1）抓住顾客的投诉重心

掌握顾客投诉问题的重心，仔细分析该投诉事件的严重性，判断问题严重到何种程度，同时要有意识地试探和了解顾客的期望，这些都是处理人员在提出解决方案前必须事先评估的。因为多数消费者的要求往往低于门店的预期。例如，某位顾客在超市买了一块并未过保质期的蛋糕，回家后未食用就发现蛋糕上有霉点，如果严格按照《消费者权益保护法》来看，超市方应做出退一赔一的补偿，但经门店处理负责人了解，该顾客前来投诉只是希望退款，结果在店方诚恳地道歉并附上全额退款后，顾客满意而归。可见，店方应在了解事实的基础上，注意了解顾客对门店有何预期，若希望店方赔偿，其希望的方式是什么，赔偿的金额是多少等。

（2）确定责任归属

顾客所投诉问题的责任不一定是店方，可能是供应商或是顾客本人造成的，因而门店应确认责任归属。责任归属不同，门店提出的解决方案就会不同。如责任在于门店，门店当然应负责解决（例如，销售已过保质期的商品）；如责任在于商品生产厂商，门店应负责联络厂商共同协助解决（例如，奶粉内发现了异物）；如责任在于顾客，店方则要心平气和地做出令顾客信服的解释，并尽可能地提供顾客补救措施或其他消费建议（例如，顾客投诉特价商品缺货，而此项缺货是在促销广告上明确注明售完为止的商品，但顾客未注意到）。

6. 提出解决方案

对所有的顾客投诉或意见，都应有处理意见，都必须向顾客提出解决问题的方案。在提出解决方案时，以下几点必须加以考虑。

1）企业现有的顾客投诉处理规定。一般连锁企业对于顾客的投诉都有一定的处理政策，门店在提出解决顾客投诉的方案时，应事先考虑连锁企业的经营方针、政策及顾客投诉的有关处理规定，既要迅速高效地解决问题，又不能轻率地承担责任。有些问题只要援引既定的办法或规定，即可立即解决。例如，门店商品的退、换货的处理等。至于无法援引处理的问题，就必须考虑连锁企业的原则做出弹性处理，以便提出双方都满意的解决办法。

2）处理权限的规定。处理负责人在处理顾客投诉时还必须考虑企业关于处理权限的规定，或是否能在权限内处理。有些投诉可由服务人员或部门管理人员立即处理，有些则必须由店长或副店长来处理，有些必须移交连锁企业总部所属部门。在服务人员无法为顾客解决问题时，就必须尽快找到具有相应处理权限的人员来解决，如果让顾客久等之后还得不到回应，将会使顾客再次出现气愤的情绪，前面为平息顾客情绪所做的各项努力都会前功尽弃。按处理权限确定处理责任人，可以使顾客的意见迅速得到解决，但店方必须向顾客讲述清楚，以取得顾客的谅解。

3）一致性或可比性。处理顾客投诉最重要的原则之一，就是要让每一类投诉事件的处理质量具有一致性或可比性。如果同一类型的顾客投诉意见，因为处理人员的不同而有不同的态度与做法，势必让顾客丧失对这家连锁企业的信赖与信心。因此，处理责任人在处理顾客投诉时要注意适当地利用先例，和以前类似顾客投诉事件相比，了解是否有共通点，参照此前投诉事件的解决方案，以确保处理同类投诉问题的方式基本一致。而对于门店来说，坚持以公平一致的态度对待所有顾客的投诉，也有利于提高门店处理顾客投诉的效率。

4）让顾客同意提出的解决方案。要做到这一点，往往不容易，所以处理人员要重视与顾客进行耐心的沟通，直至对方同意。处理人员提出任何解决方案，都必须诚恳地与顾客沟通，必须尽力让顾客了解他们对解决这个问题所付出的诚心与努力，以获得顾客的同意。若是顾客对解决方案仍然不满意，必须进一步了解对方的需求，以便做新的修正。

7. 执行解决方案

如果是门店权限内可以处理的问题，应尽快解决。当双方都同意解决方案之后，门店就应立即执行该解决方案。若由于种种原因（如不在负责人的权限范围内，或必须与厂商联系后方能答复等），门店不能立即处理该顾客的投诉，应告诉顾客原因，特别要详细说明处理的过程和手续，双方约定其他时间再做出处理。此时应将经办人的姓名、电话等告知顾客，并留下顾客的姓名与地址等联系方式，以便事后追踪处理，同时也能消除顾客有被店方打发或踢皮球的想法。在顾客等候期间，处理人员应随时了解该投诉意见的处理进程，有变动必须立即通知对方，直到事情全部处理结束为止。至于移转总部或其他单位处理的投诉意见，也必须了解事情的发展情况，进行定时追踪。如果顾客有所询问时，应迅速且清楚地回应对方。

8. 引以为鉴

在解决顾客投诉的整个过程中，投诉负责人必须在总部设计的统一的顾客投诉意见处理记录表上进行书面记录，深入了解顾客的想法，这样顾客也会回以慎重的态度。每次顾客投诉的记录，门店都应存档，以便日后查询，并应定期检讨产生投诉的原因，从而加以修正。在检讨时有两点是需要管理者注意的：一是许多投诉都是可以事先预防的，门店若发现某些投诉是经常性发生的，就必须组织力量进行调查，追查问题的根源，及时做出改进管理和作业的规定，以尽量杜绝今后此类事件再次发生；二是若属偶然发生或特殊意外情况的顾客投诉，门店也应制定明确的规定，作为再遇到此类事件的处理依据。

对所有顾客投诉，其产生的原因、处理结果、处理后顾客的反馈，以及门店今后的改进方法，应及时用各种固定的形式，如例会、晨会或是企业内部刊物等，告知门店的相关员工，使员工能迅速改进引发顾客投诉的种种因素，并充分了解处理投诉事件时应避免的不良影响，以防止类似事件今后再次发生。

表 11-1 是某超市门店的顾客投诉处理单，供参考。

顾客投诉的方式主要有电话投诉、信函投诉，或是直接到门店内当面投诉这三种，根据顾客投诉方式的不同，门店可以分别采取相应的处理方法。

1. 电话投诉的处理方法

1）有效倾听：仔细倾听顾客的抱怨，应站在顾客的立场分析问题的所在，同时可以用温柔的声音及耐心的话语来表示对顾客不满情绪的支持。

2）掌握情况：尽量从电话中了解顾客所投诉事件的基本信息。

3）存档。

表 11-1　某超市门店的顾客投诉处理单

门店名称：		编号：	
顾客姓名：		家庭住址：	
发生时间：		联系电话：	
投诉方式：	投诉时间：		受理时间：
投诉事件经过			
事件处理经过			
事件处理结果			
处理人员	主管经理	店长	备注

2．书信投诉的处理方法

1）转送店长：门店收到顾客的投诉信时，应立即转送店长，并由店长决定该投诉下一步的处理事宜。

2）告知顾客：门店应立即联络顾客，通知其已经收到信函，以显示门店对于该投诉意见的诚恳态度和认真解决该问题的意愿。

3．当面投诉的处理方法

1）将投诉的顾客请至会客室或门店的办公室，以免影响其他顾客购物。

2）千万不可在处理投诉过程中中途离席，让顾客在会客室等候。

3）严格按总部规定的"投诉意见处理步骤"妥善处理顾客的各项投诉。

4）各种投诉都需填写"顾客投诉记录表"。对于表内的各项记载，尤其是顾客的姓名、住址、联系电话及投诉的主要内容必须复述一次，并请对方确认。

5）如有必要，应亲赴顾客住处访问道歉并解决问题，体现出门店解决问题的诚意。

6）所有的抱怨处理都要制定结束的期限。

7）与顾客面对面处理投诉时，必须掌握机会适时结束，以免因拖延过长，既无法得到解决的方案，也浪费了双方的时间。

8）顾客投诉一旦处理完毕，必须立即以书面方式及时通知投诉人，并确定每一个投诉内容均得到答复及解决。

9）由消费者协会等机构转来的投诉事件，在处理结束之后必须与相关机构联系，以便让对方知晓整个事件的处理过程。

10）对于有违法行为的投诉事件，如寄放柜台的物品遗失等，应与当地派出所联系。

11）谨慎使用各项应对措辞，避免导致顾客的再次不满。

12）注意记住每一位提出投诉的顾客，当该顾客再次来店时，应以热诚的态度主动向对方打招呼。

11.2.4 化解顾客投诉的技巧

1. 商品投诉处理技巧

（1）商品质量问题

1）如果顾客买的商品发生质量问题，说明企业在质量管理上不过关，遇到这类情况，最基本的处理方法是诚恳地向顾客道歉，并更换质量良好的新商品。

2）如果顾客因为该商品的质量问题而承受了额外的损失，企业要主动承担起这方面的责任，对顾客的损失包括精神损失都给予适当的赔偿。

3）在处理结束后，就该质量存在问题的商品如何流入顾客手中查找原因，采取相应的措施以避免再次发生类似问题，并向顾客说明情况，增强顾客再次购买本企业商品的信心。

4）将商品的质量问题向供应商反映，要求给予解决或更新，以利于企业的发展。

（2）商品使用不当

如果是因顾客自己使用不当而导致的商品质量问题，卖场员工要意识到，这不仅是顾客自身的问题，或许也是营业员在销售商品时未向顾客交代清楚注意事项，或者营业员出售了不适合顾客使用的商品，属于这类原因的，卖场也应该承担一定的责任，一定要向顾客真诚地道歉，并根据具体情况给予顾客适当的赔偿。

2. 服务投诉处理技巧

顾客的抱怨有时候是因门店员工的服务而引起的，服务是无形的，不能像商品那样事实明确、责任清晰，只能够依靠顾客与员工双方的叙述，因此，对服务质量问题要明确责任是比较困难的。

1）处理类似问题时，客服人员首先要明确"顾客就是上帝"这一宗旨，认真听取顾客的不满，向顾客诚恳地道歉，向顾客承诺以后保证不会再发生类似的事件。

2）必要时与当事人（员工）一起向顾客表示歉意，这样做的基本出发点是让顾客发泄自己的不满，使顾客在精神上得到一定的满足，从而赢得顾客对卖场的信赖。

3）事件处理完毕，卖场要对在事件中受到委屈的员工在精神上、物质上给予一定的补偿，同时要在处理顾客关系技巧方面对员工进行必要的培训，使企业员工能够在措辞和态度上应得体，以减少类似投诉的发生。

3. 索赔处理技巧

1）要迅速、正确地获得有关索赔的信息。

2）索赔问题发生时，要尽快确定对策。

3）客服主管对于所有的资料均应过目，以防下属忽略了重要问题。

4）要访问经办人，或听其报告有关索赔的对策、处理经过、是否已经解决等。与供应商保持联系，召开协商会。

5）对每一类索赔问题，均应制定标准的处理方法（处理规定、手续、形式等）。

6）防止索赔问题的发生才是根本的问题解决之道，不能总是等索赔问题发生后，才去被动地寻找对策。

4．特殊顾客投诉处理技巧

（1）"别有用心"的顾客

在现实生活中卖场对这类顾客都感到棘手。

1）这种类型的顾客喜欢抓住卖场的弱点，提出难题，暗中索取金钱或贵重物品。

2）满足此类顾客的无理要求，会令卖场员工的士气大为降低；如果做出激烈的对抗，又会使事态恶化，极大地损害卖场的形象。

3）对待此类顾客，卖场管理人员及员工一定要保持清醒的头脑和冷静的判断力，利用法律武器保护自己的正当权益。

4）卖场方面也要管好自己的言行举止，否则将会给这类顾客留下可乘之机。

（2）挑剔的顾客

这类顾客在心目中已经有了一定的标准，因此常常能看出商品及服务的不足，他们因挑剔而给出的建议通常具有一定的代表性并很有价值，值得卖场员工认真研究，从而改进商品和服务质量，做到精益求精。

1）认真接待。在商业中有一句名言："一百减一等于零。"也就是说，卖场即使让一名顾客一百次感到满意也不能保证他永远满意，如果得罪了一次，也会前功尽弃。

顾客对卖场的印象一旦形成，就会有先入为主的观念。如果第一印象差，即使卖场的商品很好、整体服务很优秀，这一看法也难以转变。

因此，要求卖场员工一定要注视这类顾客的接待，让其感到自己的建议会受到卖场的重视。

2）应对程序。首先要耐心地听取他们的意见，弄清他们明确的服务标准，表示他们的要求卖场已给予相当的重视，然后给对方道歉，期望对方继续支持，并赠送小礼物以表示感谢。通常挑剔的顾客容易被客服人员的挚诚感动，从而愿意接受其道歉和调解。最后把挑剔的顾客所引出的卖场漏洞堵住，以免再发生类似的顾客抱怨和不满影响企业的形象和声誉。

11.3 顾客服务质量评价

客户服务时代已经来临，在提供优质产品的同时，如何为客户提供更好的服务已被大多数企业置于空前的高度，客户的争夺已成为市场竞争的核心，客服水平的高低更在一定程度上决定了连锁企业的生死存亡。

11.3.1 顾客满意度调查

顾客满意度调查的主要目标：确定导致顾客满意的关键业绩指标，评估组织的业绩，判断改善主要业绩指标所需措施的轻重缓急并采取正确行动。

1. 制定顾客满意度调查计划

制定周密的顾客满意度调查计划，对于确保企业的顾客满意度调查取得成功是至关重要的。调查技术应正确，尽量避免误导顾客或收集一些不精确的信息，导致组织管理层决策失误，调查结果也必须让组织了解急需采取什么补救或改进措施。

调查计划包括以下内容：内部工作计划、选择外部专门调研机构、识别顾客、确定关键的业绩指标、选择调查的方法、设计调查问卷并实施调查、分析调查结果等。

（1）内部工作计划

内部计划通常包括确定公司内部参与制定计划阶段的人选；了解组织各层次将如何获取并利用调查结果；确定顾客，列出拟作为调查对象的顾客名单；向员工和主要顾客传达调查的意图；组织主要管理层参与调查过程，开展讨论，明确调查的目的和问题。

必须让组织主要管理层和顾客了解顾客满意度调查的目标、方法、结果和影响，主要管理层积极参与顾客满意调查计划的制定，有助于他们对全过程的理解，易于接受调查结果，并且激发他们对改进工作的责任感。

（2）选择外部专门的调研机构

若企业不具备顾客满意度调查的人力或能力，必须请外部专业调研机构协助组织进行调查。可采取比较选择方法，从多家专业调研机构中选择一家最适合本企业情况的调查机构，可以要求这些专业调研机构根据企业的情况提供项目建议书，然后通过企业的评估、了解，选择一家拥有良好数据收集设施、具备数据分析能力并能提出合理建议的调研机构。

这种评估主要从技术、能力和经验、成本三个方面考虑。

（3）识别顾客

在顾客满意度调查的过程中，识别顾客是非常重要的。识别顾客应不仅局限于曾经同企业有过往来的顾客，潜在顾客的识别对企业也是至关重要的，识别顾客还应包括竞争者的顾客，准确地获取有关企业竞争者的顾客信息对于本企业来说具有很大的价值。

一旦本企业的顾客识别完毕，应罗列出具体清单，从中筛选出本企业的重点顾客，作为顾客满意度的调查对象。

（4）确定关键的业绩指标

在 ISO 9000 体系中"顾客满意度"被定义为：一项事务满足顾客需要和期望时顾客的意见反馈程度。顾客满意度调查的核心是确定商品或服务在多大程度上满足了顾客的要求和期望。

应当注意的是，确定的业绩指标应使用顾客的语言来表达，并且尽可能是开放性的问题，以便顾客自主反馈意见，从而收集顾客对组织满意或不满意的信息。

（5）选择调查的方法

在顾客满意度调查过程中，需要收集大量关于顾客的信息资料，具体的收集方法大体上有以下几种：邮寄、访问、电话、座谈会、网上调查、观察等，信息来源渠道除了这些主动收集的渠道外，还有顾客抱怨、顾客反馈、消费者组织的报告、媒体的报道等。

选择调查方法应根据本企业的实际情况而定，包括考虑是否选择外部专业调研机构、资金情况、时间因素。应选择最适于本企业特点，又能够获得高回收率、高效率、低成本的调查方法。

（6）设计调查问卷并实施调查

调查问卷是一个关键环节，调查结果的好坏取决于所问的问题。准备调查问卷是一项相当繁重的工作，应围绕所确定的企业的关键绩效指标来设计调查问卷，尽量使用顾客的语言，多提开放性的问题，选择恰当的提问用语。

一旦设计了调查问卷，就应按照调查计划的要求，采用经选择的适当的调查方法进行调查、收集信息。

（7）分析调查结果

分析时可以采用适当的统计技术方法，对顾客满意调查的统计分析主要包括如下内容：调查问卷回收率的统计分析、每项业绩指标的满意得分分析、总体满意分析等。

2. 神秘顾客方法

神秘顾客方法（Mystery Customer）是一种检查现场服务质量的调查方式，20世纪70年代由美国零售行业"模拟购物"（Mystery Shopping）的调查方式发展而来。其方法起源可追溯到文化人类学对原始部落居民生活和文化的观察，20世纪八九十年代神秘顾客方法在欧洲得到快速应用，据英国一家机构抽样调查统计，在被调查的商业性公司中，88%的公司应用神秘顾客方法对自己公司、竞争对手或两者同时进行调查。欧洲两大权威行业机构市场研究协会、欧洲民意和市场调查协会均建立了神秘顾客方法的行业操作规则。

神秘顾客调查由神秘顾客，通常是聘请的独立的第三方人员，如市场研究公司的研究人员或经验丰富的顾客，通过参与观察的方式到服务现场进行真实的服务体验活动。神秘顾客针对事前拟好的所要检查和评价的服务问题，对服务现场进行观察，提出测试性问题，获取现场服务的有关信息，包括服务环境、服务人员仪态、服务表现、人员业务素质、应急能力等。

（1）神秘顾客方法的优点

神秘顾客方法主要采用观察的方法对卖场的现场服务质量进行检查，优点在于：

- 观察到的是真实发生的行为，避免了访问调查中被访者自述行为与真实行为不一致的风险。
- 由于采用参与、观察的方式，能获得许多信息（包括访问的提问方式所不能获得的），并避免事后访问中的顾客对服务过程的失忆问题。
- 参与观察时，避免了访问员受制于口头语言能力而在采集信息方面存在的数量和质量上的限制，能观察服务细节而不仅是服务结果。

上述优点使它非常适合于过程复杂、顾客又自身难以评价的服务过程或现场服务质量的调查。

（2）神秘顾客方法的缺点

- 由于它采用隐蔽的参与观察方式，虽然能很好地发现服务现场的各种现象和问题，但不能发现现象和问题产生的原因,这是神秘顾客方法本身的局限。
- 要求神秘顾客对调查行业的业务和服务流程有很好的了解,因此对于神秘顾客的素质及培训要求,比传统调查方法要求更高。
- 由于神秘顾客不能在现场直接记录观察结果,通过回忆填写问卷可能对调查的可信度和效果产生影响,神秘顾客的实施过程本身需要严格的质量控制。

（3）神秘顾客方法与传统顾客调查方法的区别

从调查技术的角度来说,神秘顾客方法与传统顾客调查方法存在以下区别,如表11-2所示。

表11-2 神秘顾客方法与传统调查方法的比较

	神秘顾客方法	传统调查方法
调查方法	观察法	访问法
调查过程	被访者不知道自己正在被观察	被访者知道自己正在接受访问
偏差效应	访问员偏差	试验效应、社会赞许效应
资料性质	收集的信息是客观的	收集的信息可能带有主观性
应用范围	现场服务质量检查	顾客满意度调查

1）调查方法的区别。神秘顾客方法采用隐蔽的观察方式进行调查,如果需要还可使用隐蔽式摄像、录音设备;传统的顾客调查方法采用访问形式,包括面对面的访问(如家庭调查)和非面对面的访问(电话访问、网上调查)。

2）调查过程的区别。神秘顾客调查采用隐蔽的方式,服务人员不知道自身正被神秘顾客观察,调查的结果自然真实;传统的调查方式下,被访者知道自己正在接受访问,可能会产生影响结果的试验效应、社会赞许效应。

3）信息特点的区别。由于神秘顾客采用观察方法,不涉及主观感受,调查得到的信息均是客观性信息,即事实性信息;传统顾客访问方法可调查客观性内容,也可调查其主观性感受。

（4）神秘顾客方法的调查内容

为了发挥神秘顾客调查方法在企业服务质量管理中的作用,需要收集足够的信息进行分析,因此其调查一般需要包括以下内容。

1）门店外部环境的检查。神秘顾客来到指定的服务现场,在进门之前,神秘顾客观察门店标志、外部秩序与环境状况、橱窗产品摆放、促销海报张挂等情况。

2）服务现场扫描。神秘顾客进入服务现场,观察门店内布局与服务设施、用品配备状况、职员和顾客的比例、服务人员的活动及现场是否混乱等。

3）服务过程体验。神秘顾客随机或按照事前抽样,到相应柜组购买商品,检查服务人员的作业情况。在此过程中检查评价服务人员的服务态度、服务规范、业务熟练程度。

4）业务测试。在购买产品或服务过程中检查服务人员的业务知识熟悉程度、业务熟练程度,以及应急或灵活处理能力。

5）现场服务改进指导。神秘顾客在完成调查流程后，一种做法是在现场向门店负责人员反映存在的问题，便于门店经理安排现场改进；另一种做法是神秘顾客在完成调查流程后，在店铺服务人员的视线范围外完成问卷，然后企业汇总分析调查结果后，再采取措施安排改进。

（5）神秘顾客方法的实施

神秘顾客方法在国内是改善服务质量的新工具，企业在实施神秘顾客方法时，需要解决和控制以下问题。

1）选择调查的实施者。一般聘请专业的第三方公司组织调查，它们有专业的神秘顾客队伍、专业设备及项目管理经验。企业自己组织调查，在上述几方面难以与专业公司相提并论，在专业性、匿名性、客观性、敏感性方面可能会带来一定的问题，导致调查结果的偏差甚至争议。

2）选择神秘顾客。原则上神秘顾客的特征与真实顾客的特征越接近越好，避免神秘顾客因性别、年龄、外貌等差异带来的调查偏差，甚至引起现场服务人员的警觉。最好由真实身份的顾客充任神秘顾客。

3）门店抽样。如果门店数量不多，可采用全面调查的方式。但如果门店太多，可按门店的地区、经营者、级别、类型进行分层抽样，保证在每一地区、每一经营者、每一级别、每一类型都有被抽到的样本，以增加总体结果的代表性。

4）调查时间安排。一般根据门店所属服务行业的性质及服务现状情况，采用按半年、季度、月度或周间隔的连续性调查。具体的调查时间一般安排在易发生服务问题的时段，如高峰时段、上班后第一时段、临近下班时段、中午时段等。每一轮的调查中不同门店应该安排在同一时段，以保证各门店结果的可比性。

5）质量控制措施。实施神秘顾客方法，其质量控制的重点是管理调查过程的真实性和准确性，降低神秘顾客在调查过程中的人为偏差。

（6）神秘顾客方法在服务质量管理中的应用

1）调查结果是服务质量考评的重要依据。神秘顾客调查中获得的顾客在服务现场体验的整个或部分过程的真实详细信息，通过分析门店顾客服务的优势和劣势，可以对各门店进行综合或具体的比较评价。同时由于神秘顾客调查往往聘请独立的第三方进行，避免了考评结果的争议性，提高了管理工作的效率。

2）调查获得的信息为服务改进提供了丰富的一手资料。由于服务环境、服务人员、服务设施及它们的实时互动状况构成了复杂的服务产品本身，神秘顾客采用现场实时观察而不是事后调查的方法，解决了收集服务过程信息的复杂性问题，特别是对服务"关键时刻"（Moment of Truth）的有效调查是其他调查方法所不及的，同时也弥补了顾客评价服务困难的问题。

3）调查获得的信息是企业发现服务问题的重要渠道。行业中的经验显示，在服务现场如果服务不好，会导致94%的顾客离去，而在不满意的顾客中，仅4%的顾客会提出投诉，而96%的顾客选择不投诉。这群不投诉的顾客会传播不满意的口碑，同时企业无从得知导致他们不满意的服务问题。而神秘顾客通过服务体验，提供了企业了解这群顾客意见的渠道。

神秘顾客调查往往采用连续调查的方式，考察一段时间内不同门店顾客服务的表现，或追踪评价改进的效果。因此神秘顾客调查的结果，是企业服务质量信息的重要组成部分。对顾客服务中的顽固性问题、重点性问题，企业可安排作为重点开展调查，以便有针对性地发现问题的真相。

4）神秘顾客调查可为企业完善服务标准提供相关信息。通过调查可发现服务标准在实施过程中是否存在不完整、不合理等问题，并依此进行改进。

5）神秘顾客调查可追踪服务人员业务培训、规范实施的效果。目前企业越来越重视服务人员的业务培训，以往对业务培训的效果采用考试、竞赛等方式进行，但这是在非真实环境中进行的，结果的可靠性难以评估。神秘顾客调查通过现场检查，可以发现服务流程、服务标准、服务水平是否达到培训的要求，是直接的现场评估，结果直观可靠，改进针对性强。

6）服务标杆瞄准。企业可通过采用神秘顾客方式，对竞争对手尤其是行业中服务最好的竞争企业开展调查，分析企业在服务方面的优势及与竞争对手的差异，以调整企业的服务定位、服务标准，或不断改进企业的服务。

小资料 "神秘顾客"悄然引发"服务营销"革命

"神秘顾客"（Mystery Customer）是由经过严格培训的调查员，在规定或指定的时间里扮演顾客，对事先设计的一系列问题逐一进行评估或评定的一种调查方式。由于被检查或需要被评定的对象，事先无法识别或确认"神秘顾客"的身份，故该调查方式能真实、准确地反映客观存在的实际问题。"神秘顾客"方法最早是由肯德基、罗杰斯、诺基亚、摩托罗拉、飞利浦等一批国际跨国公司引进国内为其连锁分部进行管理服务的。

美国肯德基国际公司对于遍布全球60多个国家总数9 900多个分店的管理，也是通过"神秘顾客"的方式，雇用、培训了一批人，让他们佯装顾客、秘密潜入店内进行检查评分。由于这些"神秘顾客"来无影、去无踪，而且没有时间规律，这就使快餐厅的经理、雇员时时感受到某种压力，丝毫不敢疏忽，从而提高了员工的责任心和服务质量。

在国内，中国电信的许多下属分公司也推行了"神秘顾客"暗访制度，定期或不定期地聘请神秘顾客暗访营业场所的环境设施，柜台、窗口的服务质量。对被查出问题的营业人员均扣发奖金。短时间内营业人员服务态度和热情，有了极大的改观，基本上杜绝了过去应付检查的现象。

11.3.2 改善服务质量

做好服务管理工作，首先是了解连锁企业服务与顾客期望之间的差距。1988年，柏拉·所罗门等人系统地提出了服务质量差距模型，分析了造成服务失败的五大差距。这五大差距包括：

- 认识差距（Knowledge Gap），顾客期望与零售商认知之间的差距。零售商不能正确认知顾客对服务的需要。
- 标准差距（Standard Gap），零售商对顾客期望的认知与制定的顾客服务标准之间的差距。

零售商虽正确认识到顾客的需要，但却没有建立起符合顾客需要的服务标准。
- 传递差距（Delivery Gap），零售商提供的服务与制定的服务标准之间的差距。
- 沟通差距（Communication Gap），提供给顾客的实际服务与零售商承诺的服务之间的差距。
- 弹性差距（Elasticity Gap），消费者所期望的服务与标准服务之间的差距。

服务质量模型为我们提供了改善服务质量工作的思路。连锁企业在服务质量管理方面应该做的工作是了解顾客的期望；制定提供给顾客的服务标准；执行符合标准的服务程序；检查服务质量，对出现的问题进行修正；做好沟通工作，让顾客了解企业提供的服务内容；创造性地执行标准，让员工根据顾客的特点做好服务。

1．了解顾客的期望

做好服务工作的第一步是了解顾客对连锁企业的期望和对连锁企业提供服务的感受。获得这些信息的方法主要有两点：倾听顾客意见，重视顾客投诉。

倾听顾客意见即询问顾客对连锁企业门店的评价。门店可以从顾客调查、员工调查、顾客意见及建议簿、顾客联谊会等途径了解顾客的意见。许多连锁企业通过倾听顾客意见，改进了工作，赢得了顾客的赞许。

顾客投诉能够促进连锁企业加强与顾客的相互联系，从而获得顾客关于他们提供的商品和服务的详细信息。处理投诉是一种难得的发现问题和寻求解决问题办法的好机会。在企业为获取市场信息而进行的努力中，顾客投诉是最常见却又利用得不充分的资源之一。它本身就可以成为改进和提高服务水平的依据，利用得好，会给企业带来多方面的收益，包括帮助发现企业工作中的失误，开创新的商机；使企业获得再次赢得顾客的机会；为企业提供建立良好形象的素材。

2．制定服务标准

连锁企业在收集了顾客的期望和感受后，接下来就是利用这些信息来制定服务标准。为了使这些标准易于实施，应将标准进行量化处理。为检查服务质量，企业应当建立严格的服务绩效监督制度。比如，可以采取定期进行稽查、顾客调查、设建议投诉簿、利用比较性购买等方法来检查服务质量。同时，应鼓励员工参与制定标准，这样可使其更好地理解和接受这些标准，并制定相应的奖惩制度，从而激励员工达到或超过服务标准。

3．加强培训，充分授权

连锁企业要减少传递距离，使服务达到和超过服务标准，还需要重视员工的培训和充分授权。一般而言，服务通常是由一线工作人员传递给顾客的。一线员工的素质、技术水平、工作态度决定了服务质量。企业必须通过严格的培训，使员工正确理解服务标准的含义，掌握相应的服务技能，才能有效地进行服务。例如，某门店注意到顾客因排队等候付款时间过长而放弃购物时，研究了收银员录入商品款项和将商品包装的动作，开发了一套培训计划，指导收银员怎样用右手在POS机上记录商品的同时，用左手沿柜台推动商品。柜台被重新设计，设置了一个凹槽，购物袋位于柜台中央，当收银员推动商品时，商品会进入袋内。顾客付款后，收银员简单地从槽中提出袋子交给顾客。通过这一培训，提高了收银员录入及包装速度，明显改善了顾客长时间等待付款的现象。

授权意味着允许门店的一线员工做出怎样为顾客提供服务的决策。当负责提供服务的员工被授予一定的决策权时，服务质量得到了改善。当然，在授权时，管理者应指导和培训员工运用好授予的权力，避免引起混乱。

4. 定点超越

企业提高服务质量的最终目的是在市场上获得竞争优势，而获得竞争优势的有效途径就是向竞争对手学习并超越对手。定点超越是企业将自己的产品、服务和市场营销过程等同市场上的竞争对手，尤其是最强的竞争对手的标准进行对比，在比较和检验的过程中逐步提高自身的水平。

定点超越表现在三个方面：在策略上，把自身的服务营销策略与成功企业相比较，总结经验，制定新的、符合自身条件和市场需求的服务策略；在具体竞争上，要集中了解竞争对手是如何降低竞争成本而又提高了竞争差异的；在职能管理上，根据竞争者的做法，重新评价有关职能部门在整个企业中的作用。

5. 创造性地执行服务标准

连锁企业制定了服务标准，但并不等于让员工刻板地执行这些标准。有时根据实际情况仍需要灵活地掌握服务标准以满足顾客需求。顾客在购物活动中可能会有各种各样的问题需要解决，这就要求每个员工能理解企业制定服务标准的根本目的是增加顾客的满意度，在不违反硬性制度的前提下，创造性地执行服务标准，为顾客提供灵活的满意的服务。

复习思考题

1. 简述顾客投诉意见的主要类型。
2. 简述顾客意见的投诉方式。
3. 简述顾客电话投诉的处理方式。
4. 简述顾客书信投诉的处理方式。
5. 简述顾客当面投诉的处理方式。
6. 如何有效地建立顾客投诉处理系统？
7. 简述顾客投诉处理系统的权责处理层次划分。
8. 简述顾客投诉处理的基本原则。
9. 论述顾客投诉的处理程序。

案例分析

关于华帝炉具燃爆引发的顾客投诉

2006年7月在惠州人人乐购物广场，顾客华某购买了一台价值约1 100多元的华帝双盘式煤气炉。不久后的某日，华某母亲在厨房做饭时煤气炉发生了爆炸，炉具表面的玻璃钢全部炸裂，喷出的火焰不仅烧伤了华母的头发、脸面，而且全身多处也大面积烧伤（当时是夏天，华母身穿遇火易燃的薄丝面料衣服）。事故发生后，华某马上把母亲送入医院，并让家人用照相机、摄影机对事故现场进行了拍摄，随后华某打电话到商场顾客服务中心投诉，要求商场对事故发生做出合理解释并对患者予以20万元的经济赔偿。

商场顾客服务中心接到投诉电话后，马上与华帝炉具的厂家取得联系，迅速协同厂家代表去医院看望，与此同时又立刻通知市有关质量监督部门、华帝厂家技术部门前往出事地点进行现场鉴定与调查。

在医院，商场负责处理此事故的工作人员一边安抚患者家属，一边通过患者的口述对事故的整个过程进行了全面详细的了解，并做了笔录，且让患者家属确认后在笔录上签了字。与此同时，市质量检查监督局及华帝炉具技术人员对火灾现场也进行了检查与鉴定，并由市质量检查监督局出具了有效的质检报告，在报告中对引发事故的责任做了明确的划分。通过质检报告得知：由惠州人人乐购物广场销售的价值1 100多元的华帝煤气炉并无质量问题，引发该起事故的主要原因是由于顾客华某的母亲在使用炉具前没有仔细看该产品的使用说明书，操作时使用不当造成。事发当天，华母用华帝煤气炉烧开水时由于当时煮沸的开水温度过高而在取壶时将壶整个打翻，壶里的开水大量地泼洒到正在燃烧的左侧炉面和右侧未打开的炉面上，由于左、右侧炉面一个处于开启状态，一个处于冷却状态，在大量开水喷溅时里面受热温度不均匀而引发了煤气炉爆炸。

由于商场工作人员及时通知相关质量检查部门对事故现场进行了检查鉴定，并对鉴定结果出具了有效的质检报告，明确了该事故并非产品质量问题，因此对华某提出的要求20万元的赔偿商场可以不予接受。出于对商场消费者和华帝炉具消费者——患者本人及家属的慰问和人道主义的关怀与帮助，经商场和华帝炉具最后协商决定，由华帝炉具厂家提供3 000元的慰问金（但需声明不是赔偿金）给予患者及其家属协助治病。

问题：商场工作人员应该如何处理该事件？

实训题

实训目的：通过课堂分组讨论并提问，训练学生分析问题、归纳总结的能力，同时培养学生的服务意识。

连锁企业门店营运与管理

实训内容：课堂分组讨论以下案例。

卖场的关键时刻管理

2004年3月，某连锁分店一些部门对VIP顾客进行回访，收银部在对顾客L小姐进行回访时，了解到该顾客前不久在分店为其公司下属单位选购了一台美的空调。当时顾客为了确保购买后不出现质量或售后问题，要求营业员对送货、安装、各项费用及售后做出保证，营业员口头承诺没有问题，还叫来电器柜长W在送货单上签名保证。但安装时问题还是出现了：顾客发现，空调室内机没有接线插头，便向安装工询问原因，安装工回答："我也是第一次遇到这种情况。如果您要加插头，要收取10元材料费。"顾客虽然心里生气，但为能正常使用，就支付了此笔费用。过后该顾客联想到2002年在此分店购买奇田热水器时，也因销售时营业员没有解释清楚，导致安装热水器时无配套烟管弯头而要另外支付30元材料费。这两次事件联系在一起，顾客十分气愤，失去了对商场的信任。收银部的回访电话及时地捕捉到了顾客的抱怨，顾客倾吐了抱怨后怒气也消了许多。

收银部马上将情况反映给电器分部。电器分部柜长于是打了两个电话向顾客解释，当值营业员也致电给售后部门负责人。售后部门原来并不清楚事情原委，营业员的电话反而使他们糊涂了，于是就向L小姐了解情况，并对L小姐产生了看法。结果回访不但没有解决问题，反而给顾客带来了更多的麻烦，致使L小姐非常气愤，导致投诉升级到找总经理解决的地步。

实训形式：要求学生分组讨论20分钟，并提问，要求回答以下问题。① 此案例中顾客的期望是什么？顾客的期望如何落空变为失望，继而产生不满？不满又如何变为抱怨？抱怨又如何变为投诉？投诉又是如何升级的？② 在此案例中存在哪些"关键时刻"？对这些"关键时刻"应如何正确把握？③ 在这些"关键时刻"中你认为哪个是最重要的，处理好了这个"关键时刻"，就不会引发顾客的一系列的不满和投诉？④ 如果你是总经理，接到投诉后，你如何消除这一事件的影响？应采取哪些措施防止这样的事情再次发生？

第12章 连锁企业门店店长

引导性案例

北京家乐福店长成长记录

在家乐福中国区，像秦虹一样的店长有80位。这些一直被业内认为"权力很大"的店长为家乐福11年来在华圈定零售版图立下了汗马功劳。而这一位位天天"游走"在店内的店长们也因此被披上了神秘色彩。用秦虹的话讲，他们像管家一样做着很多繁杂而具体的工作，她很多时候感觉自己唠叨得像"唐僧"。

（1）"位高权重"的神秘角色

在通州九棵树的瑞都国际购物中心，记者在家乐福卖场的装修现场找到了正在安排工作的秦虹。在摆放了一些货架、还有些凌乱的卖场中，秦虹手拿着对讲机，跟相关负责人敲定装修工作。对于担任过三家店店长的秦虹来讲，接手筹建一家新店还是第一次。"新的挑战挺令我兴奋的。"虽然筹建通州店的过程中工作时间经常达到12小时，但是这样的工作让她"有激情"。

进入中国11年的家乐福，被业内认为是在华发展本土化策略贯彻较好的外资零售企业。符合中国老百姓习惯的"生鲜早市"，像农贸市场一样叫卖声迭起的卖场环境等都受到好评。而一直被业内认为"权力过大"、"位高权重"的家乐福店长也被认为是执行本土化策略的神秘角色。

"家乐福的店长确实有自己的一定权限，而这种店长掌握的灵活性也是家乐福在中国能够快速发展的重要因素。"秦虹介绍，家乐福店长的权力相比其他外资零售企业确实要大。比如，店内的毛利和营业额可以归单店支配，一些市场营销方面的投入和店内的投资、修整可以由单店自己来做等，这样店长可以根据自己店内的实际情况来调整门店的运营策略，更得心应手。但秦虹介绍说，发展到现在，总部正在慢慢回收一部分权利，致力于门店的标准化。

（2）"开关"一样的店长脑袋

在业内人士看来，家乐福的店长有着重要的实权，而权利和义务是对等的。事无巨细、像管家一样的工作，令店长有着像"开关"一样的脑袋。

"每天早上的巡店是很关键的，看一看生鲜准备得如何，消防措施做得如何，开业前的准备工作做得好会使门店在这一天迎来一个很好的销售业绩，"秦虹描述着她的工作，"在早上的晨会上，会向店内十几个部门的管理人员布置工作任务，包括来自区里的一些通告，而有一些亟待解决的问题也会在会上提出。之后，还会处理一些各个部门的杂事。"

在家乐福店长管理的十几个部门中，既包括生鲜、百货等业务部门，也有工程、人事等职能部门，而所有的来自各个部门的细枝末节都由店长处理。

"我的脑袋经常像开关一样。"秦虹开着玩笑说，开完晨会后，经常是一个部门的主管进来商讨工作，而刚刚处理完这项工作，另一个部门的主管又推门进来，又要处理另一个领域的事情，自己的大脑就像开关一样，马上要切换到相应的频道做出反应，反反复复不停地说，辛苦就不说了，经常觉得自己像"唐僧"一样啰叨。

（3）寂寞的职位

目前，在家乐福的80位店长中，有将近一半都是中国人，而秦虹在三年前刚刚担任店长的时候也是"很自豪"的。

1995年6月就加入家乐福的秦虹，已经在家乐福供职11年。"最开始做杂货秘书，工资是1200元，一个月后被调为店长秘书，之后升为收银主管……"秦虹刚刚加入家乐福工作的时候，真的是紧张认真到"不上厕所不喝水"。

"在家乐福像我一样从基层干起的店长有很多，法国老板的思路也很简单，以工作业绩说话。"秦虹说，在家乐福踏实工作就有自己的晋升机会，目前已经有三个小区经理是中国人了。而按照家乐福的思路，今后在中国会有更多的中国店长，甚至将优秀的管理人员吸纳到全球管理体系中去。

"店长也是一个寂寞的职位。"秦虹说，与属下毕竟是上下级关系，听到的不一定都是真话，要自己分辨，同时还要承担来自老板的工作压力。但是，店长和店长之间也有很多工作和情感上的交流。

本章学习目标

1. 知道连锁企业门店店长的角色定位；
2. 明确连锁企业门店店长的主要工作职责及任职条件；
3. 掌握连锁企业门店店长的作业流程；
4. 掌握店长在每日工作中不同时段上的工作内容；
5. 学习店长是如何进行经营管理的。

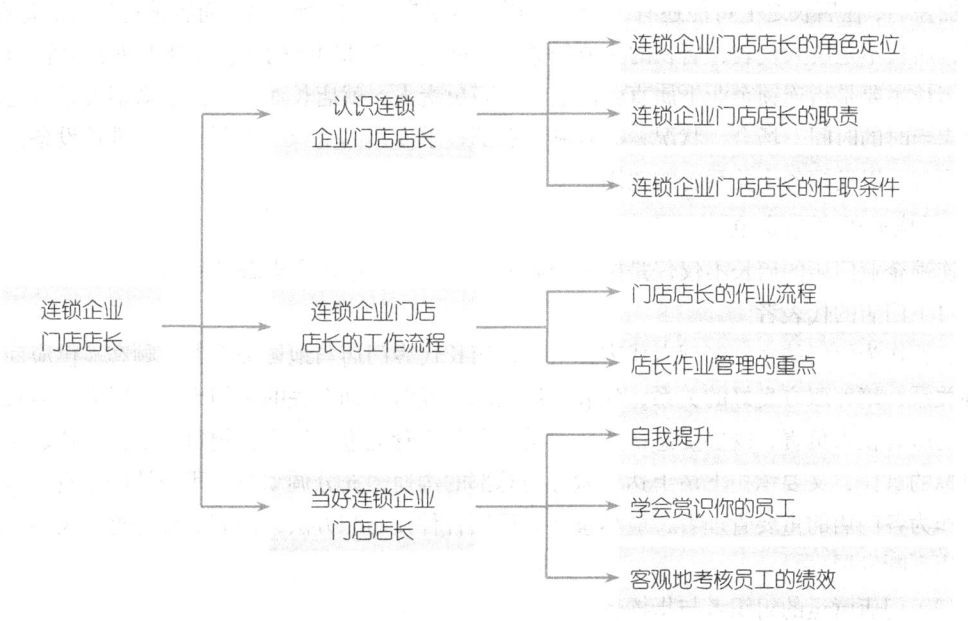

第 12 章　连锁企业门店店长

学习导航

连锁企业门店店长
- 认识连锁企业门店店长
  - 连锁企业门店店长的角色定位
  - 连锁企业门店店长的职责
  - 连锁企业门店店长的任职条件
- 连锁企业门店店长的工作流程
  - 门店店长的作业流程
  - 店长作业管理的重点
- 当好连锁企业门店店长
  - 自我提升
  - 学会赏识你的员工
  - 客观地考核员工的绩效

职业指导

无论你的起点如何，一旦走进零售业就面临着许多晋升的机会，关键看你怎样去把握。机会总是垂青于有准备的人，有意识培养自己的管理素质，了解店长的知识，看看店长是怎样经营管理的，对于成长中的你是非常重要的。因此，同学们有必要了解门店运作的内涵、流程及优秀门店的标准，学会管理和激励门店员工的方法，学习有效管理员工的技巧，提升店长管理技能及门店销售业绩，掌握店长自我管理的方法，学会合理制定计划、安排时间及心态调整。

连锁企业门店店长是门店的最高负责人，店长作业化管理的质量好坏将直接影响到整个门店的营运效率。店长对连锁企业门店经营管理的依据是连锁总部制定的管理手册，因此，店长既要与总部保持良好的配合，又需协同、激励全体员工做好门店作业活动，从而不断提高门店的经营业绩。

12.1　认识连锁企业门店店长

12.1.1　连锁企业门店店长的角色定位

1. 店长的定义

店长，就是门店的核心人物，必须服从公司总部的高度集中统一指挥，积极配合公司的各项营销策略，达到门店的经营指标。通常对独立门店而言，门店的最高管理者称为店主或经理；

而对连锁企业门店的最高管理者,则称为店长而不用经理称呼,这是连锁企业的特有性质所决定的。连锁企业门店不是一家单体店,它是一个非独立核算单位,不具有独立的法人资格,即使是加盟店,在店长之上可能还有一个"店主",店主是门店的所有者,而店长是门店的管理者。所以,店长不是法人代表,店长的主要任务是依据连锁总部制定的店长手册开展营运管理。

店长主要是指连锁企业下属直营门店的最高负责人。就店长而言,处于众多关系者之间,应顺应当时的时间、场合、状况,有效利用总部授予使用的资源,控制成本,维护设备,热情接待顾客,以发挥各个关系者的功用。

2. 店长的角色定位

连锁企业门店的店长不仅仅是指一个店铺的负责人,他还充当着各种角色。

(1)门店的代表者

店长作为门店的经营管理者代表,对外,店长代表门店与地域关系者、顾客、供应商发生各种关系,培养双方良好的关系,代表门店处理与经营活动有关的一切事物。对内,店长要向门店的所有权人负责,既要受总部委托对员工和门店营运进行管理,担负着上情下达、实现经营目标的重任,又要承担下情上达、做好与总部的沟通,充分调动员工积极性的职责。所以,店长作为各门店的重要管理者,应尽量注意运用各种技巧和方法,协调处理好这些关系,以促进门店不断发展。

(2)门店营运的组织者与指挥者

店长既然是门店营运的最高负责人,就必须承担门店营运组织指挥的重任,要为门店的营运管理和经营业绩负责。因此,店长应根据总部的政策、经营标准、管理规范、经营目标和管理手册的要求组织好各部门、各班组的营运工作,将门店的经营目标分解到各部组,合理有效地利用人力资源。按照门店的经营体制来组织、指挥各部门的行动,控制卖场的整个布局和陈列效果,运用合适的销售技巧,刺激顾客的购买欲望,协同各方面的关系,及时解决运营过程中出现的问题,保障门店能够正常、有序运行。

(3)员工的培训者

优秀的店长都应该高度重视员工能力的提高和培养。店长不仅要时刻提升自身的业务水平和业务技能,更要不断地对员工进行岗位培训,培养下属主管的独立工作能力和工作技能,提高员工的服务能力,使门店的服务水平和经营水平不断提高。

(4)经营成果的分析者

店长应具有较强的调查分析能力,要善于观察收集与门店营运管理有关的信息资料,并进行有效分析和准确的预测。同时,店长还应能阅读各种经营报表,从而全面掌握门店经营状况。

12.1.2 连锁企业门店店长的职责

身为一店之长,自然要承担很多的责任,要把门店管理好,取得好的成绩,这一过程是相当烦琐复杂的,但是必须要面面俱到,方可成为一名优秀的店长,具体而言,店长的主要职责有:

- 制定经营计划，根据门店的实际情况和所处的市场环境，制定具体的经营管理计划，如商品的营销计划、商品的定位、商品的促销措施、费用目标和利润目标等。
- 制定门店的各项规章制度并负责其贯彻、执行。
- 监督商品的要货、上货、补货，做好进货验收、商品陈列、商品质量和服务质量管理等的有关专作业。
- 执行总部下达的商品价格变动。
- 执行总部下达的销售计划、促销计划和促销活动。
- 掌握门店的销售动态，向总部建议新产品的引进和滞销品的淘汰。
- 掌握门店各种设备的维护保养知识。
- 监督和审查门店会计、收银和报表制作、财务处理等作业。
- 监督和审查理货员、服务员及其他人员作业。
- 负责对职工考勤、仪容仪表和服务规范执行情况的管理。
- 负责对职工人事考核，提出职工提升、降级和调动的建议。
- 负责对员工的培训教育。
- 妥善处理顾客投诉和服务工作中发生的各种矛盾。
- 监督门店内外的清洁卫生，负责保卫、防火等作业管理。
- 监督门店商品损耗管理，把握商品损耗尺度。
- 做好与门店周围社区的各项协调工作。
- 迅速处理门店发生的各种紧急事件，如火灾、水灾、停电、打劫、盗窃等。

小资料 如何成为一个有威信的店长？——锻炼"四力"

（1）无形的影响力

言行举止（价值判断、思维方式和行为方式）成为店员效仿的对象。

（2）巨大的感召力

令出则行，令禁则止，一呼百应，接受其领导的人所占比例大，且指挥灵敏度较高。

（3）向心凝聚力

店员以归属的心理围绕在你身边，心甘情愿地接受以领导为核心的组织。

（4）磁石般的亲和力

店员主动向你敞开心胸，聆听你的教诲，和你缩短心理距离（但别以"说教"为威信走入误区，言多必无信）。

12.1.3 连锁企业门店店长的任职条件

店长对于门店的正常运转起着很重要的作用，所以在选拔店长的时候，要有严格的标准。店长的职位一般要求在零售行业工作 3 年以上，在卖场担任过主管及以上职务 1 年以上，店长必须具备的资质条件分述如下。

1. 身体素质

门店管理工作繁重，长期面对激烈的竞争，工作压力大，需要具有良好的身体素质。门店店长最好是35~45岁的年轻力壮者，能够承受得住长期疲劳的考验，能够承受满负荷的紧张工作所带来的工作压力。

2. 性格方面

1）积极的性格。面对任何事情都能积极地去处理，不回避，面对任何挑战，从不会想到要躲避。

2）具有忍耐力。在门店的作业化管理过程中，往往能顺利进行的时候很短，辛苦和枯燥的时候却很长。所以，对于门店店长来说，有足够的忍耐力进行正常的活动是极其重要的。

3）具有开朗的性格。店长的情绪会直接影响下属或员工，也就影响了整个门店的工作气氛。店长开朗的性格和良好的心态能有效地感染全体员工，营造一个愉快的工作环境，并把微笑、热情服务展现给顾客。

4）具有包容力。店长对门店运作中的问题要及时纠正，对同事、部下的失败或错误要教育和批评，但是店长的出发点应是关怀员工、帮助员工，同时要鼓励员工，激发员工的工作热情，从而有效地维护店长权威。

3. 能力方面

1）卖场经营管理能力。卖场管理包括店内卫生管理、商品管理、顾客投诉、人员调配及设备保养等工作。工作虽繁杂琐碎，但没有一件是小事，容不得半点马虎，可以说能不能做好卖场管理是考察一个店长是否具有较强综合能力的试金石。所以，店长应加强学习，不断提升卖场管理能力。

2）沟通能力。店长能与下属建立良好的人际关系，其亲和力有助于建立具有强大凝聚力的团队。因此，店长必须与人坦诚相待，多聆听、收集各种信息，同时，多锻炼自己的语言表达能力，以提高自己的沟通能力。

3）费用控制能力。店内费用的支出直接减少了门店的利润。为此，在坚持满足顾客需求的原则下，店长应树立勤俭节约观念，采取各种方法和手段，努力降低费用，增加利润；同时要将节约观念灌输给每位员工，发动店内全体员工控制费用支出，以实现门店的利润目标。所以，店内费用控制能力是店长日常工作管理能力的重要内容之一。

4）市场调研能力。知己知彼，方能百战百胜。近年来，市场竞争激烈，为使门店在市场竞争中不断发展，店长应定期安排人员对竞争对手进行市场调查，了解竞争对手的商品价格、促销策略、人员变化、服务状况、生意好坏及发展动向等，并密切关注顾客消费趋势的变化，及时向连锁总部反映，以便总部制定相应的方案和措施。

5）良好的商品销售能力。门店销售额是连锁总部最关心的指标，门店销售业绩的好坏不仅牵动总部领导的每一根神经，而且也是考核一个店长工作绩效最直观的指标。店长能对门店的布局和商品的陈列进行有效的管理，根据经营目标市场变化适时调整商品结构和陈列，保证商品的销售额稳步上升。

6）洞察力。一位出色的店长，必须具备良好的洞察力。为此，作为店长要洞察每个员工的心态和情绪，发现问题并及时解决；洞察进店的每一位顾客的消费心理，尽可能避免顾客流失。同时，店长也要密切洞察相关市场的发展趋势，关注竞争对手的各种变化，并制定相应策略，以提升门店竞争力。

7）培训能力。身为一店之长，在店内不但是一位管理者，同时也是店里员工的老师，应拥有较强的培训能力，要能根据门店经营管理的需要，采取各种形式不断地对员工进行培训，以提高团队的作战能力。

4．知识方面

学识与才能是紧密联系在一起的，学识是才能的基础，才能是知识的实践表现。店长学识丰富，容易取得下属的信任，并由此产生信赖感，带来极高的影响力。知识主要包含以下几个方面：

- 了解零售业演变的过程及发展趋势，具有关于零售业经营管理技术和知识。
- 具有洞察市场消费动向的知识。
- 熟悉常用办公软件及商品进、销、存系统。
- 掌握连锁总部各项规章制度和经营方针，并以此制定、贯彻、落实方案。
- 具有门店营销管理等方面的知识。
- 具有计算及理解门店所统计的数值的知识。
- 具有关于零售业法律的知识。
- 熟悉商品流程程序。
- 熟悉门店整体业务运作流程及各职能部门与卖场有关的业务运作情况。
- 具有商品陈列技巧及管理的知识。
- 具有关于教育的方法和技术知识。

> **小资料** 某零售业连锁企业店长职位招聘要求

1）3年或以上零售业或客户服务工作经验，其中至少2年担任零售业店铺管理职位。
2）掌握员工管理技巧（工作安排、员工培训等）。
3）具备良好的沟通、激励、领导、协调能力，亲和力强，能承受较大的工作压力。
4）条理性强，有耐心，细心。
5）了解连锁店铺的收银管理、促销管理、货品管理控制。
6）熟悉卖场日常管理（安排、清洁、POP、收订货、报表等）。
7）较强的商业技能，能有效促进店铺销售及提供高标准的客户服务。
8）大学毕业，普通话流利，英语良好，熟悉电脑操作。

12.2 连锁企业门店店长的工作流程

连锁企业总部对门店店长的作业活动进行控制,因此,店长的每日工作必须在有限的时间内把握住门店营运与管理的重点,严格按总部规定的流程展开。

12.2.1 门店店长的作业流程

1. 店长的作业时间

不同的连锁企业,因其经营业态不同,其门店的营业时间也有所差异。以超市为例,一般营业时间为早上 9 点至晚上 10 点,总计 13 小时。因此,通常店长的作业时间,除每星期必须有一天实行全天工作外,店长一般为早班出勤,即上班时间为早上 8 点至下午 6 点半,这种作业时间的规定可使店长充分掌握门店销售过程中中午及下午的两个营业高峰,这对店长掌握门店每日的营业状况,搞好门店营运管理极有好处。店长下班后,店内的管理工作通常由副店长(或值班长)代理。

2. 店长在每日每个时段上的工作内容

由于连锁企业业态、经营内容和目标顾客的不同,店长每日工作内容也就有所不同,连锁企业可根据自己的实际情况,制定适合企业自身需要的店长作业流程内容。表 12-1 是某连锁超市店长作业流程的时段控制和工作内容,表 12-2 是店长每日检查项目表。

表 12-1　某连锁超市店长作业流程的时段控制和工作内容

时　　段	作业项目	作业重点
8:00—9:00	1)晨会	主要事项布置
	2)检查职工的出勤情况	出勤、休假、病事假、人员分配、仪容仪表及工作挂牌等方面的检查
	3)卖场、后场状况的检查	1)商品陈列、补货、促销及卫生状况的检查
		2)后场仓库检查(包括选货验收等)
		3)收银员、找零金、备品及收银台和服务台的检查
	4)昨日营业状况的确认	1)营业额
		2)来客数
		3)每客购物平均额
		4)每客购物平均品项数
		5)售出品种的商品平均单价
		6)未完成销售额预算的商品部门
9:00—10:00	1)开门营业状况的检查	1)各部门人员、商品、促销等情况
		2)店门开启、地面清洁、灯光照明、购物车(篮)等情况

续表

时　　段	作业项目	作业重点
9：00—10：00	2）各部门作业计划的确认	1）促销计划 2）商品计划 3）出勤计划 4）其他
10：00—11：00	1）营业问题分析追踪	1）营业未达销售预算的原因分析与改善 2）电脑报表时段商品销售状况分析与改善
	2）卖场商品态势追踪	1）缺品、欠品确认与追踪 2）重点商品、季节商品、商品展示与陈列的确认 3）各时段营业额的确认
11：00—12：00	1）后场库存状况的确认	仓库、冷库、库存品种、数量及管理状况检查和指示
	2）营业高峰状况的了解	1）了解各部门商品销售及促销活动的效果 2）了解后场人员的调度和支援情况 3）督促服务台加强促销活动
12：30—13：30	午餐	交代副店长（值班长）负责卖场管理或交代指定代管人员负责卖场管理
13：30—15：30	1）竞争店的调查	同地段竞争店与本店营业状况的分析比较（来客数、收银台、开机数、促销状况、重点商品等）
	2）部门会议	1）协调各部门的工作 2）研究如何达到今日的营业目标
	3）教育训练	1）新进人员的在职训练 2）定期在职训练 3）配合节庆的训练
	4）文书作业及各种计划、报告撰写	1）人员变化、请假、训练、顾客意见等 2）日、周计划、营业会议内容、竞争对策等
15：30—16：30	1）各时段、各部门营业额的确认	检查并确认各部门前一时段的销售收入
	2）全场巡视	1）卖场和后场人员的工作、商品清洁卫生和促销等情况 2）迎接下午营业高峰的准备情况
16：30—18：30	营业问题追踪	1）后勤人员调度支援卖场收银和促销活动 2）收银台的开台数、收银机的工作状况

续表

时段	作业项目	作业重点
16：30—18：30	营业问题追踪	3）商品齐全及商品陈列 4）服务台的促销广播 5）人员交接班情况
18：30	安排代理负责人接班	交代晚间营业注意事项及关店事宜

表 12-2 店长每日检查项目表

时段	类别	项目	检查情况
开店前	人员	1）各部门人员是否正常出勤 2）各部门人员是否依照计划工作 3）是否有人员不足导致准备不及的部门 4）专柜人员准时出勤、准备就绪 5）工作人员仪容仪表是否符合规定	
	商品	6）早班生鲜食品是否准时送达无缺 7）鲜度差的商品是否拿掉 8）各部门特价商品是否已陈列齐全 9）特卖商品POP是否已悬挂 10）商品是否即时做100%陈列 11）前进陈列是否已做好	
	清洁	12）入口处是否清洁 13）地面、玻璃、收银台是否已清洁 14）厕所是否清理干净	
	其他	15）音乐是否控制适当 16）卖场灯光是否控制适当 17）收银员是否将找零金准备好 18）开店前5分钟广播稿及音乐是否准时播放 19）购物袋是否已摆放到位 20）购物车、购物篮是否已准备到位 21）前一日的营业速报是否已发出	
开店中	营业高峰前	商品	1）是否有欠品 2）商品鲜度是否变差 3）端架陈列量是否足够 4）POP与商品标价是否一致 5）商品陈列是否足够，是否需要补货	

续表

时段		类别	项目	检查情况
开店中	营业高峰前	卖场整理	6）投射灯是否开启 7）通道是否通畅 8）是否有试吃等阻碍通道或影响商品销售的情形 9）面售是否有人当班 10）是否有突出陈列过多的情形 11）卖场地面是否保持清洁	
	营业高峰中	销售态势	12）是否定时播放店内特卖消息 13）各部门是否派人至卖场招呼客人或喊卖 14）顾客是否排队太长需要增开收银机 15）是否需要后场部门来收银台支援 16）是否需要紧急补货 17）是否有工作人员聊天或无所事事 18）POP是否脱落	
	营业高峰后	卖场整理	19）卖场是否有污染品或破损品 20）是否要进行中途解款 21）是否有欠品需要补货 22）是否确认时段营业额未达成原因 23）陈列架、冷藏（冻）柜是否清洁	
	时常性	POP	24）POP是否陈旧或遭污损 25）POP张贴位置是否适当 26）POP书写是否正确、大小尺寸是否合适 27）POP诉求是否有力	
		商品	28）价格卡与商品陈列是否一致 29）是否仍有厂商在店内陈列商品或移动商品 30）是否滞销品陈列过多、畅销品陈列面太小 31）是否定期检查商品有效期限	
		服务	32）卖场是否听到五大用语 33）是否协助购物多的顾客提货出去	
		清洁	34）厕所是否保持清洁 35）厕所卫生纸是否足够 36）入口处是否保持清洁 37）地面是否保持清洁	

267

续表

时段	类别	项目	检查情况
开店中	时常性	设备	38）冷冻（藏）柜温度是否定时确认	
			39）傍晚时分招牌灯是否开启	
			40）BGM是否正常播放	
			41）标签机是否由本公司员工自行操作使用	
		后场	42）进货验货是否照规定进行	
			43）空纸箱区是否堆放整齐	
			44）空篮存放区是否堆放整齐	
			45）标签纸是否随地丢弃	
			46）退换商品是否定位整理整齐	
		其他	47）畅销品或特卖品是否足够	
			48）卖场标示牌是否正确	
			49）交接班是否正常运行	
			50）前一日营业款是否解缴银行	
			51）有无派部门人员对竞争店进行调查	
			52）关店前卖场音乐是否播放	
闭店后		卖场	1）是否仍有顾客滞留	
			2）卖场音乐是否关闭	
			3）OPEN CASE卷帘是否拉起	
			4）招牌灯是否关闭	
			5）店门是否关闭	
			6）空调是否关闭	
			7）购物车（篮）是否到位	
			8）收银机是否清洁完毕	
		作业场	9）生鲜处理设备是否已关闭及清洁完毕	
			10）作业场是否清洁完毕	
			11）工作人员是否由后门离开	
			12）是否仍有员工滞留	
		现金	13）开机台数与解缴份数是否一致	
			14）专柜营业现金是否缴回	
			15）作废发票是否签字确认	
			16）当日营业现金是否全部锁入金库	
		保安	17）保安是否设定	

12.2.2　店长作业管理的重点

作为店长，有责任制定本店的经营目标与方针，主要是商品促销计划、商品定位和商品组合、费用目标和利润目标，依据经营方针和目标来制定本门店各个时间段的计划，如日计划、周计划、月计划，协调门店和公司总部的关系；对门店员工进行业绩评估和岗位教育与培训，并向公司总部直属主管提供晋升建议；监督检查各部门服务人员的日常工作情况；负责门店的人员、商品、设备、现金、财务、安全等管理工作，使店铺业务能够正常运行；处理顾客的投诉与抱怨；迅速处理门店发生的各种紧急突发事件，如火灾、水灾、停电、抢劫、盗窃等；其他非固定模式的工作等。

由此可见，连锁企业门店店长作业管理的事项非常烦琐，但大部分是重复的例行性事物。大约占总工作量的 70%~80%，仅有 20%~30%是非例行性的事物，由店长自行判断处理。作为门店店长只要把握门店各作业环节的重点，就能基本保证门店作业的正常进行。其实，店长作业管理的重点可以归纳为"四流"，即商品的流动、人员的流动、资金的流动和信息的流动。店长只要具备妥善处理这"四流"的能力，一切便可迎刃而解了。

1. 商品流动管理

商品的流动是门店的主要商业行为，没有商品的流动，就不会有门店其他方面的流动，所以商品流动是门店的立足之本。门店日常的核心经营活动是全过程商品管理，商品管理的好坏直接影响到销售业绩。商品管理包括商品的包装、验收、订货、整合、陈列、损耗、盘点等作业，同时也包含对商品的清洁、缺货方面的监督。门店对于商品的管理重点主要有以下几个方面。

（1）商品的订货管理

在门店商品管理中，店长应根据门店的年度销售计划，准确地做出市场预测，提出每月的商品订货计划，报总部配送中心统一组织货源。定期按时向总部提交要货计划，以保证商品配送的及时性和准确性。

（2）商品的陈列管理

商品陈列是门店促进销售的重要手段，其管理的重点主要有：

- 商品是否做到了满陈列，只有满陈列才能最有效地利用卖场空间，要把陈列货架理解为卖场的实际面积，予以高度重视和充分利用。
- 商品陈列是否做到了关联性、活性化。关联性能使顾客增大购买量，活性化则能给顾客一种强刺激，促成购买。
- 商品陈列是否做到了与促销活动相配合。由于季节性和节庆假日往往会成为连锁企业门店销售的高潮，因此，配合这些促销活动搞好商品的特殊陈列，是大幅度增加门店销售额的重要环节。
- 商品补充陈列是否做到了先进先出。商品在货架上陈列的先进先出，是保持商品品质和提高商品周转率的重要控制手段，店长对此应给予充分重视。
- 商品分类是否易于选购，种类是否齐备，数量是否充足。

（3）商品的质量管理

商品质量是连锁企业门店的生命，把好商品质量关是维护消费者利益的基础。店长对商品质量的管理重点是商品在货架陈列期间的质量变化和保质期的控制，冷冻设备、冷藏设备的完好率，收货、验货的质量把关，搬运方法、陈列方法的正确操作，以及商品质量的统计分析，并将这些信息及时上报给连锁总部的采购部门。

（4）商品的缺货管理

门店商品缺货会使顾客的某些需求无法得到满足，顾客就会流失，导致销售额下降，从而大大削弱门店竞争力。店长要时刻注意门店商品的缺货率，加强检查监督工作，及时与配送中心或供货商联系，努力把门店缺货率降到最低水平。

（5）商品的损耗管理

由于商品的破包、变质、失窃等因素可能造成较高的损耗率，损耗率的高低就成为获利多少的关键之一。上海超市业曾做过一项统计，往往一个商品的损耗，需要 5~6 个商品的销售毛利才可弥补，因此店长对商品损耗管理就成为门店节流创利的重要环节。店长对商品损耗管理的主要事项包括：

- 商品标价是否正确。
- 销售处理是否规范（如特价卖出，原售价退回）。
- 商品的有效期管理是否得当。
- 价格变动是否及时。
- 商品盘点是否有误。
- 商品进货是否不实，残货是否过多。
- 职工是否擅自领取自用品。
- 收银作业差错率是否在正常范围内。
- 顾客、员工、厂商的偷窃行为。

2. 现金流动管理

门店店长对现金管理的主要内容是收银管理和进货票据管理。

（1）收银管理

连锁企业门店现金管理的重点是收银台，因为收银台是门店现金进出的集中点。抓好收银管理可从三个方面入手：一是选择诚实、负责任、快捷与友善的员工担任收银员；二是按总部规定严格控制收银差错，一般连锁企业总部制定的收银差错率的控制标准是 5%，如果差错率不控制在这个标准之内，对连锁企业的损失是很大的；三是规范收银员行为，加强对收银员的管理和监督，防止伪币、退货不实、价格数输入错误、亲朋好友结账少输入和内外勾结逃过结款等现象出现。

（2）进货票据管理

门店的进货票据也是现金管理不可忽视的环节，因为进货票据是日后付款的凭证，也是日后兑现的凭证，实际上就是今后的现金支出。店长对进货票据的管理主要体现在进货票据验收、登录会计报表等作业环节上。因此，店长每日应亲自检查核实进货的数量、质量和价格是非常重要的，加强管理，避免流失。

3. 人员流动管理

门店对人员的管理既包括对内部员工的管理，又包括对顾客的管理，还包括对供应商的管理。

（1）员工管理

员工管理的目标是根据门店营运对人力的需要，合理地确定岗位的人数和安排员工的岗位，并最大限度地发挥员工各方面的潜力，使员工愿意为门店尽心尽力地工作。员工管理包括以下几个方面。

1）出勤情况。连锁企业由于涉及特定业态的要求（如超级市场、便利店、餐饮店等），通常经营利润较低，因而，控制员工人数是提高连锁企业门店盈利水平的重要环节之一。这就要求店长合理、经济地配置好各作业部门工作人员，安排好出勤人数、休假人数和排班表，并严格考核员工的出勤情况。店长若抓不好门店的出勤情况，就会直接影响门店的进货、出货、补货陈列和顾客服务等工作，难以使门店保持较佳的营运状态。因此，店长应在认真分析竞争对手的休息日、节假日和地方性活动后，预测不同日期及一日中各时间段可能的消费额、顾客人数和销售数量，以此掌握适当的工作量，安排适当人数的员工，制定出月间和周间出勤安排表，以充分发挥门店员工的积极性和主动性。

2）服务质量。店长对员工的管理还体现在加强员工服务水准的管理和控制，要根据员工手册的要求经常督促员工保持良好的服饰仪容、对顾客的礼貌用语和友善的应对态度，并且随时留意和妥善处理顾客的投诉及意见反映，不能让顾客觉得不满而不再上门的现象发生。

3）工作效率。人工费用在连锁企业门店总费用中所占比率最高，往往会超出月营业额的6%，如何提高工作效率、降低人工费用是门店营运管理的重要内容之一。店长应经常调查各部门人员的作业安排表，合理调度员工，充分发挥员工专长，以提高工作效率。此外，由于连锁企业门店均采用标准化作业管理，工作相对较单调。因此，国外大多数连锁店有意识地让员工在不同岗位上轮流工作，即采用柔性工作时间（允许员工在一定范围内自己选择上班时间或在不同工作时段分别在不同岗位工作）等方式，以此提高连锁企业门店的工作效率，值得我国连锁企业门店借鉴。

（2）顾客管理

顾客是连锁企业门店的生命之源，没有顾客就没有销售，没有销售就没有盈利。因此，顾客管理是门店营运管理的重点，主要应抓好以下四个要点。

1）顾客来源。在门店营运管理中，店长要认真分析本门店商圈内顾客的户数、人数、职业、家庭规模和结构、收入水平、性别、年龄和消费爱好等因素，只有明确了这些因素，才能为顾客提供满意的商品和服务。

2）顾客需要。在收入水平不断提高和消费者个性不断增强的情况下，顾客对各种商品和服务的需要会经常变化，这种变化必然会影响门店营运。因此，店长可以通过定期问卷调查、设立顾客意见箱等方法与顾客交流，虚心听取顾客对门店商品和服务的要求和意见，及时获知顾客的真正需要，调整门店的商品结构，改善服务，以最大限度地满足顾客需要。

3）建立顾客档案。为了掌握顾客的重要资料，与顾客保持长久友好的关系，顾客档案的建立是门店营运管理必做的日常作业之一。店长可采取会员制等形式将顾客的姓名、地址、电话号码、惠购品（即主要惠顾本店何种商品）、采购时间等内容登记在案，并为其提供优质服务，以保持顾客队伍的稳定。

4）妥善处理顾客投诉和意见。在门店经营管理过程中，由于各种原因难免会产生顾客与门店的矛盾，也会有顾客对门店的商品和服务进行投诉。如何处理好顾客的投诉和意见，是保持顾客与门店良好关系的重要环节，店长必须妥善处理好，以消除顾客不满，维护企业和顾客的利益。

（3）供货商管理

供应商管理应重点加强以下两个方面的作业管理。

1）按时准确配送。连锁企业的不少门店经营食品、饮料、药品和果蔬等商品，这些商品都有一定的有效期和保鲜期，特别是超市中的鲜肉、水产、鲜奶、蔬菜和面包等日配品对保质期与鲜度的要求很高。供货商能否在每日开业前将这些商品及时送到店内非常关键。因此，店长必须对供应商的送货时间根据门店的要求严格控制。

2）确保商品质量。商品质量对连锁企业门店的经营效益来说至关重要。店长必须按总部规定的质量要求加强对供货商送达的商品进行严格验收，如商品的外观、保存期、标示内容等，以确保商品质量。特别是对那些直接食用的商品更要加强管理，否则一旦顾客食用后出现问题，会给连锁企业带来不可挽回的损失。

4．信息流动管理

目前连锁企业门店大多采用 POS 系统和 MIS 系统，店长能很快地得到有关经营状况的准确信息资料，店长要定期对商品销售日报表、商品排行表、促销效果表、顾客意见表、盘点记录表和损益表等信息资料进行分析研究，总结经验教训，做出改进经营的对策，提高门店管理水平。

12.3 当好连锁企业门店店长

店长作为门店的最高管理者，身负多项重任，不仅是整个门店营运的负责人，还是经营者的代理人。可以说，店长是一个门店的灵魂。店长工作效率的高低，直接关系到门店的效益。管理是门店店长的核心工作，如何与店员相处，带领好这个团队就成了店长必须掌握的内容。

12.3.1 自我提升

从店员走向店长的过程其实就是一个自我提升的过程，没有自我提升，店长就不会有进步，永远停留在一个水平。不思进取的店长，就不是一个好店长。那么，店长应该怎样进行自我提升呢？

1. 自我培训

每个团队都有自己的团队培训，但是对于一个店长来说，这样的培训还远远不够。要更全面地提升自己，店长还要进行自我激励、自我发现与自我测试。

（1）自我考试法

- 看商品目录时要养成以向顾客解说时的语气去阅读的习惯，这种习惯养成必须达到对任何顾客都能把商品解释说明清楚的程度。
- 对目录中的不解之处应请教对此事最清楚的人，包括技术人员、制作该目录的人、上司、同事等。
- 模拟制作与顾客之间的问答场面，其中一个问题将要准备数个回答，以口语方式自我练习。
- 向实际使用商品者请教使用情形，并记录要点。
- 将顾客提出的问题向制造者的技术人员请教，将不了解的事情当场问清并做记录。
- 对没有自信回答的顾客问题应当确认清楚，当时就要解决；若想着明天再说，这件事常常就因此被遗忘了。
- 请求制造者的技术人员一同拜访顾客，自己在旁边听他们说明。要注意听他们的谈话重点，不可有所遗漏。
- 积极参加技术讲习会，不理解的地方当场问清楚。
- 听听其他卖场的商品使用者对自己销售的商品了解多少，同时积极请教自己卖场的商品缺点所在。
- 当产品机能变化时，应彻底重新确认该商品的销售重点，因为现在销售重点会随着机能的变化而改变。

（2）自我磨炼法

- 试着以顾客的立场，重新仔细阅读一次商品目录等资料，并思考自己若处于顾客的立场会如何想。
- 自己买进商品，并向使用该商品的人请教其使用效果。在工作时要利用使用时的实际例子进行确认。
- 听听商品的开发者、技术人员对商品机能所做的说明，或参加说明会或在他们拜访顾客时请求一同前往。
- 重新将其他公司的目录与自己公司的商品做一比较与检讨，从其他公司产品的角度判断是否会因自己知识水准的高低而产生差异。

- 教导新人、后辈商品知识。要知道教导别人同时也是一种学习。
- 与商品知识高于自己的上司或店员讨论商品，这种方法可以吸收到更多的商品知识。
- 与做不同工作的上司、店员讨论商品，这种方法可吸收其他方面的经验。
- 将没有自信回答的问题试着进行回答并完善它，并养成即日处理有信心之事的习惯。
- 利用工具作为说明手段，如利用口头说明、实物、说明书等解决问题。
- 用录音带重新听一次自己为顾客所做的商品解说，反复进行可较客观地判断自己的知识。

（3）自我预测法

店员要从七个问题确认去掌握顾客关心的内容并找到答案：
- 顾客是否会告诉我们他关心哪些事。
- 顾客是否会借着洽谈的空闲告诉我们他们的想法。
- 顾客是否会以资料中的特定部分（使用方法、售后服务、效果等）为中心，具体提出问题。
- 顾客是否会突然提出与正在谈论的内容无关的问题。
- 顾客是否就不同观点重复发问相同的问题。
- 顾客是否有之前不很关心、突然开始表示关心的态度。
- 顾客是否在洽谈、交谈中无意间会透露重要的信息。

做个有心人，做个勤奋的人，也就走上了一条让自身更完善的路，通过不断的自我培训，为成为一名出色的店长打下基础。

2. 自我完善

对于每一位店长而言，在不断进行自我培训的同时，还要不断地学习提高，进一步完善自我，因为我们不在学习中进步，就永远也不会取得成绩。要想成为一店之长，必须爱学习，会学习，并以此来完善自我。

（1）读书

俗话说"读书可以明智"，完善自我，提升自我，首先要好好读书。若能如此，不但可以学到广泛的知识，更可以知道有哪些事情是非学不可的。

要去找和从业目标相关的书籍来阅读，像经营的方法、开业的指引等都很好。对于讨论店员的具体书籍更应该详加阅读。相关的杂志或报纸，也应该浏览，此外像商业界的动向、面临的问题、解决的方法、销售诀窍等，都应该加以广泛地收集。

（2）适时地向模范店学习

选择数家条件和自己就职的门店情况相似的门店，有机会时就到其店中观察，最好以顾客的身份前往。这样可以学到必要的知识和经验。

（3）向经营者或老店员请教

"不耻下问"，作为一个店长，你可以向身边的老店员直接请教，抱着可能碰钉子的心态直接求教，倘若能被接受，可以获得直接来自老店员多年积累的知识和经验。

（4）尝试

任何职业在初尝试时都有其困难之处，除了运用以上的方法以外，也可以尝试性地去工作，就尝试的结果加以检讨。

（5）努力了解下列问题

- 谁负责销售？卖场的劳动力或雇用他人？
- 卖给谁？男性、女性或无性别差异？和年龄层及所得阶层的关系如何？以什么样的顾客为中心？商圈的范围有多广？
- 卖些什么？了解销售商品的目录与服务项目。
- 以什么方法销售？仅以店面销售，还是合并使用其他方法？合并使用时，可以用什么方法？店面销售时，是以自助还是以面对面的服务方式为主？
- 以什么方式销售？例如，现金销售或赊销或者两者并用；并用时两者价格的差异如何？相对于进货价格，加上多少利润卖出？定价销售还是折扣销售？折扣销售时在什么时机给予多大的折扣？接受信用卡吗？若接受，必须有什么准备手续？
- 如何销售？例如，销售必备的技术如何？应当学习或接受何种教育训练？
- 营业时间是怎样的？例如，营业时间每日由几点开始到几点结束？假日休假如何定？
- 销售的特色是什么？例如，哪些是战胜竞争店的优势？商品以什么样的风格出现会比较好些？

掌握好这些你可以"知己知彼，百战不殆"，有充分准备去开展你的工作，就可以取得更大的成功。

12.3.2 学会赏识你的员工

现代管理学认为，人的进取意识和创新精神需要不断强化。强化的手段有两种：一种是消极强化，即惩罚；另一种是积极强化，即赏识。两者不可偏废，后者更为重要。如果店长能注意对每位店员赋予积极的期望，使其能充分感受到被尊重的满足和成功的愉悦，就能最大限度地调动店员的积极性和创造性。而要做到这些，店长必须学会赏识你的店员。

1. 尊重是赏识的前提

每位店员都有强烈的自我意识和独立意识，自尊心和自主要求都很强，希望别人尤其是店长能尊重自己的劳动和人格。按照马斯洛的需求层次学说，人的需求是由低层次需求向高层次需求跃迁，并渴望得到满足。而在工作和思想情感上的需求一旦得到满足，店员的内部动力就会得到最大限度的外释，从而上升到更高层次的追求，促进各项工作的进展。相反，店员的自尊心一旦受到伤害，即使是无意的，也会留下心理创伤。由此造成情绪低落，甚至产生逆反心理，其表现方式是隐性或半隐性的，这势必影响整个超市的人际关系和工作氛围，压抑店员的进取意识和创新精神。因此，店长一定要充分认识店员渴望被尊重这一心态的内在积极因素，并努力使自己认同、赏识这一心态。

2. 求同是赏识的基础

心理学认为，人在满足生理需要和安全需要后，都希望寻求一个自己所归属的群体，在这一群体中获得他人的尊重、关心、爱护和帮助。店员之间的交往和情感联系绝不可能是完全等同的。由于性格、气质、兴趣爱好等诸因素，他们必然会自发地形成若干个或大或小的交往群体。一般来说，这些群体之间既有积极的正面的共同点，也难免会有消极的负面共同点。店长应用正确的态度看待这些小团体，尤其要能赏识其积极的、正面的共同点，使其不断得到巩固和发展，并有意地引导他们和其他群体求同存异，统一在连锁企业大集体中，让每位店员从中获得安全感和依恋感，增强凝聚力和向心力。

3. 了解是赏识的必要环节

店员的性格各有不同，真正做到全面客观地了解每个店员，这对店长来讲是至关重要的。如果店长不能深入到店员中，情感和信息交流渠道就不通畅。因为，除少数店员个性特点较明显外，一般人的优点和长处都比较内隐，而缺点和短处又往往比较外显，就会让店员的外在缺点掩盖内在优点，加之店长主观心理因素，对店员产生不公正、不客观的评价。而人的心理又普遍存在着一种维持自我一致的倾向，当这种不公正、不客观的评价形成之后，会形成一种思维定式，造成对店员的偏见和成见。这种不公正、不客观的评价会使店员产生"挫折感"，此时最容易激化矛盾。

4. 角度是赏识的动因

和世间万物一样，店员是一个多层次、多侧面、复杂的统一体，这些层次和侧面具有各不相同甚至相互矛盾的特征。店长对店员的印象如何，还取决于从哪个角度、以什么眼光去看待。如果店长能用赏识的目光去审视店员的各个层次和各个侧面，便会发现，每位店员都有许多独特的长处，自然会在思想上产生共鸣，感情上得到沟通，工作上配合默契。有些个性突出的店员，他的某些方面在常人看来或许并不可取，但在有的店长看来却是不可多得的长处，这便是所谓的"独具慧眼"。

初为店长就要做到赏识店员，绝非一件轻而易举的事。赏识与表扬不同。表扬是一种行为，是在一定场合对店员某一成绩的肯定和颂扬，它并不完全取决于情感；赏识是一种心态，是从内心深处对店员某些个性特征的情感体验和倾斜。因此，店长要能赏识店员，必须具备良好的自身修养。

首先，要求店长有较高的思想境界。店长只有从整体利益出发，才能从善如流，挖掘和珍惜每位员工的点滴之长；相反，如果心胸狭窄，自然会横挑鼻子竖挑眼，搞得店员人人自危。

其次，要求店长博学多识。店长只有做到博中有专，专博相济，具有广泛的兴趣爱好和广阔的知识领域，才能更多地从店员身上找到共同点，从而形成赏识心态。

再次，要求店长具有思维的广阔性和深刻性。要善于变换思维角度，进行换位思考。店长只有善于换位思考，多从店员的角度去体验、去揣摩，才能发现店员许多潜在的优势和特长。

最后，要求店长具有良好的心态。在各种场合，面对各种情况，都有较强的自我控制和自我调节能力，注意把握分寸和态度的克制。如果顺时乐不可支，逆时怨天尤人、到处迁怒，则很容易失去理智，致使言行出格，有意无意地伤害店员。有时即使未造成伤害，也会因喜怒无常、形象欠佳，难以在店员心目中产生有效的、非权力性影响。这种情况下，纵然店长赏识店员，店员也会怀疑你的诚意。久而久之，店长就会失去店员的信任和支持。

由此可见，不仅成为店长之前要付出努力，就是成为店长之后，还是需要不断学习来提高自己。

> **小资料** 变罚为奖"三步曲"
>
> 小张是A药店一名才华出众的员工，颇得领导赏识。但他最大的缺点就是经常在店长眼皮子底下"闹事"，犯一些没有技术含量的低级错误。由于小张死要面子，如果直截了当地指出，他肯定接受不了。更让店长痛心疾首的是，他经常着装不整，不是忘了戴工帽就是没穿工鞋。店长碍于颜面，总是睁一只眼闭一只眼，或私下给他上思想课。可是小张屡教不改，从不发威的店长忍无可忍了，如置之不理，不但自己在员工面前颜面尽失，对小张个人发展也不利。在最后警告无效后，店长于某日晨会上对小张做出了严肃的批评并罚款100元。这样一来，从未受过这般"待遇"的小张的自尊心被刺痛了，抵触情绪溢于言表。每天看见店长都横眉冷对，工作也失去了往日的激情。
>
> 店长得知后，他首先不断地发动身边同事做小张的思想工作，让小张明白，惩罚对店员是出于激励动机，抑制不良行为的重复出现，让小张充分认识到自己在工作中存在的不足。如今，这种后果也是因小张导致店长的被动管理，要让小张理解店长的做法。稳定大局后，店长要亲自出马进行安慰。平和地与小张交流意见，让他发自内心地甘愿受罚，使之彻底地领悟到成长过快的人不是因为没有犯错误，而是犯错误后能及时改正。如果店长一味纵容员工的过失，或员工面对错误不能以平和的心态去面对，反而意气用事，这样的员工走到哪里都会重蹈覆辙。即使能力再突出，哪家企业也不会允许这样的员工出现。最后，店长"奖罚并用稳民心"。他没有将罚金入档，而是在事后找了个合适的机会把罚金"送"回去。
>
> 一日，小张因在会上提出了一条适合门店发展的合理化建议并被采纳，店长不但从中抽出50元作为奖励，还在店内张贴红榜表扬，使小张士气重振。"作为管理者，如果员工犯错误，可以在事后将惩罚变为激励再'送'回去，运用先罚后奖达到激励目的，甚至可以起到比单纯奖励更好的作用。"店长的一句小结，将此事画上圆满句号。

12.3.3 客观地考核员工的绩效

考核问题是店长面临的又一个难题，客观、公正的考核影响到整个团队的气氛，一个有公平竞争氛围的团队，是一个有凝聚力的团队。店长对员工进行考核，不能凭主观印象进行，必须有科学的、行之有效的考核标准，以标准考核员工的工作情况。

1. 绩效考核的目标

绩效考核是一种正式的员工评估制度，它是通过系统的方法、原理来评定和测量员工在职务上的工作行为和工作效果。绩效考核的结果可以直接影响到薪酬调整、奖金发放及职务升降、辞退等诸多员工的切身利益。对员工进行绩效考核，全面评价店员的各项工作表现，使店员获得努力向上改善工作的动力，目的是正确地评价员工的工作。

1）从公司的角度出发：重点在工作成绩考核，工作能力及发挥，工作表现考核，工作和能力适应性考核，目标达成度的考核等。

2）从员工的角度出发：了解公司对自己工作的评价，知道自己改进工作的方向，了解自身工作的职责、职权范围及与他人的工作关系等。

2. 考核的原则

员工在门店工作，希望自己的工作成绩得到门店的认可，得到应有的待遇；希望通过个人的努力取得事业上的进步；同时更希望得到上级对自己努力方向的指点。为了满足员工渴望公正评价的要求，在绩效考核中应确立以下基本原则。

（1）明确化、发展化原则

门店明确考核标准、考核程序和考核责任并在考核中遵循这些规定。同时在门店内部对全体员工公开考核标准、考核程序和考核责任者。这样才能使员工对人事考核工作产生信任感，对考核结果也易持理解、接受的态度。

（2）客观考核原则

人事考核应当根据明确规定的考核标准，针对客观考核资料进行评价，尽量避免掺入主观性和感情色彩。首先要做到"用事实说话"。考核一定建立在客观事实的基础上。其次要做到把被考核者与既定标准做比较，而不是在人与人之间进行比较。

（3）单头考核原则

对各级员工的考核，都必须由被考核者的"直接上级"实施。直接上级相对来说最了解被考核者的实际工作表现（成绩、能力、适应性），也最有可能反映真实情况。间接上级（即上级的上级）对直接上级做出的考核评语，不应当擅自修改。

（4）反馈的原则

考核的结果（评语）一定要反馈给被考核者本人，否则就起不到考核的教育作用。在反馈考核结果的同时，应当向被考核者就评语进行说明解释，肯定成绩和进步，说明不足之处，提供今后努力方向的参考意见等。

（5）差别的原则

考核的等级之间应当有鲜明的差别界限，针对不同的考核评语，在工资、晋升、使用等方面应体现明显差别，使考核带有刺激性，激励员工的上进心。

3. 员工考核表

对员工进行考核时,可以将考核的项目和评价的标准等内容设计成专门的员工考核表,对所有的员工都实行统一的考核。考核表就相当于考试的载体,各员工的考核成绩都可以简单清晰地呈现出来。

表 12-3　普通员工考核表

姓名:　　　　　部门:　　　　　岗位:　　　　　考核日期:

评价因素	对考核期间工作成绩的评价要点	评价尺度				
		优	良	中	可	差
勤务态度	A. 严格遵守工作制度,有效利用工作时间	14	12	10	8	6
	B. 对新工作持积极态度	14	12	10	8	6
	C. 忠于职守、坚守岗位	14	12	10	8	6
	D. 以协作精神工作,协助上级,配合同事	14	12	10	8	6
受命准备	A. 正确理解工作内容,制定适当的工作计划	14	12	10	8	6
	B. 不需要上级详细的指示和指导	14	12	10	8	6
	C. 及时与同事及协作者取得联系,使工作顺利进行	14	12	10	8	6
	D. 迅速、恰当地处理工作中的失败及临时追加的任务	14	12	10	8	6
业务活动	A. 以主人翁精神与同事同心协力努力工作	14	12	10	8	6
	B. 正确认识工作目的,正确处理业务	14	12	10	8	6
	C. 积极努力改善工作方法	14	12	10	8	6
	D. 不打乱工作秩序,不妨碍他人工作	14	12	10	8	6
工作效率	A. 工作速度快,不误工期	14	12	10	8	6
	B. 业务处置得当,经常保持良好成绩	14	12	10	8	6
	C. 工作方法合理,时间和经费的使用十分有效	14	12	10	8	6
	D. 工作中没有半途而废、不了了之和造成后遗症现象	14	12	10	8	6
成果	A. 工作成果达到预期目的或计划要求	14	12	10	8	6
	B. 及时整理工作成果,为以后的工作创造条件	14	12	10	8	6
	C. 工作总结和汇报准确真实	14	12	10	8	6
	D. 工作中熟练程度和技能提高较快	14	12	10	8	6

1)通过以上各项的评分,该员工的综合得分是＿＿＿＿＿分
2)你认为该员工应处于的等级是:(选择其一)　　[ ]A　[ ]B　[ ]C　[ ]D
　　A. 240分以上　　B. 239~200分　　C. 199~160分　　D. 159分以下
3)考核者意见＿＿＿＿＿＿＿＿＿＿
考核者签字:＿＿＿＿＿＿＿　　日期:＿＿＿年＿＿＿月＿＿＿日

4. 考核结果及效力

考核结果应作为评价员工工作能力的重要依据之一，考核结果记入《员工年度考核表》，存入员工考绩档案，作为续聘、晋升、降聘、解聘的依据。

考核结果一般情况要向本人公开，并留存于店员档案。

考核结果具有的效力：

- 决定店员职位升降的主要依据。
- 与店员工资、奖金挂钩。
- 与福利（住房、培训、休假）等待遇相关。
- 决定对店员的奖励与惩罚。
- 决定对店员的解聘。

小资料　惩罚与奖励的艺术

不同的人受到批评有不同反应，有人因此努力奋进，有人因此心灰意冷，有人因此恼羞成怒，因此店长必须既善于批评，又善于抚慰，充分把握"大棒加胡萝卜"政策。下属犯错误时，该挥舞大棒就绝不能婆婆妈妈，但在"棒"打之后，还要用"胡萝卜"善后。大棒是以理服人，胡萝卜则是以情感人。一枝一叶总关情，在工作中帮助，在生活中关心，缔造团队上下之间深厚的感情，使之产生"受人滴水，报之涌泉"的感激之情，从而发挥工作的主观能动性。

另外培育人才，使下属的能力得到不断提高，是一种更深层更广泛的关心，可充分激发下属的工作积极性，而且有利于增进感情，使下属朝气蓬勃，奋发向上。

复习思考题

1. 如何理解店长的含义及店长的角色定位？
2. 门店店长的主要职责是什么？
3. 门店店长应具备怎样的任职条件？
4. 为什么要规定店长每日每个时段的工作内容？
5. 你认为如何才能成为一名称职的店长？

案例分析

刘力的烦恼——店长角色的定位与转换

刘力是某公司的一名技术骨干，工作已经两年多，业绩突出。刘力性情比较内向，和同事关系很好。随着公司的迅速发展，刘力被委任为该公司的店长，上任刚三个月，就面临一大堆问题。

1)以前关系不错的同事,突然有意与他疏远,似乎有很多想法不愿意和他沟通。

2)下属缺乏团队精神,各自为战,很难把大家有效地集中起来。

3)刘力逐渐有了失落感,他很担心自己由于工作忙,而导致专业技术的落后,对管理有了厌倦感,经常想还是做一个研发工程师好。

4)事情太多,忙得不可开交,即使老加班,工作也干不完。

问题1:分析刘力所遇问题产生的原因?

问题2:如何解决此类问题?

实训题

实训目的:使学生了解连锁企业门店店长的作用和工作职责;认识什么是连锁企业门店店长,熟悉连锁企业门店店长的作业流程和店长作业管理的重点;联系实际,掌握连锁企业门店店长应该具备的素质和要求,认识激励对员工的重要性等。

实训内容:选择一家大型连锁企业门店,调查门店店长一天的工作流程,并分析其管理的重点内容。

实训形式:实地调查,并模拟情境练习。将学生分成若干小组,每个小组设有一名店长和若干员工;通过实地调查一家大型连锁企业门店店长的一天工作流程,每个小组编写一份门店店长每日工作计划书,并根据计划书内容进行流程演练;虚拟一个员工的工作情节,由"店长"来对"员工"进行激励和考核,从而加深学生对连锁企业门店店长的认识。

第 13 章 连锁企业门店经营绩效分析

引导性案例

自营？联营？超市激辩生鲜经营方式

超市自主经营生鲜食品的"自营"模式和超市将柜台承包或租赁给供货商的"联营"模式，究竟谁更高一筹？2007年8月27日，在北京市商务局主办的"2007超市生鲜经营研讨会"上，京客隆、家乐福、物美、超市发等京城超市业巨头对超市生鲜食品的经营模式发起了一场辩论。

（1）自营：安全有保障但毛利率低

"生鲜食品的经营，尤其是自营模式已经成为超市经营的核心业务。"中国连锁经营协会相关负责人表示，目前京客隆、物美等超市生鲜区内基本都是自营柜台，超市方面需要直接派出销售人员负责食品的加工销售。

"超市方面全权负责检查商品质量和销售，使生鲜食品的质量安全得到很好的保障，但超市也需要付出代价。"一位不愿透露姓名的超市负责人表示，由于超市派驻的销售人员在生鲜食品加工处理方面的熟练程度通常不及专业销售人员，导致超市毛利率比较低。

这位负责人的话在超市经营方得到了验证。据京客隆超市相关负责人透露，京客隆自营生鲜区的平均毛利率仅占全店毛利率的1%~3%。

（2）联营：利润虽高却难以掌控

与自营模式不同，联营模式是指超市将部分生鲜食品柜台租赁给供货商，由供货商派驻人员全权负责生鲜食品的销售。"由于减少了人力成本，联营能够给超市带来的利润是显而易见的。"据美廉美超市相关负责人透露，美廉美超市内联营生鲜柜台创造的毛利率能够达到全店毛利率总额的8%左右。

但联营模式也有致命弱点，放手让供货商经营生鲜食品，超市方面缺乏管理，存在食品安全隐患。对此一位超市负责人表示，为了解决这一问题，超市在选择联营供货商时十分谨慎。"比如，酱菜只承包给六必居，熟食只承包给天福号。"

（3）专家：自营将成为未来趋势

"自营是北京超市生鲜经营的大趋势。"北京商业经济学会副秘书长赖阳表示，自营生鲜产品将有助于超市掌控食品质量安全。自营会导致毛利率下降的说法并不能成立。他认为，超市的利润主要来自规模效应和供货渠道的规划。

第 13 章　连锁企业门店经营绩效分析

本章学习目标

1. 理解连锁企业门店经营绩效评价的意义；
2. 掌握连锁企业门店经营绩效的评估指标；
3. 掌握连锁企业门店经营绩效改善的常用手段；
4. 能够运用连锁企业门店经营绩效评估指标对门店的经营绩效进行分析。

学习导航

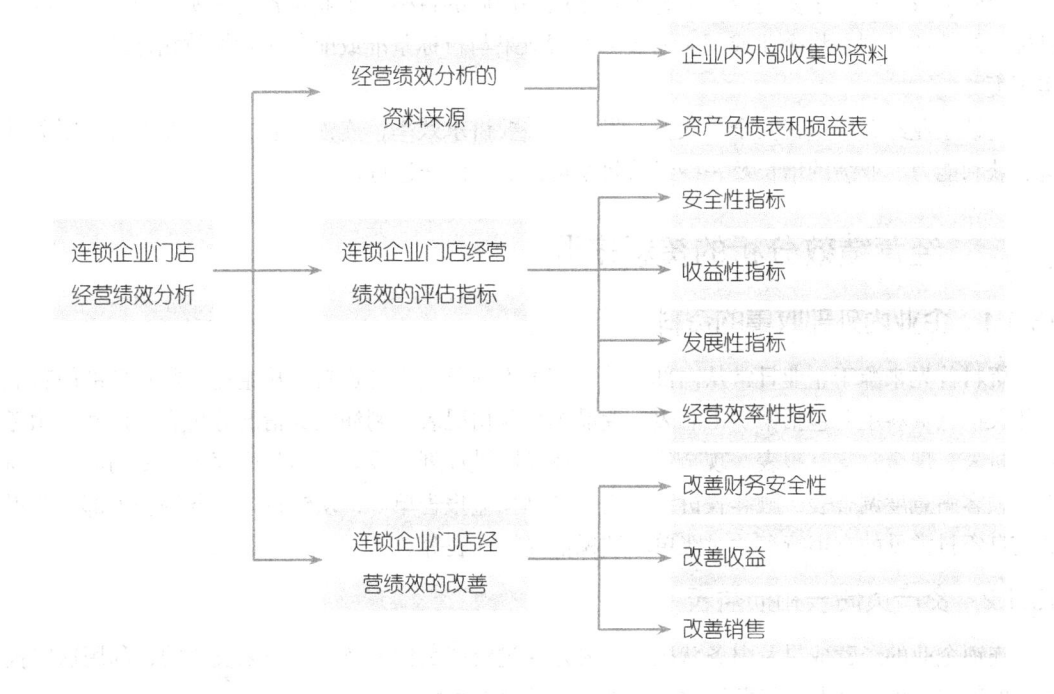

```
                         ┌── 经营绩效分析的 ──┬── 企业内外部收集的资料
                         │    资料来源         │
                         │                     └── 资产负债表和损益表
                         │
                         │                     ┌── 安全性指标
                         │                     │
                         │  连锁企业门店经营    ├── 收益性指标
连锁企业门店 ────────────┼── 绩效的评估指标 ──┤
经营绩效分析             │                     ├── 发展性指标
                         │                     │
                         │                     └── 经营效率性指标
                         │
                         │                     ┌── 改善财务安全性
                         │   连锁企业门店经     │
                         └── 营绩效的改善 ─────┼── 改善收益
                                               │
                                               └── 改善销售
```

职业指导

在各种各样的零售业态内，职业机会广泛存在于商品广告推销、采购与店务管理之中。支持性的岗位包括在几个领域如会计、财务管理、广告、电脑、行政和人力资源等。当你在考虑一个职业机会时，你应当参考一下人们通常考虑过的职业道路。职业道路可以被看做是特定企业内众多职位的升职途径。零售职业的基础岗位大多集中在采购和营运部门，少量有限的职位

283

存在于财务、行政等支持部门。这些部门的工作是支持商品的销售规划及部门运作,所以要求部门管理人员必须对营运和采购比较熟悉以便能很好地执行。大部分的支持部门的管理人员通常要在采购或营运部门开始他们的职业生涯。

在零售企业的支持部门中,富有经验的财务管理和顶级财务人员往往能获得高报酬。零售业的总体竞争已相当惨烈,许多零售商陷入复杂的导致高比例债务的危机中。大多数的零售商在较小的毛利空间中运作。在成功与失败的选择中,许多零售商以近乎慷慨的报酬来吸引顶级财务专家的加入。

财务总监负责确保整个财政体系的稳固,这其间包括为商业运营的各个方面准备财务报告,包括长远范围的预测和计划,经济趋势分析和预算,短缺控制和内部审核,毛利和纯利,供应商的应付账目,顾客的收入账目。

经营绩效是指为了实现企业的整体目标或各门店的目标,企业及各门店所必须达到的经营目标。绩效评估则是将企业或门店的实际经营成果与目标基准或前期实际绩效相比较,评估其实现度。

连锁企业经营应重视安全、收益、发展,并要讲求效率,连锁企业的经营绩效可从财务结构、获利能力、业绩的增长及一些经营效率指标等方面来进行评估。

13.1 经营绩效分析的资料来源

13.1.1 企业内外部收集的资料

资料首先来源于企业日常从内部及外部相关方面所收集的资料。从企业日常管理部门获取的相关信息资料主要包括销货汇总表、商品销售额情况表、利润完成情况分析表、期间费用考核分析表、现金收支月报表、现金流量表、商品购进计划完成表、商品库存表、促销活动反馈表、顾客满意度调查表、顾客投诉统计表、商品损益报告单等,从银行、税务等相关部门获得的信息资料常见的有银行存款对账单、纳税情况统计表等。

13.1.2 资产负债表和损益表

连锁企业的经营成果及财务状况,主要是通过资产负债表及损益表来反映的,利用这些报表上的数据来评估企业的经营绩效是一种主要的评估手段。

1. 资产负债表

资产负债表是反映企业在某一特定时期所拥有的资产及这些资产的来源和其求偿权的财务报表,它提供了企业许多重要的信息资料。

其基本恒等式为:资产=负债+所有者权益

资产负债表的格式如表 13-1 所示。

表 13-1 ××超市股份有限公司资产负债表

年　月　日

资　　产	金　　额	%	负债及净值	金　　额	%
流动资产			流动负债		
现金及银行存款			应付账款		
预付费用			应付票据		
暂付款			应付费用		
应收账款及票据			应付租赁款		
用品盘存			代收款		
存货			短期负债		
预付所得税			长期负债		
固定资产			长期借款		
建筑物			其他负债		
生产设备			存入保证金		
冷冻设备			负债合计		
水电设备			股本		
装潢设备			资本公积		
空调设备			法定公积		
办公设备			特别公积		
运输设备			未分配盈余		
杂项设备					
租赁设备					
关系企业投资					
投资有价证券					
其他资产					
开办费					
存入保证金					
存入保证票据					
资产总额			负债及净值合计		

构成资产负债表的主要项目如下所述。

1) 流动资产。流动资产是指现金及一年内可转成现金的资产。流动资产又可分为变现资产及盘点资产。变现资产是指现金、银行存款、应收账款、应收票据等。盘点资产包括存货、包装材料、用品盘存等。盘点资产是以实地盘点决定总量，再加以评价决定盘点资产的金额。

2）固定资产。固定资产是指建筑物、车辆运输器具、生产设备等使用年限超过一年，而一定时期内能维持其经济价值的资产。固定资产分为有形固定资产、无形固定资产和投资三项。

3）递延资产。递延资产是已支出费用中，部分不以费用计算而递延于下期的结果，在本期以资产项目处理，例如，开办费、研究实验费、存入保证金等。

4）流动负债。流动负债包括应付账款、应付票据、未付款、预收款、代收款、短期借款、预收收益等。

5）长期负债。长期负债是指支付期限在结算日计算超过一年的债务，如长期借款、公司债务等。

6）其他负债。例如，存入保证金等。

7）净值。由资产总额扣除负债总额即是净值。与他人资本相对应，净值又称自有资本或股东权益。净值包括股本、资本公积金、法定公积金、特别公积金及未分配盈余。

2. 损益表

损益表用以显示某一特定期间的连锁企业的营运结果。以收入和费用（成本）来表示，收入和费用之差即为净利润或净损耗。一般来说，显示营运结果的特定期间有月、季、半年及年度。

通过损益表可以考核企业利润计划的完成情况，分析企业的获利能力及利润增减变化的原因，预测企业发展趋势。损益表格式如表 13-2 所示。

表 13-2　××超市股份有限公司损益表

年　　月

项　　目	金　　额
销售收入	
－销售成本	
＝销售毛利	
－营业费用	
＝营业利润	
＋营业外收入	
＋租金收入	
＋利息收入	
＋其他收入	
－营业外支出	
＝本期净利	

13.2 连锁企业门店经营绩效的评估指标

所谓绩效，是指为了实现企业的整体目标或门店目标所必须达成的经营成果。经营绩效是指企业的经济性成果，可以用一定的数量来衡量。门店经营绩效的评估就是将一定时期门店的经营绩效与上期、同行、预定标准进行比较。门店经营绩效的指标可以分为安全性、收益性、发展性和效率性四个方面。

13.2.1 安全性指标

安全性主要是通过财务结构来反映的，评估主要指标有流动比率、速动比率、负债比率、固定比率、自有资本率等。

（1）流动比率

流动比率是指流动资产与流动负债的比率，主要用来测量连锁企业门店的短期偿债能力。流动比率越高表示其短期偿债能力越强，反之则弱。其计算公式为：

$$流动比率=流动资产\div流动负债\times100\%$$

流动比率的参考标准一般在 100%～200%之间。

（2）速动比率

速动比率是指速动资产总额与流动负债总额之比，即用来偿还一定流动负债所具有的速动资产额。所谓速动资产，是指现金、有价证券、应收票据、应收账款、银行存款等能立刻或在较短时间内变为现金的流动资产，不包含变现能力较长的存货及预付费用。其计算公式为：

$$速动比率=速动资产\div流动负债\times100\%$$

速动比率比流动比率更能表明连锁企业门店的短期偿债能力。速动比率的参考指标为 100%以上。

（3）负债比率

负债比率是指负债总额与资产总额之比，即每一元资产中所负担的债务数额。其计算公式为：

$$负债比率=负债总额\div资产总额\times100\%$$

一方面，该项指标反映了连锁企业门店在经营上的进取性，负债比率高说明门店的举债较多。一般来说，在经济情况较好，各个门店稳定发展的情况下，适当举债，有利于连锁企业的开拓经营，增加利润。但如果经济状况不佳，各个门店的经营不稳定，增加负债就会带来很大的风险。另一方面，负债比率也反映了债权人的风险程度，负债比率越高，说明连锁企业门店的偿债任务越重，债权人的风险也就越大。负债比率的参考标准是 50%以下。

（4）固定比率

固定比率是指固定资产与所有者权益的比率。其计算公式为：

$$固定比率=固定资产÷所有者权益×100\%$$

该项指标反映的是自有资金占固定资产的比例。当比率小于100%时，说明连锁企业门店自有资金雄厚，全部固定资产由自有资金来保证还有余。当比率大于100%时，说明部分固定资产是由负债提供的，固定资产很难转化为现金，而负债必须以现金来偿还，因此比率越高，说明连锁企业门店的固定资产贡献不足，资金结构不合理。固定比率的参考标准是100%以下。

（5）自有资本率

自有资本率是指所有者权益与资产总额的比率。它表示连锁企业门店自有资本占总资产的比例。其计算公式为：

$$自有资本率=所有者权益÷资产总额×100\%$$

该项指标越高，表示连锁企业门店的举债数额越少，偿债能力越强，债权人的风险越小。自有资本率的参考标准是50%以上。

13.2.2 收益性指标

收益性指标反映连锁企业的获利能力。评估的主要指标有营业额达成率、毛利率、营业费用率、净利额达成率、净利率、总资产报酬率等。

（1）营业额达成率

营业额达成率是指连锁企业各个门店的实际营业额与目标营业额的比率。其计算公式如下：

$$营业额达成率=实际营业额÷目标营业额×100\%$$

营业额达成率的参考指标在100%~110%之间。

（2）毛利率

毛利率是指毛利额与营业额的比率，反映的是连锁企业门店的基本获利能力。其计算公式为：

$$毛利率=毛利额÷营业额×100\%$$

毛利率的参考标准在15%~20%之间。

（3）营业费用率

营业费用率是指连锁企业门店营业费用与营业额的比率。它反映的是每一元营业额所包含的营业费用支出。其计算公式为：

$$营业费用率=营业费用÷营业额×100\%$$

该项指标越低，说明营业过程中的费用支出越小，门店的管理越高效，获利水平越高。营业费用率的参考标准是15%左右。

（4）净利额达成率

净利额达成率是指连锁企业门店税前实际净利额与税前目标净利额的比率。它反映的是门店的实际获利程度。其计算公式如下：

净利额达成率=税前实际净利额÷税前目标净利额×100%

净利额达成率的参考标准是100%以上。

（5）净利率

净利率是指连锁企业门店税前实际净利与营业额的比率。它反映的是门店的实际获利能力。其计算公式为：

净利率=税前实际净利÷营业额×100%

净利率的参考标准是2%以上。

（6）总资产报酬率

总资产报酬率是指税后净利润与总资产的比率。它反映的是总资产的获利能力。其计算公式为：

总资产报酬率=税后净利润÷总资产×100%

总资产报酬率的参考标准是20%以上。

13.2.3 发展性指标

发展性指标主要是指连锁企业门店的成长速度。其评估的主要指标有营业额增长率、开店速度、营业利润增长率、卖场面积增长率等。

（1）营业额增长率

营业额增长率是指门店的本期营业额同上期相比的变化情况。它反映的是门店的营业发展水平。其计算公式为：

营业额增长率=（本期营业额÷上期营业额–1）×100%

一般来说，营业额增长率应高于经济增长率，理想的参考标准是高于经济增长率两倍以上。

（2）开店速度

开店速度是指连锁企业本期门店数与上期门店数相比的增长情况。它反映的是连锁企业连锁化经营的发展速度。其计算公式为：

开店速度=（本期门店数÷上期门店数–1）×100%

以连锁超市为例，超级市场在一般情况下，其连锁经营应在3年内达到基本规模。每月开业一家门店为快速开店，每2~3个月开业一家门店为一般开店速度。在确定开店速度时，一定要注意与本企业连锁化经营的制度建立、人才培养、后勤支援能力等相适应，否则，连锁化经营快速发展的风险是很大的。

（3）营业利润增长率

营业利润增长率是指门店本期营业利润与上期营业利润相比的变化情况。它反映的是连锁企业门店获利能力的变化水平。其计算公式为：

营业利润增长率=（本期营业利润÷上期营业利润-1）×100%

营业利润增长率至少应大于零，最好高于营业额增长率，因为这表示门店本期的获利水平比上期好。

（4）卖场面积增长率

卖场面积增长率是指连锁企业本期门店的卖场面积与上期卖场面积相比的变化情况。其计算公式为：

卖场面积增长率=（本期卖场面积÷上期卖场面积-1）×100%

一般来说，卖场面积增长率至少应大于零，最好低于营业额增长率，这表明营业额的增加高于卖场面积的增加，这样单位面积营业额才会增加。

13.2.4 经营效率性指标

经营效率性指标主要用于衡量连锁企业门店的生产力水平。评估的主要指标有来客数及客单价、盈亏平衡点、经营安全率、商品周转率、交叉比率、每平方米销售额、人均劳效、劳动分配率、总资产周转率、固定资产周转率等。

（1）来客数及客单价

来客数是指某段时间内进入门店购物的顾客人数；客单价是指门店的每日平均销售额与每日平均来客数的比率。其中客单价的计算公式为：

客单价=（每日平均销售额÷每日平均来客数）×100%

由上面的公式可以看出，销售额等于来客数与客单价的乘积。因此，来客数与客单价的高低会直接影响到门店的营业额。

（2）盈亏平衡点

盈亏平衡点是指连锁企业门店的营业额为多少时，其盈亏才能达到平衡。其计算公式为：

盈亏平衡点时的营业额=固定费用÷（毛利率-变动费用率）

由上面的公式可以看出，毛利率越高，营业费用越低，则盈亏平衡点越低。一般情况下，盈亏平衡点越低，表示该门店盈利就越高。

（3）经营安全率

经营安全率是指连锁企业门店的实际销售额减盈亏平衡点销售额的差与实际销售额的比率。它反映的是各门店的经营安全程度，其计算公式为：

经营安全率=（实际销售额-盈亏平衡点销售额）÷实际销售额×100%

经营安全率数值越大，反映该门店的经营状况越好，一般来说，经营安全率在30%以上为良好；25%~30%为较好；15%~25%为不太好；10%~15%为不好，应保持警惕；10%以下则为危险。

（4）商品周转率

商品周转率是指连锁企业门店的销售额与平均库存的比率。其计算公式为：

$$商品周转率=销售额÷平均库存$$

商品周转率越高，表明商品的销售情况越好，该项指标的参考标准在30次/年以上。

（5）交叉比率

交叉比率是指毛利率与商品周转率的乘积。它反映的是连锁企业门店在一定时间内的获利水平。其计算公式为：

$$交叉比率=毛利率×商品周转率$$

商品除了要有合理的毛利率外，还要有较高的周转率。如果毛利率高而周转率低，则获利水平有限。因此，该项指标越高，门店的获利能力就越强。

（6）每平方米销售额

每平方米销售额是指连锁企业各个门店的销售额与卖场面积的比率。它反映的是卖场的有效利用程度。其计算公式为：

$$每平方米销售额=销售额÷卖场面积$$

不同类的商品所占的面积、销售单价、周转率不同，其每平方米销售额也不同。例如，一般来说，烟酒、畜产品、水产品的周转率较高，单价高，所占面积小，因此每平方米销售额也高；而一般食品的每平方米销售额则较低。

（7）人均劳效

人均劳效是指连锁企业门店的销售额与员工人数的比值。它反映的是门店的劳动效率。其计算公式为：

$$人均劳效=销售额÷员工人数$$

由上面的公式可以看出，如果门店的人员越少，销售额越高，则人均劳效也越高，劳动效率也就越高。

（8）劳动分配率

劳动分配率指员工的人工费用与毛利额的比率，它反映的是人工费用对盈利的贡献程度。其计算公式为：

$$劳动分配率=人工费用÷毛利额×100\%$$

公式中的人工费用包括员工的工资、奖金、加班费、劳保费及伙食津贴等。该项指标越低，表明员工的劳动效率越高，人工费用对盈利的贡献程度越高。劳动分配率的参考标准是在50%以下。

（9）总资产周转率

总资产周转率是指连锁企业的年销售额与总资产的比值，它反映的是连锁企业的总资产利用程度，其计算公式为：

总资产周转率=年销售额÷总资产

该项指标越高，说明总资产的利用程度越好。一般情况下，总资产周转率的参考标准是 2 次/年以上。

（10）固定资产周转率

固定资产周转率是指连锁企业的年销售额与固定资产的比值，它反映的是连锁企业的固定资产利用的效果。其计算公式为：

固定资产周转率=年销售额÷固定资产

该项指标越高，表明固定资产的使用效果越好。一般来说，固定资产周转率的参考标准为 4 次/年以上。

小资料　客单价带来营业额新突破

作为 8 周年店庆的促销大戏，世纪联华华商店从 2007 年 12 月 22 日开始进行了招商区满 400 元送 400 元赠券的活动。促销期过后，电脑系统显示出仅招商区三天的营业额就超过了 500 万元，最重要的是，加上这一笔以后，截止到 12 月 23 日，世纪联华华商店今年的营业额已经累计突破 7 亿元。

"离 2007 年结束还有一周时间，算上最后一周的消费高峰，我们预计今年华商店的年度营业额应该在 7.2 亿元左右。"世纪联华华商店冯店长说，这样一来，华商店将超过世纪联华庆春店，成为杭州及浙江省内超市零售额排名第一的单店。而在 2007 年 5 月份杭州市贸易局出炉的一份超市营业额排名里，还是庆春店第一、华商店第二的格局。

同时，超过 7 亿元的营业额在全国超市零售排名里大概能挤进前五名的位置，2006 年全国第一由上海家乐福古北店凭超过 8 亿元的营业额夺取，业内有个传言，"古北店的日营业额到不了 200 万元，店长当天就要下课"，而现在，华商店的日营业额平均下来也已经接近 200 万元。

这是位于城西的华商店在全年营业额上第一次超过位于市中心、营业面积相当的世纪联华庆春店，而让华商店营业额突飞猛进的功臣是客单价的提高。"客单价的增幅速度远远大于客流量。"冯店长说，华商店的消费客单价在节假日能高达 400～500 元，这高于杭州其他区域的超市客单价。而和冯店长工作过的温州、无锡等城市的超市相比，"差距不止一点点"，其他城市的普通卖场正常情况下平时客单价四五十元，节假日 100 多元。

2007 年 7 月份，华商店进行了一次迎合城西消费需求的结构调整，变动最大的是招商区，整个清空进行了重新装修和招商，从耐克、阿迪达斯到百丽、天美意等，引进的全是商场品牌。在生鲜区，包装菜全面取代了散装蔬菜，有机蔬菜的比例高达 40%。而因为引进了夏普、索尼等品牌的液晶电视、苹果的 iPod 和笔记本电脑、同仁堂、双立人等品牌专柜，华商店开始出现一次花上万元的消费者，"双立人一只锅要 3 000 元，同仁堂最贵的虫草礼盒要 3 万多，所以在华商店要花掉几万块钱并不难。"冯店长说。

客单价的提升在杭州的超市里已经成为普遍现象。2007年中秋节，文一路华润万家运河店的客单价比去年中秋高了48%，原因是买月饼的人少了，购买数码、电器等享受型商品的人多了，茅台酒销量上升了200%。

这背后一方面是城市居民消费实力的突飞猛进，另一方面也说明，城西缺乏大型商场，华商店在一定程度上代替了一些商场的功能。2000年，华商店开业后第一年的营业额是2个亿，2001年攀升到2.5亿元，2004年，华商店进行了一次大改造，改造成功后，2005年营业额第一次突破5个亿，2006年营业额突破6个亿，算上2007年突破7亿元的营业额，华商店的营业额一直在提升，每年的增幅在30%左右，这样的增长速度在全国范围内都是惊人的。在城西，从最早崛起的以桂花城、南都德加等为代表的高档楼盘，到2002年、2003年交付使用的华立星洲、紫桂花园，再到2005年交付的世纪新城等楼盘，不断带来了被超市定义为"优质消费群"的入住人群。

"对城西的主流消费群来说，鸡蛋、大米的超低价促销意义不大。"业内人士说，现在城西的超市已经很少用这一招来促销了。在华商店最近组织的一次顾客访谈调研中，几乎没有人提到价格，而是不断地对品牌、品质提要求。

13.3 连锁企业门店经营绩效的改善

连锁企业门店评估绩效之后，对于未达到目标或标准者必须分析原因，针对具体情况具体分析，找出问题所在，提出相应的解决办法，从而促进企业更好地发展，实现自己的经营目标。因此，门店管理者在门店出现问题时，应采取措施扭亏为盈，具体有以下几种方法。

13.3.1 改善财务安全性

连锁企业如果投资大，获利率不高，经营不善，就会导致巨大亏损。因此，连锁企业必须保证有充足的自有资本。如果只想靠现金付款，或开长期支票，或靠借款来获取资金，对连锁企业经营而言则存在相当的风险。因此连锁企业还应该采用其他对策来改善其财务安全性。例如，可以通过减少资金积存的方法来避免不当的库存金额，通过库存管理分析制定适当订购量，通过对商品进行ABC分级管理并淘汰滞销品，在不影响商品的进货价格及品质的前提下，延长货款的付款期限；或者减少设备投资，合理配置规划资金等。

13.3.2 改善收益

计算收益的常用关系式有：

净收益=营业利润+营业收入−营业外支出

毛利=营业额−进货成本−损耗

营业利益=毛利−销售费用及一般管理费用

由以上可知，改善收益的方法除了促进营业额的增长外，还有其他几种方法。

1. 降低进货成本

其主要方法：① 通过集中采购或者与供应厂商议价的方式，降低商品的采购成本；② 直接引进，有些时候绕过代理商直接从生产厂家进货甚至直接从国外生产厂家进口，能节省很多进货成本；③ 开发高附加值的有特色的产品，或者随市场行情调整商品结构等其他比较有效的方法。

2. 减少损耗

减少损耗主要针对这样几个环节：首先针对商品采购、价格制定、进货验收、卖场演示、变价作业、退货作业、收银作业、仓储管理、商品结构等流程处理不当而引起的损耗进行处理；其次对生鲜品的技术处理、运送作业、品质管理、陈列量、商品结构的不恰当管理导致的损耗进行处理；再次对由于设备质量较差造成的商品损失也应及时处理。除此之外，财务中出现的诸如传票漏记、计算错误、顾客偷窃、员工偷窃、不当折价、高价低卖等其他管理不当造成的损失也都是管理者需要注意的。

3. 减少营业费用的支出

降低占连锁企业门店费用大部分比例的人事费、折旧费、租金及电力费用等营业费用的支出。首先，应提高人员效率以降低人事费，可以将 EOS、POS 系统导入卖场，使作业流程计算机化，妥善安排营运计划，有效运用兼职人员节省人力、物力，简化管理部门；其次可以在不影响价格的前提下，减少投资以降低折旧费；导入专柜可以分担部分租金；安装节电设备，可以节省电力费用；严格控制费用预算以减少其他额外费用也是一种直接有效的方法。

4. 增加营业外收入

连锁企业门店可以从这样几个方面增加营业外收入，如引进专柜、收取租金或收取新品上架费等。由于引进新品上架，必须以淘汰某项旧品下架为前提，加上新品上架通常也会增加门店的一些事务性工作，因此，门店对于厂商要进入连锁体系销售的新品收取上架费也是合理的。同时，门店可以将店内墙壁、柱子出租给厂商或广告商，在不影响整体美观的情况下收取看板广告费；或者与商品供应商协商，在商品销售量或年度营业额达到某一水平时，收取不同比率的年度折扣。此外，门店也可以在新开店、周年庆、节庆、平常促销时向厂商收取广告赞助费。

5. 减少营业外支出

营业外支出主要指利息支出，以及较少发生的投资损失、财产交易损失。谨慎做好投资评估，可以减少投资损失等导致的营业外支出。

13.3.3 改善销售

销售状况的改善有以下一些常用的方法。

第 13 章　连锁企业门店经营绩效分析

1．寻找优良商圈

在开新店时首先分析该地区的消费者密度、顾客等级、发展潜力、收入水平及消费能力；其次考察此地的道路设施、人口流量、交易网、交通线、停车方便性、交通安全性等交通条件；最后对本地区的竞争企业及竞争力进行充分调查、比较、分析。

2．商品力的提升

商品力主要表现为商品结构、品项齐全度、品质新鲜度、商品特色及差异化、价格竞争性等。

以连锁超市为例，超市的商品力首先体现在其主力商品的经营能力上，而在连锁超市经营的主力商品中，一项最主要的品种即是生鲜食品。生鲜食品的经营，展现了超市这种零售业态的特点和优势，真正支撑着超市未来的发展，将为连锁超市赢得坚实的市场基础和广泛的发展空间。"民以食为天"，2007 年我国恩格尔系数平均为 40%，这说明居民消费支出中仍有很大一部分用于食品消费，这也是各家超市门店都普遍重视生鲜经营的根本原因。随着人们生活水平的不断提高，对购物环境的要求日益苛刻，潮湿拥挤的菜市场被干净明亮的超市取代只是时间的问题，然而，生鲜食品不同于其他商品，其经营难度较大，诸如难以寻找稳定可靠的货源，运输配送和销售过程中对保鲜要求高，损耗较大，清理加工工序繁杂，需要大量人手等，这些问题如不能妥善解决，势必造成经营成本过高，无法与传统菜市场竞争，使生鲜食品经营不仅不能成为连锁超市的利润点，反而容易成为连锁超市的亏损点。

3．销售力的强化

连锁企业门店强大的商品分销能力不仅仅是"圈地能力"——不断开设新的店铺，拓展新的市场，而且还取决于每一家门店的营销能力，即提升在自己商圈内的市场占有率的能力。由于多数顾客在门店中属于冲动性购买，受门店的促销活动的影响非常明显，因此，连锁企业门店必须具有强大的营销能力，包括会娴熟运用价格促销、陈列促销、广告促销、服务促销等各种促销手段的能力。许多连锁企业经常开展各种促销活动，但遗憾的是很多门店没有将这些活动有效地整合起来，难以达到满意的效果。外资连锁企业门店则在此方面十分重视，如在实施价格促销策略时，往往会将其与其他促销手段结合起来运用，如充分利用店内 POP 广告、堆头陈列等方法营造商品价格低廉的卖场气氛，尤其重视特价物品的陈列，将最吸引人的特价品放置在商场入口特设的陈列架上，其余的则分别陈列在店内各处，力求使消费者逛完商场一周，才能全部看完商场推出的特价品，这样无形中延长了消费者的逗留时间，促使消费者在寻找特价商品时顺便购买其他的非特价品，这才是他们热衷于特价品促销的真正原因。国内连锁企业必须认真研究各种促销方式的特点，力求综合运用各种促销策略，尽量提高每个店铺的商品销售能力。

4．提升人员效率

提升人员效率，首先要考虑人员效率及劳动分配率两个影响因素，换言之，提升效率需要对人员的质量和数量给予合理的重视。质量方面表现为制定各层级、各部门人员的从业资格条件，并据此选人；制定奖励办法，有计划地培育人才，创造良好、易执行的工作环境，充分发挥员工的潜能。数量方面，表现为制定各部门人员编制，严格控制员工人数，简化事务流程，使用简便、高效设备，训练并培养员工的第二专长、第三专长，使不同部门人员可相互支援，妥善运用兼职；同时充分发挥连锁经营的优势，各门店具有共性的作业可在本部集中。

复习思考题

1. 简述连锁企业门店的经营目标。
2. 分析门店经营目标的评价内容。
3. 简述安全性指标的评估内容。
4. 简述收益性指标的评估内容。
5. 简述发展性指标的评估内容。
6. 简述效率性指标的评估内容。

案例分析

杭州××公司为浙江省知名连锁集团，拥有独立干货及生鲜配送中心，经营业态涵盖食品、生鲜超市、大卖场等200多间门店，营业面积300～20 000平方米不等，年度营业额逾40亿元。其门店主要覆盖地以杭州为核心、辐射至浙江省内各市。目前公司正在加速圈地扩张，但由于超市行业竞争越来越激烈，公司出现局部地区竞争力下降的情况，很多开业一年以上的门店营业额、毛利额都达不到预期指标。

问题：门店的经营目标应包括哪些内容？如何才能实现预期指标？

实训题

实训目的：通过分组实训训练学生的市场调研技能，培养学生的数据收集和分析能力，使学生掌握一定的业绩分析报告撰写能力。

实训内容：全班同学自行分组，每4～6人一组，选择本地一家大型超市门店进行调查，了解该门店有哪些经营绩效评估指标，围绕其主要经营绩效评估指标分析其经营现状并提出改善对策。

实训形式：调查结束后每组要求撰写、提交小论文一篇（不超过1 500字）。

参考文献

[1] 蔡中焕，鲁杰. 连锁企业商品采购管理[M]. 北京：科学出版社，2008.
[2] 金永生，王正选. 零售企业经营与管理[M]. 北京：北京工业大学出版社，2004.
[3] 郑光财. 连锁经营管理[M]. 杭州：浙江大学出版社，2007.
[4] 后东升，周伟. 零售店柜台服务技巧[M]. 深圳：海天出版社，2007.
[5] 肖怡，刘宁. 现代商店经营管理实务[M]. 广州：广东经济出版社，2003.
[6] 曹静. 连锁店开发与设计[M]. 上海：立信会计出版社，2002.
[7] 黄福华，田野，周文. 连锁超市经营管理实务[M]. 长沙：湖南科学技术出版社，2003.
[8] 张晔清. 连锁企业门店营运与管理[M]. 上海：立信会计出版社，2007.
[9] 文大强. 零售经营实务[M]. 上海：复旦大学出版社，2005.
[10] 肖建中. 王牌店长——经理十项全能训练[M]. 北京：北京大学出版社，2006.
[11] 周勇. 连锁店经营管理实务[M]. 上海：立信会计出版社，2004.
[12] 戴春华. 超市标准化营运管理—前台与收货管理[M]. 广州：南方日报出版社，2002.
[13] 肖怡. 企业连锁经营与管理[M]. 大连：东北财经大学出版社，2006.
[14] 甲田祐三. 卖场设计151诀窍[M]. 北京：科学出版社，2004.
[15] 周文. 连锁超市经营管理师操作实务手册[M]. 长沙：湖南科学技术出版社，2003.
[16] 赵越春. 连锁经营管理概论[M]. 北京：科学出版社，2006.
[17] 谭地洲，王砚，张海生. 优秀店员闯9关[M]. 北京：中国轻工业出版社，2005.
[18] 窦志铭. 连锁店经营管理[M]. 北京：中国财政经济出版社，2005.
[19] 唐树伶. 连锁商业营销与管理[M]. 北京：清华大学出版社，2006.
[20] 曹译洲. 连锁企业门店运营与管理[M]. 北京：北京交通大学出版社，2008.
[21] 肖建中. 成功开店营运手册[M]. 北京：中国经济出版社，2006.
[22] 杨顺勇，魏拴成，郭伟. 连锁经营管理[M]. 上海：复旦大学出版社，2008.
[23] 特斯商业标准化研究中心. 超市与大型商场—管理制度与表格[M]. 北京：人民邮电出版社，2006.
[24] 胡占有. 现代商场超市管理工具箱[M]. 北京：机械工业出版社，2007.
[25] 胡学庆. 连锁企业商品采购管理[M]. 上海：立信会计出版社，2004.

[26] 鞠颂东，徐杰. 采购管理[M]. 北京：机械工业出版社，2005.

[27] 杨谊青. 连锁经营原理与管理技术[M]. 北京：高等教育出版社，2001.

[28] 后东升，周伟. 零售店商品陈列技巧[M]. 深圳：海天出版社，2007.

[29] 郑昕，盛梅. 连锁门店运营管理[M]. 北京：机械工业出版社，2008.

[30] 王吉方. 连锁经营管理——理论·实务·案例[M]. 北京：首都经济贸易大学出版社，2007.

[31] 赵涛. 超市经营管理[M]. 北京：北京工业大学出版社，2002.

[32] 巴里·伯曼，乔尔·R·埃文斯. 零售管理[M]. 北京：中国人民大学出版社，2001.

[33] 曾庆均. 零售学[M]. 北京：中国商务出版社，2005.

[34] 洛斯特. 全面质量管理[M]. 北京：中国人民大学出版社，1999.

[35] 马士华，林勇，陈志祥. 供应链管理[M]. 北京：机械工业出版社，2000.

[36] http://www.ccfa.org.cn

[37] http://www.linkshop.com.cn

[38] http://www.linkmall.cn/

[39] http://wzdq.i18.cn/

[40] http://www.scea.org.cn/

[41] http://www.retailing.com.cn/

[42] http://www.lingshou.com/

[43] http://www.cnls.com.cn/

[44] http://blog.sina.com.cn

[45] http://www.qiyaotech.cn

[46] http://www.xici.net

[47] http://www.jj-tv.com